3 레·민·신·수
치유의 말씀

하나님은 역사하십니다

| **김의식** 지음 |

LEVITICUS
NUMBERS
DEUTERONOMY
JOSHUA

쿰란출판사

추천사

열정과 노력과 긍정의 목회자인 김의식 목사님은 저와 동역한 목사님으로, 다른 목회자들이 갖지 못한 몇 가지 특징이 있습니다.

첫째로 열정 있는 전도사였습니다.

그가 전도사였던 시절, 교회에서 각 부서(영아, 유치, 유년, 초등, 소년, 중등, 고등부)가 500명 이상 모이기 운동을 전개했는데 단연 김의식 전도사의 담당 부서가 가장 먼저 500명을 돌파하였습니다. 김 목사님은 목회 초기부터 "부지런하여 게으르지 말고 열심을 품고 주를 섬기라"(롬 12:11)는 말씀대로 열심을 품고 주를 섬기는 주님의 종이었습니다. 똑같이 출발하여 달려도 언제나 가장 먼저 목표 이상을 달성하는 열정 있는 종입니다. 어떤 이가 "역사에 기록이 될 만큼 큰 운동들은 열심이 가져다준 승리의 기록이다. 열심 없이 성취된 위대한 일은 없다"라고 말하였습니다. 김 목사님이 시무하는 교회는 그의 열정만큼 빨리 성장하였습니다.

둘째로 배우려는 노력이 강한 목사입니다.

김 목사님은 신학교 시절과 전도사 때부터 목회에 관한 각 분야에 남달리 깊이 배우려는 노력을 하였습니다. 목사 안수를 받고 목회 현장 경험도 익히는 한편 미국에 가서 신학을 더 공부하며 목회 경험을 쌓았습니다. 그리고 지금은 신학대학교에서 가르치기도 하고, 대형 교회 목회자이면서도 계속 배우려는 노력을 지속하는 목사입니다.

독일이 낳은 대철학자 칸트가 "인간은 교육을 통하지 않고는 인간이 될 수 없는 유일한 존재다"라고 말하였습니다. 같은 인간인데 문명과 비문명의 차이는 교육의 차이라고 할 수 있습니다. 목사도 예외가 아닙니다. 영적인 면에서부터 목회의 세미한 분야에 이르기까지 배우려는 노력과 정성만큼 깊어지고 성숙해집니다. 김 목사님의 배움의 지속이 계속적인 발전과 향상의 밑거름이라고 여겨집니다.

셋째로 적극적인 목회자입니다.

김 목사님은 목회를 '기쁘게' 생각하며 '즐거움'으로 감당해가는 목회자입니다. 세상 일, 즉 스포츠, 음악, 예술, 학문, 사업 등 어느 분야에서든 진정으로 성공한 사람들의 공통점은 자기가 하고 있는 일에 긍정적이고 적극적인 자신감을 가지고 있다는 점입니다.

하물며 하나님의 사업을 맡은 목회에 있어서는 "내게 능력 주시는 자 안에서 내가 모든 것을 할 수 있느니라"(빌 4:13)는 바울 사도의 고백 그대로 적극적인 신앙과 생각으로 최선을 다해야 합니다. 그런 의미에서 "목회는 긍정의 물을 먹고 자라는 나무다"라고 할 수 있습니다. 김 목사님은 언제나 미래 지향적으로 내다보며 달리는 적극적인 목회자입니다.

이렇듯 김의식 목사님만이 가진 특색이 있습니다. 그런 김 목사님의 치유목회를 엿볼 수 있는 증언들을 모은 설교집이기 때문에 많은 목회자들과 교회를 섬기는 성도들과 믿지 않는 사람들에게까지 큰 도움이 되겠기에, 김 목사님의 설교집을 기쁜 마음으로 널리 추천합니다.

2021년 10월

대한예수교장로회 증경총회장

노량진교회 림인식 원로목사

추천사

현대인들은 너 나 할 것 없이 아픈 사람들이다. 인간은 음식과 함께 다른 사람과의 깊은 만남에서 오는 사랑을 먹어야 산다. 그런데 가정에서는 소유하고 지배하려는 부모들의 병든 사랑 때문에 자녀와 부모관계는 깨어졌고, 직장에서는 심한 경쟁의식으로 질식해 가고 있다. 그래서 사랑에 배고파 방황하는 현대인들이 가장 많이 모여드는 곳이 교회이다.

21세기 한국 교회는 치유자요 상담자이며 영적 인도자를 갈망하고 있다. 그리고 현대인들의 아픈 상처를 싸매 주고 이들의 외로움을 가슴으로 들어주며 치유해 줄 수 있는 목자를 찾고 있다. 바로 이때 방황하는 한국 민중, 외로움으로 신음하는 한국 교인들을 위해 하나님은 김의식 목사님을 보내주셨다. 김의식 목사님은 이 백성의 아픔을 함께 아파해 주고 함께 울어줄 수 있는 치유자요 목회자라고 믿는다. 그 자신이 깊은 상처에서 치유받은 '상처 입은 치유자'이기 때문이다.

본서는 상처 입은 현대인들에게 부어주는 생명수임에 틀림없다. 이 책이 우리 가슴에 이렇게 뜨겁게 와 닿는 것은 목회상담학자요 치유자이며 목회자인 김의식 목사님 본인의 눈물과 아픔과 사랑 속에 우리가 빨려 들기 때문이리라.

나는 이십 년이 훨씬 넘게 김의식 목사님을 학교 강단에서 보아왔다. 강의실에서 학생들에게 지식을 강의하는 것도 힘든 일인데, 김의식 목사님은 학생들의 머리와 가슴을 함께 뒤흔드는 명교수이다. 강의에서 느끼는 깊이와 넓이와 뜨거움이 본서에서도 처음부터 끝까지 이어지고 있다. 이 책이 한국 교회와 백성들을 위해 좋은 소식임에 틀림없다.

2021년 10월

치유상담대학원대학교 총장

정태기 목사

머리말

"너희가 성경에서 영생을 얻는 줄 생각하고 성경을 연구하거니와 이 성경이 곧 내게 대하여 증언하는 것이니라"(요 5:39).

"이르시되 미련하고 선지자들이 말한 모든 것을 마음에 더디 믿는 자들이여 그리스도가 이런 고난을 받고 자기의 영광에 들어가야 할 것이 아니냐 하시고 이에 모세와 모든 선지자의 글로 시작하여 모든 성경에 쓴 바 자기에 관한 것을 자세히 설명하시니라"(눅 24:25-27).

우리는 구약성경을 읽으면서 율법적으로, 역사적으로, 시가적으로, 예언적으로 대할 수 있습니다만 가장 복음적인 접근은 우리가 구약성경에서 예수님을 만나야 하고 예수님의 음성을 들어야 합니다. 그래서 예수 그리스도의 복음의 관점에서 구약성경을 연구하는 것은 보다 더 깊은 영적인 은혜를 체험하게 할 것입니다.

그러나 우리는 여기서 그쳐선 안 됩니다. 사실 신구약성경은 엄밀한 의미에서 치유서(The Book of Healing)입니다. 예수님께서는 십자가에서 우리 인간에게 불행과 고통을 안겨주는 영혼의 죄악과 마음의 상처와 육신의 질병을 대신 지셨습니다. 이 영, 혼, 육의 치유의 복음을 구약성경에서 예언하셨고 신약성경에서 성취하셨습니다. 그러므로 우리가 구약성경을 대할 때 치유적인 관점에서 보다 더 깊은 영적인 은혜를 나누어야 할 것입니다.

'하나님은 역사하십니다' 시리즈는 창세기로부터 시작하여 말라기에 이르기까지 이러한 치유의 복음의 관점에서 조명하고 있습니다. 가장 먼저 구약성경을 히브리 원어로 파헤치며 그 뜻을 바로 해석하고, 그 기록의 문맥이나 배경을 살펴보며 더 나아가 이 말씀이 오늘의 시대 상황 속에서 어떠한 치유의 은혜의 메시지를 들려주는가를 찾아내고자 한 것입니다.

지금까지의 전통적인 설교들이 삶과 괴리가 있는 율법적이거나 이론적이거나 지식적인 말씀의 선포에 치우침으로 인해 더 이상 영혼과 육신의 아픔을 치유하지 못하고 자신의 삶의 통회 자복과 결단은커녕 영적인 교만과 판단만 더해줄 때가 얼마나 많았습니까? 그러므로 본서는 죄악과 상처와 질병으로 인해 지치고 병들어 죽어가고 있는 말세 마지막 때의 수많은 영혼들을 살려내기 위한 치유설교로서의 하나의 모델로서의 시도인 것입니다. 본서의 출판이 하나의 계기가 되어 치유설교가 더욱더 깊이 연구되고 발전되기를 간절히 바라는 마음입니다.

가장 먼저 본서가 나오기까지 사랑으로 역사해 주신 하나님 아버지께 진심으로 감사드리며 지난 22년 동안 묵묵히 중보적 기도에 힘쓰며 사랑으로 섬기며 함께 치유의 은혜를 나눠주신 치유하는교회의 신실한 장로님들과 권사님들과 집사님들과 성도님들과 충성스런 주의 종들에게 진심으로 감사드립니다. 특별히 본서의 추천의 글을

써주시고 오늘의 저를 있게 하신 림인식 목사님과 정태기 총장님께도 더욱 깊은 감사를 드립니다.

더 나아가 모든 말씀들을 정리해 준 이수영 행정목사님과 사랑하는 아내 문채성 사모와 아버지의 뒤를 이어 상담치유학을 전공하고 있는 딸 김안나 전도사 내외와 하늘나라에 가셔서도 사랑하는 아들을 위해 끊임없이 기도하고 계실 저의 신앙생활의 모범이 되어주신 사랑하고 존경하는 부모님 故 김성열 장로님과 마인순 권사님께도 깊은 감사의 마음을 전합니다. 마지막으로 치유의 은혜를 사모하는 이 땅 위의 모든 상처받은 심령들에게 이 책을 바치고자 합니다.

2022년 8월

치유하는교회 목양실에서

김의식 목사

차례

이렇게 제물을 드리라

레위기 1:3, 2:1, 3:1, 4:3, 5:16

우리는 오늘 예수님의 탄생을 축하하며 재림을 준비하는 구주강림절 셋째 주일을 맞이했습니다. 주님께서 다시 오실 날이 임박해서 누가복음 21장 11절에서 "곳곳에 큰 지진과 기근과 전염병이 있겠고"라고 경고하셨듯이 세계적 대유행병으로 전에 경험해 보지 못한 큰 불행과 고통을 겪고 있습니다. 더구나 코로나19의 2.5단계의 방역지침에 의해 살아 계신 하나님께 예배드리는 것조차도 제약을 받고 있습니다. 이런 서글픈 현실 속에서도 하나님께 드리는 제물을 통해 우리가 어떻게 진정한 예배를 드리며 남은 여생을 믿음으로 살아야 할 것인가, 이 시간도 들려주시는 하나님의 음성을 다 함께 들을 수 있길 바랍니다.

번제: 온전한 헌신의 삶을 살아야 함

레위기 1장 3절 말씀을 다 함께 읽겠습니다.

"그 예물이 소의 번제이면 흠 없는 수컷으로 회막 문에서 여호와 앞에 기쁘게 받으시도록 드릴지니라."

번제는 하나님께서 지시하신 5대 제사 중 가장 오래되고 가장 중요하며 모든 제사의 대표로서 가장 먼저 나오는데, 번제는 히브리어로 'עֹלָה'(올라)라고 해서 '올라간다'는 의미입니다. 영어로 'burnt offering'이며 불로 완전히 태워진다고 해서 번제는 한자로 '불사를 번'(燔), '제사 제'(祭)를 사용합니다. 희생 제물을 전부 불로 태워서 그 향기가 '하나님께 올라간다'(삿 13:20)는 의미가 담겨 있는데, 이것은 예수님께서 이 땅에 오셔서 십자가에서 자신의 몸을 단번에 완전한 희생의 제물로 드리셨던 것을 상징합니다(히 10:14). 다시 말하면 우리로 하여금 온전한 헌신을 이룰 것을 보여주셨던 것입니다.

그래서 로마서 12장 1절에 "그러므로 형제들아 내가 하나님의 모든 자비하심으로 너희를 권하노니 너희 몸을 하나님이 기뻐하시는 거룩한 산 제물로 드리라 이는 너희가 드릴 영적 예배니라"고 증거하였습니다. 이 말씀은 부족한 종이 죄악 세상 가운데 방황하다가 주님의 사랑의 채찍을 맞고 한 달 보름을 식음을 전폐하며 죽어가다가 성령님의 감동을 받아 아버지의 성경책에 마음이 이끌려서 책을 펼치는 순간 눈앞에 펼쳐졌던 말씀입니다. 이 말씀을 붙잡고 눈물로 통회 자복하는 가운데 성령님의 불을 체험하고 기적적인 치료도 받고 주의 종으로 헌신을 해서 오늘에 이르렀기에, 42년이 지난 지금도 저의 가슴을 뛰게 하고 주님과의 처음 사랑을 떠오르게 하는, 제 일생에 잊을 수 없는 헌신의 감동의 말씀입니다.

그런데 이 말씀은 적어도 세 가지 영적인 의미를 담고 있습니다. 가장 먼저는 하나님께 제물을 드릴 때 형식적이고 습관적으로 드리지 말고 헌신의 믿음의 제물로 드리라는 것입니다. 그리고 지금까지 구약시대에는 소나 양이나 염소나 비둘기를 죽은 제물로 제사를 드렸다면 이제는 우리 자신을 하나님이 기뻐하시는 거룩한 헌신의 산 제물로 드려야 한다는 것입니다. 마지막으로는, 교회 안에서만 예배드리는 것으로 만족하지 말고 매일 드려지는 번제처럼 교회 밖으로 나아가 세상 가운데서도 거룩한 산 제물로 헌신의 삶을 살아가라고 명령하시는 것입니다.

그런데 우리가 갖가지 중한 질병이니 직장 사정으로 인해서 어쩔 수 없이 하나님께 예배드릴 수 없는 형편이라면 주님께서도 다 이해하실 것입니다. 그러나 나 자신의 편안이나 안일, 코로나19의 불안이나 두려움이나 주위의 환난이나 핍박 때문에 살아 계신 하나님께 온전히 예배를 드리지 못하는 경우가 얼마나 많습니까? 우리 자신의 물질이나 명예나 건강이나 세상의 것에 손해를 볼까 봐 온전한 헌신을 하지 못하는 경우도 얼마나 많습니까? 그것은 진정한 예배나 헌신의 삶이 아닙니다. 진정한 헌신의 삶이란 주님의 살아 계심부터 확실히 믿고, 지금까지 주님께서 베풀어 주신 은혜와 축복과 행복에 감사하고 감격하는 삶이어야 합니다.

일제 강점기나 공산 치하에 있을 때 우리 신앙의 선조들은 순교 신앙으로 성전을 사수하며 예배를 드리고 간절히 부르짖음으로 오늘의 한국 교회의 부흥과 대한민국의 번영을 이루었는데 우리가 그 순교 신앙을 잃어버린다면 한국 교회와 대한민국의 장래가 어떻게 되겠습니까? 그러므로 우리가 아무리 어렵고 힘든 환난과 핍박 속에서도 찬송가 336장을 부르면서, 우리의 몸과 마음과 시간과 재능과 물질과 생명까지도 주님께서 쓰시겠다고 하실 때 드릴 수 있어야 하는 것입니다.

1. 환난과 핍박 중에도 성도는 신앙 지켰네
이 신앙 생각할 때에 기쁨이 충만하도다
성도의 신앙 따라서 죽도록 충성하겠네
2. 옥중에 매인 성도나 양심은 자유 얻었네
우리도 고난받으면 죽어도 영광 되도다
성도의 신앙 따라서 죽도록 충성하겠네
3. 성도의 신앙 본받아 원수도 사랑하겠네
인자한 언어 행실로 이 신앙 전파하리라
성도의 신앙 따라서 죽도록 충성하겠네

우리가 이렇게 번제를 드림으로 온전한 헌신의 삶을 살아갈 때 하나님께서 우리의 헌신의 예배와 봉사와 충성을 다 기뻐 받아 주시고, 우리의 여생에 계속해서 넘치는 은혜를 베풀어 주시고 한없는 축복을 내려 주시며, 행복의 감격 속에 살아가게 해주실 줄 확실히 믿으시기 바랍니다.

소제: 범사에 감사하는 삶을 살아야 함

계속해서 레위기 2장 1절 말씀을 다 함께 읽겠습니다.

"누구든지 소제의 예물을 여호와께 드리려거든 고운 가루로 예물을 삼아 그 위에 기름을 붓고 또 그 위에 유향을 놓아."

여기 '소제'라는 것은 5대 제사 중 유일하게 곡물로 드리는 제사로서 히브리어로 'מִנְחָה'(미느하)라고 하는데 원래는 '선물'이란 뜻입니다. 영어로는 'grain offering'(곡물 예물)이라고 하고, 한자로 '힐 소'(素), '제사 제'(祭)라고 하여서 '흰 가루로 된 곡물의 제물'을 가리킵니다. 그리하여 소제는 매일 드리는 번제에 동반되어 감사의 마음이 생길 때 드리는 제사였습니다(수 22:23, 29; 삿 13:19, 23; 왕상 8:64; 왕하 16:13, 15). 소제는 십자가의 헌신에 의해 감사의 제물이 되셨던 예수님을 상징합니다. 그래서 소제에는 주님께 대한 우리의 헌신과 더불어 감사의 의미가 담겨 있었습니다. 그러므로 우리도 주님께 예배를 드릴 때 주님의 은혜에 감사하고 감격하면서 드려야 하고, 모든 삶도 주님께 대한 감사와 감격 속에서 살아가야 합니다.

그런데 우리 신앙생활의 또 하나의 문제는, 말로는 감사의 예배를 드리고 모든 것에 감사한다고 하면서도 삶은 그러지 못한다는 것입니다. 매사가 부정적이고 비판적이고 입만 열면 불평하고 원망하고 험담하고 비방하고 고소까지 하고 고발까지 합니다. 진정한 크리스천인가 도저히 이해가 되지 않는 사람들이 우리 주위에 얼마나 많이 있습니까? 다 '고소하는 자', '참소하는 자'라는 뜻을 가진 사탄의 도구로 전락해 버린 사람들입니다.

그렇다면 어떻게 감사의 삶을 살 수 있습니까? 하나님의 말씀과 기도로 성령 충만함을 간구하면 됩니다. 에베소서 5장 19-21절을 보면 "시와 찬송과 신령한 노래들로 서로 화답하며 너희의 마음으로 주께 노래하며 찬송하며 범사에 우리 주 예수 그리스도의 이름으로 항상 아버지 하나님께 감사하며 그리스도를 경외함으로 피차 복종하라"고 분명히 명령하시지 않습니까? 우리가 먼저 하나님의 말씀과 기도로 성령님의 충만함을 회복하면 그 증거로써 자연스럽게 첫째는 찬양의 기쁨이 넘치고, 둘째는 감사의 행복이 넘치고, 셋째는 복종의 섬김이 이루어집니다.

전 세계 132개국 1억 4천만 명의 시청자를 웃기고 울리는 오프라 윈프리(Oprah Winfrey)라는 명사회자가 있습니다. 오프라 윈프리가 자신의 이름을 걸고 진행하는 이 쇼는 에미 상을 30회나 수상했으며, TV 아카데미 명예의 전당에도 올랐습니다. 그녀는 현재 토크쇼 진행뿐 아니라 여성 전용 케이블 TV 옥시전의 동업자이자 TV 프로그램 제작, 연출과 출판 및 인터넷 사업 등을 총망라하는 하포 그룹 회장으로, 연예인 가운데 최고의 수입을 올리고 있어 그녀의 재산은 10억 달러(1조 2천억 원)가 훨씬 넘습니다. 그야말로 인종과 성별 차별의 장벽을 뛰어넘어 크게 성공을 이룬 스타로 모든 사람들의 부러움을 사고 있습니다. 하지만 그녀의 과거는 현재의 행복과는 동떨어진 삶이었습니다.

그녀는 찢어지게 가난한 미혼모에게서 태어나 아버지도 없이 어머니의 품이 아닌 할머니 손에서 자라났고, 그곳에서 삼촌에게 성폭행을 당해 14세의 어린 나이에 출산과 동시에 자신도 미혼모가 되었습니다. 아이는 태어난 지 2주 만에 죽었고, 그 충격에 가출한 후 그녀는 마약 복용으로 하루하루를 지옥같이 살았습니다. 당시 오프라는 살고자 하는 의욕이 전혀 없는 107kg의 뚱뚱한 몸매의 불행한 흑인 미혼모에 지나지 않았습니다.

이처럼 기구한 운명의 삶에 종지부를 찍게 된 중요한 사건이 일어났는데 그것은 신앙으로 변화된 친아버지와의 재회였습니다. 거듭난 아버지는 자신의 딸 오프라 윈프리에게 새로운 세상을 보여주었습니다. 딸에게 매주 성경을 읽고 암송하는 훈련도 시켰는데, 그녀가 처음 접해 본 성경은 그녀의 지적 호기심을 자극했으며 삶에 즐거움을 더해 주었고, 그녀의 영혼에 인생의 가장 소중한 가치를 심어 주었습니다.

19살이 된 오프라는 내슈빌 TV 방송국에 취직했는데 그녀의 지혜에 감탄한 방송국은 흑인 여성 최초로 뉴스 앵커로 발탁했습니다. 그곳에서 3년을 보낸 그녀는 좀 더 큰 볼티모어의 TV 방송국 아침 6시 뉴스 앵커로 진출했지만 담당자는 오프라의 뉴스 전달이 너무 감정에 치우친다고 판단하여서 그녀를 아침 방송 "사람들이 말하고 있다"라는 프로그램으로 좌천시켜 버렸습니다. 그러나 이것은 오히려 그녀에게 전화위복의 기회가 되었습니다.

오프라는 첫 아침 방송에 대한 소감을 이렇게 밝혔습니다. "첫 방송이 끝난 순간, 나는 하나님께 감사했어요. 왜냐하면 내가 하고자 했던 것을 드디어 찾았다는 느낌이 들었거든요. 방송을 하는데 마치 편안하게 숨 쉬는 것 같은 기분이 들었어요. 사실 살아가다 보면 원하는 일을 찾지 못할 때가 종종 있잖아요. 오히려 일이 나를 선택할 때도 있고요. 나는 아침 방송으로 좌천되었지만 이제야 내 일을 찾은 것 같았어요." 비로소 오프라는 자신이 있어야 할 자리를 찾게 된 것입니다.

그녀가 투입된 방송 프로그램인 "사람들이 말하고 있다"가 기대 이상의 대성공을 거두었고, 그녀는 토크쇼의 여왕이 되는 첫발을 내딛었습니다. 그리하여 1986년부터 2011년까지 25년간 TV 토크쇼 시청률 1위인 "오프라 윈프리 쇼"를 진행했을 뿐만 아니라 현재 오프라는 세계에서 가장 바쁜 사람 중 한 사람이 되었습니다.

그런데 그녀가 이렇게까지 성공하는 데 또 하나의 뒷받침이 된 것이 있는데 그것은 하루도 빼먹지 않고 날마다 '감사 일기'를 적는 습관입니다. 하루 동안 일어났던 일 가운데 다섯 가지 감사 목록을 찾아 기록하는 것인데, 감사 내용은 거창한 것이 아니고 아주 작은 일상의 것들이었습니다.

1) 오늘도 거뜬하게 잠자리에서 일어날 수 있어서 감사합니다.
2) 유난히 눈부시고 파란 하늘을 보게 해주셔서 감사합니다.
3) 점심 때 맛있는 스파게티를 먹게 해주셔서 감사합니다.
4) 얄미운 짓을 한 동료에게 화내지 않았던 저의 인내성에 감사합니다.
5) 좋은 책을 읽었는데 그 책을 써 준 작가에게 감사합니다.

그녀는 자신의 감사 목록을 기록하면서, 인생에서 소중한 것이 무엇이며 어디에 삶의 초점을 두어야 하는지 배우게 되었다고 고백했습니다. 결국 매일 감사의 삶이 그녀의 삶을 행복하게 하는 큰 활력소자 힘의 원천이 된 것입니다.

이처럼 그녀는 '토크쇼의 여왕'일 뿐만 아니라 더 나아가 지난날 가난하고 불행했던 자신의 삶을 돌이켜 보면서 고향 미시시피 주 코지어스코로부터 시작해서 가난하고 힘들게 살아가는 사람들, 심지어 그녀의 토크쇼 방송 출연자들과 최근의 코로나19 구호 활동에 이르기까지 수천억 원을 기부한 '자선 여왕'으로도 불리고 있습니다.

여러분, 우리도 지나온 삶을 돌이켜 볼 때 감사의 제목들이 얼마나 많이 있습니까? 가장 먼저 우리가 살아 있는 것만 해도 감사하고, 건강한 것도 감사하고, 암에 안 걸린 것도 감사하고, 암에 걸렸다가 살아난 것도 감사하고, 코로나19에 안 걸린 것도 감사하고, 코로나19에 걸렸다가도 건강이 놀랍게 회복된 것도 감사하지 않습니까? 빈손으로 온 세상에서 지금까지 먹고 입고 쓰고 살아간 것도 감사하고, 무엇보다 구원받고 하나님의 자녀가 된 것이 감사하고, 이 은혜롭고 행복한 치유하는교회에서 신앙생활을 하는 것이 얼마나 감사합니까?

그러나 진정한 감사는, 건강할 때만 감사하는 것이 아니라 병들었을 때도 감사하고, 즐거울 때만 감사하는 것이 아니라 슬플 때도 감사하고, 행복할 때만 감사하는 것이 아니라 불행할 때도 감사하고, 형통할 때만 감사하는 것이 아니라 실패할 때도 감사하는 것입니다. 그러므로 코로나19가 공격해 오고 경제적으로 힘들어지고 불화와 갈등이 더욱 생겨나고 우울증으로 죽고 싶고 자살 충동까지 느껴도 언제 어디서나 어떠한 환경 속에서도 우리가 이렇게 소제를 드림으로 범사에 감사하는 삶을 살아가야 합니다. 그러할 때 거기서부터 행복이 새롭게 싹트고 감격의 눈물이 흘러내리고 건강도 놀랍게 회복되며, 기적적인 축복의 역사가 일어날 줄 확실히 믿습니다.

화목제: 화목하게 하는 삶을 살아야 함

계속해서 레위기 3장 1절 말씀을 다 함께 읽겠습니다.

> "사람이 만일 화목제의 제물을 예물로 드리되 소로 드리려면 수컷이나 암컷이나 흠 없는 것으로 여호와 앞에 드릴지니."

여기 나오는 '화목제'는 히브리어로 '**שְׁלָמִים**'(쉘라밈)이라고 해서 '화목', '평화' 뜻의 '**שָׁלֹם**'(솰롬)이란 명사에서 파생되었습니다. 그래서 화목제를 영어로 'fellowship offering'(교제의 제물)이라고 하고 한자어로는 '화목할 화'(和), '화목할 목'(睦), '제사 제'(祭)자를 씁니다. 이 화목제는 우리 죄의 문제와 관련한 제사가 아니라 거룩하신 하나님과 죄악된 인간의 화목제물이 되신 예수님을 상징하는 것으로, 예수님이란 화목제물을 통해서 우리가 하나님과 평화와 화목의 교제를 회복하게 하기 위한 것이었습니다.

그렇다면 예수님을 통해 하나님과 화목하게 된 우리는, 어떻게 하나님과 화목하며 화목하게 하는 삶을 살고, 진정으로 하나님과 화목하는 예배를 드리며, 더 나아가서 여생을 어떻게 화목하게 하는 삶으로 살아야 합니까? 고린도후서 5장 18-19절에 "모든 것이 하나님께로서 났으며 그가 그리스도로 말미암아 우리를 자기와 화목하게 하시고 또 우리에게 화목하게 하는 직분을 주셨으니 곧 하나님께서 그리스도 안에 계시사 세상을 자기와 화목하게 하시며 그들의 죄를 그들에게 돌리지 아니하시고 화목하게 하는 말씀을 우리에게 부탁하셨느니라"고 증거하셨습니다. 하나님께서 예수 그리스도로 말미암아 우리와 화목하시고, 또 우리에게 화목하게 하는 직분을 주시고 화목하게 하는 말씀을 부탁하셨기 때문에, 우리가 가정에서나 교회에서나 세상 어디서나 화목하게 하는 삶을 살아가야 하는 것입니다.

그래서 우리가 어느 곳에 있든지 화목하게 하는 자(peacemaker)로 살아가야 합니다. 사람들이 보고 싶고, 그립고, 만나고 싶은 사람이 되야 합니다. 그런데 우리가 그 목사님, 그 장로님, 그 권사님, 그 집사님, 그 교인을 생각만 해도 골치가 아프고 피하고 싶고 그 곁을 떠나고 싶다면 그 사람은 절대 예수님을 바로 믿는 사람이 아니고, 하나님의 자녀도 아니고, 문제를 일으키는 자(troublemaker)일 뿐입니다. 평생 신앙생활을 해 놓고도 그렇게 인생을 살다가 끝내면 누가 그런 교인을 좋아하겠습니까? 언젠가 우리가 세상을 떠날 때 누가 그 사람의 장례식에 오겠습니까? 그런 사람은 절대적으로 인생을 바로 산 사람이 아니고, 신앙생활도 바로 한 사람이 아닙니다.

그러므로 이제 얼마 남지 않은 여생이라도 마지막으로 돌이켜서 우리가 이렇게 화목제를 드림으로 모두를 화목하게 하는 삶을 살아갈 때 마태복음 5장 9절의 "화평하게 하는 자는 복이 있나니 그들이 하나님의 아들이라 일컬음을 받을 것임이요"라는 말씀처럼 우리가 진정으로 하나님의 자녀라고 일컬음 받는 복을 누리게 될 줄 확실히 믿으시기 바랍니다.

속죄제: 속죄의 주님을 증거하는 삶을 살아야 함

계속해서 레위기 4장 3절 말씀을 다 함께 읽겠습니다.

> "만일 기름 부음을 받은 제사장이 범죄하여 백성의 허물이 되었으면 그가 범한 죄로 말미암아 흠 없는 수송아지로 속죄제물을 삼아 여호와께 드릴지니."

먼저 나온 번제와 소제와 화목제가 모두 자신의 선택에 의한 자원제였다면, '속죄제'는 범죄한 사람이 의무적으로 드려야 할 의무제입니다. 히브리어로 'חַטָּאת'(핫타트)이고 영어로 'sin offering'이라고 하며, 한자로 '속죄할 속'(贖), '허물 죄'(罪), '제사 제'(祭)라고 하는데, 속죄제는 우리의 모든 죄를 대속하신 속죄의 제물이 되신 예수님을 가장 강력하게 상징합니다.

다시 말하면, 예수님께서 영원한 속죄의 제물로서 우리 인생의 모든 불행과 고통의 원인인 우리의 모든 죄악과 상처와 질병을 십자가에서 대신 져 주셨습니다. 그러므로 우리가 하나님께 예배를 드릴 때 우리의 모든 죄악의 용서와 상처의 치유와 질병의 치료를 체험해야 하고, 여생을 주님의 속죄의 은혜에 감사하고 감격하면서 복음을 증거하는 삶을 살아야 하는 것입니다.

우리 치유하는교회에서 파송한 인도네시아 박홍신 선교사님이 최근에 《하나님은 언제나 가까이 계셔》라는 책을 펴서 보내왔습니다. 그는 2006년 12월 인도네시아 파송을 받고 인도네시아 강성 이슬람 지역인 동부 자바와 힌두교 지역인 서부 발리에서 사역을 해왔습니다. 그가 환난과 핍박이 없는 지역에 가서 선교를 할 수도 있었지만 하나님의 강권적인 부르심이 있었기 때문에 이슬람교와 힌두교 우상의 나라에 가서 선교를 하였는데 말할 수 없는 생명의 위협과 핍박을 받았습니다. 그곳에 가서 가장 먼저 고아원과 유치원과 초등학교와 중·고등학교를 세워서 어린 영혼들부터 전도해 나갔습니다. 그러는 가운데 무슬림들이 병 고침 받는 기적도 일어나고, 3,000명이나 회개하고 돌아오는 역사도 일어났습니다.

그런데 복음을 널리 전할수록 핍박이 더욱 거세게 일어나서 테러의 폭력까지 당하고, 한 동역자 목사님은 음료수에 강력한 독약을 넣은 주스를 마시기도 했습니다. 그 주스에는 1분 안에 죽는 강한 독약이 들어 있었는데 10분이 지나도록 목사님에게 위가 쓰리거나 배가 아픈 반응이 전혀 안 일어나자 오히려 무슬림들이 당황하고 기겁을 했습니다. 마가복음 16장 17-18절의 "믿는 자들에게는 이런 표적이 따르리니 곧 그들이 내 이름으로 귀신을 쫓아내며 새 방언을 말하며 뱀을 집어 올리며 무슨 독을 마실지라도 해를 받지 아니하며 병든 사람에게 손을 얹은즉 나으리라 하시더라"라는 기적의 역사가 나타난 것입니다.

결국 이 독약 사건으로 수많은 무슬림들이 회개하고 돌아오고, 그로 인해 인근에 소문이 전해져서 5개의 교회를 개척할 수 있었다고 합니다. 그렇다고 독약 먹고 죽는지 안 죽는지 시험해 본다고 먹으면 죽습니다. 영적 최전방인 선교 현장에서 성령님께서 역사하셔서 가능했던 일입니다. 이렇게 지난 14년 동안 고아원 4개를 설립하고, 기독 유치원, 초등학교, 중·고등학교, 12개 교회를 개척하며 이제는 마두라 미전도 종족, 동티모르 빈민촌까지 사역을 확대해 나면서 영적 전쟁의 최전방에서 위대한 복음의 역사를 일으켜 나가고 있습니다.

그런데 코로나19로 인해 오늘 우리의 현실은 어떠합니까? 정부는 코로나19 방역을 이유로 2,500석 예배당에 20명만 모이라고 합니다. 10%, 20%, 30%, 40%, 50% 모여도 방역을 철저히 하면 아무런 문제가 없습니다. 오히려 많이 모여서 살아 계신 하나님께 예배드리고 합심해서 간구함으로써 하나님의 기적적인 치유를 통해 코로나19를 속히 종식시켜야 하지 않겠습니까? 그런데 믿음 없는 정부는 교회를 예식장만도 못하게 여기고 2,500여 명이 모일 수 있는 이 큰 예배당에 20명만 모여 예배드리라고 하니 말이 됩니까? 백신 개발에 2년이 걸린다는데 우리가 새벽마다 합심해서 간절히 기도해서 1년도 안 되어 개발이 되었으면 그 백신을 구해다가 영국이나 미국처럼 맞힐 생각을 해야지, 교회나 가게 문을 닫게 해서 해결될 문제가 아닙니다. 이런 상황에서 속죄의 주님께 예배드리고 찬양하며 영광 돌려야 할 교회마저도 코로나19가 두려워서 못 모이고, 교인들은 우리의 영과 혼과 육을 치료하시는 하나님을 못 믿고 못 나오고 있습니다.

우리가 이러한 믿음으로 살아간다면 우리에게 더 이상의 기적도, 은혜도, 평강도, 축복도 없습니다. 우리가 속죄의 주님을 분명히 체험했다면 이 치유의 복음을 전하든지, 선교사님을 보내든지, 아니면 우리가 가든지 셋 중 하나는 해야 진정으로 속죄의 주님을 체험한 성도이지, 그렇지 않는다면 다 가짜 신자요, 종교인일 뿐이요, 교회만 왔다갔다하는 사람에 불과한 것입니다.

그러므로 우리가 먼저 우리 죄악의 용서를 경험하고 상처의 치유를 받고 질병의 치료를 체험하고, 죄악과 상처와 질병에 대한 주님의 대속의 은혜를 감사하고 감격해야 합니다. 그리고 바울 사도가 사도행전 20장 24절에 "내가 달려갈 길과 주 예수께 받은 사명 곧 하나님의 은혜의 복음을 증언하는 일을 마치려 함에는 나의 생명조차 조금도 귀한 것으로 여기지 아니하노라"고 증거하였듯이, 우리가 속죄제를 드림으로 목숨을 걸고 속죄의 주님을 증거하는 삶을 살아가려 애쓸, 일생토록 주님의 은혜와 평강과 축복에 감격하는 삶이 될 줄 확실히 믿습니다.

속건제: 사랑의 열매를 맺는 삶을 살아야 함

마지막으로 레위기 5장 16절 말씀을 다 함께 읽겠습니다.

> "성물에 대한 잘못을 보상하되 그것에 오분의 일을 더하여 제사장에게 줄 것이요 제사장은 그 속건제의 숫양으로 그를 위하여 속죄한즉 그가 사함을 받으리라."

속건제는 히브리어로 'הָאָשָׁם'(하이샴)이라고 해서 영어로는 'guilt offering'(죄책감의 제물)이라고 하고, 한자로는 '속죄할 속'(贖), '허물 건'(愆), '제사 제'(祭)입니다.

그런데 속죄제와 속건제에 차이가 있습니다. 속죄제가 우리가 알고 범한 죄를 위해 드리는 제사라면, 속건제는 우리가 알지 못하고 부지중에 범한 죄를 위해 드리는 제사였습니다. 더 나아가 속죄제가 하나님과의 관계에서 지은 죄의 문제를 해결하기 위한 제사라면, 속건제는 사람과의 관계에서 저질러지는 죄의 문제를 해결하기 위한 제사였습니다. 그래서 속죄제는 하나님께 속죄제를 드림으로 용서를 받았다면, 속건제는 속죄제와 함께 사람에 대한 보상까지를 포함하고 있음에 주목해야 합니다. 이것은 영적으로 매우 깊은 뜻을 가지고 있습니다. 예수님의 십자가 복음을 영적으로 잘 보여주고 있는데, 속죄제가 하나님과의 종적인 관계 회복이라면 속건제는 사람들과의 횡적인 관계 회복을 말합니다. 그래서 우리가 하나님과 믿음의 관계가 회복되었다면 사람들과의 사랑의 관계도 기필코 회복해야 하는 것입니다.

그래서 삭개오도 회개하였을 때 예수님만 그의 집으로 영접한 것이 아니라 누가복음 19장 8절에 "삭개오가 서서 주께 여짜오되 주여 보시옵소서 내 소유의 절반을 가난한 자들에게 주겠사오며 만일 누구의 것을 속여 빼앗은 일이 있으면 네 갑절이나 갚겠나이다"라고 삶의 변화를 선언하고 사랑을 실천했던 것입니다. 이렇게 삭개오가 그의 삶 가운데 사랑의 열매를 맺었을 때 비로소 예수님께서 "오늘 구원이 이 집에 이르렀으니 이 사람도 아브라함의 자손임이로다"(눅 19:9)라고 선포하셨습니다.

여러분, 우리는 지금 IMF와 비교할 수 없을 만큼 어려운 때를 살아가고 있습니다. 가장 먼저는 우리의 가정에서나 직장에서나 이웃에서나 교회 안에서도 우리의 사랑의 손길과 치유의 복음이 절실한 사람들이 얼마나 많은지 모릅니다.

지난 12월 9일 수요일 밤에 예배를 마치고 집에 돌아가서 우연히 채널A "아이 콘택트"라는 프로그램을 보게 되었습니다. 탤런트 장광 씨가 아내와 딸과 아들과 함께 출연했습니다. 아버지가 매일 밤늦게

귀가하면 집요하게 가족들을 쫓아다니면서 귀찮게 질문을 해서 가족들이 다 아버지를 피했습니다. 그중에도 특별히 서른다섯 살 된 아들 장영이 어린 시절 아버지에게서 받은 깊은 상처의 감정이 남아 있었습니다. 아들이 초등학생 때 친구들과 친구 부모들로부터 억울하게 가해자로 몰려 집에 돌아왔을 때 아버지가 자기 입장에서 이야기를 들어주고 이해해 주고 자신을 위로해 줄 줄 알았는데 아버지가 자신에게 가장 야단을 많이 치더랍니다. 그러고는 마지막에 억지로 안아 주시는데 자신은 마음에 내키지도 않았고, 오히려 그러한 아버지에 대해서 분노의 마음이 솟구쳐서 방에 들어가 베개를 쥐어뜯으면서 울었다고 합니다. 그리고 아버지는 평생에 절대로 믿을 존재가 아니라는 생각으로 아버지에 대해서 마음속에 칼날을 품고 살았다는 것입니다.

그런데 아버지가 아들의 이러한 상처의 고백을 다 들은 다음에 "그때 아빠가 너무 잘못했구나! 아빠 잘못이야! 네가 그렇게 아팠다는 걸 몰라서 미안하다! …그때 그걸 왜 몰랐는지 …그래도 이제라도 이렇게 얘기해줘서 고맙다!"라고 하면서 아들에게 뒤늦게나마 눈물을 글썽이며 용서를 구합니다. 그때 비로소 그동안 눈길조차 주지 않았던 아들이 처음으로 아버지와 눈을 마주쳤습니다. 아버지가 "그래도 아빠가 널 사랑한다는 건 틀림없는 사실이야! 한번 안아 봐도 될까?" 하고 포옹을 제안해서 아버지와 아들이 난생 두 번째 포옹을 하는데, 누구보다도 두 사람의 화해를 기대했던 엄마와 누나도 부자간의 화해를 지켜보면서 함께 눈물을 흘렸습니다. 그때 아버지가 또다시 "사랑해" 하고 사랑을 고백하자 아들도 "사랑해요! 잘할게요!" 하고 대답했습니다. 온 가족이 지난날 그토록 멀리 느껴졌던 부자의 관계가 눈 녹듯이 녹아 놀라운 사랑의 관계로 변한 가장 행복한 날이었다고 온 가족이 고백했습니다.

그렇습니다. 우리가 살다 보면 우리의 아픔을 가장 잘 알아주고 사랑으로 품어 주어야 할 사랑하는 가족들이 오히려 가장 큰 상처를 주고 불행과 고통의 눈물을 흘리게 할 때가 얼마나 많습니까? 그러나 이 해가 다 가기 전에 오늘이 마지막 날인 것처럼 용서를 구하고 용서를 하면서 속건제를 드림으로써 사랑의 열매를 맺는 삶을 살아갈 때, 지난날의 모든 상처의 불행과 고통도 이겨 내고 모두 다 함께 치유되고 회복되며 행복하고 축복된 삶으로 일어설 줄 확실히 믿으시기 바랍니다.

지난 주간에는 과거 여자 탁구 세계 챔피언이자 핑퐁 선교사인 양영자 선교사님의 삶과 신앙을 담은 《주라, 그리하면 채우리라》라는 책을 읽을 기회가 있었습니다. 양 선교사님은 1964년 7월 6일 전라북도 익산에서 3남 3녀 중 막내로 태어났고 아버지가 상업에 종사하여 어렵지 않은 환경에서 순탄하게 자라났습니다. 완고할 정도로 고집스러웠고 남에게 지는 것을 몹시 싫어했는데, 초등학교 3학년 때 탁구를 시작하면서 고집이 강한 승부욕으로 탈바꿈이 되었습니다. 1977년 11월 이리역(현 익산역) 폭발 사고는 이리역 구내에 깊이 15m, 직경 30m의 거대한 웅덩이가 생길 정도로 엄청난 대형 사고였습니다. 1,400여 명의 사상자가 나올 정도여서 이리역 가까이 살던 양 선교사님네도 어머니가 유리 파편에 코를 다치셨는데도 본능적으로 탁구 라켓만은 반드시 찾아야 한다는 생각에 위험을 무릅쓰고 그 와중에도 집 안을 뒤졌다고 합니다.

이처럼 양 선교사님은 탁구의 재능과 열정이 뛰어나 중학교 2학년 때부터 전국학생탁구선수권대회에서 개인 단식 우승을 할 정도였습니다. 중학교 3학년 때는 청소년 대표선수가 되어서 캐나다 오픈 탁구대회에 출전했는데 갑자기 팔에 통증이 와서 가슴이 철렁 내려앉았다고 합니다. 테니스 엘보(팔목 관절에 무리한 힘이 가해져 근육이 찢어지는 증상)가 왔지만 팔목이 얼얼할 정도로 근육 이완제를 바르고 압박붕대를 감고 고통을 참으며 간절히 기도하면서 경기를 치른 결과 놀랍게도 개인 준우승과 남녀 혼합 우승을 차지하였습니다. 그 일은 하나님을 놀랍게 경험하는 계기가 되었고, 평생을 테니스 엘보로 고통당할 때마다 기도하는 훈련을 받게 된 것입니다. 1981년 이일여고 1학년 때 고등학생으로 유일하게 꿈에도 그리던 태극마크를 처음 달았고, 외롭고 고된 기흥선수촌 생활 가운데에도 혼자 찬양하고 기도하고 말씀을 묵상하는 삶이 그녀의 행동으로 열매를 맺었습니다.

팔목이 너무도 아파서 기도원을 찾았는데 거기서 비로소 말씀 가운데 예수님의 치유의 은혜를 뜨겁게 체험하였고, 그날 주님의 십자가 사랑에 감격하며 한없이 눈물을 흘리며 예수님을 구주로 영접하였습니다. 놀랍게도 그 순간 지난 6년 동안 통증으로 그녀를 괴롭혔던 손목조차도 십자가의 능력으로 말미암아 깨끗이 나았습니다. 그러자 선수촌에서 함께 운동하던 선수들이나 코치들에게 신앙의 산 증인이 되어서 치유의 주님을 증거하는 복음의 통로로 쓰임 받게 되었습니다.

그런데 1984년, 생각지도 못한 어려움이 다시 닥쳐왔습니다. 알 수 없는 극도의 피로감과 두통과 체력 저하로 운동에 전념할 수가 없었습니다. 원인은 간염이었습니다. 집안 내력이 간이 약해서 어머니, 큰오빠, 큰언니가 모두 간암으로 일찍 세상을 떠났고, 양 선교사는 뒤늦게 허약한 간을 타고난 것을 안 것입니다. 아무리 승부 근성이 있고 정신력으로 버틴다고 해도 체력 저하는 속수무책이어서 1986년 아시안게임과 1988년 서울올림픽의 국가대표 선수 선발전에서 탈락하고, 추천 케이스에서마저 제외되는 수모를 겪어야 했습니다. 지금까지 최고 성적으로 최고 선수 대우를 받아 왔으니 참으로 자존심이 상했지만 "대저 의인은 일곱 번 넘어질지라도 다시 일어나려니와 악인은 재앙으로 말미암아 엎드러지느니라"(잠 24:16)는 말씀과 같이 다시 국가대표로 발탁되었습니다. 체력 저하의 악조건 속에서도 주님께서 주시는 기적적인 능력으로 3차전 중고등학생선수들부터 시작해서 2차전 대학선수들을 거쳐 1차전 실업선수들까지 포함해서 30여 명과 겨루는 선발전에서 당당하게 1등으로 다시 국가대표로 선발된 것입니다.

1987년 인도 뉴델리 세계탁구선수권대회를 앞두고는 간염 증상이 더욱 심해져서 50일 동안을 입원까지 하였는데 복음성가를 부르면서 하나님께 기도로 간절히 매어 달렸습니다.

1. 주님여 이 손을 꼭 잡고 가소서
약하고 피곤한 이 몸을
폭풍우 흑암 속 헤치사 빛으로
손잡고 날 인도하소서
2. 인생이 힘들고 고난이 겹칠 때
주님여 날 도와주소서
외치는 이 소리 귀 기울이시사
손잡고 날 인도하소서

그런데 간염 증상이 완전히 회복되지 않은 상태에서 천적이었던 중국 대표선수인 다이리리를 꺾고 기적적으로 금메달을 땄고, 다이리리 선수에게 속죄의 주님을 증거하는 전도까지 했습니다.

드디어 그토록 기다리던 88 서울올림픽이 열렸습니다. 세계 최강인 중국의 자오즈민과 첸징 조와의 복식경기를 앞두고 하나님께서 도와주시지 않으면 못 이긴다고 간절히 기도했는데, 하나님께서 기적적으로 승리케 해주셔서 한국 탁구 역사상 최초의 올림픽 금메달을 따냈습니다. 그리고 "현정화 선수와 모든 것을 신앙으로 함께 호흡해서 우승할 수 있었던 것에 대해 하나님께 모든 영광을 올려드립니다"라고 우승 소감을 담대히 밝혔습니다.

그다음 해인 1989년 그녀는 25세의 젊은 나이에 은퇴를 하게 되었는데 그녀의 인생 최대의 위기가 은퇴 다음에 찾아왔습니다. 국가대표 시절, 그녀는 자신의 신앙이 꽤 깊다고 생각했습니다. 그는 '탁구 전도사'라고 불렸고, '죽으면 죽으리라'는 각오로 말씀을 전할 수 있다고 믿었고, 은퇴 후 지도자 생활도 잘 풀릴 줄 알았는데 선수 생활처럼 잘 안 풀렸습니다.

1990년 그토록 의지했던 어머니의 갑작스런 죽음으로 그녀에게 우울증이 닥쳐왔습니다. 어린 시절 익산역 폭발 사고의 트라우마에다가 중국 탁구 대표선수와의 첫사랑의 실연과 은퇴 후 지도자 생활의 실패와 어머니의 죽음이 한꺼번에 몰려오면서 그녀의 마음이 한순간에 무너졌습니다. 심한 우울증에 빠져서 이상한 환청까지 들렸습니다. "이제는 세상에 나 혼자뿐이다. 나를 알아주는 사람도 없고, 이해해 주는 사람도 없고, 사랑하는 사람도 없으니, 이렇게 외롭고 힘들게 살 바에는 차라리 어머니가 먼저 가신 천국으로 가자" 하고 극심한 자살 충동까지 느낄 정도로 절망의 구렁텅이에 빠졌습니다.

그처럼 헤어 나올 수 없는 인생의 밑바닥에서 하루는 QT를 하다가 마태복음 25장 45절의 "내가 진실로 너희에게 이르노니 이 지극히 작은 자 하나에게 하지 아니한 것이 곧 내게 하지 아니한 것이니라"는 말씀 앞에서 자신이 그동안 얼마나 이기적인 삶을 살았는가를 깨닫고 통회 자복하면서 주님의 십자가를 붙잡고 매달려 부르짖었습니다.

낮엔 해처럼 밤엔 달처럼 그렇게 살 순 없을까
욕심도 없이 어둔 세상 비추어 온전히 남을 위해 살듯이
나의 일생에 꿈이 있다면 이 땅에 빛과 소금 되어
가난한 영혼 지친 영혼을 주님께 인도하고픈데
나의 욕심이 나의 못난 자아가 언제나 커다란 짐 되어
나를 짓눌러 맘을 곤고케 하니 예수여 나를 도와주소서

이와 같은 복음성가를 통해 위로의 은혜를 부어 주셔서 감사하며 찬양하며 기적적으로 일어설 수 있었습니다.

그 후 우연히 인도네시아 자카르타에 초청받아 갔다가 한 권사님의 소개로 이영철 연합통신(YTN) 기자를 만났는데 신앙의 사람이라서 그런지 그렇게 마음 편안하게 다가와서 교제를 시작하였고, 두 사람의 만남이 우연이 아니라 하나님의 뜻임을 깨닫고 결혼했습니다. 그 후 복음에 빚진 자로서 주님과 고통당하는 이웃을 위해 남은 생을 살고자 몽골 선교사로 헌신하는 놀라운 믿음의 결단을 하였고, 남편도 그동안 몸담았던 연합통신에 사표를 내고 신학을 공부하고 선교사 훈련을 받았습니다. 그리고 모든 재산을 WEC(Worldwide Evangelization for Christ) 국제선교회에 기부했습니다.

그들은 자신들이 소유하고 의지했던 재물을 미련 없이 하나님 앞에 전부 내려놓은 후 영적 자유함 속에서 하나님께서 공급해 주시

는 것으로 주님만 의지하며 사는 선교사가 되기로 하고, 1997년 오지인 몽골로 떠났습니다. 막상 가서 보니까 몽골은 상상을 초월할 정도로 황폐한 환경이었고, 여름에는 섭씨 40도를 오르내리고 겨울에는 영하 45도 아래의 강추위가 엄습하며, 황사 바람으로 매일 집 안에는 모래가 수북하게 쌓였습니다. 더구나 체질에도 안 맞는 육식 생활을 하면서 인생 처음 겪어 보는 말할 수 없는 고통 속에서 우울증에 이어 면역력이 저하가 왔고, 바이러스 감염으로 안면마비가 오고, 향수병에 시달리면서 매일 눈물 속에서 지냈습니다. 그런데 선교지의 온갖 고난 속에서 그녀를 다시 한 번 일으켜 세워 주신 놀라운 위로의 찬송이 있었는데 "땅 끝에서"라는 찬송이었습니다.

주께서 주신 동산에 땀 흘리며 씨를 뿌리며
내 모든 삶을 드리리 날 사랑하시는 내 주님께
비바람 앞을 가리고 내 육체는 쇠잔해져도
내 모든 삶을 드리리 내 사모하는 내 주님께
땅 끝에서 주님을 맞으리 주께 드릴 열매 가득 안고
땅 끝에서 주님을 뵈오리 주께 드릴 노래 가득 안고
땅의 모든 끝 찬양하라 주님 오실 길 예비하라
땅의 모든 끝에서 주님을 찬양하라
영광의 주님 곧 오시리라

매일 수없이 이 찬송을 들으며 눈물 흘렸습니다. 찬송하고 눈물을 흘리며 간절히 기도하는 가운데 우울증도, 안면마비도, 향수병도 다 치유 받았습니다. 그리고 남편은 몽골 성경 번역을 하고, 자신은 최고의 재능인 탁구를 가르치면서 복음을 전하며 지난 23년 동안을 그 험난한 오지 몽골 땅에서 매 주일마다 하나님께 영과 진리로 예배드리고, 헌신하고 봉사하고 충성을 다하며 선교하면서 의미 있고 보람되고 행복한 삶을 살고 있다는 너무도 감동적인 간증이 담겨 있었습니다.

사랑하는 성도 여러분, 말세 마지막 때 또다시 주님 다시 오실 날을 예비하는 구주강림절을 맞이하면서 우리의 여생 동안 하나님께 어떠한 제물을 드리며 살아가야 하겠습니까? 우리는 형식과 습관에 의한 예배나 신앙생활이 아니라 성령님의 임재를 뜨겁게 느끼는 살아 있는 예배부터 회복해야 합니다. 그로 말미암아 온전한 헌신의 삶부터 살고, 범사에 감사하는 삶을 살고, 화목하게 하는 삶을 살고, 속죄의 주님을 증거하는 삶을 살고, 사랑의 열매를 맺는 삶을 살아가야 합니다. 그렇게 우리 여생에 진정한 제물, 즉 영적인 예배를 드림으로써 가장 먼저 하나님께서 기뻐 받으시고 우리의 여생과 자손 대대로 믿음의 복을 누리면서 의미 있고 보람되고 복되게 살아가게 될 줄 확실히 믿습니다.

다 함께 결단의 찬송으로 "땅 끝에서"를 부르며 믿음으로 결단하도록 하겠습니다.

> 주께서 주신 동산에 땀 흘리며 씨를 뿌리며
> 내 모든 삶을 드리리 날 사랑하시는 내 주님께
> 비바람 앞을 가리고 내 육체는 쇠잔해져도
> 내 모든 삶을 드리리 내 사모하는 내 주님께
> 땅 끝에서 주님을 맞으리 주께 드릴 열매 가득 안고
> 땅 끝에서 주님을 뵈오리 주께 드릴 노래 가득 안고
> 땅의 모든 끝 찬양하라 주님 오실 길 예비하라

땅의 모든 끝에서 주님을 찬양하라

영광의 주님 곧 오시리라

저희의 믿음의 제물을 기뻐 받으시는 하나님 아버지, 말세 마지막 때에 코로나19의 그 극심한 환난과 핍박 속에서도 살아 계신 하나님께 감사와 감격의 예배를 드리며 이 은혜롭고 행복한 교회에서 지금까지 살아올 수 있었음이 얼마나 감사한지 모릅니다. 그러니 우리가 더욱 온전한 헌신의 삶부터 살게 하여 주시옵소서! 범사에 감사하는 삶을 살게 하여 주시옵소서! 화목하게 하는 삶을 살게 하여 주시옵소서! 속죄의 주님을 증거하는 삶을 살게 하여 주시옵소서! 사랑의 열매를 맺는 삶을 살게 하여 주시옵소서! 그리함으로 이 구주강림절을 맞이하면서 가장 먼저 하나님께 영광 돌리며 우리의 여생과 자손 대대로 믿음의 복을 누리면서 의미 있고 보람되고 복되게 살게 하여 주실 줄 믿습니다. 모든 것을 주님께 맡기옵고, 예수님의 이름으로 간절히 축복하며 기도하옵나이다. 아멘!

성탄의
3대 축복

민수기 6:22-26

오늘은 구주강림절 넷째 주일이면서 예수님께서 이 땅에 오신 성탄을 축하하고 기념하는 성탄주일입니다. 하나님 아버지께서 죄 없는 아들 예수님을 이 땅에 보내 주신 것은 우리에게 세 가지 축복을 주시기 위한 것이었습니다. 이 시간도 우리가 매 주일 낮예배의 마지막에 받는 구약성경을 대표하는 아론의 축복기도 가운데 나타난 예수님 성탄의 3대 축복에 대한 하나님의 음성을 다 함께 들을 수 있길 바랍니다.

육신의 축복을 주시기 위함

먼저 본문 24절 말씀을 다 함께 읽겠습니다.

"여호와는 네게 복을 주시고 너를 지키시기를 원하며."

하나님께서는 이스라엘의 출애굽 영도자인 모세를 통해 대제사장 아론과 그의 아들들인 제사장들에게 이스라엘 백성들에게 다음과 같이 축복하라고 명령하십니다. 첫 번째로 하나님께서 모든 이스라엘 백성들이 세상에서 복되게 살아갈 수 있도록 가장 먼저 육신의 축복을 주시길 원하셨습니다. 왜냐하면 우리가 육신의 축복 없이는 이 땅 위에서 생존해 나갈 수 없기 때문에 가장 먼저 이 육신의 축복을 주셨습니다.

그런데 하나님께서는 우리에게 이 육신의 축복을 내려 주시기 위해서 예수님을 이 땅에 보내시고 에베소서 1장 3절에 “찬송하리로다 하나님 곧 우리 주 예수 그리스도의 아버지께서 그리스도 안에서 하늘에 속한 모든 신령한 복을 우리에게 주시되”라고 약속하시지 않습니까? 하나님 아버지께서는 예수 그리스도 안에서 신령한 복을 우리에게 주신다고 약속하고 계십니다.

그러므로 예수님께서 우리의 그리스도(구세주)가 되셔서 이 땅에 오지 않으셨다면 우리가 어떻게 그 복을 누릴 수 있었겠습니까? 그러므로 우리는 예수님께서 우리에게 축복을 주시려고 이 땅에 오신 것을 감사하고 감격하면서, 하나님께서 그리스도 안에서 그의 자녀들인 우리에게 축복을 내려 주신다는 것을 확실히 믿고, 그 하나님의 축복을 간구하며 그 믿음으로 살아야 합니다. 그리할 때 우리가 모두 다 체험하고 있듯이 과거보다 틀림없이 육신적으로 축복되게 살아가게 되는 것입니다.

육신의 축복 가운데 가장 큰 축복은 무엇보다도 건강의 축복일 것입니다. 우리의 건강이 무너지면 우리의 삶이 송두리째 무너지기 때문입니다. 그런데 우리는 인간의 생사화복을 주관하시는 하나님을 믿지 못하고 코로나19 때문에 온 세상이 불안과 두려움에 떨면서 복의 근원 되시는 하나님께 예배마저 못 드리고, 결국 하나님께서 주시는 건강의 축복까지 잃어가고 있어 너무도 안타까운 현실입니다.

요즘 대한민국 아줌마들이 얼마나 무서운지 모릅니다. 한 아줌마가 길을 가다가 큰 소리로 방귀를 뀌었는데 뒤에 가던 낯선 남자가 "에이씨, 재수 없이 아침부터…" 하고 투덜거렸습니다. 요즘 대한민국 아줌마들이 얼마나 야무집니까? 아줌마가 "아저씨, 소리가 들렸어요?" 하고 묻자 남자가 "크게 들렸소!"라고 대답하니까 이 아줌마가 그러더랍니다. "아저씨, 사회적 거리 두기를 안 하셨네요!" 그러자 그 남자가 "지독한 냄새가 나서 그래요!" 하고 화를 냈고, 이 아줌마가 곧바로 "아저씨, 마스크가 불량인 모양이지요?" 하면서 오히려 큰소리를 치더랍니다.

여러분, 우리가 아무리 사회적 거리를 유지하면서 항상 마스크를 쓰고 손 소독을 수시로 해도 인간의 생사화복을 주관하시는 하나님께서 우리의 건강을 지켜 주시지 않으면 우리는 결코 건강하고 축복되게 살아갈 수가 없습니다. 우리가 왜 이 하나님의 축복을 온전히 누리지 못합니까? 근본적인 이유는 우리가 살아 계신 하나님의 축복의 약속의 말씀을 확실히 믿지 않기 때문입니다. 심지어 말로는 하나님의 말씀을 믿는다고 하면서도 실제로는 다 자기중심적으로 해석해 버립니다.

우리가 성전에 나아오지 아니하고 온라인으로 예배를 보면서도 은혜를 받을 수는 있지만 실제로는 은혜와 축복을 다 잃어버리게 됩니다. 여러분, 진정한 예배는 우리의 만족을 얻기 위한 것이 아니라 하나님을 기쁘시게 해드리는 것임을 분명히 알아야 합니다. 성경 어디에도 온라인 예배가 예배라고 말씀하신 적이 없습니다. 여러분,

사탄에게 속아서는 결코 안 됩니다. 하나님 앞에 나오는 사람을 막을 수 있는 자는 이 땅 위에 아무도 없습니다. 하나님의 말씀 신명기에서만 봐도 하나님께서는 분명히 택하신 곳(오늘의 교회)에서 온전한 예배를 드리라고 17회나 강조하셨다고 말씀드리는데도, 하나님의 말씀은 하나님의 말씀이고 나는 내가 믿는 내 신앙의 주관대로 산다는 것이 우리의 문제입니다. 더욱이 주위에 조금이라도 환난이나 핍박이 따르면 금방 그 신앙이 식어 버리고 흔들리는 사람도 있습니다. 그것은 엄밀한 의미에서 자기 만족을 구하는 종교생활이지, 십자가의 사랑과 은혜에 감사하고 감격하면서 하나님께서 기뻐 받으시는 진정한 예배도 아니고 신앙생활도 아닙니다.

TV나 온라인 예배를 고집하다가 유럽 교회가 이미 먼저 죽었고, 미국 교회가 지금 죽어가고 있고, 이번 코로나19로 인해 한국 교회가 침체의 큰 시험에 빠지고 말았습니다. 하나님을 가장 기쁘시게 해드리는 것이 예배이기 때문에 성전에 나아와 예배드려야 한다는 하나님의 말씀은 잘 알고 있지만 하나님의 말씀대로 살지 못하니까 그 신앙이 다 무너져 버립니다. 하나님의 말씀 가운데 복 받는 비결을 아무리 가르쳐 주어도 코로나19나 정부의 핍박이 두려워서 믿음으로 순종하지 않으니까 하나님의 풍성한 축복을 다 잃어버리고 맙니다. 심지어 초대교회 때나 일제 강점기에나 6·25전쟁 때처럼 살아계신 하나님께 예배를 못 드리도록 방해하는 사탄의 앞잡이로 전락해 버리고 맙니다.

이처럼 하나님의 말씀대로 살지 않기 때문에 하나님께서 주시는 더 이상의 온전한 축복과 행복을 다 잃어버리고 마는데 그것이 지난날 우리 신앙생활의 한계였습니다. 우리가 그 신앙의 한계를 뛰어넘어야 우리에게 더 큰 영적인 축복의 세계가 열립니다.

더 나아가 우리가 하나님의 말씀대로 믿음으로 순종하는데도 하나님의 축복을 누리지 못하는 데는 결정적인 이유가 있습니다. 그것은 바로 하나님의 축복을 받을 때까지 조금 더 인내하며 기다리지 못한다는 것입니다.

히브리서 6장 13-15절에 믿음의 조상 아브라함을 통해서 증거하셨듯이 "하나님이 아브라함에게 약속하실 때에 가리켜 맹세할 자가 자기보다 더 큰 이가 없으므로 자기를 가리켜 맹세하여 이르시되 내가 반드시 너에게 복 주고 복 주며 너를 번성하게 하고 번성하게 하리라 하셨더니 그가 이같이 오래 참아 약속을 받았느니라"고 분명히 약속하시지 않습니까? 아브라함이 그냥 믿음의 조상이 되어 복을 누린 것이 아니라 오래 참고 기다리는 가운데 축복의 약속을 받았다는 것이 중요합니다.

우리 자녀들의 지혜 교육에 유익한 박수미 선생님이 쓴 《초등 선생님이 뽑은 남다른 속담》이란 책에 나오는 이야기입니다. 옛날 어느 고을에 오래된 우물이 하나 있었는데 어느 날부턴가 우물물이 점점 마르기 시작했습니다. 고을을 다스리는 원님은 날마다 줄어드는 우물물 때문에 밤잠까지 설쳤습니다. "농사를 지으려면 물이 꼭 필요한데 큰일이군. 이러다 마실 물도 없어지겠어!" 머리를 싸매고 고민하던 고을 원님이 새 우물을 파는 사람에게 암소 한 마리를 주겠다고 방을 써서 붙였습니다. 무슨 일이든 의욕이 넘치고 마음만 급하고 말이 많은 떠버리 총각이 그 방을 보고는 "우물 파는 일쯤이야! 물이 펑펑 나오는 새 우물을 금방 팔 테니 암소나 준비하십시오" 하고 자신만만한 목소리로 떠벌였습니다. 성격이 진득한 총각도 "마침 암소가 필요했는데 잘되었군. 그런데 어디를 파야 우물물이 나올까?" 하고 조심스레 우물 파기에 나섰습니다.

아침 해가 뜨자마자 떠버리 총각은 삽을 들고 서둘러 나가서 벌써 암소 한 마리를 받기라도 한 듯 신이 나서 쑥쑥 땅을 파내려 갔습니다. 반대로 말은 없지만 자신의 일에 충실한 진득한 총각은 신중하게 우물 팔 장소부터 골랐습니다. "마을 입구와도 가깝고 산에서 내려오는 물줄기가 지하로 흐르니 여기가 좋겠군!" 두 총각은 온몸이 땀투성이가 되도록 열심히 우물을 팠는데 단단한 땅을 파헤치고 돌을 들어 내는 일은 생각만큼 쉽지 않았습니다. 그래도 풀풀 날리는 먼지를 뒤집어쓰고 반나절을 쉬지 않고 팠습니다. 그러다 성급한 떠버리 총각이 "에잇! 이렇게 팠는데 물기 하나 없다니! 여기는 물이 나올 것 같지 않아!" 하고 고개를 절레절레 흔들었습니다. 자기 키만큼 파 내려갔는데도 물 한 방울 보이지 않자 미련 없이 다른 곳으로 자리를 옮겨서 다시 파기 시작했습니다.

진득한 총각이 파는 자리에서도 물 한 방울 안 나오기는 마찬가지였지만 "그래도 이왕 파기 시작했으니 조금만 더 파 보자" 하고 처음 자리에서 더 깊이 파 내려갔습니다. 떠버리 총각은 "아니다 싶으면 일찌감치 포기할 줄도 알아야지!" 하고 진득한 총각을 비웃으면서 여기저기 조금씩 파다 말고 계속 자리를 옮겼습니다. 마을 사람들은 "떠버리 총각이 더 현명한 거 아닌가? 되는 곳을 파야지!", "아니, 무슨 소리! 우물을 파도 한 우물을 파야지 여기저기 옮겨 다니면 나올 물도 안 나올걸?" 하면서 떠버리 총각 편과 진득한 총각 편으로 나뉘어 서로를 응원했습니다.

결국 누가 물을 나오게 했을까요? "물이다! 여기 물이 솟아오른다!" 먼저 물길을 찾아낸 것은 진득한 총각이었습니다. 깊은 구덩이 안에서 샘물이 퐁퐁퐁 솟아나자 마을 사람들도, 고을 원님도 물이 나왔다는 소리를 듣고 헐레벌떡 달려와서는 "허허허! 이제 물 걱정은 안 해도 되겠군! 진득한 저 총각에게 암소 한 마리를 가져다주거라!"라고 했습니다. 진득한 총각은 튼튼한 암소 한 마리를 상으로 받아 덩실덩실 어깨춤을 추며 집으로 돌아갔지만 떠버리 총각은 이곳저곳 파헤쳤던 구덩이를 보며 머리만 긁적였다고 합니다.

우리 조상들의 "우물을 파도 한 우물을 파라"라는 속담은 하는 일을 자주 바꾸면 아무런 성과가 없으니 무슨 일이든 한 가지 일을 끝까지 해야 성공할 수 있다는 귀한 교훈을 우리에게 남겨 주는데 이것은 우리의 신앙생활 가운데에도 그대로 적용되는 진리입니다. 하나님의 축복의 약속의 말씀을 확실히 믿고 이름도 없이, 빛도 없이, 말도 없이 평생을 묵묵히 헌신하고 봉사하고 충성을 다하면서 믿음으로 살아가면 살아 계신 하나님께서 다 지켜보시고 그들의 여생뿐만 아니라 자손들에게까지 믿음의 복으로 기필코 다 갚아 주십니다.

일찍이 아프리카 가봉의 람바레네에서 평생 의료선교를 한 의사요, 음악가요, 신학자요, 철학자요, 루터교 목사였던 앨버트 슈바이처(Albert Schweitzer) 선교사님은 의사로서, 음악가로서, 신학자로서, 철학자로서, 목사로서 다양한 은사를 가지고 폭넓게 활동을 하였습니다. 그러나 '한 우물을 파라'는 좌우명을 가지고 있었기에 오직 '생명에 대한 경외'의 신앙을 가지고 1913년 38세의 젊은 나이에 아프리카로 의료선교를 떠나서 그 의료선교를 위해서 의사로서, 음악가로서, 신학자로서, 철학자로서, 목사로서의 모든 재능을 집중하여 사용하였습니다. 그리고 요한복음 12장 24절의 "내가 진실로 진실로 너희에게 이르노니 한 알의 밀이 땅에 떨어져 죽지 아니하면 한 알 그대로 있고 죽으면 많은 열매를 맺느니라"는 말씀을 따라 평생을 오지 람바레네에서 의료선교를 하다가 1952년 노벨 평화상을 받고, 1965년

52년에 걸친 람바레네에서의 의료선교를 아름답게 마무리하고 90세를 일기로 평안하고 축복되게 하늘나라로 떠났습니다. 동시대에 수많은 의사, 음악가, 신학자, 철학자, 목사들이 있었지만 앨버트 슈바이처 선교사님만 인류의 역사 가운데 잊히지 않는 하나님의 축복을 누리게 된 것입니다.

우리도 하나님의 축복의 말씀을 확실히 믿고 그 축복의 말씀대로 순종하며 살아가고, 하나님께서 축복을 내려 주실 때까지 끝까지 인내하면서 맡겨 주신 사명에 충성을 다하면, 머지않아 하나님께서 부어 주시는 육신의 축복을 우리의 여생뿐만 아니라 자손 대대로 모두 다 누리게 될 줄 확실히 믿으시기 바랍니다.

영혼의 은혜도 베풀어 주시기 위함

계속해서 본문 25절 말씀을 다 함께 읽겠습니다.

> "여호와는 그의 얼굴을 네게 비추사 은혜 베푸시기를 원하며."

하나님께서는 우리에게 일용할 양식을 포함한 육신의 축복만 주신 것이 아니라 영혼의 은혜도 베풀어 주길 원하십니다. 왜냐하면 우리 인간은 육신의 축복만으로 살 수 없는 영혼의 갈급함이 있기 때문입니다. 이 영혼의 갈급함이 채워지지 않으면 세상 그 무엇으로도 우리는 진정한 행복을 누릴 수 없습니다. 그래서 하나님 아버지께서는 예수님을 통해 우리에게 영혼의 은혜도 베풀어 주길 원하셔서 그 크신 하나님의 사랑이 예수님의 성탄을 통해서 이 땅에 나타난 것입니다.

죄 없으신 예수님이 하늘 보좌를 버리고 낮고 천한 육신의 몸으로 이 땅에 오셔서 십자가에서 우리의 모든 죄악과 상처와 질병을 대신 지지 않으셨다면 우리는 영원히 멸망당할 수밖에 없었을 것입니다. 오직 예수님의 십자가 대속의 은혜로 영원한 구원에 이르게 된 것입니다. 그래서 에베소서 2장 8절에 "너희는 그 은혜에 의하여 믿음으로 말미암아 구원을 받았으니 이것은 너희에게서 난 것이 아니요 하나님의 선물이라"고 분명히 약속하시지 않습니까? 하나님 아버지께서는 예수님 안에서 모두 다 구원받을 수 있는 은혜를 베풀어 주셨고, 십자가 대속의 은혜를 믿는 자마다 멸망하지 않고 영생을 얻는 구원에 이르게 하셨습니다. 이것이 우리를 향하신 하나님의 가장 큰 성탄 선물인 것입니다. 우리를 영원한 죄악과 상처와 질병으로부터 구원하신 것보다 더 큰 은혜가 세상 어디에 있습니까?

우리가 구원받아 하나님의 자녀가 된 것도 하나님의 은혜가 없이는 결코 불가능하지만, 지금까지 살아온 모든 것도 하나님의 은혜가 없이는 그 무엇도 불가능했을 것입니다. 우리는 지난날 우리가 이룬 것을 자랑하지만 주님의 은혜가 없이는 아무것도 이룰 수가 없었다는 것을 분명히 깨달아야 합니다. 그래서 바울 사도도 고린도전서 15장 10절에 "그러나 내가 나 된 것은 하나님의 은혜로 된 것이니 내게 주신 그의 은혜가 헛되지 아니하여 내가 모든 사도보다 더 많이 수고하였으나 내가 한 것이 아니요 오직 나와 함께하신 하나님의 은혜로라"라고 분명히 증거하지 않습니까? 늘 강조하지만 우리가 지금까지 살아 있는 것도, 건강한 것도, 모든 필요를 채워 주신 것도, 이렇게 은혜롭고 행복하게 신앙생활을 할 수 있는 것도 모두 다 하나님의 은혜입니다.

장로교회 창시자 존 칼빈(John Calvin)은 프랑스 북부 누아용에서 태어났는데 그의 아버지는 가톨릭 교회의 법정 사무관으로 일하고 있었습니다. 아들이 다섯 있었는데 동생들은 어린 시절 사망하고, 남은 삼형제가 다 성직자가 되었고 그 둘째가 칼빈이었습니다. 그는 파리에 있는 삼촌 집에 머물면서 라틴어 문법을 배우고, 파리 대학교의 몽테귀 대학에서 철학과 수사학을 공부하고, 그 후 아버지의 권유를 따라 오를레앙 대학교에서 법학을 공부했습니다. 그러다가 1529년 20살 때 주님을 새롭게 만나고 신학을 공부했습니다.

1533년 24세 때 파리 대학교 니콜라스 콥(Nicolas Cop) 총장의 취임사를 대필하면서 로마 가톨릭교회의 개혁 필요성을 처음 역설했는데 이것이 그의 종교개혁의 출발점이 되었습니다. 그리고 25세의 젊은 나이에 가톨릭교회의 핍박을 받으면서 《기독교 강요》라는 기독교 교회 요약서의 초판을 구상하게 됩니다. 《기독교 강요》에서 기독교의 핵심 진리를 요약할 뿐만 아니라 경건한 하나님의 사람들이 성경을 바로 이해할 수 있도록 돕기 위함이었습니다. 2년 뒤 1535년 탄압을 피해 스위스 바젤로 피난을 가서 27세 때 그곳에서 《기독교 강요》를 완성하고, 그 후 스위스 제네바에서 머물며 개혁운동을 계속해 나갑니다. 그리고 튤립 교리(The Five Points of Calvinism: Tulip)를 주창하게 됩니다. 이 모든 교리를 한마디로 요약하면 '하나님의 은혜'였습니다.

1) 인간의 전적 타락(Total Depravity, 롬 5:12-21)
2) 하나님의 무조건적 선택(Unconditional Election, 롬 4:4-8)
3) 그리스도의 제한적 속죄(Limited Atonement, 엡 1:4, 마 1:21)

4) 하나님의 불가항력적 은혜(Irresistible Grace, 요 6:37-40, 롬 8:18-39)

5) 성도의 인내(Perseverance of the Saints, 벧전 5:10)

그런데 그의 가정생활은 순탄하지 않았습니다. 1540년 31세 때 이델레트 드 뷔르와 결혼했는데 그다음 해 큰아들 자크가 조산아로 태어난 후 곧 사망했고, 결혼한 지 9년 만에 아내마저도 하늘나라로 떠나가고 맙니다. 그러나 그는 일생 동안 계속된 환난과 핍박 속에서도 하나님의 은혜로 구원받았다는 믿음과 더불어 구원받은 후에도 하나님의 은혜가 없이는 한순간도 살 수 없음을 고백했습니다.

그래서 외롭고 힘든 개혁운동이지만 하나님의 은혜로 사랑하는 개혁가 동지들과 제자들과 함께 묵묵히 계속해 나가다가 타향 땅인 스위스 제네바에서 55세를 일기로 하나님의 부르심을 받았습니다. 이렇게 존 칼빈은 복음을 증거하면서도 너무도 외롭고 힘들고 죽음의 위협과 핍박도 많았지만 평생 하나님의 은혜를 잊지 못하고 감사하고 감격하면서 살았습니다. 마지막 유언으로 자신을 드러내는 묘비도 세우지 말라고 할 정도로 하나님의 은혜만 추구했습니다. 제자들이 그를 잊을 수가 없어 그의 이름 John Calvin의 약자인 'J.C.'만 새겨 놓았는데 마치 Jesus Christ(예수 그리스도)의 약자처럼 예수 그리스도의 은혜가 더욱 드러나 보입니다. 그리하여서 장로교회가 스위스에서 프랑스, 영국, 미국을 거쳐 우리 대한민국 땅에까지 전해져서 이렇게 뜨거운 부흥을 이루었습니다.

그렇습니다. 우리가 믿음으로 구원을 받고 하나님의 자녀가 된 것도 다 하나님의 은혜였고, 지금까지 주님의 사명을 받아 복되게 살아온 것도 다 하나님의 은혜인 것입니다. 그러므로 우리가 하나님의 은혜를 거절하지 않고 믿음으로만 받아들이면 하나님의 구원의 선물을 받고 영생에 이를 뿐만 아니라 이 땅에 사는 동안에도 평생토록 하나님의 넘치는 은혜 가운데 복되게 쓰임 받을 줄 확실히 믿습니다.

마음의 평강도 주시기 위함

마지막으로 본문 26절 말씀을 다 함께 읽겠습니다.

> "여호와는 그 얼굴을 네게로 향하여 드사 평강 주시기를 원하노라 할지니라 하라."

우리가 하나님께서 주시는 육신의 축복을 받고 영혼의 은혜도 받았으면서도 마음의 평강을 잃어버린다면, 그것은 진정한 축복도 은혜도 아닙니다. 하나님의 축복과 은혜는 우리 마음의 평강을 통해서 결론지어집니다. 예수님께서는 이 땅에 탄생하시기 700여 년 전에 이사야 9장 6절에 "이는 한 아기가 우리에게 났고 한 아들을 우리에게 주신 바 되었는데 그의 어깨에는 정사를 메었고 그의 이름은 기묘자라, 모사라, 전능하신 하나님이라, 영존하시는 아버지라, 평강의 왕이라 할 것임이라"고 예언하였듯이 '평강의 왕'으로 이 땅에 오셔서 우리가 불신앙의 죄를 회개하고 예수님을 구주로 영접하여 그의 영원한 평강을 얻기를 원하십니다.

그런데 하나님께서 예수님을 이 땅에 보내 주시고 우리에게 평강을 주셨는데 그 평강을 온전히 누리지 못하는 이유는, 가장 먼저 주님의 십자가 사랑을 진정으로 체험하지 못했기 때문입니다. 우리가 십자가 용서의 사랑을 체험했다면 에베소서 4장 31-32절에 "너희는 모든 악독과 노함과 분냄과 떠드는 것과 비방하는 것을 모든 악의와 함께 버리고 서로 친절하게 하며 불쌍히 여기며 서로 용서하기를 하나님이 그리스도 안에서 너희를 용서하심과 같이 하라"고 명령하셨듯이, 어떠한 상처의 감정이라도 주님의 십자가 앞에 다 쏟아부어야 합니다. 그리고 우리의 빈 마음에 하나님의 사랑을 간구해서 주님의 사랑으로 원수라도 친절하게 대하고 불쌍히 여기고, 내 상처의 감정으로는 도저히 용서할 수 없지만 하나님께서 그리스도의 십자가를 통해 우리를 용서해 주셨듯이 다 용서해야 합니다. 그 순간 우리의 지난날의 상처의 불행과 고통이 다 사라지고, 주님의 평강이 우리의 마음속에 임하는 것을 분명히 체험할 것입니다.

더 나아가 우리가 주님의 평강을 누리지 못하는 이유에 대해서 요한복음 14장 27절에 "평안을 너희에게 끼치노니 곧 나의 평안을 너희에게 주노라 내가 너희에게 주는 것은 세상이 주는 것과 같지 아니하니라 너희는 마음에 근심하지도 말고 두려워하지도 말라"고 명령하십니다. 우리 삶의 모든 문제를 주님께 온전히 맡기지 못하고 근심하고, 또한 갖가지 삶을 위협하는 것들을 두려워하기 때문에 주님의 평강을 잃어버리는 것입니다. 사실 우리가 근심하고 두려워한다고 해서 문제 해결에 도움이 되도록 유익한 것은 아무것도 없습니다. 그런데도 우리의 연약한 믿음으로 인해 이러한 근심과 두려움으로부터 헤어 나오지 못하고 있습니다.

특별히 코로나19에 대해서도 우리가 방역수칙을 철저히 지키고 하나님께 영광 돌리는 예배를 분명히 드릴 수 있는데도 우리 자신부터 근심하고 두려워하니까 우리의 신앙이 흔들리고, 예배가 무너지고, 하나님의 교회까지도 흔들리고 있습니다. 그러니까 오히려 코로나19

가 잡힐 기미를 보이지 않는 것입니다. 여러분, 독감보다 더 약한 코로나19인데 뭐가 그렇게 근심이 되고 두렵습니까?

어느 목사님이 그런 말씀을 하셨습니다. 다른 나라 사람들은 몰라도 우리나라 사람들은 코로나19를 두려워할 이유가 없다는 것입니다. 왜냐하면 우리에게는 과거 우리 선조들의 재래시장에서 쉽게 발견할 수 있었던 백신이 있기 때문이랍니다. 못 알아듣는 것 같으니까 제가 가르쳐 드리겠습니다. 백신은 흰신, 곧 우리 조상들이 신던 하얀 고무신을 가리키는 말로 웃자고 한 말입니다.

우리가 "천 명이 네 왼쪽에서, 만 명이 네 오른쪽에서 엎드러지나 이 재앙이 네게 가까이하지 못하리로다"(시 91:7)라는 약속의 말씀을 확실히 믿고 하나님만 두려워하며, 코로나19도 세상의 그 무엇도 근심하지도 두려워하지도 말고 믿음으로 일어설 수 있길 바랍니다. 그리하여 우리가 모든 원수들까지 하나님의 심판에 다 맡기고 주님께서 우리를 용서하셨듯이 다 용서하고, 아무런 근심도 하지 말고 두려워하지 맙시다. 그러면 주님께서 주시는 평강으로 어떠한 어려움 속에서도 날마다 천국의 축복과 행복의 감격 속에서 기쁘고 즐겁고 행복하게 살 수밖에 없습니다.

너무도 아쉽게도 67세를 일기로 하늘나라로 떠나가셨지만 연세대 교수였던 황수관 장로님은 '신바람 전도사'로 일생을 쏟으신 분입니다. 그는 경북 안강에서 태어났는데 초등학교를 졸업한 후 중학교에 다닐 돈이 없었습니다. 그래서 1년 동안 산에서 나무를 해서 학비를 마련한 후 3시간이나 걸어서 학교에 다녔습니다. 교장 선생님이 "너무 머니까 학교 나오지 말라!"라고 했지만 끝까지 우기고 눈물로 애원해서 매일 새벽 4시에 책 보따리를 짊어지고 학교에 다녔습니다. 그렇게 안강에서 중·고등학교를 나오고 대구교육대학교를 나와서 잠시 교사 생활을 했습니다.

그가 일생을 살아오는 동안 가난하다고 무시하고 상처 주는 사람들이 왜 없었겠습니까? 그러나 주님의 사랑으로 다 용서하고, 앞길을 알 수 없는 일생의 견디기 어려운 근심과 두려움도 주님께 다 맡기고 믿음으로 살다 보니까 주님의 위로의 평강이 함께하여서 그 시험을 다 이겨 내고, 의대 청강생으로 들어갔다가 연세대 의대 교수까지 되었습니다. 그래서 살아생전에 전국을 돌아다니시면서 웃기고 울리는 신바람 전도사로서 수많은 사람들에게 치유의 은혜를 전하면서 주님의 평강 가운데 날마다 "웃으며 살라"고 늘 강조하셨습니다. "월요일은 원래 웃고, 화요일은 화사하게 웃고, 수요일은 수수하게 웃고, 목요일은 목이 터져라 웃고, 금요일은 금방 웃고 또 웃고, 토요일은 토할 정도로 웃고, 주일은 주님 생각하며 웃으라"고 했습니다.

여러분, 우리가 주일에 나와 예배드리면서 웃음과 눈물의 감동 속에 치유의 은혜를 받으면 하나님께서 창조하신 우리의 몸속에서 엔돌핀보다 4,000배의 위력을 가진 다이돌핀(didorphin)이란 감동 호르몬이 나와서 우리를 영육 간에 치유하고, 주님의 평강을 체험케 해 주십니다.

그러므로 이 시간 우리도 지난날의 어떠한 원수라도 다 용서하고, 우리의 근심과 두려움조차도 다 주님께 맡겨야 합니다. 그리할 때 주님께서 우리의 염려를 다 맡아 주시고, 우리의 삶 가운데 역사하셔서 주님의 평강으로 기적적으로 우리의 앞길을 열어 주시고, 크게 복을 주시고, 귀하게 쓰시고, 놀랍게 영광 거두어 주실 줄 확실히 믿으시기 바랍니다.

지난 금요일에 한 목사님이 너무도 은혜로운 동영상이라고 보내 주었는데 CBS TV의 "김동호의 기막힌 초대"라는 프로그램에 나온 말레이시아 박철현 선교사님의 이야기였습니다. 그는 원래 가장 가까우면서도 가장 먼 원수의 나라인 일본 선교의 꿈을 가지고 석사 과정에서 일본 선교를 연구하고, 일본을 미리 답사할 정도였습니다.

어느 날 집에 들어왔는데 TV에서 "오지탐험"이란 프로그램이 나오고 있었습니다. 말레이시아의 적도 근처에 사는 한 아이가 열병에 걸렸는데 어머니가 이 아이를 무당에게 데려갔더니 무당이 바위 위에 아이를 올려놓고 다 떠나라고 합니다. 안타깝게도 그 아이는 하루 종일 바위 위의 뜨거운 열에 견디지 못하고 죽고 맙니다. 그걸 보는 순간 일본이 싹 사라지고 말레이시아 정글이 마음속에 쏙 들어오더니 '내가 저길 가야 하겠다! 그래서 저 우상 문화를 기독교 문화로 바꾸어야겠다!'라는 성령님의 뜨거운 감동이 임하시더랍니다. 그 순간 자신이 가져왔던 꿈과 계획을 다 내려놓고 망설임 없이 교회에 사임을 하고 말레이시아 정글 마을로 선교하러 찾아갔습니다.

가서 보니까 대나무 집에 전기도 안 들어오고, 풀밭에 거머리가 득실거려서 맨발로 걸어 다닐 수도 없고, 물고기나 원숭이나 산돼지 등 동물을 잡아 구워 먹을 정도로 환경이 최악이었습니다. 그러나 무엇보다 하나님의 사랑이 그 죽어가는 영혼을 향하니까 그처럼 최악인 환경에서도 마음은 천국이었다고 합니다.

그런데 그곳에서 7년여 선교하는 가운데 늘 설사를 하는데도 의료시설이 없으니까 산 중에서 끝까지 버티다가 결국에는 쓰러지셔서 한국으로 후송이 되었습니다. 한국에 돌아와 대학병원에서 검사를 해 보니까 대장암 말기여서 너무 늦었다는 결과가 나왔습니다. 가장 큰 혹이 직경 14cm인데 너무 많이 전이가 되어서 수술을 해도 그냥 다시 닫을 수밖에 없겠지만 그래도 급히 수술을 해보자고 해서 복부 30cm를 가르고 대장 80cm를 잘라냈습니다.

의사 선생님에게 물었더니 생존율이 5%밖에 안 된다고 했습니다. 그는 그동안 정들었던 원주민들에게 마지막 작별인사라도 하고 떠나자 마음먹고 말레이시아 정글 마을로 다시 돌아갔습니다. 그런데 그동안 예배 못 드리게 방해하고 핍박했던 원주민들이 미안하고 불쌍한 마음에 집에 있는 돗자리를 다 가져와서 깔고 자라고 하는데 거기서부터 그들의 마음 문이 열렸고, 그러면서 예배에 참석하기 시작했습니다. 그들이 예배드리는 모습을 지켜보던 선교사님의 눈에서 뜨거운 감동의 눈물이 흘러내렸는데 그 뜨거운 눈물이 암을 치유하기 시작하면서 '암이 나았다!'는 확신이 오더랍니다.

그리고 살아 있는 동안 할 일이 없는가 생각해 보다가 원주민들에게 성경을 가르쳐 주어야겠다는 생각이 들어서 성경을 가르쳤습니다. 그런데 복부를 30cm 갈라놓아 배에 힘이 안 들어가서 목소리가 조그맣게밖에 안 나왔습니다. 그러자 예배 시간에 집중도 못하고 그렇게 떠들던 원주민들이 선교사님이 힘이 없어 조용조용하게 말씀을 가르치니까 그때부터 그렇게 집중을 하더랍니다. 하나님께서는 선교사님의 육신의 힘을 빼고 영적인 강한 권능을 부어 주고 계셨던 것입니다.

그때부터 성령의 은혜가 쏟아지는데 그때 양육 받은 사람들 가운데서 목사가 7명이나 나왔다고 합니다. 할렐루야! 그리고 더 나아가서, 그동안은 선교사님만 그들을 위해서 기도했는데 선교사님이 아프니까 이제는 그들이 선교사님의 몸에 손을 얹고 합심해서 눈물로 간절히 기도해 주었습니다. 그 감동은 말로 다할 수 없어서, 온몸이 뜨거워지면서 눈물이 흘러내렸습니다. 그러면서 그전까지만 해도 피가 목으로도 나오고 배에 복수가 찼었는데 웃음과 눈물의 감동의 예배와 성경공부 하는 중에 하나님께서 암을 다 태우고 멸하시는 기적적인 치유를 체험하였습니다. 할렐루야!

그렇게 암이 완치되고 10년을 건강하게 살다가 자기를 수술한 의사 선생님을 우연히 만났습니다. 그는 원래 불신자였는데 "선교사님이 믿는 하나님이 살아 계시네요!" 그러더랍니다. 김 선교사님은 그 기적의 투병 생활을 하면서 뜨겁게 체험한 찬양이 "약할 때 강함 되시네"라는 찬양이라고 합니다.

1. 약할 때 강함 되시네 나의 보배가 되신 주
   주 나의 모든 것 주 안에 있는 보물을
   나는 포기할 수 없네 주 나의 모든 것
2. 십자가 죄 사하셨네 주님의 이름 찬양해
   주 나의 모든 것 쓰러진 나를 세우고
   나의 빈 잔을 채우네 주 나의 모든 것

후렴) 예수 어린양 존귀한 이름
　　　예수 어린양 존귀한 이름

놀라우신 주님의 은혜를 뜨겁게 체험한 후 기적적인 치료의 축복이 임하고 주님의 평강이 임하여서 주님의 큰 위로를 받고 새 힘을 얻었습니다. 30대에 처음으로 말레이시아 정글에 갔을 때에는 원주민들 평균 수명이 40세여서 "하나님 아버지, 40세까지 살면서 복음 전하게 해주시옵소서!" 하고 기도했는데 이제 40일 후에 60세가 되는 축복을 누리게 되었습니다. 그래서 지금은 "하나님 아버지, 저를 80세까지 살게 해주시면 이곳에 계속 남아서 선교하겠습니다!" 하고 감사기도 하고 있다고 했습니다.

사랑하는 성도 여러분, 우리의 삶 가운데에도 끊임없이 불행이 닥쳐와 고통을 겪고, 앞이 캄캄해 절망의 눈물이 흘러내릴 때가 얼마나 많았습니까? 그럼에도 불구하고 하나님 아버지께서는 예수님을 통해서 지금까지 우리에게 이 모든 어려움을 이길 수 있도록 육신의 축복과 영혼의 은혜와 마음의 평강을 부어 주셨습니다. 바로 이 예수님 성탄의 3대 축복이 여러분의 심령과 가정과 생업과 온 교회와 우리나라와 민족과 열방 가운데 충만하시길 주님의 이름으로 축원합니다.

다 함께 복음성가 "크리스마스에는 축복을"을 찬양하며 믿음으로 결단하도록 하겠습니다.

크리스마스에는 축복을
크리스마스에는 사랑을
주님과 만나는 그날을 기억할게요(×2)
힘들어 지칠 때나 가슴 아플 때도
나에겐 주님밖에 없어요
언제나 내 맘은 항상 주님 곁에
언제까지라도 영원히
우리 함께 모여서 주님 노래 불러요
온 세상이 주님 향기로 가득하게요
힘들어 지칠 때나 가슴 아플 때도
나에겐 주님밖에 없어요
언제나 내 맘은 항상 주님 곁에
언제까지라도 영원히
크리스마스에는 축복을

크리스마스에는 사랑을

주님과 만나는 그날을 기억할게요

주님과 만나는 그날을 기억할게요

저희에게 성탄의 축복을 허락하신 하나님 아버지, 죄악과 상처와 질병으로 영원히 멸망당할 수밖에 없었던 저희에게 예수님을 보내 주셔서 기적적인 성탄의 축복을 부어 주심을 진심으로 감사하옵나이다. 남은 삶 동안 이 풍성한 성탄의 3대 축복인 육신의 축복과 영혼의 은혜와 마음의 평강 가운데 주님과 고통당하는 이웃을 위해 살게 하여 주시옵소서! 모든 영광을 주님께 돌려드리옵고, 예수님의 이름으로 간절히 축복하며 기도하옵나이다. 아멘!

세 가지 고통 속에서

민수기 21:4-9

우리는 코로나19의 고통 가운데서 암울했던 2020년을 보내고 2021년 새해를 맞이하게 되었습니다. 새해에도 작년처럼 계속되는 코로나19로 인해 그 삶이 쉽지만은 않고, 더욱이 말세 마지막 때 이 땅 위에 어떠한 일이 터질지 아무도 알 수 없는 예측 불허의 새해임에 틀림이 없습니다. 우리가 지나간 한 해 동안에도 코로나19의 종식을 위해 새벽마다, 밤마다 간절히 합심해서 부르짖었는데 왜 이렇게 잦아들 기미가 안 보이는가 하고 지난 월요일 새벽에 깊이 기도하는 가운데 성령님께서 깨우쳐 주신 말씀이 있습니다.

새해 첫 시간에 주시는 오늘 본문 말씀 가운데 담았습니다. 그렇다면 이스라엘 백성들이 40년 광야 생활 가운데 겪었던 세 가지 고난 즉, 삼중고를 어떻게 이겨 내었는가를 보면서 우리도 코로나19 시대 삼중고의 고통을 어떻게 이겨 낼 것인가를 가르쳐 주시는 하나님의 음성을 이 시간에 다 함께 들을 수 있길 바랍니다.

우리의 죄악부터 통회 자복해야 함

먼저 본문 7절 상반절 말씀을 다 함께 읽겠습니다.

> "백성이 모세에게 이르러 말하되 우리가 여호와와 당신을 향하여 원망함으로 범죄하였사오니."

이스라엘 백성들이 호르 산을 떠나 모압 평지를 향해 나아가고 있었습니다. 낮에는 뜨거운 태양 때문에 기진맥진하였으나 구름기둥으로 막아 주시고, 밤에는 차가운 사막바람 때문에 추위에 떨어야 했으나 불기둥으로 보호해 주셨습니다(출 13:21-22). 그런데 호르 산에서 대제사장 아론이 세상을 떠나고(민 20:22-29) 호르마 전쟁까지 치르고(민 21:1-3), 호르 산에서 출발하여 홍해 길을 따라서 에돔 땅을 돌아서 모압 평지로 가려 하다가, 가장 먼저 험난한 사막 길로 말미암아 피곤에 지친 이스라엘 백성들의 마음이 상했습니다(4절).

첫 번째 고통은 마음의 불안과 상처였습니다. 그러니까 또다시 모세를 향해서 원망을 시작했습니다. 두 번째 고통은 영적으로 충만함이 없는 것입니다. 그러니 하나님께 대해서까지 원망이 터져 나왔습니다(5절). 먹을 것도 없고 물도 없고 하찮은 음식이 싫다고 원망을 하니까 여호와께서 불뱀들을 원망하는 백성들에게 보내어 물게 하셔서 불뱀에 물려 많은 사람들이 육적으로 죽어갔습니다. 세 번째 고통은 육체적 죽음의 고통이었습니다.

불뱀에 물려 죽어가면서 이스라엘 백성들은 영·혼·육의 세 가지 고통에서 헤어 나오지 못하였습니다. 그제야 그들이 고통의 원인을 깨닫고 모세에게 "우리가 여호와와 당신을 향하여 원망함으로 범죄하였사오니" 하고 통회 자복하기 시작했습니다.

여러분, 우리도 작년 한 해 동안 근래에 이르러 세계적으로 가장 거대한 재해인 코로나19로 인해 전 세계적으로 8,200만 명을 넘어서는 엄청난 확진자가 나오고, 200만 명에 이르는 사망자가 나와서 가장 먼저는 생명의 큰 위협이 되었습니다. 그다음으로는 경제 활동이 제약을 받고 불황을 맞이하여서 경제적으로 큰 궁핍과 고통이 따랐습니다. 마지막으로 그 결과 정신적인 고통으로 우울증(corona blue)까지 겪게 되었습니다. 이처럼 우리에게 들이닥친 이 세 가지 거대한 고통도 영과 혼과 육의 문제였던 것입니다. 그렇다면 우리가 어떻게 이겨 낼 수 있겠습니까?

한 의사가 개인 병원을 개업하였는데 요즘 사람들이 개인 병원에 잘 안 가려고 하는데다 코로나19로 인해 병원이 더 잘 안 되어서 원장 선생님이 머리를 써서 병원 앞에 현수막을 내걸었습니다. '우리 병원에 와서 100만 원만 내시면 모든 병을 다 고쳐 드립니다. 만약에 병을 못 고칠 때에는 1,000만 원을 돌려드리겠습니다.' 그러니까 어떤 사람이 지나가다가 '요즘 돈벌이도 안 되는데 잘하면 쉽게 1,000만 원을 벌 수 있겠구나!' 하고 생각하고 아픈 데도 없으면서 1,000만 원이 욕심 나서 그 병원에 들어갔습니다. 원장 선생님이 "어떻게 오셨습니까?" 하고 물으니까 "제가 요즘 미각이 마비되어서 단 것도, 짠 것도, 신 것도 못 느끼는데 미각 좀 돌아오게 해주십시오!" 하고 부탁을 드렸습니다. 그러자 원장 선생님이 간호사를 보고 "간호사, 저 약장에서 27번 약을 가져다가 환자 혀에 세 방울만 떨어트려 주세요!"라고 했습니다. 그런데 한 방울, 두 방울 떨어뜨리니까 그 환자가 "원장님, 아니, 이거 휘발유 아닙니까? 휘발유!" 그러자 원장 선생님이 하는 말이 "네, 미각이 돌아왔습니다! 100만 원 내고 가시죠!" 했습니다.

이 사람이 괜히 1,000만 원 벌려다가 100만 원을 잃어버린 게 너무 억울하고 분해서 그다음 날 또 갔습니다. 원장 선생님이 "아니, 오늘은 또 어떻게 해서 오셨습니까?" 하고 물으니까 환자가 하는 말이 "내가 도무지 어제 일도, 조금 전의 일도 기억이 잘 안 납니다. 기억 좀 돌아오게 해주십시오!"라고 했습니다. 그러자 원장 선생님이 간호사를 향해 "간호사, 저 약장에서 27번 약 좀 가져와요!"라고 말하자마자 이 환자가 기겁을 하면서 "선생님, 그거 어제 혀에 떨어뜨렸던 휘발유 아니에요? 휘발유!"라고 했습니다. 그러자 원장 선생님이 "네, 기억력이 고쳐졌습니다! 100만 원 내고 가시죠!" 하는 겁니다.

그러자 이 사람이 너무나 억울하고 원통해서 일주일을 궁리하다가 병원을 다시 찾아갔습니다. 원장 선생님이 "오늘은 또 어떻게 해서 오셨습니까?" 하고 물으니까 이 환자가 "제가 요즘에 시력이 떨어져 가까운 것은 잘 보이는데 먼 것은 잘 안 보입니다. 제 시력을 좀 고쳐 주십시오!"라고 했습니다. 그러자 원장 선생님이 "우리는 시력을 고치는 것은 전문이 아니어서 어떻게 하죠?" 하고 대답하니까 이 환자가 속으로 '옳거니 잘됐다! 오늘 제대로 걸려들었구나! 이제 비로소 1,000만 원을 벌겠구나!' 하고 기대하였습니다. 원장 선생님이 간호사를 부르더니 "이분에게 1,000만 원을 갖다 드리세요!"라고 했습니다. 그러니 얼마나 뛸 듯이 기뻤겠습니까? 원장 선생님이 간호사가 준 돈을 전해 드리며 "1,000만 원 받으세요!" 그랬더니 이 환자가 버럭 화를 내면서 "이게 무슨 1,000만 원입니까? 1,000원짜리 아닙니까?"라고 했습니다. 그때 원장 선생님이 "네, 시력도 고쳐졌습니다! 100만 원 내고 가시죠!"라고 해서, 이 어려운 때 1,000만 원 벌려다가 300만 원을 잃어버렸다고 합니다.

여러분, 우리가 인생의 영·혼·육 세 가지 고통 속에서 헤어 나올 수 있는 오직 하나뿐, 다른 길은 없습니다. 영원히 살아 계시고 복의 근원이 되시고 인간의 생사화복을 주관하시는 주님 앞에 돌아가서, 우리와 주님 사이를 가로막는 모든 죄악을 통회 자복하면서 주님의 기적의 응답을 간구하는 길밖에 없습니다.

그런데 영적으로 교만한 사람일수록 누가복음 18장에 나오는 바리새인과 같이 자기를 의롭다고 믿기 때문에 자신이 회개할 것은 안 보입니다. 그리고 다른 사람들의 허물만 눈에 보입니다. 그래서 불평과 원망이 터져 나오고, 험담과 비방이 끊이지 않습니다. 그렇게 지옥과 같이 불행과 고통 가운데 살다가 결국에는 지옥불에 떨어지고 맙니다. 그러나 영적인 사람들은 무슨 일이 터지면 오히려 자기 자신부터 돌이켜 봅니다. 그리고 세리와 같이, 남을 탓하기보다도 멀리 서서 감히 눈을 들어 하늘을 쳐다보지도 못하고 다만 가슴을 치며 "하나님이여, 불쌍히 여기소서! 나는 죄인이로소이다!" 하고 통회 자복을 합니다. 그러니까 하나님으로부터 의롭다 하심을 받고, 사죄의 감격이 차고 넘치고 늘 영적으로 충만해지고 하나님께 복되게 쓰임 받으므로 천국의 축복과 행복의 감격이 차고 넘치게 됩니다.

국내 58개 계열사에 자산 10조 원을 넘어 재계 순위 32위에 오른 하림그룹 회장인 김홍국 장로님은 11세 때 외할머니가 잘 키워서 몸보신하라고 준 병아리 10마리를 키워 30배에 팔아서 그 돈으로 병아리를 다시 사고 돼지도 사서 길렀습니다. 가축 기르는 재미에 푹 빠져 농업계 고등학교로 진학하려 하자 부모님이 강력하게 반대하여 중학교 3학년 때 가출까지 한 뒤에야 농업 고교에 진학했습니다. 그래서 가축을 키우고 직접 농사도 지으면서 사업 규모를 넓혀서 18세 고등학생 때 사업자 등록까지 했습니다. 학교 수업 시간에 교실

복도에 아저씨들이 어슬렁거렸는데 이들은 10대 사장님의 결재를 받으러 온 회사 직원들이었습니다. 정직원 5~6명에 일용직 10~20명을 거느리고 고교를 졸업할 때쯤에는 4,000만 원 돈을 모았는데, 당시 그가 살던 전북 익산 시내의 단독주택 한 채 값이 300만 원쯤이었으니까 고교생 실업인이 된 것입니다.

그가 그렇게까지 어린 시절부터 사업에 뛰어든 것은 하나님이 주신 첫 번째 소명인 창세기 1장 28절의 "하나님이 그들에게 복을 주시며 하나님이 그들에게 이르시되 생육하고 번성하여 땅에 충만하라, 땅을 정복하라, 바다의 물고기와 하늘의 새와 땅에 움직이는 모든 생물을 다스리라 하시니라"는 말씀의 실천 때문이었습니다.

그런데 그가 이처럼 생육하고 번성하여 땅에 충만하고 땅을 정복하는 사명을 이루는 것이 결코 순탄한 것만은 아니었습니다. 김 장로님도 그동안 사업을 해오면서 죽을 만큼 힘든 세 번의 위기를 겪었다고 합니다. 가장 먼저는 21세 때 축산물 파동이 나서 망했고, 두 번째는 1997년 IMF 외환위기 때 부도 직전까지 갔고, 세 번째는 2003년 공장 화재에 조류인플루엔자까지 겹쳐 거래처가 다 끊기고 2년간 적자가 계속되는데 그때는 '아, 인생이 이렇게 끝나는구나!' 하는 생각까지 들더랍니다.

하지만 하나님을 원망하지는 않았고 통회 자복부터 했는데 그때부터 눈물이 그렇게 많아졌다고 합니다. 그래서 새벽기도를 가면 회개부터 하고 더 열심히 하나님의 지혜를 구했습니다. 그런데 그러한 인생의 견디기 어려운 세 차례의 큰 어려움이 있었기 때문에 신앙이 더 견고해졌고, 하나님께 매달려 통회 자복함으로써 결국 3전 4기의 재기에 성공한 것입니다. 지금 생각해 보면 시련이나 어려움도 영적으로 큰 유익이 되어서 오늘 재계 32위의 대기업을 이루었고, 금년에 미국 조 바이든 대통령 취임식에도 가장 먼저 초청받은 한국의 자랑스러운 기업인이 되었다고 고백했습니다.

호세아 6장 1-2절에 "오라 우리가 여호와께로 돌아가자 여호와께서 우리를 찢으셨으나 도로 낫게 하실 것이요 우리를 치셨으나 싸매어 주실 것임이라 여호와께서 이틀 후에 우리를 살리시며 셋째 날에 우리를 일으키시리니 우리가 그의 앞에서 살리라"고 분명히 약속하셨습니다.

그러므로 우리가 새해에는 코로나19의 어떠한 고통 속에서도 하나님의 살아 계심을 확실히 믿고, 복의 근원 되심을 확신하고, 인간의 생사화복이 하나님의 손에 달려 있음을 믿고 주님 앞에 나아가 예배부터 회복하고, 하나님 앞에서 우리의 죄악부터 발견해야 합니다. 그리고 철저히 통회 자복하면 하나님 아버지께서 우리 인생의 모든 문제를 밝혀 주시고, 우리 인생의 어떠한 영·혼·육의 고통 가운데서도 살아 계신 하나님의 기적적인 치유와 축복의 회복의 역사가 분명히 일어나게 될 줄 확실히 믿으시기 바랍니다.

겸손히 합심해서 부르짖어야 함

계속해서 본문 7절 하반절 말씀을 다 함께 읽겠습니다.

> "여호와께 기도하여 이 뱀들을 우리에게서 떠나게 하소서 모세가 백성을 위하여 기도하매."

백성들은 모세에게 나아와서 여호와께 기도하여 "이 뱀들을 우리에게서 떠나게 하소서!" 하고 중보적 기도를 요청합니다. 그러자 모세가 이 중보적 기도의 요청을 받아들여서 백성들을 위해 간절히 중보적 기도를 드렸습니다. 모세만 기도했겠습니까? 온 백성들이 죽음의 위기 속에서 합심 합력하여 간절히 부르짖었을 것입니다. 조금 전까지 하나님과 모세를 원망하던 그들의 불신앙은 다 사라지고, 살아 계신 하나님 앞에 겸손히 엎드려 간절히 합심해서 부르짖었습니다.

우리의 인생에 영·혼·육의 세 가지 고통이 끊임없이 엄습하면 인간의 수단과 방법을 다 사용합니다. 아무리 우리가 애쓰고 수고하여도 우리의 힘으로 이겨 낼 수 없을 때 다른 길이 없습니다. 살아 계신 하나님께 대한 믿음을 가지고 부르짖는 길밖에 없습니다.

우리나라에서 작년 1월 20일에 코로나19 첫 환자가 발생하고 코로나19가 점점 확산될 때 우리는 백신(vaccine)만이 살 길이라고 판단했습니다. 의학자들은 다들 2년이 걸린다고 했지만 작년 내로 백신이 개발되고 상용화하게 해달라고 새벽마다 간절히 합심하여 기도해 왔습니다. 하나님의 기적적인 응답으로 백신 개발이 1년 이상을 앞당겨져서 작년 12월 12일 미국이 최초로 백신 접종을 하였고, 19일 중국, 21일 캐나다, 22일 러시아, 24일 영국, 26일 독일, 스위스, 헝가리, 슬로바키아, 27일 프랑스, 이탈리아, 오스트리아, 스페인, 포르투갈 등 EU 국가들이 접종을 해서 작년 말까지 45개국에서 백신 접종이 개시되었습니다.

우리나라는 세계 경제순위가 12위라고 하면서 왜 늦어졌나 하면, 미국 등 선진국가들이 하루에 수천 명, 수만 명, 수십만 명의 확진자가 계속해서 나올 때 우리는 하루 확진자 100명 선으로 방역을 잘한다는 K방역의 자만심이 백신에 대한 관심과 계약의 열의를 다 떨어뜨리고 말았기 때문입니다. 그 결과 선진국가들은 앞서 백신 개발이나 계약을 먼저 함으로써 백신 접종을 먼저 하고 앞서 코로나19를 잡아가는데 우리는 K-방역에 자만하고 방심하고 있다가 지금 매일 1,000여 명의 확진자를 낳고 말았습니다.

무엇보다도 미국 등 선진국가들은 예배당 문을 우리처럼 봉쇄하지 않는데, 지난날 복음으로 말미암아 한강의 기적을 일으키고 오늘의 경제대국으로 일어선 대한민국 정부는 정작 살아 있는 예배와 기도를 통해서 진정으로 코로나19를 잡을 생각은 안 하고, 수천 명 모이는 예배당 안에도 20명만 들어오게 하면서 비대면 예배라는 예배도 아닌 예배를 만들어서 이를 안 지키면 교회 폐쇄로 위협하면서 교회를 핍박하고 있습니다. 그런데도 이 땅의 정신 나간 목사들이나 장로들은 이러한 세상의 소리에 다 넘어가서 진정한 예배를 안 드리니까 백 없고 힘없는 교회들만 교회 폐쇄를 당하고, 코로나19를 잡을 길이 없는 서글픈 현실입니다.

여러분, 그렇게 믿음 없이 계속해서 목회하고 신앙생활 해보십시오. 그러한 목사나, 장로나, 교인들 개인에게 더 이상의 하나님의 은혜도, 축복도, 행복도 사라져 버리는 것도 문제지만 한국 교회 장래가 어떻게 되겠습니까? 이미 한국 교회는 사양길로 접어들고 말았습니다. 이미 하나님의 촛대는 옮겨지고 만 것입니다. 더구나 지금까지 인류의 역사를 통해서 볼 때 교회를 핍박하고 하나님의 영적인 권위에 도전하는 개인이나, 가정이나, 단체나, 나라나, 민족까지도 하나님의 심판을 받지 않은 경우는 단 한 차례도 없었다는 것을 결코 잊어서는 안 됩니다. 하나님께서 복을 주시지 않으면 어떠한 존재도 온전한 복을 누릴 수가 없습니다.

그러므로 우리가 이제라도 살 수 있는 길은 이러한 불신앙과 불순종에서 두렵고 떨림으로 돌이키는 것입니다. 그리하여 역대하 7장

13-14절에 "혹 내가 하늘을 닫고 비를 내리지 아니하거나 혹 메뚜기들에게 토산을 먹게 하거나 혹 전염병이 내 백성 가운데에 유행하게 할 때에 내 이름으로 일컫는 내 백성이 그들의 악한 길에서 떠나 스스로 낮추고 기도하여 내 얼굴을 찾으면 내가 하늘에서 듣고 그들의 죄를 사하고 그들의 땅을 고칠지라"라는 약속의 말씀을 붙잡고 우리가 악한 길에서 떠날 뿐만 아니라 스스로 낮추고 겸손하여져서 하나님께 간절히 합심해서 부르짖어야 합니다.

"저희는 마른 막대기만도 못하고 썩어 가는 구더기만도 못한 죄 많은 인생이오니 저희를 불쌍히 여겨 주시고 용서하여 주시고 긍휼을 베풀어 주시옵소서!" 하고 겸손히 무릎 꿇고 합심해서 부르짖을 때 하나님께서 우리를 불쌍히 여기시고 우리의 기도에 기적적으로 응답해 주셔서, 우리의 어떠한 영·혼·육의 고통이라도 기적적으로 다 치유 받고 회복될 줄 확실히 믿습니다.

믿음으로 주님만 바라보아야 함

마지막으로 본문 8절 말씀을 다 함께 읽겠습니다.

> "여호와께서 모세에게 이르시되 불뱀을 만들어 장대 위에 매달아라 물린 자마다 그것을 보면 살리라."

이스라엘 백성들이 이처럼 통회 자복하고 합심해서 기도했더니 여호와께서 모세에게 살 길을 알려 주십니다. "불뱀을 만들어 장대 위에 매달아라. 물린 자마다 그것을 보면 살리라" 하신 것입니다. 모세가 놋으로 불뱀을 만들어 장대 위에 달았을 때 안 믿는 사람들은 이 놋뱀을 믿음으로 쳐다보지 않아서 죽고 말았지만 믿음으로 그 놋뱀을 쳐다본 사람들은 모두 다 살아나는 기적이 일어났습니다.

그렇다면 이 놋뱀은 영적으로 무엇을 상징합니까? 요한복음 3장 14-15절에 "모세가 광야에서 뱀을 든 것같이 인자(예수님)도 들려야 하리니 이는 그를 믿는 자마다 영생을 얻게 하려 하심이니라"고 분명히 해석해 주지 않습니까? 예수님께서 십자가에서 우리 인생의 가장 근본적이고 가장 중대한 문제인 죄악과 상처와 질병 이 세 가지 고통을 대신 져주셨습니다. 우리가 십자가를 믿음으로 바라볼 때 영원히 우리의 죄악이 용서를 받고, 우리의 상처가 치유를 받고, 우리의 질병이 치료를 받게 된다는 것입니다. 그래서 지난날 우리의 죄악도 용서받고 상처도 치유 받고 질병도 치료받는 하나님의 기적 속에 살아오지 않았습니까?

그러므로 2021년 새해를 시작하는 이 시간 우리도 히브리서 12장 1-2절의 "이러므로 우리에게 구름같이 둘러싼 허다한 증인들이 있으니 모든 무거운 것과 얽매이기 쉬운 죄를 벗어 버리고 인내로써 우리 앞에 당한 경주를 하며 믿음의 주요 또 온전하게 하시는 이인 예수를 바라보자 그는 그 앞에 있는 기쁨을 위하여 십자가를 참으사 부끄러움을 개의치 아니하시더니 하나님 보좌 우편에 앉으셨느니라"는 말씀과 같이 우리의 삶에서 어떠한 영혼의 죄악도, 마음의 상처도, 육신의 질병도 이 시간 십자가 밑에 믿음으로 다 내려놓을 수 있길 바랍니다. 끝까지 인내하면서 인생의 경주를 하면서 믿음의 주요 온전케 하시는 이인 주님만 바라볼 수 있기를 바랍니다. 그리할 때 지난날 우리를 고통과 불행으로 몰고 갔던 세 가지 고통인 어떠한 죄악도 용서받고, 어떠한 상처도 치유 받고, 어떠한 질병도 치료받아 새해에는 날마다 승리하며 영광 돌리게 될 줄 확실히 믿으시기 바랍니다.

라이트하우스 무브먼트 대표 홍민기 목사님은 12세 때 미국 이민 교회를 맡게 된 아버지 목사님을 따라 미국으로 이민을 가서 아버지가 4개 교회를 전전하며 이민 목회를 하느라 너무도 고생하는 모습을 보면서 자신만은 절대 목사가 안 되려고 했습니다. 그런데 청소년 시절에 성령님의 은혜를 뜨겁게 체험하고 그리스도의 사랑이 강권하시니까 하나님의 소명을 더 이상 피하지 못하고, 미국의 복음주의 명문 고든 대학교(Gordon College)에 입학하고 1학년 2학기부터 전도사 생활을 시작했습니다.

웨스트민스터 신학대학원에서 신학을 전공하고 미국에서 전도사 시절부터 청소년 부흥강사를 하다가 20대 중반에 브리지 임팩트 사역원(Bridge Impact Ministry)을 세워서 계속해서 청소년 사역을 했습니다. 그러다가 한국에 나와서 2007년 함께하는교회를 개척해서 나름대로 뜨겁게 부흥을 일으켰으며, 미국의 대표적인 이민교회인 LA 동양선교교회의 담임목사 청빙까지 거절하고 목회를 잘하다가, 40세에 부산의 대표적인 대형 교회인 호산나교회 담임을 하게 되었습니다. 그때까지만 해도 20대 초반부터 약 20년간 최연소 타이틀을 달고 다닌 '탱크 목사'로 살았습니다.

그런데 그렇게 잘나가던 목사가 전통적인 제도권 교회에 적응을 하지 못하고 우울증과 공황장애로 고통을 겪다가 결국 4년 만인 2015년에 호산나교회를 사임하고 지난 5년 동안 기도굴에 들어갔습니다. 속이 시커멓게 타버린 채로 더 이상 기도조차 나오지 않는 낙심의 상태에서, 더 이상 내려갈 곳 없는 절망 가운데 몸부림을 쳐야 했습니다.

그런데 그가 가장 견디기 힘들었던 것은 큰 교회에 있을 때 친근하게 가까이하던 친구 목사들도, 선배 목사들도 다 떠나가고, 연락을 자주 하던 목사님들조차도 다들 뒤에서 그를 욕하는 사람들로 변한 것이었습니다. 이처럼 모든 것이 다 그의 손에서 떠나고 그로부터 돌아섰을 때 세상의 돈이나 명예나 그 무엇을 잃은 것보다 배신의 상처가 더 크고 가장 견디기 힘들어서 밤잠을 이룰 수 없을 정도였습니다. 목회할 때보다 더 깊은 우울증에다가 사람들마저 기피하고 싶은 대인공포증에 빠지고 말아서 그는 신체적으로나 정신적으로나 영적으로 가장 견디기 힘든 삼중고의 절망 속에서 기도굴에 들어갔습니다.

그 기도굴에서 사람들에 대한 울분을 쏟아 놓고 하나님께 대한 원망까지 다 쏟아 놓았습니다. 그런데 하루는 기도가 깊어지기 시작하더니 성령님께서 강력하게 역사하시면서 그의 마음을 강하게 붙잡아 주시기 시작하셨습니다. 그리고 그로 하여금 다음과 같이 고백하게 하시더랍니다.

“여호와는 나의 목자시니 내게 부족함이 없으리로다”(시 23:1).

그동안 너무도 잘 알고 그렇게 많이 암송하고 수없이 외쳤던 말씀이지만 성령님의 임재가 강하게 느껴지면서, 세상 사람들은 다 떠나갔지만 내 곁을 떠나지 않고 변함없이 사랑으로 품어 주시고 안아 주시는 주님의 사랑이 감동적으로 다가왔습니다. 따스한 주님의 사랑의 품에 안겨서 지나간 생애에 주님의 십자가의 사랑과 은혜와 축복이 얼마나 감격스러웠던지 한없는 눈물이 쏟아지기 시작했습니다. 그러면서 어떠한 원수라도 용서하고, 인생의 무거운 짐을 십자가 앞에 다 내려놓고, 먼저 지난날에 교만했던 모든 것을 통회 자복하고, 모든 문제를 놓고 믿음으로 부르짖으면서 주님만 바라보고 기다리고 있었습니다. 그때 시편 23편의 말씀 한 절 한 절이 가슴에 뜨겁게 와닿으면서 그를 위로하고 치유하고 새롭게 일어설 새 힘을 부어 주셨습니다.

그가 받은 은혜를 최근에 《더 이상 내려갈 곳이 없었다》는 책으로 펴냈는데 여호와께서 목자 되심, 누이심, 인도하심, 안위하심, 채우심, 동행하심 등 지난날 그의 모든 영·혼·육 삼중고의 아픔들을 십자가 앞에 내려놓는 순간 다 치유함을 받았다고 고백합니다. 그리고 주님으로부터 "너 잘하는 것을 해라. 나만 믿고 선교지를 다녀라. 그리고 위로하라!"는 하나님의 음성에 순종하면서 3년 정도 자비량 선교를 하다가 2년 전에 라이트하우스교회(부산, 서울, 댈러스)를 개척하고 다음 세대 부흥운동을 일으키고 있습니다. 그리하여 지나간 5년의 세월을 너무도 큰 위로를 받고 새 힘을 얻고 행복하게 일어서게 되었다는 것입니다.

사랑하는 성도 여러분, 우리는 작년 한 해 동안 전에 겪은 적이 없고 상상조차 못 했던 코로나19라는 세계적 대유행병(pandemic)으로 인해 영·혼·육 삼중고의 고통을 겪어야 했습니다. 그러나 우리가 언제까지 이 세 가지 큰 고통 속에 살아야만 하겠습니까? 2021년 새해를 맞이하면서 우리는 이 삼중고의 고통을 능히 이겨 내기 위해 살아 계신 하나님 앞에서 우리의 죄악부터 통회 자복하고, 겸손히 합심해서 부르짖고, 믿음으로 주님만 바라볼 때 우리 일생의 어떠한 영·혼·육의 삼중고의 고통도 치료하시는 하나님 아버지께서 기적적으로 모두 다 치유하여 주시고 회복시켜 주시며 우리를 통해 크게 영광 거둬 주실 줄 확실히 믿습니다.

다 함께 새해를 맞이하여 결단의 찬송으로 천국의 소망 가운데 더욱 깨어 성령 충만한 가운데 승리하며 살아가도록 "마라나타"를 함께 부르며 믿음으로 결단하도록 하겠습니다.

마라나타 주 예수여 어서 오시옵소서
땅의 모든 끝 모든 족속
주를 찬송하게 하소서
마라나타 주 예수여 어서 오시옵소서
모든 열방이 주께 돌아와
춤추며 경배하게 하소서
우리 주님 다시 오실 길을 만들자
십자가를 들고 땅 끝까지 우린 가리라
우리 주님 하늘 영광 온 땅 덮을 때
우린 땅 끝에서 주를 맞으리
마라나타 마라나타
아멘 주 예수여 오시옵소서
마라나타 마라나타
아멘 주 예수여 오시옵소서

만복의 근원 되시는 하나님 아버지, 인간의 교만과 거짓과 욕심과 욕망이 코로나19를 가져왔음을 통회 자복합니다. 이제는 여기서 살길을 찾기 위해 간절히 믿음으로 합심해서 간구하옵나니, 가장 먼저 하나님이 가장 기뻐 받으시는 예배부터 회복시켜 주시옵소서. 하나님의 성전을 끝까지 사수하게 하여 주시옵소서. 말세 마지막 때 신앙의 선조들의 순교신앙을 끝까지 지켜 나가게 하여 주시옵소서. 그러기 위해서 지난날 우리의 죄악을 먼저 통회 자복하게 하여 주시옵소서. 겸손히 엎드려 합심해서 부르짖게 하여 주시옵소서. 주님만 바라보며 끝까지 인내하게 하여 주시옵소서. 그리함으로 저희를 용서하여 주시고, 코로나19의 두려움과 불황과 죽음으로부터 구하여 주실 줄 믿사옵고, 예수님의 이름으로 기도하옵나이다. 아멘!

끝없는 원망 속에서도

민수기 14:1-10

말세 마지막인 때 요즘 시대를 '영적 사사시대'라고 하는데, 사사기 마지막 장 마지막 절인 "그때에 이스라엘에 왕이 없으므로 사람이 각기 자기의 소견에 옳은 대로 행하였더라"(삿 21:25)는 말씀과 똑같기 때문입니다. 우리는 코로나19로 2020년 한 해를 보내고 오늘 송년주일을 맞이했습니다. 우리의 가정이나 직장이나 이웃이나 세상은 말할 것도 없고, 심지어 끝까지 믿음으로 간구하며 인내해야 할 교회에서까지도 끝없는 원망 속에서 살아가는 모습을 보면서, 지나간 한 해의 실패와 불행과 고통이 어디서 시작되었는가를 돌이켜 봅니다. 그리고 이스라엘 백성들이 약속의 땅 가나안 정복을 앞두고 정탐을 한 후에 또다시 펼쳐지는 끝없는 원망 속에서 어떻게 이겨 내었는가, 이 시간도 들려주시는 하나님의 음성을 다 함께 들을 수 있길 바랍니다.

여호와께서 기쁘시게 해드려야 함

먼저 본문 8절 말씀을 다 함께 읽겠습니다.

> "여호와께서 우리를 기뻐하시면 우리를 그 땅으로 인도하여 들이시고 그 땅을 우리에게 주시리라 이는 과연 젖과 꿀이 흐르는 땅이니라."

하나님께서는 이스라엘 백성들에게 430년의 애굽의 종살이에서 출애굽을 시키고 젖과 꿀이 흐르는 약속의 땅인 가나안으로 이끄실 것을 분명히 약속하셨는데도 이스라엘 백성들은 위기를 겪을 때마다 하나님을 원망했습니다. 홍해를 건널 때도 원망을 해서(출 14:10-12) 하나님께서는 그때 모세의 지팡이로 홍해를 가르는 기적을 행하셨습니다. 마라의 쓴 물을 만났을 때도 원망을 해서(출 15:23-24) 그때도 십자가를 상징하는 나무를 넣어 단물로 바꾸셨습니다. 광야에서 굶주릴 때도 원망을 해서(출 16:2-30) 만나와 메추라기를 먹이셨습니다. 엘림을 떠나 시내 산 가기 전에 르비딤에서 목이 마르다고 또 원망을 해서(출 17:2-3) 반석을 쳐서 생수를 터트리셨습니다. 이스라엘 백성들은 모세가 시내 산에서 늦게 내려온다고도 원망을 하면서(출 32:1) 금송아지 우상을 만들어서 심판을 받았습니다.

그런데 지금 가나안 정탐을 하고 돌아왔는데 또다시 원망을 하는 것입니다. 그것도 소리를 높여 부르짖으면서 밤이 새도록 통곡하면서 모세와 아론에게 원망을 합니다. "우리가 애굽 땅에서 죽었거나 이 광야에서 죽었으면 좋았을 것을 어찌하여 여호와가 우리를 그 땅으로 인도하여 칼에 쓰러지게 하려 하는가 우리 처자가 사로잡히리니 애굽으로 돌아가는 것이 낫지 아니하랴 이에 서로 말하되 우리가 한 지휘관을 세우고 애굽으로 돌아가자"(2-4절)라고 합니다.

이때 불신앙의 열 정탐꾼들과는 달리 믿음의 사람들인 눈의 아들 여호수아와 여분네의 아들 갈렙이 그들의 불신앙의 소리에 너무나도 속이 터져서 옷을 찢으면서 이스라엘 자손의 온 회중에게 "우리가 두루 다니며 정탐한 땅은 심히 아름다운 땅이라 여호와께서 우리를 기뻐하시면 우리를 그 땅으로 인도하여 들이시고 그 땅을 우리에게 주시리라 이는 과연 젖과 꿀이 흐르는 땅이니라"(7-8절)고 믿음으로 외칩니다. 여기 "여호와께서 우리를 기뻐하시면"은 모세가 즐겨 사용하던 말이었습니다(신 10:15). 여호와께서 기뻐하시면 안 될 일이 없고, 여호와를 떠나서는 되는 일이 없다는 것이 모세의 신앙 신조였습니다. 그런데 여호수아가 그 신앙을 이어받아서 믿음으로 선언한 것입니다.

우리도 바로 이 신앙을 이어받아야 합니다. 여호와께서 기뻐하시는 신앙생활을 해나가야 합니다. 그런데 오늘의 현실을 그렇지를 못 합니다. 코로나19를 맞으면서도 주의 종들부터 성경의 해석이 다 다릅니다. 지난 목요일 밤, 말씀 준비를 마치고 우연히 JTBC 방송국의 "차이나는 클라스"라는 프로그램을 보게 되었습니다. 연세대 신학과 김 모 교수가 나와서 초대교회에 전염병이 창궐할 때 성도들이 환자들을 돌보면서 세상에서 인정을 받았는데 그게 바로 예배라는 것입니다. 그럴싸하게 들리지만 그는 가장 먼저 하나님께 드리는 예배와 사람들을 섬기는 봉사를 구분하지 못했습니다.

더 나아가 요한복음 4장에 나오는 사마리아 여인에게 예수님께서 사마리아에서도 말고 예루살렘에서도 말고 영과 진리로 예배드릴 때가 온다고 하셨다면서 비대면 예배를 주장했습니다. 그런데 이 사마리아 여인이 지금까지 사마리아 그리심 산에서 예배드렸는데 유대인들의 말에 예루살렘 성전에서 예배드려야 한다고 하니 어떻게 된 것인가 의문을 가졌을 때 예수님의 "어디서 드리느냐가 중요한 것이 아니라"고 하신 말씀은 아무 데서나 예배드리라는 말씀이 아닙니다. 예를 들면 평양 봉수교회에서 예배드리느냐 또는 서울 치유하는교회에서 예배드리느냐를 따지니까 예수님께서는 평양이냐, 서울이냐 어느 성전 장소가 중요한 것이 아니라 성전에서 예배를 드릴 때의 자세인 영과 진리로 예배드리라고 강조하신 것입니다. 더구나 이렇게 영과 진리로 예배드릴 때가 온다는 것은 비대면 예배를 허락하신 것이 결코 아니라 예수님께서 부활, 승천하신 후 성령이 임하시면 성령과 말씀으로 예배를 드릴 때가 온다는 의미였습니다. 그런데 영으로 드린다고 하니까 그것을 억지로 비대면 예배로 해석한 것은 지극히 비성경적이고 비성령적이며, 인간 편의주의식이고 인본주의적이며 세속주의적인 해석인 것입니다.

차라리 자신이 코로나19에 감염될까 봐 두렵거나 정부의 처벌이 무섭거나 세상 사람들의 이목이 두렵거나 내가 믿음이 없어서 성전 예배를 못 드린다고 하면 주님께서도 다 이해하고 불쌍히 여겨 주실 것을, 왜 그렇게 공개적으로 TV에까지 나와서 성경을 온갖 거짓과 모순과 왜곡으로 짜맞추기식 해석을 합니까? 우리가 비대면 예배라도 드리면 안 드리는 것보다는 낫지만 하나님께서 가장 기뻐하시는 성전 예배만은 바로 가르쳐야 합니다. 그러니까 예수님께서 그토록 싫어하셨던 거짓과 외식과 독선으로 가득 찬 당시 종교지도자들을 향해 "화 있을진저, 외식하는 서기관들과 바리새인들이여" 하고 일곱 번이나 책망하셨던 것입니다.

사실이 그렇습니다! 그러므로 유명한 목사나 교수가 뭐라고 말했는가가 중요한 것이 결단코 아닙니다. 영원히 살아 계시고 만복의 근원 되시며 인간의 생사화복을 주관하시는 하나님께서 어떻게 말씀하셨는가에 직접 귀를 기울여야 합니다. 그리하여 하나님께서 기뻐하시는 일 중에 하면 안 될 일도 없고, 하나님께서 기뻐하시지 않는 일 중에 해도 되는 일도 없습니다. 그러면 하나님께서 기뻐하시는지 안 기뻐하시는지 어떻게 압니까? 그것은 하나님의 말씀 가운데 다 나와 있습니다.

그래서 미국 댈러스의 웨슬리연합감리교회의 이진희 목사님이 쓴 《율법? 그건 알아서 뭐 해?》라는 책을 보면 중세 랍비의 대부라고 할 수 있는 마이모니데스(Maimonides)가 주제별로 하나님의 계명을 분류한 것이 나옵니다. 율법서(모세오경)에 '하라'는 계명이 사람의 몸을 이루는 지체의 수인 248개, '하지 말라'는 계명이 1년 365일을 뜻하는 365개, 합해서 613개 계명의 말씀대로 날마다 우리의 온몸으로 살아가면 하나님께서 기뻐하시는 것입니다. 더 나아가 십자가의 사랑과 은혜에 감사하고 감격하면서 믿음으로 예배드리고 헌신하고 봉사하고 충성을 다하면 하나님께서 가장 기뻐 받으십니다.

그런데 많은 성도들이 다 자신의 이해 관계나 짧은 지식이나 경험이나 감정이나 인간관계에 따라 하나님의 말씀을 고무줄 늘리듯이 유리한 대로 끌어다가 다 자기 편한 대로 해석하며 살아갑니다. 그런데 그런 사람들에게는 더 이상 하나님의 은혜도, 축복도, 행복도 없습니다. 그러므로 우리는 갈라디아서 1장 10절의 "이제 내가 사람들에게 좋게 하랴 하나님께 좋게 하랴 사람들에게 기쁨을 구하랴 내가 지금까지 사람들의 기쁨을 구하였다면 그리스도의 종이 아니니라"는 바울 사도의 고백과 같이, "내가 지금까지 사람들의 기쁨을 구하였다면 그리스도의 자녀가 아니니라"라고 고백을 해야 합니다. 그리고 이제는 얼마 남지 않은 여생이라도 오늘이 마지막 날이듯이 하나님께 기쁨을 구하며 생각하고 말하고 살아가야 합니다.

부족한 종도 43년 전 주의 종으로 부름 받고 목회해 오면서 시카고한인연합장로교회를 처음 담임 맡아 5년 4개월을 목회하고 또 한국에 돌아와서 우리 치유하는교회를 21년째 목회해 오는 동안 피눈물 나는, 앞이 캄캄한 절망적인 순간도 많았습니다. 그러나 장로님들과 권사님들과 집사님들과 의견 차이나 갈등을 느낄 때마다 저의 가슴속에 늘 기도한 제목이 있습니다. 그것은 '무엇이 하나님께서 가장 기뻐하시고, 무엇이 하나님의 양 떼들에게 유익하고, 무엇이 하나님의 복음의 통로로 쓰임 받을 것인가?'만 구하면서 믿음으로 결단하며 여기까지 왔습니다. 그랬더니 지난 43년 동안 그때마다 살아계신 하나님 아버지께서 저를 한 번도 실망시키지 않으시고 오히려 놀랍게 위로해 주시고, 새 힘을 부어 주시고 복을 내려 주셨습니다. 또한 기적으로 역사하시고 큰 영광을 거둬 주시고, 오늘날 이렇게 은혜 받고 축복 누리고 행복한 목사가 되게 해주셨습니다.

그러므로 우리가 여호와께서 기쁘시게 해드리며 살아가면 하나님 아버지께서 가장 먼저 우리를 기뻐 받으시고, 우리의 여생과 자손들에게까지 넘치는 은혜와 축복과 행복으로 채워 주시고 부어 주시고 갚아 주실 줄 분명히 믿으시기 바랍니다.

여호와를 거역하지 말아야 함

계속해서 본문 9절 말씀을 다 함께 읽겠습니다.

> "다만 여호와를 거역하지는 말라 또 그 땅 백성을 두려워하지 말라 그들은 우리의 먹이라 그들의 보호자는 그들에게서 떠났고 여호와

는 우리와 함께하시느니라 그들을 두려워하지 말라 하나."

여기 '거역한다'는 말이 히브리어로 'תִּמְרֹדוּ'(티므로두)라고 해서 '반역하다'(מָרַד 마라드, rebel)라는 뜻입니다. 이스라엘 백성들에게 하나님의 말씀에 불순종하는 정도가 아니라 오히려 하나님을 거역하고 하나님께 반역까지 저질러서는 결코 안 된다는 것입니다. 그러니 그 가나안 땅 백성을 결코 두려워하지 말라는 것입니다. 그들은 우리의 먹이고, 그들의 보호자는 그들을 떠났으며 여호와는 우리와 함께하시니 그들을 결코 두려워하지 말라는 것입니다.

그런데 우리는 지금 온 세상이 코로나19로 인해 두려움에 빠져 있고, 교회마저도 마찬가지입니다. 요즘 코로나19의 위기 속에서 우리의 불신앙과 불순종의 모습을 보는 것 같습니다. 하나님께서 가장 기뻐 받으시는 예배를 우습게 여기고 방해하고 관공서나 언론사에 밀고까지 하는 이들을 보면서 '여호와께 반역하는 사람들이 따로 없구나!' 하는 서글픈 한탄과 눈물까지 나옵니다. 오히려 하나님의 살아 계심을 확실히 믿고 주님만 바라보고 주님께 모든 것을 맡기고 '죽으며 죽으리라'는 믿음으로 나아가면 다 살려 주실 것입니다. 그런데도 그렇게 하지 못하는 이 땅의 목사, 장로, 권사, 집사들을 보면서 너무도 가슴이 아픕니다.

그래서 기독교 미래학자인 최현식 목사는 얼마 전에 펴낸 《코로나 이후 3년 한국 교회 대담한 도전》이란 책에서 이런 말을 했습니다. 코로나19가 정치, 경제, 사회, 문화, 기술, 환경, 인간의 심리까지 모든 것을 바꾸는데, 이 엄청난 위기의 때에 이를 극복하기 위해서는 교회의 영적인 리더들에게 중요한 핵심과 원칙과 본질을 붙잡는, 중심의 믿음의 굳건함이 절실히 필요하다고 말합니다. 바로 우리가 철저히 성경에 기초해야 하고, 성령의 인도하심을 따라서 굳건한 믿음으로 절대 순종을 해야 하는데, 그것이 우리 한국 교회에 불어닥친 코로나19의 거대한 파도를 이기려는 대담한 도전이 된다는 것입니다.

우리가 영적 교만에 빠지면 하나님께서 분명히 말씀하시는데도 하나님의 뜻을 거스르고 하나님의 말씀을 벗어나 삽니다. 내 자존심을 내세우면서 내 고집대로 살다 보니까 K-방역을 그토록 자랑하면서 아무리 방역을 해도 코로나19가 그치지를 않습니다. 우리가 계속해서 문제의 본질을 벗어나기 때문에 더욱 어렵고 힘든 상황 속으로 치닫고 마는 것입니다. 그래서 결국에는 하나님의 사랑의 채찍을 맞고 고통과 불행 가운데 헤어 나올 수가 없습니다. 그러므로 다른 길이 없습니다. "천부여, 의지 없어서 손들고 옵니다" 하고 주님의 사랑의 품에 돌아와 순종하면, 복의 근원이 되시는 하나님께서 은혜 입혀 주셔서 우리를 살려 주시고 복되게 하시고 귀하게 쓰시는 것입니다.

오늘 은퇴하신 장정매 장로님은 지금으로부터 44년 전인 1976년 어느 따뜻한 봄날, 둘째 딸을 등에 업고 우리 치유하는교회 문턱을 밟았습니다. 처음에는 불신 남편으로 인해서 얼마나 핍박을 당하고 눈물로 기도하면서 고난의 세월을 보냈는지 모릅니다. 그러나 끝까지 믿음을 지키고 집사로서, 권사로서 헌신, 봉사, 충성을 다했습니다.

그런데 제주도에 요양 가신 남편을 간호하러 내려갔다가 집을 따뜻하게 하기 위해 장작불을 피웠는데, 일산화탄소 가스 중독으로 우리나라 최고의 병원 중 하나인 삼성의료원에서도 포기해서 세상을 떠날 날만 남은 것 같았습니다. 하나님의 은혜가 아니고는 결코 살 수 없었는데 새벽기도 때마다 큰따님 전도사님이 어머니를 부축하며 나아와서 매일 안수기도를 받으며 합심기도를 했습니다. 그때는 희망이 안 보이니까 안수기도를 하면서도 눈물밖에 안 나왔는데 2주 지나니까 손을 잡아 부축하면 손에 힘이 들어왔습니다. 하나님께서 장로로 쓰시기 위해서 그처럼 큰 연단을 하시고, 기적적으로 살려 주시고 건강을 회복시켜 주셔서 지금까지 사용해 주셨습니다.

특별히 중등부 부장을 맡아 있을 때 예민한 사춘기 아이들 위해 할머니의 사랑으로 위해서 기도하며 사랑과 눈물로 가슴 설레며 행복했다고 합니다. 또한 찬양대와 음악위원회로 거치면서 예배에서 찬양이 얼마나 중요한 부분인지 다시 한 번 알아가게 하셨고, 또한 봉사와 수고로 최선을 다하는 맡은 이들을 엄마의 심정으로 돌보았습니다. 또한 코로나19가 모두의 일상을 빼앗아가서 우리 교우들이 함께 오순도순 모여 예배드리며 정담을 나누는, 우리 삶 속의 소박한 이야기마저도 빼앗아 가버린 것을 생각하면 가슴 아리는 아픔이 있어서 이렇게 어려울 때에 더욱 하나님의 뜻이 무엇임을 되새기며 기도에 전념하고 있다고 하셨습니다.

은퇴가 영어로 'retire'인데 타이어를 다시 끼운다는 의미 아닙니까? 은퇴가 끝이 아니라 이제부터 새로운 시작이라는 말씀이 있듯이, "교회의 일꾼 된 것은 하나님이 너희를 위하여 내게 주신 직분을 따라 하나님의 말씀을 이루려 함이니라"는 말씀으로 지난 일들을 거울 삼아, 앞으로 하나님의 뜻을 바라보며 나를 통하여 이루고자 하시는 일이 무엇인지 분별하는 지혜를 더욱 알아가는 자로 주님 허락하신 자리에 서 있고자 한다는 것이었습니다. 그러므로 인생에서 가장 고통스럽고 힘들었던 때를 교훈 삼아서 주님 부르시는 그날까지 충성을 다하겠다고 다짐을 하셨습니다.

우리가 여생을 하나님 뜻을 결단코 거스르지 말고 순종하며 믿음으로 살아가면 틀림없이 우리의 여생과 자손이 복되게 쓰임 받게 됩니다. 그래서 요즘 성도들이 가장 힘을 얻고 주의 종들까지도 가장 많이 인용하는 성구가 이사야 41장 10절이라고 합니다. "두려워하지 말라 내가 너와 함께함이라 놀라지 말라 나는 네 하나님이 됨이라 내가 너를 굳세게 하리라 참으로 너를 도와주리라 참으로 나의 의로운 오른손으로 너를 붙들리라." 이 말씀 한 절이면 다 끝난 것 아닙니까?

이렇게 하나님께서 우리와 함께하시고 우리의 강한 분이 되어주신다고 그토록 강조해서 말씀하시고, 이 말씀을 평생 들어서 잘 알면서, 왜 그렇게 두려워하십니까? 우리가 이처럼 두려워하니까 결국에는 하나님의 말씀을 떠나게 되고, 하나님을 불순종하게 되고, 결과적으로 하나님께 거역하고 반역하는 행위들을 일삼고 마는 것입니다. 그러나 우리가 한 번 죽지 두 번 죽습니까? 그러므로 이제부터는 '죽으면 죽으리라'는 믿음으로 여호와를 결단코 거역하지 말고 믿음으로 나아가면 지난날 우리의 삶 가운데 기적으로 역사하신 살아 계신 하나님께서 앞으로의 우리의 모든 삶 가운데 부족함이 없는 축복을 내려 주시고, 기적으로 응답해 주시고, 우리의 앞길까지 열어주시고 귀하게 쓰시고, 크게 영광 거두실 줄 확실히 믿습니다.

여호와의 영광이 지켜주셔야 함

마지막으로 본문 10절 말씀을 다 함께 읽겠습니다.

> "온 회중이 그들을 돌로 치려 하는데 그때에 여호와의 영광이 회막에서 이스라엘 모든 자손에게 나타나시니라."

이렇게 믿음의 정탐꾼 여호수아와 갈렙이 목청을 돋우어 믿음으로 외치는데도 온 회중은 마음이 강퍅하고 완악해지니까 신앙을 잃어버리고 이제는 하나님마저도 눈에 안 보이고 이성을 잃어버리고 감정에 휩싸여서 믿음의 사람 여호수아와 갈렙을 죽이려고 돌로 치려 하는 모습을 보십시오. 지난날 초대교회에서도 스데반이 성령님으로 충만하여 말씀을 증거했을 때도 똑같은 일이 벌어지지 않았습니까?(행 7:57-58) 그런데 그때에 여호와의 영광이 성막에서 이스라엘 모든 자손에게 나타나서 여호수아와 갈렙을 지켜 주셨고, 그를 따르는 2세들은 다 젖과 꿀이 흐르는 가나안 땅에 들어갔습니다. 그러나 불행하게도 그들을 돌로 쳐서 죽이려고 했던 1세대들은 약속의 땅인 가나안에 아무도 들어가지 못하고, 그 고통스럽던 광야에서 인생을 다 끝내고 맙니다.

이것은 오늘날에도 그대로 적용됩니다. 극심한 코로나19 위기에도 어떻게 해서든지 방역수칙을 철저히 지키면서 성전에 나아와 하나님께 예배드리며 하나님을 기쁘시게 해드리고 하나님께 부르짖으며 하나님의 마음을 움직여서 이 코로나19의 재앙이 물러가도록 하는 것이 이 코로나19를 이겨 내는 지름길이라고 그토록 외쳐도 이를 믿음으로 받아들이지 않습니다. 오히려 믿음으로 외치는 목사를 성전에 안 나오는 교인들에 대한 이해심도 없고 인정도 메마르고 고지식하고 고리타분하고 융통성도 없고 현실 감각도 없는 시대에 뒤떨어진 목사로 매도하고 대적하며 달려드는 오늘의 현실로 그대로 되풀이되고 있습니다. 그러나 선한 목사는 교인들이 더 이상 은혜가 메마르고 축복을 잃고 행복이 사라지도록 결단코 내버려 둘 수 없습니다. 이것은 과거나 현재나 미래에 계속해서 되풀이되는 역사적 사실이고, 우리에게 끊임없이 부딪혀오는 영적 싸움입니다. 그러므로 우리가 끝까지 나 자신의 어떠한 유익보다도 하나님의 영광을 위하여 살아가면 하나님께서 우리를 지켜 주시고 영광 거둬 주십니다.

오늘 은퇴하는 김송암 장로님은 일찍이 모태신앙으로 할머니의 초대 신앙이 어머니에게 이어져서 장로님 내외분과 자녀들에 이르러 손주들까지 5대에 걸쳐 신앙생활을 하게 되었습니다.

장로님은 전남 해남군 계곡면 가학리 48번지에서 2남 1녀 중 막내로 태어나서 백일쯤 되던 6·25전쟁 때 아버지가 순교하셨으니 아버지 없는 서러움이 얼마나 크고 얼마나 고생이 되었겠습니까? 홀어머니와 누나와 형제는 조부모님을 통하여 철저한 신앙생활을 배웠습니다. 조부모님은 교회 가지 않으면 밥을 주시지 않았고, 연보는 쌀을 주셨다고 합니다. 청년기에는 사업을 한다고 술과 담배로 잠깐 방황도 하였지만 할머니와 어머니의 믿음의 기도로 주님께서 계속 사랑의 줄로 장로님을 놓지 않고 계시다가 결국 술과 담배를 다 끊게 하시고, 하나님 아버지의 품으로 돌아오게 하셨습니다.

또 그 이면에는 그도 몰랐던 중보적 기도자가 있었습니다. 얼굴도 모르는 배우자를 위해 8년 동안 기도하고 있었던 아내 권사님을 만나 성전에서 결혼식도 올리고, "무엇보다도 뜨겁게 서로 사랑할지니 사랑은 허다한 죄를 덮느니라"(벧전 4:8)는 믿음으로 사랑과 섬김으로 신앙생활을 하고 있습니다. 믿음으로 자녀를 위해 기도하던 중 슬하에 두 따님을 주셔서 그들이 어렸을 때부터 가정예배를 드리며 기도와 찬양으로 양육하였고, 지금은 모두 믿음의 배우자를 만나 결혼하여 믿음의 가정을 갖게 해주시고 외손주 3명 모두 치유하는 교회에서 믿음 생활을 잘하고 있습니다.

2000년 6월 11일 부족한 종의 부임 설교인 "여호와께 돌아가자"(호 6:1-3)는 말씀에 전율하는 은혜를 체험하였고, 내외간에 치유 목회를 많이 도와주었습니다. 2003년 10월부터 치유 프로그램을 통하여 장로님 내외분이 치유동산 1기로, 부부행복동산 3기로, 아버지학교 1기로, 어머니학교에서 섬기시면서 말할 수 없는 하나님의 주신 사랑을 받고 깨달았습니다. 그래서 자녀들에게까지도 치유동산, 부부행복동산, 아버지학교, 어머니학교 등을 다 마치게 하여 사랑하는 자녀들도 주님 안에서 행복한 믿음 생활로 헌신하게 하여서 대를 이어 하나님의 교회를 충성스럽게 섬기고 있습니다.

장로님의 가정은 치유하는교회에서 주님의 나라에 이르는 그날까지 평신도 사역자로 주님께서 쓰시겠다고 하시면 부르신 곳에서 등을 내어 드리는 어린 나귀가 되길 원하신다고 했습니다. 그리고 사랑과 은혜가 되는 자리에서 철저히 낮아져 섬기며 봉사하는 삶을 살기를 소망하고, 모든 영광을 오직 하나님께만 영광 돌리길 원하셨습니다.

우리가 생의 마지막 순간까지 하나님의 영광을 위해서 살아가면 빌립보서 4장 19절의 "나의 하나님이 그리스도 예수 안에서 영광 가운데 그 풍성한 대로 너희 모든 쓸 것을 채우시리라"는 약속의 말씀처럼, 하나님 아버지께서 지난날 우리 치유하는교회를 지켜 주시고 지난 1년 동안도 지켜 주심을 목격하였듯이 하나님께서 그의 영광을 위하여 일생토록 우리를 지켜 주시고 영광 거둬 주실 줄 확실히 믿으시기 바랍니다.

오늘 은퇴하시게 된 오희주 권사님은 서울 강동구에서 화곡동으로 이사 오면서 치유하는교회 안수집사님의 인도로 17년 전인 2003년 4월 교회 등록을 하셨습니다. 교회 등록 후 작은 일이라도 교회 봉사를 하면서 하나님이 기뻐하시는 일을 하고 싶어 무엇을 할 수 있을까 찾는 중에 주방 설거지 봉사부터 시작하였습니다. 설거지 봉사를 하면서 여러 성도님들과 친해졌고, 특별히 교회 언니 권사님들의 인도로 여전도회 임원까지 하게 되었습니다. 당시에 손주들을 8명이나 양육하며 분주하던 때였지만 하나님께 봉사하며 그의 나라와 의를 구했더니 하나님께서 모든 손주들을 건강하게 지켜 주셔서 병원 가는 일도 없었고 다들 순하고 예쁘게 잘 자라 주었습니다. 그래서 교회 봉사를 더욱 열심히 할 수 있어서 얼마나 큰 은혜인지 모른다고 했습니다.

이러한 교회 봉사를 통해 무엇보다 감사하는 것은 기도의 동역자들을 만난 일이었습니다. 치유하는교회에 오기 전에도 권사님은 주부습진이 너무 심해서 큰 고통 가운데 있을 때 함께 기도하는 친구들의 중보적 기도로 인해 만성질환이 깨끗하게 치유 받는 역사를 체험했기 때문에 기도의 동역자가 얼마나 중요한지 잘 알고 있어서 치유하는교회에서도 이런 기도의 동역자를 만나고 싶었습니다. 교회 봉사를 할 때 하나님께서 그 바람처럼 기도의 동역자들을 붙여 주셔서 늘 기도의 동역자들과 철야기도를 하면서 가정과 교회를 위해, 나라와 민족을 위해, 여러 지체들의 문제들을 위해 함께 합심하여 기도했습니다. 신실하신 하나님은 엎드려 기도하는 일들마다 응답하여 주시고 인도하여 주셨습니다. 아무리 환경이 어려워도 마음에 평안을 주시고 인내하며 기도할 때 모든 일을 선하게 인도해 주셨습니다.

특별히 2016년도 회장으로 여전도회를 섬길 때 하나님께서 아침 금식에 대한 감동을 주셔서 한 해 동안 금식하며 섬겼는데 여전도회 회원들 모두 큰 어려움 없이 평안함 가운데 한 해를 잘 보낼 수 있었습니다. 그런데 하나님께서 더 큰 은혜와 축복과 행복을 부어 주시기 위한 계획이 있었습니다. 당시 딸의 가정에 큰 어려움이 있었습니다. 자녀들을 결혼시키고 나서 자녀들이 믿음의 축복과 행복 속에서 살지 못할 때면 우리 자신이 겪는 아픔보다 더 큰 고통을 겪고 눈물로 간절히 기도할 수밖에 없습니다. 그럴수록 믿고 의지할 분은 주님밖에 없어서 하나님의 말씀 붙들고 기도하고 금식하고 또 중보적 기도자들이 합심해서 간절히 기도할 때에, 그 극심한 불행과 고통의 어려움 가운데서도 모든 것이 순조롭게 잘 해결될 수 있도록 인도해 주셨습니다.

그런데 특별히 감사한 것은 일생을 십자가처럼 여겼던 남편이 믿음 안에서 변화되었다는 것입니다. 4대째 믿음의 가정, 모태신앙임에도 불구하고 그동안 미지근한 신앙생활을 해왔는데 새벽마다 그런 남편을 위해서 눈물로 부르짖으며 합심해서 기도했더니 하나님께서 놀랍게도 부부목장을 허락하셔서 부부목장에서 남편에게 새로운 변화들이 나타나기 시작했습니다. 아내들만 모이던 목장에서 부부목장으로 새롭게 전환하면서 남편들이 목장에 오는 것을 즐거워하고, 목장 안에서의 영적인 교제를 통해 신앙이 성장하기 시작했습니다. 남편들이 얼마나 성경을 열심히 읽는지, 늘 하나님의 말씀 안에 살다 보니 삶의 모습도 정직하고 아름답게 변화되었습니다. 그래서 권사님의 평생의 가장 큰 기도제목이었던 남편이 변하여 매일 성경을 읽고 있는 그 모습이 얼마나 아름답고 감사한지 모른다고 했습니다.

그뿐만 아니라 평생을 자녀들과 남편 뒷바라지하느라 고생을 하다 가 얼마 전에는 이명 증상으로 고통스러워 병원에 갔는데, 의사가 평생 그 소리를 안고 살아야 한다고 부정적인 진단을 내렸습니다. 그러나 하나님께는 불가능이 없음을 믿고 새벽기도 때 부족한 종이 아픈 곳에 손을 얹고 기도하라고 할 때 믿음으로 귀에 손을 대고 기도했더니 이명 증상이 깨끗이 사라지고 고통으로부터 자유하게 되었다는 것입니다. 그래서 일생의 사명을 마치고 은퇴하시는 지금 가장 은혜롭고 축복되고 행복하다고 고백했습니다.

권사님이 이렇게 치유하는교회에서의 신앙생활 가운데 하나님 기쁘시게 해드리고, 하나님을 거역하지 않고, 여호와의 영광이 지켜 주셔서 하나님께서 많은 은혜를 부어 주시고 축복을 내려 주시고 행복을 쏟아 주셔서 치유하는교회 등록한 것이 엊그제 같은데 벌써 시간이 이렇게 흘러서 권사 은퇴를 하게 되었습니다. 그러나 은퇴가 끝이 아니라 주님 부르시는 날까지 주신 사명 감당하며 여생도 주님 부르시는 그날까지 주님 주신 은혜에 보답하며 사명자로 계속 살아가길 원한다고 하셨습니다.

사랑하는 성도 여러분, 우리의 일생도 언젠가는 끝이 납니다. 그러나 이 땅의 끝없는 고난 속에서도 하나님만 기쁘시게 해드리고, 결단코 하나님을 거역하지 않고, 하나님의 영광만을 구할 때에 거기서부터 우리의 인생의 문제가 풀리고 앞길은 열리고 하나님의 나라를 위해서 귀하게 쓰임 받고, 자손 대대로 복을 누리며 하나님의 영광을 크게 드러내게 될 줄 확실히 믿습니다.

다 함께 일어나셔서 지난날의 하나님의 은혜를 잊지 않고 감사하면서 결단의 찬송으로 "하나님의 은혜"를 함께 부르면서 믿음으로 결단하도록 하겠습니다.

나를 지으신 이가 하나님
나를 부르신 이가 하나님
나를 보내신 이도 하나님
나의 나 된 것은 다 하나님 은혜라

나의 달려갈 길 다 가도록
나의 마지막 호흡 다하도록
나로 그 십자가 품게 하시니
나의 나 된 것은 다 하나님 은혜라
한량없는 은혜 갚을 길 없는 은혜
내 삶을 에워싸는 하나님의 은혜
나 주저함 없이 그 땅을 밟음도
나를 붙드시는 하나님의 은혜

은혜가 한량없으신 하나님 아버지, 지나온 한 해, 아니 일생토록 저희와 함께하시며 은혜 가운데 인도해 주심을 진심으로 감사하옵나이다. 특별히 지난날 우리 치유하는교회에 보내 주셔서 일생토록 헌신, 봉사, 충성을 다하시다가 오늘 은퇴하시는 귀한 장로님, 안수집사님, 권사님의 노고를 위로하여 주시고, 하늘의 상과 이 땅의 복으로 여생과 자손들에 이르기까지 차고 넘치도록 갚아 주시옵소서! 저희 여생도 이들의 신앙을 본받아 하나님만 기쁘시게 하여 주시옵소서! 더 이상 하나님을 거역하지 않게 하여 주시옵소서! 하나님의 영광이 영원토록 지켜 주시옵소서! 그리하여 저희도 주님의 영광만을 위해서 살아가는 복된 여생과 그 자손들이 모두 다 될 줄 확실히 믿사옵고, 예수님의 이름으로 간절히 축복하며 기도하옵나이다. 아멘!

개혁과 이단

민수기 22:21-34

오늘은 대한예수교장로회 총회가 정한 이단 경계주일입니다. 말세 마지막 때 우리 주위에 이단들이 얼마나 많은지 모릅니다. 미국에서 들어온 여호와의 증인과 몰몬교 등 이단들이 있고, 우리나라에서 생겨난 통일교, 천부교(전도관) 등이 있었습니다. 그리고 요즘에는 교주 이만희의 신천지, 안상홍의 하나님의교회 등의 이단들이 우리 주위에 깊이 침투해서 우리를 영적으로 극도로 혼란시키고 있습니다.

개혁 신앙과 이단은 천지 차이인데, 크게 구분하면 '이단'이라고 하는 것은 한자어로 '다를 이'(異), '끝 단'(端)이라고 해서 끝이 다르다는 것입니다. 다시 말하면, 우리와 구원론이 달라서 죽음 후의 천국과 지옥으로 가는 곳이 다르다는 뜻인데, 그러면 우리와 어떻게 구원론이 다릅니까? 에베소서 2장 8절에 "너희는 그 은혜에 의하여 믿음으로 말미암아 구원을 받았으니 이것은 너희에게서 난 것이 아니요 하나님의 선물이라"라고 분명히 증거합니다. 그런데도 우리가 십자가의 하나님의 은혜를 믿음으로 구원받는다는 복음을 가르치지 않고 정통 교회를 정죄하고 비난하면서, 초대교회 이후 2,000년 동안 계속 발전되어 온 정통 신학을 송두리째 무시하고 꼭 자기들이 급조한 교리를 '비유 풀이'라고 하면서 거짓으로 가르칩니다. 그리고 자기들이 가르치는 교리대로 믿어야 하고, 여호와의 증인 등 과거의 이단들이 썼던 수법대로 144,000명에 이르는 자기들의 집단에 속해야 한다고 강조합니다.

여러분, 성경 어디에 그렇게 해야 구원받는다고 했습니까? 그들은 향해 이사야 28장 13절에 "여호와께서 그들에게 말씀하시되 경계에 경계를 더하며 경계에 경계를 더하며 교훈에 교훈을 더하며 교훈에 교훈을 더하고 여기서도 조금, 저기서도 조금 하사 그들이 가다가 뒤로 넘어져 부러지며 걸리며 붙잡히게 하시리라"고 경고하십니다.

지난번 새벽기도회 때 한경국 목사님이 설교 중에 이런 이야기를 했습니다. 한 목사님이 젊은 장로님에게 문안 카톡을 보냈다고 합니다. "장로님, 행복하세요!" 그걸 받은 장로님이 답을 보냈는데 그 답장을 보고 목사님이 완전히 열이 받아 버렸습니다. "목사님도 행복하세요!"라고 쓴다는 것이 그만 실수로 목사님의 ㅁ 받침을 빼먹어 버렸으니 뭐가 되었겠습니까? "목사 니도 행복하세요!" 이렇게 다 맞은 것 같은데 철자 하나만 달라도 뜻이 완전히 달라져 버립니다.

오늘 본문 가운데 이렇게 하나님의 뜻을 결정적으로 거스른 거짓 선지자가 나오는데 그의 이름은 발람입니다. 히브리어로 '노인'이라는 뜻인데 그는 육적인 노인처럼 탐욕스럽고 노회하고 교활한 선지자였습니다. 이 발람 선지자를 통해서 우리가 이단을 어떻게 경계하고 영적 분별력을 가지고 대처해야 하는지, 이 시간도 들려주시는 하나님의 음성을 함께 들을 수 있길 바랍니다.

어떠한 탐심도 물리쳐야 함

먼저 오늘 본문 이전의 7절 말씀을 다 함께 읽겠습니다.

> "모압 장로들과 미디안 장로들이 손에 복채를 가지고 떠나 발람에게 이르러 발락의 말을 그에게 전하매."

이스라엘이 아모리 왕 시혼과 바산 왕 옥을 물리쳤다는 소식을 들은, 모압 왕으로서 '침략자'를 뜻하는 발락은 무력으로는 이스라엘 백성들을 당할 수 없음을 깨달았습니다. 그래서 그들의 맞은편에 거주한 이스라엘을 마술로 저주하기 위해서 메소포타미아 지방 유프라테스 강변의 브돌 출신의 발람 선지자를 초청하려 합니다. 모압의 장로들과 모압 사람들보다 더 가까운 미디안의 장로들에게 부탁해서 두둑한 복채를 가지고 발람 선지자를 찾아가 발락 왕의 부탁을 전하게 합니다. 발락 왕은 돈으로 발람 선지자를 매수하고자 한 것입니다.

여러분, 적어도 선지자라는 사람이 복채를 받고 일한다는 것은 이미 삯꾼임을 증명하는 것입니다. 우리 주위에 돈 많고 지위 높은 교인을 우대하고 돈 없고 지위 낮은 교인들을 소홀히 여기는 주의 종들이나 그러한 교인들이 있다면 그들은 더 이상 진정한 주의 종들이나 교인들이 아니라 삯꾼 목사들이고, 교인들입니다. 진정한 주의 종들은 교회에서 어떻게 사례하든지 간에 감사함으로 받고 맡겨 주신 사명에 목숨 걸고 죽도록 충성을 다해야 합니다.

그래서 감리교 창시자인 존 웨슬리 목사님은 돈에 대해서 이렇게 말했습니다. "어떻게 하면 우리가 돈 때문에 지옥에 들어가지 않을 수 있을까요? 거기에는 단 한 가지 방법이 있습니다. 돈은 벌 수 있을 만큼 많이 벌어서 할 수 있을 만큼 많이 저축해 놓고 나누어 줄 수 있을 만큼 다 나누고 떠나가야 합니다. 그러면 돈이 많을수록 하나님의 은혜 안에서 성장해 갈 것이고, 하늘에 더 많은 보화를 쌓아놓게 됩니다." 내가 움켜쥔 돈은 내 돈이 아니고, 돈은 남을 위해 베풀고 주님을 위해 쓸 때 빛이 난다는 것입니다. 그래서 존 웨슬리 목사님은 88세에 하늘나라로 떠나가면서 마지막으로 이런 말씀을 남겼습니다. "세상에서 가장 좋은 것은 하나님께서 우리와 함께 계신다는 것이다." 세상에서 가장 좋은 것은 돈이 결코 아니라는 것입니다.

부족한 종도 17년 전 우리 치유하는교회에 오기 전에 신학대학교 교수로 있었는데, 신학대학교에서 매월 500만 원씩 교수 사례를 받고 그 외에 글을 쓰고 강의를 해서 500만 원을 더 벌었습니다. 그러니까 한 달에 1,000만 원 정도를 벌었는데 그중 최소한의 우리 세 식구 생활비인 150만 원만 집사람에게 전해 주고 나머지는 학부생부터 대학원생들까지 등록금을 못 내는 가난한 신학생들 등록금 내주고, 밥을 굶는 가난한 신학생들 식권 사주고 나니 남는 것이 없었습니다. 그러다 치유하는교회에 처음 왔을 때 사택 보조비도 없고 달랑 300만 원 사례비뿐이었습니다. 교수 때 받은 사례의 1/3도 안 되는 사례를 받는데 대신 십일조헌금, 감사헌금, 구제헌금, 장학헌금, 선교헌금, 나중에는 건축헌금에 이르기까지 얼마나 바칠 헌금이 많은지 갑자기 너무 가난해져 버렸습니다. 그래도 지난 17년 동안뿐만 아니라 40년 동안 목회해 오면서 단 한 번도 사례가 적다고 불평해 본 적이 없었습니다. 적게 받아도 감사하고, 많이 받아도 주님 위해서 다 썼습니다. 그렇게 항상 감사하면서 나름대로 충성만 다해 왔더니 부족한 나머지는 항상 하나님께서 다 채워 주시고 부어 주시고 갚아주셔서 오늘의 이렇게 축복받은 행복한 목사가 되었습니다.

그러나 이 땅의 삯꾼 목사들과 이단들은, 겉으로는 주님을 위해서 헌신하고 교회를 위해서 헌금하고 양 떼들을 위해서 다 쏟는 것 같지만 실제로는 자신의 부귀나 명예나 향락을 위해 살아갑니다. 지난 2014년 4월 16일 세월호 참사를 통해서 드러났듯이 구원파 교주 유병언 일가족이 부정 축재하여 은닉한 재산만 해도 5,000억 원에 이른다고 하지 않습니까?

그러나 그것은 구원파 유병언뿐만이 아닙니다. 모든 이단 교주들, 통일교 문선명이나 천부교 박태선이나 신천지 이만희나 하나님의교회 안상홍이나 JMS 정명석이나 이단 교주들의 공통점은 일가족들이 엄청난 축재를 하고 초호화판으로 살아간다는 것이니, 이 이단을 따르는 신도들만 너무도 불쌍합니다.

전전 주간 한 부목사님과 심방을 다녀오는데 공항동 쪽에 '하나님의교회 세계복음선교협회'라는 푯말이 붙은 큰 건물이 있어서 "저것도 이단이네!" 그랬더니 "왜 이단들은 저렇게 큰 건물도 구하고 돈도 많은 줄 모르겠어요" 그러는 겁니다. 그래서 제가 "앵벌이를 하거나 이단 교주에게 영의 눈이 먼 신도들이 재산을 다 바쳐서 그러네. 옛날에 전도관 천부교를 보소. 영의 눈이 가려진 자들이 재산 다 정리해서 신앙촌으로 들어가 다 바치지 않던가? 그래서 이단들이 재산이 많은 거네!" 그랬습니다.

이단 교주들이 다 이렇게 부정 축재를 하고 있으니 그들을 따르는 무리들이 무슨 이 땅의 하나님의 복을 누리고 하늘의 상을 얻을 수 있겠습니까? 다 하나님의 심판을 받고 멸망하고 말 것입니다. 이렇게 탐심이 가득한 이단 교주들에게서 신앙을 배우니 그 자녀들의 장래도 다 버리고 맙니다.

한 학생이 지각을 하자 선생님이 화가 나서 물었습니다. "너, 왜 이렇게 지각을 했어?" 그러니까 학생이 그러는 겁니다. "사실은 학교에 오다가 10만 원짜리 수표를 잃어버린 사람을 만났거든요." 그러자 선생님이 "아, 그 사람을 도와서 수표를 찾아 주다가 늦었구나" 라고 말하자 학생이 대답했습니다. "아니오. 사실은 그 사람이 수표 찾는 것을 포기하고 돌아갈 때까지 그 수표를 밟고 서 있느라고요." 어른들이 돈이 최고라고 생각하니까 우리 아이들도 나쁜 물이 든 것입니다.

그래서 주님께서 '어리석은 부자의 비유'를 들려주시면서 누가복음 12장 15절에 "삼가 모든 탐심을 물리치라 사람의 생명이 그 소유의 넉넉한 데 있지 아니하니라"라고 명령하셨던 것입니다. 다시 말하면, 탐심은 물리쳐야 하는데 사람의 생명이 그 소유의 넉넉한 데 있지 않기 때문입니다. 사람의 행복이 물질의 넉넉한 데 있지 않기 때문에 우리가 모든 탐심을 물리칠 때 진정으로 주님의 은혜에 감사하고 감격하면서 주님의 뜻을 따르는 진정한 믿음의 일꾼이 되고, 하나님의 영광을 크게 드러내게 되는 것입니다. 그러므로 이제는 우리가 세상에 사는 동안 물질이나 명예나 향락에 대한 어떠한 탐심도 물리쳐야 합니다.

선한목자교회 유기성 목사님이 쓴 《예수를 바라보자》라는 책에 나온 간증입니다. 독산동에 있는 신일교회 부흥회를 인도하면서 "당신은 행복하십니까?"라는 제목으로 말씀을 전했는데, 설교 후 그 교회 담임목사님이 기도회를 인도하며 찬송가 94장 "주 예수보다 더 귀한 것은 없네"라는 찬송을 부르자고 했습니다. 그런데 찬송을 부르면서 10년도 더 지난 어느 겨울, 강원도의 한 교회에서 인도했던 부흥회 때의 기억이 떠오르더랍니다. 그때도 설교를 마친 후 기도하기 전에 이 찬송을 불렀다고 합니다.

1. 주 예수보다 더 귀한 것은 없네
   이 세상 부귀와 바꿀 수 없네
   영 죽은 내 대신 돌아가신
   그 놀라운 사랑 잊지 못해
2. 주 예수보다 더 귀한 것은 없네
   이 세상 명예와 바꿀 수 없네
   이전에 즐기던 세상 일도
   주 사랑하는 맘 뺏지 못해
3. 주 예수보다 더 귀한 것은 없네
   이 세상 행복과 바꿀 수 없네
   유혹과 핍박이 몰려와도
   주 섬기는 내 맘 변치 않아

후렴) 세상 즐거움 다 버리고 세상 자랑 다 버렸네
주 예수보다 더 귀한 것은 없네 예수밖에는 없네

그런데 이 찬송을 부르는데 1절을 부르면서 회개가 나오더랍니다. '과연 내가 이 찬송을 부를 자격이 있는가? 예수님께서 나의 찬송을 들으실 때 마음이 어떠실까?' 마음에도 없는 찬송을 들으시면서 예수님의 마음만 더 힘들지 않으실까 하는 생각이 들어서 1절을 마치고 찬송을 중단하고 성도들에게 이렇게 요청했습니다. "솔직하게 마음의 준비가 안 된 분은 부르지 말고, 찬송가 가사의 믿음을 주시기를 마음속으로 기도만 합시다"라고 했습니다. 그리고 다시 반주자의 전주 후 찬송이 시작되었는데 아무도 찬송을 부르지 못하더랍니다. 그리고 반주는 계속되어서 2절로 넘어가는데 여기저기서 흐느끼는 소리가 나기 시작하더니 결국 울음바다가 되고 말았다고 합니다. 그리고 여기저기서 회개기도가 터져 나오기 시작하고, 너무도 은혜로운 부흥회를 마치고 돌아왔다고 합니다.

여러분, 우리가 살아가면서 주님보다 더 사랑하는 것들이 얼마나 많습니까? 그러므로 우리가 세상의 모든 탐심을 물리칠 때 비로소 우리는 진정한 신앙인이 되고, 주님의 뜻을 따르는 온전한 제자가 되고, 어떠한 이단의 유혹도 물리치는 개혁 신앙으로 복되게 쓰임받으며, 하나님 아버지께 크게 영광 돌리게 될 줄 분명히 믿으시기 바랍니다.

끈질기게 매달려도 뿌리쳐야 함

계속해서 본문 전의 15-16절 말씀을 다 함께 읽겠습니다.

> "발락이 다시 그들보다 더 높은 고관들을 더 많이 보내매 그들이 발람에게로 나아가서 그에게 이르되 십볼의 아들 발락의 말씀에 청하건대 아무것에도 거리끼지 말고 내게로 오라."

사실 발람 선지자는 진정한 하나님의 예언자가 아니라 술수를 잘 쓰는 사람이었습니다(신 18:11-12). 그가 참으로 하나님의 예언자였다면 이스라엘의 출애굽이 하나님의 뜻이며 그들이 경험했던 수많은 기적들이 하나님의 역사였음을 알고 이스라엘 백성들에 대한 저주

요청을 일언지하에 거부하고 경책할 일이지 하나님께 물어 볼 필요도 없었습니다. 그러나 모압의 사자가 도착한 날 밤, 발람 선지자는 사심이 있었기에 꿈에 하나님의 지시를 은근히 기대했던 것입니다(8절). 하나님께서 "너와 함께 있는 이 사람들이 누구냐?"고 물으셨고(9절), 발람 선지자는 사실대로 "모압 왕 십볼의 아들 발락이 내게 보낸 자들이니이다"라고 대답합니다(10절).

발락 왕이 그의 사자들을 통해 발람 선지자에게 부탁했듯이(6절), 무력으로가 아니고 하나님의 능력으로도 아니라 발람 선지자의 마술적 저주로 이스라엘 백성들을 쳐서 몰아내길 바랐던 것입니다(11절). 그러나 이스라엘 백성들은 그 조상 적부터 하나님의 축복을 받은 백성이었습니다(창 12:1-2, 15:16-18, 17:2-8). 하나님께 축복받은 백성을 저주하는 것은 당치도 않은 일이었습니다(12절). 그래서 발람 선지자는 처음에는 하나님의 지시에 순종하여 발락의 초청을 거절했고(13절), 모압의 귀족들이 일어나 발락 왕에게 가서 그대로 전했습니다(14절). 그런데 발락 왕이 발람 선지자가 허락하지 않는다는 말을 믿지 않고 그가 더 많은 보수를 원한다고 생각하여서 발람 선지자에게 더 높은 귀족들을 더 많이 보내고(15절), 더 많은 은금을 보내서 다시 그를 초청했습니다. 이미 발락 왕이 발람 선지자의 마음을 꿰뚫어 보았던 것입니다. 발락 왕은 발람이 하나님의 허락 운운하는 것을 인정하지 않고, 그가 모압의 최고의 권위자로서 무엇이든지 할 수 있는데 무엇이 거리끼겠느냐고 했습니다(16절). 하나님을 알지 못하는 자의 교만이었던 것입니다. 결국 발람 선지자는 발락 왕이 제시한 막대란 보수에 마음이 흔들리고 맙니다.

여러분, 여호와의 증인이나 신천지 등 우리 주위의 이단들도 보면 한 번 우리에게 다가와서 포교에 실패를 해도 그들은 결코 그냥 물러서지를 않습니다. 또 찾아와서 계속해서 우리를 유혹하고 몰아붙이고, 그래도 안 되면 은근히 협박까지 합니다. 그런데 믿음이 연약하고 영적 분별력이 없고 마음이 유약한 사람들일수록 끝까지 거절을 하지 못합니다. 그래서 그들이 끌고 가는 거짓 교리 성경 공부나 문화 강좌나 영화 상영 등 이단 모임이나 그들의 예배에까지 나가서 결국은 영의 눈이 어둡게 되고, 영적 분별력을 다 잃고 이단에 빠져 멸망하고 마는 것입니다.

교통사고로 심하게 다친 집사님에게 친구들이 병문안을 와서 물었습니다. “어쩌다가 이런 큰 사고를 당했나?” 그러자 집사님이 “운전을 하는데 갑자기 미니스커트를 입은 예쁜 여자가 나타나는 바람에 이렇게 됐어!” 그러니까 친구들이 “저런! 그 아가씨한테 한눈팔다가 사고가 났구만….” 그러자 남자가 억울하다는 듯이 큰소리로 그러더랍니다. “그게 아니라 조수석에 앉아 있던 내 아내가 갑자기 손바닥으로 내 눈을 가리는 바람에 이렇게 된 거야.” 그러자 병간호하던 아내가 혼잣말처럼 한마디 툭 내뱉더랍니다. “평소 얼마나 여자들한테 한눈을 팔았으면 내가 그랬겠어?” 그러니까 남편분들, 교통사고 나서 팔다리 부러져 입원하지 않으려면 평소에 예쁜 여자들을 돌로 보시고, 곁눈질조차도 하지 마시기 바랍니다.

주님께서 요한이서 1장 10-11절에 뭐라고 엄히 경고하십니까? “누구든지 이 교훈을 가지지 않고 너희에게 나아가거든 그를 집에 들이지도 말고 인사도 하지 말라 그에게 인사하는 자는 그 악한 일에 참여하는 자임이라.” 우리가 이단자들에게 인사를 하고 집에 들이는 순간, 우리는 이미 사탄의 시험에 빠진 것입니다. 집에 들이지도 말고 인사도 하지 말라는 것이 믿는 사람으로서 너무 매정하게 보일지 모르지만 그들은 거짓 교리로 철저히 훈련되어서 우리가 웬만한 믿음으로 이겨 내기도 어렵습니다. 뿐만 아니라 기존 교회와 주의 종들을 비방하는 것을 자꾸 듣다 보면 우리 자신도 모르게 이단 교리에 쉽게 세뇌되어 버리기 때문에 이렇게 집에 들이지도 말고 인사도 하지 말라고 엄히 경고하신 것입니다.

고대 그리스의 철학자 소크라테스가 길을 가고 있었는데 그를 질투하고 미워하던 사람들이 소크라테스의 뒤를 따라오면서 돌을 던지고 조롱하는 말을 계속하자 같이 가던 제자들이 화가 나서 그랬습니다. "선생님, 저희가 나서서 저들을 혼내 주겠습니다." 그러자 소크라테스가 그들을 말리며 그러더랍니다. "너희들은 개가 너희를 보고 짖으면 너희도 개에게 짖을 거냐? 나귀가 너희를 차면 너희도 나귀를 걷어찰 것이냐?" 그리고는 뒤에서 그들이 뭐라고 조롱을 하든지 상관하지 않고 갈 길을 가더랍니다.

여러분, 우리가 가야 할 길이 아무리 멀고 험난한 고난의 가시밭길이라 할지라도 우리가 그 길을 가기 위해서 믿고 의지하며 바라보아야 할 분은 십자가의 사랑의 주님이시라는 것을 결코 잊지 말고 주님만 바라보며 나아가야 합니다.

미국 텍사스주 샌안토니오에서 오크힐스 교회를 담임하고 있는 크리스천 작가이기도 한 맥스 루케이도(Max Lucado) 목사님이 댈러스를 방문하여 말씀을 전했습니다. 루케이도 목사님은 텍사스에서 태어나 어린 시절 바다를 한 번도 본 적이 없었습니다. 그러다 10세 때 삼촌이 살고 있는 캘리포니아를 방문했는데 삼촌이 어린 맥스를 데리고 태평양이 보이는 아름다운 산타모니카 해변으로 갔습니다. 넓은 백사장과 끝없이 펼쳐진 태평양 바다를 바라보며 어린 맥스는 넋을 잃고 말았습니다. 1,000번을 바다에 뛰어들어도 파도는 1,000번을 다 받아 주는데 그 많은 물이 도대체 어디로부터 계속해서 밀려오는지 이해할 수 없어서 삼촌에게 물었습니다. “삼촌, 파도가 어떻게해서 계속해서 밀려와요?” 그러자 삼촌이 그러더랍니다. “맥스, 너 그거 아니? 오늘 밤에 와도 역시 파도는 계속해서 밀려온단다.” 그 말을 들은 맥스는 말도 안 된다는 표정으로 “삼촌, 농담하지 마세요. 어떻게 그렇게 많은 물이 있을 수 있어요? 말도 안 돼요….” 그러자 삼촌이 계속해서 그러더랍니다. “맥스, 1,000년 전에도, 2,000년 전에도 이 파도는 똑같이 밀려왔고, 우리를 받아 주었단다.” 맥스는 더욱 신기해하면서 계속 뛰어들어도 계속 받아주는 파도 속에 뛰어들어 온종일 신나게 놀았습니다.

그런데 자신의 어린 시절의 이런 경험을 이야기하던 루케이도 목사님이 잠시 침묵하더니 예배당이 조용해졌을 때 이렇게 말했습니다. “하나님의 사랑은 이와 같아서 우리가 1,000번을 넘어지고 2,000번을 넘어져도 우리를 향해 계속해서 다시 밀려옵니다. ‘하나님 아버지, 제가 지난 주간에 또 넘어졌는데요…’ 하는 말이 채 끝나기도 전에 하나님의 사랑의 용서의 파도가 우리를 받아 주었습니다. 그렇습니다. 우리가 이해할 수 있다면 그것은 더 이상 사랑이 아닙니다. 우리가 가늠할 수 있다면 그것도 더 이상 사랑이 아닙니다. 우리가 예상했던 것이라면 그것도 더 이상 사랑이 아닙니다. ‘우리가 절대 용서받을 수 없을 거야’ 하고 생각할 때에도 하나님의 용서의 사랑의 파도는 우리를 향해서 평생토록, 아니 영원히 밀려옵니다. 십자가의 주님을 바라보면 우리는 누구나 그것을 알 수 있습니다.”

그러므로 우리가 진정으로 십자가의 사랑의 은혜를 체험했다면 그 주님을 바라보면서 아무리 이단들이 끈질기게 접근하고 회유하고 때로는 협박을 하여도 구원의 확신을 가지고 말씀 위에 굳게 서서, 강하고 담대한 믿음으로 결단코 물리칠 수 있습니다. 그리할 때 우리는 어떠한 사탄의 시험과 유혹을 이겨 내고, 결단코 이단에 빠지지 않고 개혁 신앙을 지켜 나가게 될 줄 확실히 믿습니다.

성령님의 인도하심에 순종해야 함

마지막으로 본문 27-28절 말씀을 다 함께 읽겠습니다.

> "나귀가 여호와의 사자를 보고 발람 밑에 엎드리니 발람이 노하여 자기 지팡이로 나귀를 때리는지라 여호와께서 나귀 입을 여시니 발람에게 이르되 내가 당신에게 무엇을 하였기에 나를 이같이 세 번을 때리느냐."

하나님께서 금하신 일을 발람 선지자가 또다시 사정을 하니까 하나님께서 "함께 가라"고 허락하셨지만, 이것은 하나님께서 진정으로 기뻐하시는 일은 결코 아니었습니다. 발람 선지자가 아침에 나귀를 타고 초청하러 온 모압의 귀족들과 함께 길을 떠났는데 여호와의 사자가 칼을 빼어 손에 들고 길에 서 있었습니다. 나귀가 그것을 보고 길을 벗어나 밭으로 피해 들어갑니다. 그러자 발람 선지자가 나귀를 길로 돌이키려고 채찍질을 하는데 여호와의 사자가 포도원 사이의 좁은 길에 서 있었습니다. 나귀는 여호와의 사자를 보고 몸을 담에 갖다 대서 발람 선지자의 발을 그 담에 짓눌리자 발람 선지자가 화가 나서 또다시 나귀에게 채찍질을 합니다. 나귀가 여호와의 사자를 보고 더 이상 갈 수가 없어서 발람 선지자 밑에 엎드리니까 발람 선지자가 화가 나서 이제는 지팡이로 나귀를 때립니다.

그때 여호와께서 나귀의 입을 여시니 나귀가 발람 선지자에게

"내가 당신에게 무엇을 잘못하였기에 나를 이같이 세 번을 때리느냐?"고 달려듭니다. 그러자 발람 선지자가 나귀에게 "네가 나를 거역하였기 때문이니 내 손에 칼이 있었더라면 너는 이미 죽었으리라"고 오히려 큰소리를 치자 나귀가 "나는 당신이 오늘까지 일생 동안 탄 나귀가 아니오? 내가 언제 당신에게 이같이 거역한 적이 있었느냐?"고 항의를 합니다.

그런데 하나님께서 발람 선지자의 눈을 밝히시니까 그때여야 발람 선지자가 여호와의 사자가 손에 칼을 빼들고 길에 선 것을 보고서 머리를 숙이고 엎드립니다. 그때 여호와의 사자가 발람 선지자에게 이르기를, "너는 어찌하여 네 나귀를 세 번이나 때렸느냐? 보라 네 길이 사악하므로 내 앞에서 내가 너를 막으려고 나왔더니 나귀가 나를 보고 이같이 세 번을 돌이켜 내 앞에서 피하였느니라. 만일 나귀가 돌이켜 나를 피하지 아니하였더면 내가 벌써 너를 죽이고 나귀는 살렸으리라"고 말합니다. 그때 발람 선지자가 여호와의 사자에게 "내가 범죄하였나이다. 당신이 나를 막으려고 길에 서신 줄을 내가 알지 못하였나이다. 당신이 나를 기뻐하지 아니하시면 나는 돌아가겠나이다" 하고 그때 비로소 고백을 합니다. 그때 하나님께서는 발람 선지자가 모압의 귀족들과 함께 발락 왕에게 가는 것을 허락하시되, 말은 하나님이 시키시는 것만 하라고 경계하십니다. 그래서 그는 하나님께서 명령하신 대로만 네 번에 걸쳐 예언을 하고 그의 고향인 메소포타미아 지방 유프라테스 강변으로 돌아갔습니다.

우리도 하나님의 복음신앙을 떠나서 이단에 빠지면 하나님께서 주의 종들의 말씀을 통해 경고하십니다. 그래도 안 되면 주위의 환경을 통해 역사하시고, 그래도 안 되면 주위의 사건을 통해서까지도 막으십니다. 성령의 인도하심을 받아야 하는데 그래도 계속해서 이단의 죄악된 삶에 빠지면 결국에는 하나님께서 심판의 손을 드십니다. 그가 예수님을 구주로 영접한 하나님의 자녀라면 죽음을 통해서라도 그 길을 막고 이단에서 건져 주시지만, 그렇지 않고 그가 구원받지 못한 사탄의 자식이라면 아무리 겉으로는 잘사는 것 같아도 그대로 멸망의 길로 가도록 내버려 두십니다.

지난날 전도관 천부교의 교주 박태선도, 통일교의 교주 문선명도 다 불로영생할 것을 장담했지만 다 죽음의 심판을 피할 수가 없었습니다. 신천지 교주 이만희도 '영생하는 이긴 자'라고 하면서 그의 육체는 영생한다고 큰소리를 치는데 그것은 말도 안 되는 소리입니다. 그는 결코 불사신이 아니라 머지않아 곧 죽음을 앞둔 일개 85세 고령의 노인에 불과합니다. 2017년 7월 24일 CBS(기독교방송)의 "노컷뉴스"에 따르면, 이만희가 지난 7월 18일 오후 2시 30분 광주에 있는 병원에서 척추수술을 받고 요양 중이라고 하는데, 그도 점점 노쇠하고 병들어서 머지않아 하나님의 심판을 받을 날이 점점 가까워 오고 있음을 보여줍니다.

아들에게 화가 잔뜩 난 아버지가 파리채로 아들을 때리니까 아들이 화를 내며 달려들면서 그랬습니다. "아빠, 내가 파리예요? 파리채로 때리게요." 그러자 아빠가 어이없다는 듯이 그러더랍니다. "그럼 내가 효자손으로 때릴 테니까 너 효자 될래?" 여러분, 파리채로 때려도 파리가 안 되고, 효자손으로 때려도 효자가 안 되지만 성령님의 인도하심에 순종하면 주님의 제자가 됩니다.

그래서 갈라디아서 5장 16절에 "내가 이르노니 너희는 성령을 따라 행하라 그리하면 육체의 욕심을 이루지 아니하리라"고 분명히 약속하십니다. 그러므로 우리가 두렵고 떨리는 신앙으로 더 이상 성령님의 인도하심에 거역하지 말고 철저히 순종해야 합니다. 그런데 그러기 위해서는 늘 강조하지만 제가 신학생 때 번역했던 미국의 유명한 영적 강해 설교가요 시카고 무디 기념교회의 담임목사님이셨던 워런 위어스비 목사님이 저서 《당신은 사탄의 계략을 아는가》(*The Strategy of Satan*)라는 책에서 밝혔듯이 우리가 성령님의 인도하심 가운데 하나님의 뜻을 따르게 될 때 이렇게 살아가게 됩니다.

첫째, 우리의 판단보다도 하나님의 말씀에 근거하여 살아가게 됩니다.

둘째, 우리의 이름보다도 하나님의 영광을 드러내게 됩니다.

셋째, 하나님의 교회에 걸림이 되기보다도 하나님의 교회에 유익이 됩니다.

넷째, 성급하게 서두르기보다도 인내하며 기다립니다.

다섯째, 갈등과 불화보다도 영적인 평안이 임하게 됩니다.

지난 주간에는 광림세미나하우스에서 있었던 전국 시각장애인 하계연합수련회를 인도했습니다. 전국에서 시각장애인들이 모였는데 그들은 육신의 눈은 잃었지만 영의 눈이 뜨여 있었습니다. 그래서 말씀의 은혜를 얼마나 사모하고 성령님의 충만함을 얼마나 간구하고 찬양을 얼마나 뜨겁게 부르는지 모릅니다. 말씀을 받으면서 울고, 말씀 후 통성기도 하면서 울고, 찬양을 하면서도 그렇게 눈물을 흘리는데, 그것도 앞이 안 보이는 눈에서 흘러내리는 눈물이라서 더욱 저의 마음을 뜨겁게 사로잡았습니다. 더욱더 감동적인 것은 그들의 자녀들과 함께 수련회에 참석해서 은혜를 나누면서 비록 시각장애의 부모들이지만 자녀들에게 그들의 신앙을 이어가게 하려는 모습이었습니다. 그래서 그들을 불쌍히 여기는 심정으로 더욱 많은 치유의 눈물을 흘리면서 그 어떤 치유 성회보다 더욱더 감동적인 성회를 마칠 수 있었습니다.

여러분, 육신이 건강한 것이 중요한 것이 아닙니다. 영혼이 건강하다는 것이 얼마나 소중한지 모릅니다. 아무리 어려운 삶의 고난 속에서도 그들이 주님을 새롭게 만나고 뜨겁게 사랑하고 철저히 성령님의 인도하심을 따라 믿음으로 사는 모습이 그렇게 눈물 나고 감동적일 수가 없었습니다. 그래서 육신적으로 건강한 사람들이 모이는 성회와 비교할 수 없을 정도로 더욱더 은혜롭고 감격스러워 눈물로 성회를 마치고 돌아왔습니다.

그러므로 우리가 하나님의 말씀을 통해서나 주위의 환경을 통해서나 주위의 사건을 통해서까지도 성령님의 인도하심을 깨닫고 성령님을 거역하는 것을 물리치고 순종할 때 우리는 결단코 이단에 빠지지 않고, 하나님의 뜻을 이루면서 개혁 신앙의 복된 삶을 살아가게 될 줄 확실히 믿으시기 바랍니다.

여러분, 사탄이 항상 우는 사자와 같이 두루 다니며 삼킬 자를 찾듯이 이단도 광명의 천사로 가장해서 기성 교회를 비난하고, 주의 종들을 공격하면서 양 떼들을 지옥 불못으로 끌고 갑니다. 그것은 어느 누구도 예외가 없습니다.

몇 해 전 노회 선배 목사님 한 분이 우리 교회를 찾아와서 참으로 가슴 아픈 사연을 털어놓았습니다. 큰딸이 포항에 크리스천 명문대학교인 한동대학교에 잘 다니고 있었는데 한동대에 신천지 이단이 침투해서 목사, 선교사, 장로, 권사, 자녀들을 집중 공략할 때 거기에 이 딸이 걸려든 것입니다. 이렇게 이단이 접근해 왔을 때 쉽게 분별할 수 있습니다. "어떻게 구원받았는가?"를 물으면 금방 알 수 있습니다. 예수님께서 십자가에서 우리의 죄악과 상처와 질병을 온전히 짊어지심을 확실히 믿음으로 구원받는다는 것 외에 다른 어떤 조건이라도 덧붙여서는 안 됩니다. 기성 교회나 교리를 공격하면서 자기 교회에 나와야 한다고 하고, 자기들이 가르치는 교리를 믿어야 한다고 주장하는 사람들은 다 이단들입니다. 그런데 영적으로 미숙하고 영적 분별력이 없으니까 사탄의 시험에 빠져서 신천지로 가 버린 것입니다.

그 소식을 듣고 아버지 목사님이 포항의 신천지 이단 집단 앞에서 몇 달 동안 1인 시위를 했더니 그 딸을 내주더랍니다. 그래서 딸을 데리고 돌아와서 성경을 바로 깨우쳐 줘도 한 번 이단에 세뇌되어 버리니까 전혀 진리를 받아들이지 않고 감정적으로 반발만 하더랍니다. 그러더니 몰래 신천지 집단에 연락을 해서 총무라고 하는 건장한 사람과 청년들이 몰려와서 문을 안 열어 주었더니 딸이 경찰에 자신이 감금되었다고 신고를 하더랍니다. 경찰이 출동하자 딸이 성인인 자신에게 선택권이 있다고 우겼고, 경찰이 "그러면 네가 부모님 편이나 저 사람들 편 중 한쪽을 선택하라"고 했더니 돌아보지도 않고 "총무님!" 그러면서 그 총무라는 사람에게 달려가 그 품에 안기는데 이 목사님이 억장이 무너져지는 것 같더랍니다.

그 어려운 개척 교회를 하느라 피눈물 나는 고생을 하면서도 목사님 내외분은 먹을 것 안 먹고, 입을 것 안 입고, 쓰고 싶은 것 안 쓰고 두 딸만을 소망으로 삼고 지난 22년 동안 큰딸에게 얼마나 사랑의 정성을 쏟았는데, 그런 부모님을 뒤도 안 돌아보고 내팽개치는 딸을 보면서, 세상에 어떻게 저런 신앙이 있는가 하고 이단에 빠진 딸에게서 더 큰 상처와 실망을 느꼈다고 합니다. 그뿐만 아니라 그동안 교인들에게 당했던 이띠한 배신감과도 비교할 수 없이 큰 배신감과 상처를 받았는데 '이단들은 부모 형제도 없는가?' 하는 마음에 딸이 떠나간 후에도 한동안 배신감과 허탈감에 빠져서 하염없이 울었다고 합니다. 부모가 딸에게 그렇게 버려질 정도밖에 안 되었는가 하는 실망감에 자신의 그동안의 신앙의 삶과 목회에 대해서 회의까지 생겨서 부족한 종을 찾아와서도 그렇게 눈물을 흘리는데 결코 남의 일처럼 여겨지지 않았습니다.

사랑하는 성도 여러분, 이처럼 말세 마지막 때 이단들은 바로 우리 곁에 가까이 다가와서 언제 어떻게 우리와 우리 자녀들을 지옥 불못으로 끌고 갈지 모릅니다. 그러므로 우리가 먼저 깨어서 어떠한 탐심이라도 물리치고, 끝까지 매달리는 것을 뿌리치고, 성령님의 인도하심에만 철저히 순종할 때 우리는 개혁 신앙으로 어떠한 이단도 영적으로 분별하고 대적하여 물리치고 영원히 진정으로 천국의 축복과 행복의 감격 속에 복된 신앙생활을 하게 될 줄 확실히 믿습니다.

다 함께 이번 전국시각장애인 하계연합수련회에 가서 큰 은혜를 나누었던 "주는 완전합니다"를 찬양하며 믿음으로 결단하도록 하겠습니다.

주여 우린 연약합니다 우린 오늘을 힘겨워합니다
주 뜻 이루며 살기엔 부족합니다
우린 우린 연약합니다
주여 우린 넘어집니다 오늘 하루 또 실수합니다
주의 긍휼을 구하는 죄인입니다
우린 주만 바라봅니다
한없는 주님의 은혜 온 세상 위에 넘칩니다
가릴 수 없는 주 영광 온 땅 위에 충만합니다
주님만이 길이오니 우린 그 길 따라갑니다
그날에 우릴 이루실 주는 완전합니다

살아 계신 하나님 아버지, 사탄이 우는 사자와 같이 삼킬 자를 찾는 말세 마지막 때 개혁 신앙으로 어떠한 탐심이라도 물리치게 하여 주시옵소서. 끝까지 매달리는 것도 뿌리치게 하여 주시옵소서. 성령님의 인도하심에만 순종하게 하여 주시옵소서. 그리함으로 어떠한 이단도 영적으로 분별하고 대적하여 물리치고, 영원히 진정으로 천국의 축복과 행복의 감격 속에 살게 하여 주실 줄 믿사옵고, 예수님의 이름으로 축복하며 기도하옵나이다. 아멘!

기적의 축복의 신앙

신명기 6:4-9

우리가 2021년 소의 해에는 소와 같이 뚝심을 가지고 금년 신앙의 주제인 '영적 모범'의 생활 실천사항으로 ① 매일 경건의 시간(새벽기도회) 갖기, ② 매주 가정예배 드리기, ③ 매주 가족과 대화의 시간 갖기, ④ 매주 가족을 위해 봉사하기, ⑤ 매주 이웃을 위해 전도하기를 지켜 나가길 원합니다. 모압 평지에서 하나님께서 다시 한 번 율법을 요약 정리해 주시는 '두 번째 율법'이라는 신명기(Deuteronomy)의 말씀 가운데서 오늘 본문에 나오는 이스라엘 백성들이 기적의 축복의 신앙을 어떻게 가졌는가, 이 시간도 들려주시는 하나님의 음성을 다 함께 들을 수 있길 바랍니다.

중심을 다해 하나님을 사랑해야 함

먼저 본문 4-5절 말씀을 다 함께 읽겠습니다.

"이스라엘아 들으라 우리 하나님 여호와는 오직 유일한 여호와이시니 너는 마음을 다하고 뜻을 다하고 힘을 다하여 네 하나님 여호와를 사랑하라."

여기 "이스라엘아 들으라"는 말씀은 히브리어로 'שְׁמַע יִשְׂרָאֵל'(쉐마 이스라엘)이라고 합니다. 이스라엘 랍비의 전승에 따르면 '쉐마'(들으라)는 원래 여섯 단어로 구성된 본문 6장 4절만을 일컬었으나 후에 5절이 포함되었고, 나중에는 오늘 본문 전체인 6장 4-9절까지 일컫게 되었다고 합니다. 그중에서도 오늘 본문 4-5절의 "이스라엘아 들으라 우리 하나님 여호와는 오직 유일한 여호와이시니 너는 마음을 다하고 뜻을 다하고 힘을 다하여 네 하나님 여호와를 사랑하라"는 바로 이 한 절의 말씀에 구약성경의 모든 율법이 요약이 되고 이스라엘 백성들의 신앙의 핵심이라고 믿어서, 그들의 매일 기도문으로도 암송했습니다.

그런데 여기 먼저 '마음'이라고 하는 것은 히브리어로 'לבב'(레바브)라고 해서 사람의 중심이 되는 곳으로, 사고와 감정과 의지를 결정하는 마음을 말합니다. 그다음 '성품'이라고 하는 것은 히브리어로 'נפש'(네페쉬)라고 해서 일반적으로 하나님과 교제하는 우리의 영혼을 말합니다. 마지막으로 '힘'이라고 하는 것은 'מאד'(메오드)라고 해서 원래는 '넘치는 것'이란 뜻으로, '사람이 육적으로 내놓을 수 있는 최대한의 것'을 말합니다. 다시 말하면 네 영, 혼, 육 중심을 다하여 하나님을 사랑하라는 것입니다.

우리가 사랑하는 사람들은 더욱 보고 싶고 만나고 싶고 그리움에 갈급하고 만나서 무엇을 내어주어도 아깝지 않습니다. 마찬가지로 온 세상을 창조하시고 소유하시고 주관하시는 복의 근원 되시는 하나님을 중심을 다해서 사랑한다면 우리의 몸과 마음과 시간과 재능과 물질과 생명까지도 무엇이 아깝겠습니까? 그리할 때 하나님께서 얼마나 기뻐하시고, 축복을 내려 주시고, 행복을 부어 주시지 않겠습니까?

그런데 우리는 다 자신의 교만이나 이해관계나 감정이나 인간관계 때문에 하나님을 우리의 중심을 다해 사랑하지 않으니까, 십자가의 사랑과 은혜에 감사하고 감격하면서 진심으로 하나님을 사랑하는 신앙생활을 하는 것이 아니라 자신이나 자손들의 복이나 구하는 종교 생활을 하는 것입니다. 그런 사람들은 물질이나 명예나 세상의 것들은 좀 얻을지 몰라도 진정한 하나님의 복은 다 잃어버리고, 평생을 애쓰고 수고하면서 불행과 고통 가운데 살아갑니다. 그러한 인생은 물을 떠난 물고기와 다를 바가 하나도 없습니다. 마음의 기쁨도 없고 행복의 감격도 없고 천국의 소망도 없이 혼자 살아 보려고 파닥파닥하면서 몸부림치다가 어느 날 갑자기 세상을 떠나갑니다. 그러니 이보다 불쌍하고 불행한 인생이 어디에 있습니까?

그러므로 우리가 진정으로 은혜롭고 축복되고 행복하게 살 수 있는 길은 다른 길이 없습니다. 하나님 아버지의 품으로 돌아와서 하나님의 말씀대로 주님만 사랑하고 감사하면서 하나님께 예배드리고 영광 돌리는 삶을 살아가는 것입니다. 그것이 우리에게 진정으로 넘치는 은혜가 되고, 부족함이 없는 축복이 되고, 끊임없는 행복이 됩니다. 그래서 하나님의 아들이신 예수님께서도 마태복음 22장 37-38절에서 "네 마음을 다하고 목숨을 다하고 뜻을 다하여 주 너의 하나님을 사랑하라 하셨으니 이것이 크고 첫째 되는 계명이요"라고 강조하셨던 것입니다. 그러므로 우리는 다른 어떠한 자기 편견이나 자기주장이나 자기 고집까지도 다 내려놓고 여생을 우리가 중심으로 하나님만 사랑하면 됩니다.

지난 새해 연휴에는 매년 그러했듯이 우리 치유하는교회 김학만 원로목사님께 세배를 드리러 가려고 했는데 코로나19 때문에 안 오는 게 좋겠다고 하셔서 못 갔습니다. 그리고 저에게 처음으로 섬김의 목회를 가르쳐 주셨던, 저의 신앙과 목회의 아버지 되시는 노량진교회 원로목사님이시고 대한예수교장로회 증경총회장님이신 림인식 목사님 댁에 세배를 드리러 갔습니다. 금년에 만 96세가 되시는데 하나님의 축복 속에서 지금도 정정하시며 1시간여에 걸쳐서 여러 가지 귀한 목회의 교훈의 말씀을 들려주시던 가운데 이런 말씀을 하셨습니다.

오래전 노량진교회를 담임하고 계실 때 새벽 일찍 서부 이촌동을 지나시다 보면 목탁을 치며 염불을 외는 스님이 있어서 늘 마음속에 '참, 저 스님은 우리 목사들보다 더 부지런한 분이시다!' 하는 감탄을 하셨다고 합니다. 그런데 나중에 그 스님이 새벽 일찍 일어나 염불을 외우고 있었던 것이 아니라 녹음해 놓은 염불을 매일 새벽마다 틀어 주고 있었던 것을 알게 되어 크게 실망했다는 말씀을 하시면서, 오늘날 코로나19로 인해 한국 교회가 똑같은 시험에 빠졌다는 것입니다. 1부 예배 녹음을 해놓고 매 예배 때마다 틀어 주는 목사나 염불을 녹음해서 틀어 주는 스님이나 다를 것이 뭐가 있느냐는 말씀이었습니다. 하나님께 정성을 다해 영과 진리로 드려야 할 예배를 그런 동영상 예배로 보아 놓고 하나님께 예배를 다 드렸다고 착각하는 한국 교회는 이미 큰 시험에 빠졌다고 한탄을 하셨습니다. 그렇다고 해서 성전 예배를 드린다고 하면서 마스크를 벗고 식사하고 대화하고 방역수칙을 지키지 않으면서 많은 확진자를 내는 교회들로 인해 하나님의 영광을 가려서도 안 됩니다. 그러나 우리가 방역수칙을 철저히 지키면서 하나님을 진정으로 사랑하며 하나님께 영과 진리로 온전한 예배를 드릴 때 그것을 하나님께서 기뻐 받으시고, 코로나19의 위험 가운데에도 우리를 지켜 주실 뿐만 아니라 한없는 복을 내려 주신다는 말씀을 하셨습니다.

그렇습니다. 우리가 살아 계신 하나님의 말씀대로 하나님을 중심으로 사랑하며 살아가면 우리 모두 다 저절로 행복해지고 하나님의 큰 복이 됩니다.

우리는 지난 주간에 미국의 양면의 모습을 지켜보았습니다. 부잣집 아들로 태어나서 자신의 욕망대로 인생을 살다가 대통령이 되어서도 4년 내내 분노의 정치만을 하다가 급기야 지난 수요일 자신의 4년 뒤의 정치적 야망만 내세우며 폭도들을 충동질하여 244년에 걸친 미국 민주주의 의회 역사상 최초의 점거 폭력을 행사하도록 했던, 위선과 독선으로 가득 찬 도널드 트럼프 대통령을 어떻게 진정한 크리스천이라고 할 수 있겠습니까?

그런데 이와는 정반대의 모습이 있었습니다. 지난 화요일 미국 상원의 다수 정당을 결정하는 조지아주 연방 상원의원 두 자리를 놓고 결선 투표를 했는데 민주당이 기사회생하면서 두 자리를 다 차지해서 결과적으로 상원까지 다수당이 되었습니다. 그중 한 사람으로 현역 켈리 레플러 상원의원을 제치고 마틴 루터 킹 목사님이 시무하셨던 에버레저 침례교회의 래피얼 워녹(Raphael Warnock) 목사님이 당선되었습니다. 래피얼 워녹 목사님은 부모님도 목사님이셨는데, 대부분의 목사님들이 그렇지만 바치고 나누고 베풀다 보니까 너무도 가난해서 워녹 목사님도 너무도 가난한 유년 시절을 보냈습니다. 이제 팔순이 넘으신 어머니는 사모님이고 목사님이셨지만 자식들을 기르기 위해 평생을 남의 목화밭에서 목화를 따느라고 너무나 고생을 많이 하셨습니다. 그러나 아무리 농장 일을 하고 피곤하고 힘들어도 하나님의 사랑으로 자녀들을 양육하는 일만은 게을리하지 않았습니다. 이처럼 온 가족이 하나님을 믿고 의지하며 사랑하며 살았더니 그의 막내아들이 아버지의 뒤를 이어 목사가 되었을 뿐만 아니라 82세의 노년에 아들 목사님이 조지아주 최초의 흑인 상원의원까지 되었으니 얼마나 놀라운 축복입니까? 부모님이 육신적으로는 잘 먹이고 잘 입힐 수는 없었지만 끝까지 하나님의 사랑으로 잘 길렀더니 놀라운 축복의 감격의 열매를 맺을 수가 있었던 것입니다.

그렇습니다. 이제는 코로나19의 위기 속에서도 살아 계신 하나님보다 더욱 사랑했던 모든 것들을 다 내려놓고, 우리의 중심으로 하나님을 사랑하면서 하나님께 대한 예배 신앙부터 회복하고 하나님의 성전을 사수하고 순교신앙으로 일어나야 합니다. 그리할 때 기적의 축복의 신앙을 회복하게 되어서 코로나19도 속히 물러가고 우리의 삶의 축복도 회복되고, 진정으로 행복의 감격 속에 하나님 아버지께 영광 돌릴 그날이 머지않아 꼭 돌아오게 될 줄 확실히 믿으시기 바랍니다.

하나님의 말씀을 부지런히 가르쳐야 함

계속해서 본문 6-7절 말씀을 다 함께 읽겠습니다.

> "오늘 내가 네게 명하는 이 말씀을 너는 마음에 새기고 네 자녀에게 부지런히 가르치며 집에 앉았을 때에든지 길을 갈 때에든지 누워 있을 때에든지 일어날 때에든지 이 말씀을 강론할 것이며."

하나님께서는 이스라엘 백성들에게 명령하셨던 말씀들을 우리 부모들이 받아 먼저 은혜를 체험하고 그들의 마음에 새기라고 명령하십니다. 그리고 그다음에 마음에 새긴 은혜 받은 이 말씀들을 자녀들에게 부지런히 가르쳐야 하는데, 자녀들이 집에 앉았을 때에든지 길을 갈 때에든지 누워 있을 때에든지 일어날 때에든지 이 말씀을 강론하라고 명령하십니다. 여기 강론하라고 하니까 설교하라는 말씀으로 생각하는데 히브리어 원어성경을 보면 'וְדִבַּרְתָּ'(웨딥바르타)라고 해서 단순히 '말하라'는 것입니다.

그런데 대부분의 신앙의 부모들이 하나님의 말씀을 전하는 것은 다 좋게 받아들이면서도 막상 자녀들에게 가르치지 못하는 결정적인 원인은 자신이 말씀의 은혜를 체험하지 못했기 때문입니다. 자신이 말씀의 은혜를 뜨겁게 체험하고 크게 감격하면서 이것이 하나님의 축복의 통로라는 것을 확신하면 사랑하는 자녀들에게 "예수님을 믿으니까 이렇게 좋다! 오늘도 하나님의 말씀에 이런 은혜를 받았다! 너희들과 이 은혜를 함께 나누고 싶구나! 너희들이 하나님의 나라를 위해서 이렇게 복되게 쓰임 받길 매일 기도해!"라고 가장 먼저 전하지 않겠습니까?

최고로 은혜로운 찬양 중 하나인 "요게벳의 노래"를 작사한 최에스더 사모님이 쓰신 《성경으로 키우는 엄마》라는 책이 있습니다. 그녀는 목사 사모고, 두 아들은 자신이 낳고 두 딸은 입양을 한 2남 2녀의 어머니입니다. 신혼 초 3년간 목사님 내외분이신 시부모님을 모시고 시집살이를 하면서 첫아들을 낳고 어떻게 양육할지를 몰라 생각지도 못한 신앙의 슬럼프에 빠졌는데 그것을 극복해 가는 과정에서 주님의 말씀의 은혜를 뜨겁게 체험했습니다.

남편이 부목사던 시절, 교회의 사례가 변변찮아서 자녀들을 학원에 못 보내고 사모님이 집에서 홈스쿨링 가정교사 역할을 했습니다. 그런데 홈스쿨(재택 학습) 교사로서, 또한 암송학교의 강사로서 뛰고 저술 활동에다가 복음성가 작사까지 하는 등 너무도 바쁘게 살면서 일과 속에서 지쳐 자녀 양육에 대한 한계를 느꼈습니다. 그래서 자녀들에 대한 욕심과 기대부터 모두 다 내려놓고 자녀들을 진심으로 사랑할 수 있도록 기도부터 시작하고, 자녀들의 모든 양육의 원동력인 하나님의 사랑으로 다가가서 자녀들의 마음 문부터 열고, 하나님의 말씀에 대한 순종 훈련부터 시작했습니다. 하나님께 드리는 예배를 가르치고, 하나님 말씀을 암송하는 훈련을 시키고, 그들의 삶 가운데 적용시키면서 성경적 삶의 습관을 들이도록 하나님의 말씀을 가르치고 믿음의 본을 보였더니 거기서부터 자녀들의 삶의 놀라운 변화가 일어나고 믿음으로 잘 양육할 수 있었다고 합니다.

그녀는 이 책 가운데서 갈 바를 알지 못하는 자녀 교육의 해답은 성경에 다 나와 있다고 강조하면서, 성경으로 자녀들을 키우는 부모가 가장 지혜롭고 가장 은혜롭고 가장 능력 있고 가장 행복하다는 결론을 맺고 있습니다. 그리하여 자녀들도 믿음으로 잘 자라났을 뿐만 아니라 남편 목사님도 유명한 광림교회 담임목사님까지 되셨습니다.

여러분, 그래서 늘 강조하지만 히브리서 4장 12절에 "하나님의 말씀은 살아 있고 활력이 있어 좌우에 날 선 어떤 검보다도 예리하여 혼과 영과 및 관절과 골수를 찔러 쪼개기까지 하며 또 마음의 생각과 뜻을 판단하나니"라고 말씀하신 것처럼 하나님의 말씀이 우리 자녀들의 영과 혼과 육 가운데 역사하셔서 그들의 영, 혼, 육을 치유할 뿐만 아니라 그들의 삶을 변화시켜서 모든 관계까지도 회복하고 하나님의 나라를 위하여 행복하게 쓰임 받게 하는 것입니다.

크리스천 시인이며 공주 장기초등학교 교장으로 퇴임하신 나태주 집사님이 쓰신 "행복"이란 제목의 시가 있습니다.

(우리 인생의 진정한 행복이란)
하루 일과를 마친 후
돌아갈 집이 있다는 것
힘들 때 마음속으로
생각할 사람이 있다는 것

외로울 때 혼자
중얼거리며
부를 노래가 있다는 것

(한 가지 내용을 덧붙인다면)
앞이 캄캄한 절망 속에서도
믿고 의지하며 위로받을
주님이 계신다는 것

그래서 우리가 자녀들에게도 하나님의 말씀을 가르치면 다 하나님의 말씀의 은혜를 받고 그들도 행복하게 일생을 살아갈 수 있습니다. 지난 금요일 한 존경하는 선배 목사님이 금년 소의 해에 하나님의 말씀의 은혜를 받고 집집마다 소 네 마리만 키우면 우리의 가정이 다 행복해진다는 글을 보내 주셨습니다. 그 소의 이름은 '내가 졌소! 당신이 옳소! 당신 맘대로 하소! 나를 용서하소!'인데 이렇게 네 마리 소를 키우면 우리의 가정이 얼마나 행복하고 축복되겠습니까?

그러므로 가장 먼저 우리가 세상의 그 무엇보다도 하나님의 말씀의 은혜를 체험하기 위해서 하나님 앞에 나아와 감격의 예배를 드리면서 하나님의 말씀의 은혜를 뜨겁게 체험해야 합니다. 그러고 나서 우리의 자녀들과 함께 각자의 경건의 시간을 통해 하나님의 말씀의 은혜와 기도의 능력을 기적적으로 체험하도록 훈련시켜야 합니다. 또한 가정예배를 통해서 우리가 받은 하나님의 말씀의 은혜를 함께 나누어야 합니다. 더 나아가 받은 하나님의 말씀의 은혜를 사랑하는 가족과 이웃과 나누고 섬기며 살도록 하나님의 말씀을 부지런히 가르쳐야 합니다. 그리할 때 우리 자녀들까지도 하나님의 말씀 가운데 기적의 축복의 신앙을 회복하여 그들의 삶의 문제만 헤쳐 나갈 수 있을 뿐만 아니라 그들의 일생도 기적적인 하나님의 은혜와 축복과 행복이 차고 넘치게 될 줄 확실히 믿습니다.

하나님의 말씀을 철저히 실천하도록 해야 함

마지막으로 본문 8-9절 말씀을 다 함께 읽겠습니다.

> "너는 또 그것을 네 손목에 매어 기호를 삼으며 네 미간에 붙여 표로 삼고 또 네 집 문설주와 바깥 문에 기록할지니라."

이스라엘 백성들은 하나님의 명령을 따라 하나님의 말씀을 자녀들의 활동의 힘이 되는 손목에 매어 기호(symbol, 상징)를 삼고, 그의 신분을 표시하는 미간에 붙여 표를 삼게 했습니다. 이스라엘 백성들은 실제적으로 4개의 성구를 기록해 넣은 조그마한 가죽상자인 테필린(tefillin)을 손목과 머리에 실제로 착용하였는데, 테필린 안에는 네 가지 성경 구절이 담겨 있었습니다.

1) 구속: 출애굽기 13:1-10(애굽에서 건지신 하나님을 기억하라)

2) 봉헌: 출애굽기 13:11-16(자녀에게 가르치라)

3) 섬김: 신명기 6:4-9(우리 하나님은 한 분이시다)

4) 축복: 신명기 11:13-21(말씀에 순종하면 복을 받는다)

이처럼 4개의 성구가 기록된 양피지가 담긴 2개의 조그마한 가죽 상자를 각각 왼쪽 팔과 이마에 매었습니다. 왼쪽 팔에 착용한 테필린은 심장 가까이 위치하여 하나님의 말씀이 그의 가슴의 모든 감정과 열정을 지배하고, 이마에 착용한 테필린은 뇌의 가장 가까이서 마음의 생각과 이성과 행동으로 하나님을 사랑하고 순종할 것을 다짐하며 실천하도록 한다고 믿었기 때문입니다. 그뿐만 아니라 이스라엘 백성들은 하나님의 말씀을 집의 문기둥이나 대문에 적어 놓고 들어와도 나가도 하나님의 말씀을 묵상하고 실천하면서 하나님의 복을 자손 대대로 온전히 누리도록 했습니다.

실제로 이스라엘 백성들은 지난 6천 년의 역사 가운데 한때는 이 땅의 구주로 오신 예수님을 배척하면서 "그 피를 우리와 우리 자손에게 돌릴지어다"(마 27:25)라고 잘못 말함으로써 주후 70년에 로마의 티투스 장군에 의해 예루살렘이 함락되고 전 세계에 흩어졌습니다. 제2차 세계대전으로 600만여 명의 유대인이 학살되는 피비린내가 나는 고통과 비극을 겪었지만 그 혹독한 연단 속에서도 변함없이 하나님을 믿고 철저히 하나님의 말씀대로 살려는 믿음에 의해서 지금은 전 세계의 정치, 경제, 사회, 문화, 예술, 외교, 국방에 이르기까지 세계의 최강의 나라 미국뿐만 아니라 전 세계를 뒤흔드는 막강한 영향력과 넘치는 축복을 누리게 되었습니다. 뿐만 아니라 우리나라는 노벨상 수상자가 노벨 평화상을 김대중 전 대통령 단 한 사람밖에 안 나왔지만, 전 세계 유대인이 약 1,500만 명으로 전 세계 77억 인구 중 0.2%도 못 미치고 우리나라 인구의 1/4이 조금 넘는데 노벨상 수상자는 220여 명으로 총 수상자의 22%에 해당하니 이 얼마나 놀라운 축복입니까? 그들이 세계의 각 분야를 이끌어 가고 있다는 것이 증거입니다.

그들은 하나님의 말씀을 철저히 실천함으로 신명기 28장 1-2, 6절의 "네가 네 하나님 여호와의 말씀을 삼가 듣고 내가 오늘 네게 명령하는 그의 모든 명령을 지켜 행하면 네 하나님 여호와께서 너를 세계 모든 민족 위에 뛰어나게 하실 것이라 네가 네 하나님 여호와의 말씀을 청종하면(obey, 복종하면) 이 모든 복이 네게 임하며 네게 이르리니…네가 들어와도 복을 받고 나가도 복을 받을 것이니라"의 기적의 축복의 약속을 온전히 누리게 된 것입니다.

그런데 옛날 우리 선조들이 복을 얼마나 갈구했습니까? 그저 복받기만을 바라면서 밥그릇에도, 국그릇에도, 숟가락에도, 젓가락에도, 베개에도, 이불에도, 장롱에도, 기둥에도, 집안 어디에나 복(福)자를 써 놓았습니다. 심지어 대문 앞에도 '입춘대길'(立春大吉, 봄이 시작되니 크게 복되고)이나 '건양다경'(建陽多慶, 경사스러운 일이 많이 생기기를 기원한다) 같은 문구를 써 놓았지만 이 땅에 복음이 전해지기 전까지만 해도 얼마나 미개하고 어렵게 살았습니까? 그러나 이 땅에 복음이 전해지면서 우리나라가 이처럼 놀랍게 개화기 되고, 근대화기 되고, 민주화가 되고, 복지화가 되고, 세계화가 된 것은 모든 것이 우리의 선조들이 하나님의 말씀을 따라 살려고 믿음으로 결단한 데에 대한 하나님의 축복이었습니다.

그러므로 이제는 우리가 하나님의 말씀을 철저히 행하는 모범을 보임으로써 우리만 복 받는 것이 아니라 우리 자손 대대로 하나님의 복을 이어가도록 해야 합니다. 그래서 부족한 종이 매 주일마다, 매일 새벽마다 강단에서 그토록 간절히 외치는 것입니다. 그러나 아무리 부르짖어도 여러분이 행하지 않으면 어떠한 은혜도, 축복도, 행복도 누릴 수가 없고 무용지물이 되고 말 뿐만 아니라 하나님의 영광을 가리는 불행과 고통의 삶에서 헤어 나오지 못하고 맙니다.

오늘의 가장 가슴 아프고 눈물 나는 한국 교회의 근본적인 위기는 지난날의 우리 선조들의 신실하고 충성스러웠던 신앙이 더 이상 우리의 자녀들에게 이어지고 있지 않는다는 것입니다. 지난 2021년 1월 2일(토) SBS TV의 "그것이 알고 싶다"는 시사 프로그램을 통해 사회적 분노가 확산되는 사건이 있었습니다. 난 지 7개월 되었을 때 해맑은 천사와 같은 모습의 정인이가 행복의 꿈에 부풀어 찾아간 양부모의 끔찍한 학대로 9개월 동안 지옥 같은 고통의 삶을 살다가 난 지 16개월 만에 죽었습니다. 그런데 죽기 전의 우울하고 주눅 든 불쌍한 모습을 보면서 여러분은 무엇을 느끼십니까?

양아버지 안 모 집사와 양어머니 장 모 집사의 9개월 동안 계속된 집요한 폭력에, 정인이가 입양된 이후 주위에서 세 차례나 아동학대 신고가 있었지만 그때마다 양천경찰서와 강서구 아동보호기관과 홀트아동복지회까지도 학대 증거를 찾지 못하고 무혐의로 풀려났습니다. 아무리 자신이 낳은 자식이 아니라고 하지만 입양한 아이를 가축 사육만도 못하게 안 먹이고 인간의 존엄성을 짓밟는 엽기적인 학대행위를 했습니다. 지난 9개월간 약 800여 개의 학대 동영상이 촬영되었고, 돌 무렵에 쇄골이 골절되었고, 작년 6월에 어린이집에서 있었던 돌잔치 때는 어깨에 팔자붕대를 하고 얼굴에 꼬집힌 자국이 있었습니다. 전자렌지에 데운 뜨거운 인스턴트 이유식을 식히지 않고 2-3분 만에 먹이고, 굶겨서 배고파하는 아이에게 일부러 청양 고추장이나 초고추장을 먹였습니다. 대변을 자주 본다고 돌 지난 아이에게 이유식과 분유만 먹이고, 이유식도 살코기는 없고 비곗덩어리만 먹이고, 자신이 낳은 큰딸 돌본다고 몇 시간 동안이나 혼자 방안이나 차 안에 열다섯 차례나 가둬두었습니다. 유모차에서 울면 유모차를 세게 부딪치거나 뒤엎어 버리는 등 성격장애자가 아니면 할 수 없는 일들을 서슴지 않고 행한 것입니다. 그리하여 정인이가 죽기 2개월 전 14개월째에는 이미 영양실조와 이마에 찍힌 자국과 온몸에 피멍이 들어 제대로 서 있기도 힘든 상태였다고 합니다. 그런데도 부모들이 갖가지 거짓으로 변명을 하였습니다. 결국 지난 10월 13일 입양 전에 8.9kg이었던 16개월 어린아이가 9개월 뒤에는 오히려 체중이 8.5kg으로 줄어든 이 아이를 얼마나 두들겨 패고 집어던졌는지 두개골 골절과 더불어 복부의 모든 장기들이 다 파열되고 쇄골, 갈비뼈까지 다 부러진 채 세상을 떠나고 말았습니다.

정인이가 죽은 후에야 검찰이 수사에 나서 유기, 방임죄 등을 적용해 구속 기소되었는데, 그전에라도 경찰이 수사를 바로 했더라면 분명히 정인이를 살릴 수가 있었을 텐데 세 차례에 걸친 경찰 수사가 부실하여 정인이를 살릴 수 있는 기회를 다 놓친 것입니다. 그동안 말도 못하는 아이가 얼마나 앞이 캄캄하고 고통스러웠겠습니까? 이 어린아이가 무슨 죄가 있습니까? 행복하게 해주겠다고 데려간 양부모의 폭력에 의해서 죄 없이 수없이 두들겨 맞다가 생명을 잃은 어린 정인이가 무슨 죄가 있느냐는 것입니다. 친부모로부터 버림받고 양부모를 잘못 만난 죄밖에 더 있습니까? 여러분, 입장을 바꾸어 놓고 생각해 보십시오.

그런데 이번 사건으로 인해 드러난 충격적인 사실은, 양부모는 부인하지만 이렇게 죽인 정인이를 입양한 것이 아파트 매입을 위한 대출금을 더 얻기 위해서였다는 것입니다. 이렇게 말로 다할 수 없는 아동학대를 하면서도 그 양부모는 구청으로부터 양육수당과 아동수당을 꼬박꼬박 타 먹고 홀트아동복지회에서 한시적 재난지원금을 더 받아낼 생각만 했다고 합니다. 그러나 무엇보다도 충격적인 사실은 두 사람이 크리스천 명문 대학 캠퍼스 커플로 만나 결혼했다고 하는데 정인이의 양아버지인 안 집사는 침례교회 목사의 아들로서 기독교방송(CBS) 직원이고, 양어머니인 장 집사 역시 그 아버지가 장로교회 목사라는 것입니다.

여러분, 우리의 자녀들을 하나님의 말씀으로 철저히 훈련시키지 않으면 어느 누구도 예외일 수가 없다는 사실입니다. 그들은 성격이나 행동이나 신앙까지도 다 무너져서 결국 아동학대 중상해죄로 12년 형, 아동학대 치사죄로 15년 형을 받을 위기에 처하고 말았습니다. 이처럼 우리 부모가 자녀들을 하나님의 말씀대로 철저히 실천하도록 가르치지 않으면 목사의 아들, 딸이라고 하더라도 다 이 사회의 범죄자들로 만들고 말았고, 다 생명력은 없고 하나님의 영광을 가리는 종교인들만 만들어 내고 마는 것입니다.

여러분, 우리의 자녀들 가운데 이런 사람이 나오지 않는다는 보장이 어디에 있습니까? 상상만 해도 이 얼마나 끔찍하고 가슴 아프고 눈물 나는 일입니까? 같은 목사 아버지로서 얼마나 부끄럽고 고개를 들 수 없고, 아마 제 딸이 그랬다면 저는 연자 맷돌을 매었을 것 같습니다. 말로 큰소리를 치고 가르치는 것은 제대로 신앙이 되지 못하고, 삶으로 보인 것만이 신앙입니다. 그래서 주님께서도 "행함이 없는 믿음은 그 자체가 죽은 것이라"(약 2:17, 26)라고 그토록 강조하셨지 않습니까?

그래서 작년 말 〈국민일보〉에 실린 사랑의병원 원장이신 황성주 목사님의 "코로나19로 인해 이 어렵고 힘든 때일수록 십자가의 사랑을 먼저 체험한 우리 성도들이 이웃 사랑을 실천함으로 복음의 팬데믹(pandemic, 세계적 대유행병)을 일으키자"는 주장에 전적으로 공감합니다. 그러므로 우리가 먼저 하나님의 말씀대로 철저히 실천하며 살아갈 때 진정으로 기적의 축복의 신앙을 회복하게 되어, 우리 자손들까지도 하나님의 말씀을 따라 철저히 행함으로 자손 대대로 하나님의 복을 누리며, 이 어두워 가고 썩어 가는 세상의 소금과 빛의 사명을 충성스럽게 감당하게 될 줄 확실히 믿으시기 바랍니다.

세계적인 베스트셀러로서 수많은 사람들의 심금을 울린 《안네의 일기》(*The Diary of Anne Frank*)의 주인공인 안네 프랑크(Anne Frank)는 제2차 세계대전의 막바지인 1929년 독일 프랑크푸르트에서 태어났습니다. 그런데 유대인이었던 안네의 가족은 유대인 박해를 피해 네덜란드 암스테르담으로 이사를 갔습니다. 그리고 아돌프 히틀러(Adolf Hitler)가 이끄는 나치 정권의 1930~40년대 유대인 대학살(Holocaust)이 절정에 이르렀을 때 안네의 가족은 더 이상 버티지 못하고 비밀 장소로 피신을 합니다. 그곳은 식품회사 공장 사무실이 있던 창고를 책장으로 교묘하게 가려서 위장한 곳이었습니다. 새벽에 일찍 일어나 옷가지 같은 생필품만 챙겨 급히 비를 맞으며 걸어서 은신처로 향했고, 아버지의 친구네도 그곳에 합류하였는데, 비밀 장소는 8명이 함께 살기에는 턱없이 비좁아서 너무도 불편했습니다.

안네가 13세 되던 생일날 붉은 체크 무늬의 일기장을 선물로 받았는데 외로웠던 안네는 일기장에 키티(Kitty)라는 이름을 지어 주고 친구에게 대화하듯이 일기를 적어 갑니다.

"밖에서는 새 소리 하나 들리지 않아.
죽음 같은 고요함이 곳곳에 뒤덮여 있어.
그만 깊은 땅속으로 끌려 들어가는 것만 같아.
날개가 부러진 채 캄캄한 밤에 혼자 둥지를 지키며 노래를
부르는 새 같은 심정이지!"

오랜 은신 생활 중 다른 가족들과의 반목과 갈등을 겪으면서 이러한 어른들의 실망스런 모습을 보면서 맑고 밝았던 소녀는 점점 더 우울해지고 맙니다. "어른들은 도대체 왜 전쟁을 일으킬까요? 어른들은 왜 사이좋게 지내지 못하고 다른 사람들에게 상처를 줄까요?"

그렇게 2년 2개월 동안을 비밀 장소에서 피난 생활을 하던 중 1944년 8월 9일 밤, 누군가의 밀고를 받은 독일 나치의 비밀경찰 게슈타포가 안네 가족이 숨었던 비밀 장소를 급습해서 안네 가족은 모두 다 체포되어 나치 강제수용소로 보내집니다. 안네는 그 강제수용소에서 1945년 3월 제2차 세계대전이 끝나기 불과 6개월 전에 16세의 어린 나이에 극심한 영양실조와 장티푸스로 인해 더 이상 버티지 못하고 하늘나라로 떠나갑니다. 그러나 1942년 6월 12일부터 1944년 8월 1일까지의 약 2년 2개월에 걸친 천진난만한 한 어린 소녀의 그 생생한 전쟁의 기록은 제2차 세계대전 때의 나치 독일의 만행, 특별히 600만여 명에 이르는 유대인 대학살의 만행을 고백한 증언 문학의 백미로 평가를 받고, 2009년 유네스코 세계기록 유산에 등재가 됩니다.

이처럼 유대인들은 600여 만 명이라는, 6·25전쟁 시 우리 국민 희생의 6배에 이르는 고통스러운 희생의 죽음을 당했습니다. 그러나 그들은 죽음의 강제수용소의 그 견디기 어려운 고통과 죽음의 공포

속에서도 누군가 강제수용소의 벽에 써놓은 "God is nowhere"(하나님은 아무 데도 안 계신다)는 낙심과 절망의 문구를 'nowhere'(아무 데도 안 계신다)라는 단어에 띄어쓰기 표시를 해서 "God is now here"(하나님은 지금 여기 계신다)는 믿음을 붙잡고 하나님의 구원을 기다렸습니다. 그리고 끝까지 믿음을 지키고, 두려움에 떨고 있는 자녀들에게 하나님을 바라보며 두려워해서는 안 된다고 독려했습니다. 그리하여 그들은 결국 1948년 5월 14일 꿈에도 그리던 고토로 돌아와 이스라엘의 독립을 선포하고 오늘의 위대한 유대인의 기적의 축복의 신앙의 역사를 이어가게 된 것입니다.

사랑하는 성도 여러분, 우리는 오늘 코로나19의 현실을 보면서 제2차 세계대전 당시의 유대인의 상황과 너무도 흡사한 점을 발견하게 됩니다. 안팎의 환난과 핍박으로 인해 마음껏 하나님께 예배드릴 수도 없고, 심지어는 내부 고발자들에 의해 카타콤 예배를 드리는 성도들이나 주의 종들이 처벌을 받고 교회가 폐쇄되는 너무도 가슴 아프고 서글픈 현실입니다.

지난주 화요일에 선배 목사님에게서 전화가 왔는데, 그 교회 한 집사가 예배 실황 사진을 찍어 구청에 고발을 해서 구청에서 오라 가라 하는데 교회가 이렇게 당하고만 있어서 되겠느냐고 울분을 토로하셨습니다. 여러분, 지금 이 코로나19의 시대가 초대교회 때나 일제강점기 때나 6·25전쟁 때의 환난과 핍박과 다를 게 뭐가 있습니까? 예배를 못 드리게 하고, 하나님을 믿는 것까지 핍박을 하고, 그 가운데 밀고하는 배교자들이 속출하고 있습니다. 초대교회와 로마 정권의 잔악무도한 박해나 일제강점기의 총칼의 살해나 고문이나 6·25전쟁 때의 공산당의 핍박이나 오늘의 말세 마지막 때나 똑같은 현실입니다. 예수님 때도 12명의 제자 중 태어나서는 안 될 가룟 유다 같은 사람이 있었듯이 말세 마지막 때 우리에게도 왜 사탄의 배교자들이 없겠습니까?

이러한 말세 마지막 때 극한 환난과 핍박 속에서 우리까지도 새해를 맞이하면서 아무런 새로운 변화가 없다면 무슨 소용이 있겠습니까? 아무리 어렵고 힘든 고난과 역경 속이라 해도 중심으로 하나님을 뜨겁게 사랑하고, 하나님의 말씀을 부지런히 가르치고, 하나님의 말씀을 철저히 실천할 때에 우리의 여생뿐만 아니라 우리의 가정의 자손 대대로 기적의 축복의 신앙을 회복하여서 하나님의 기적적인 복을 누리며 하나님의 나라를 위하여 귀하게 쓰임 받으며 영광 돌리게 될 줄 확실히 믿습니다.

우리 다 함께 결단의 찬송으로 "십자가 그 사랑 멀리 떠나서"를 부르며 믿음으로 결단하도록 하겠습니다.

1. 십자가 그 사랑 멀리 떠나서
   무너진 나의 삶 속에 잊혀진 주 은혜
   돌 같은 내 마음 어루만지사
   다시 일으켜 세우신 주를 사랑합니다.
2. 지나간 일들을 기억하지 않고
   이전에 행한 모든 일 생각지 않으리
   사막에 강물과 길을 내시는 주
   내 안에 새 일 행하실 주만 바라보리라

후렴) 주 나를(너를, 우릴) 보호하시고 날(널, 우릴) 붙드시리
나는(너는, 우린) 보배롭고 존귀한 주님의 자녀라
주 나를(너를, 우릴) 보호하시고 날(널, 우릴) 붙드시리
나는(너는, 우린) 보배롭고 존귀한 주의 자녀라

저희에게 기적의 축복의 신앙을 부어 주신 하나님 아버지, 하나님 아버지께서 저희에게 복을 주시지 않으신 것이 아니라 저희가 하나님의 말씀대로 살지 못함으로 인해 지난날의 실패의 불행과 고통이 있었음을 고백하옵나이다. 그러므로 저희부터 먼저 새해 새로운 믿음으로 새롭게 결단하게 하여 주시옵소서! 무엇보다 이제라도 여생 동안 중심으로 하나님을 뜨겁게 사랑하게 하여 주시옵소서! 하나님의 말씀을 부지런히 가르치게 하여 주시옵소서! 하나님의 말씀을 철저히 실천하게 하여 주시옵소서! 그리함으로 저희의 남은 삶뿐만 아니라 저희 가정의 자손 대대로 기적의 축복의 신앙을 이어받아 하나님의 나라를 위하여 크게 쓰임 받으며 영광 돌리게 하여 주실 줄 믿사옵고, 예수님의 이름으로 간절히 축복하며 기도하옵나이다. 아멘!

왜 고난을 당하는가

신명기 8:1-10

우리가 인생을 살아갈 때 고난이 없는 인생이 없습니다. 우리가 믿음으로 살려고 하면 사탄의 더욱 극심한 역사 가운데 더욱더 고난이 많이 따릅니다. 더구나 코로나19의 위기의 시대에는 안팎으로까지 더욱더 고난이 심합니다. 특별히 오늘 우리는 대한예수교장로회 총회가 정한 여전도회 주일로 지키고 있는데 지난날 오랜 세월 가운데 우리의 전통적인 유교의 가부장 문화 속에서 여성들은 더욱더 깊은 상처의 한의 고난을 겪어야 했습니다. 그때마다 우리의 마음속에 낙심되고 좌절되는 것은 "하나님을 살아 계시지 않으신가? 하나님은 나를 사랑하지 않으신가? 하나님은 나를 버리시고 영영 떠나신 건가?"와 같은 갖가지 신앙의 의심과 회의가 생깁니다. 이스라엘 백성들도 40년 광야 생활 가운데 피눈물 나는 고난을 당해야 했습니다. 그렇다면 우리가 광야와 같은 인생을 살아가는데 왜 그토록 끊임없는 고난을 당해야 하는가, 오늘 본문의 말씀 가운데 들려주시는 하나님의 음성을 다 함께 들을 수 있길 바랍니다.

우리의 믿음을 시험하기 위함

먼저 본문 2절 말씀을 다 함께 읽겠습니다.

> "네 하나님 여호와께서 이 사십 년 동안에 네게 광야 길을 걷게 하신 것을 기억하라 이는 너를 낮추시며 너를 시험하사 네 마음이 어떠한지 그 명령을 지키는지 지키지 않는지 알려 하심이라."

하나님께서는 이스라엘 백성들을 출애굽하여 약속의 땅인 가나안으로 인도하실 것을 약속하셨습니다. 그런데 이스라엘 백성들이 바란 광야에 이르러 가나안 정탐을 하도록 했는데 정탐꾼 12명 중 10명이 하나님의 약속을 불신앙하고 "가나안 땅은 비옥하나 그 거주민들이 서로 싸우고 죽일 뿐만 아니라 그 백성들이 신장이 장대한 거인들로서 우리는 그들에 비하면 메뚜기와 같다"라고 부정적이고 비관적인 보고를 하게 됩니다. 그러자 이스라엘 백성들이 이 불신앙의 정탐꾼들의 보고에 동조하고, 오히려 여호수아와 갈렙이 "우리가 정탐한 땅은 하나님께서 약속하신 대로 심히 아름다운 땅이고, 여호와께서 우리를 기뻐하시면 우리를 그 젖과 꿀이 흐르는 땅으로 인도하시고 주시리라. 그 땅 백성을 두려워하지 말라. 그들은 우리의 밥이라. 그들의 보호자는 그들에게서 떠났고 여호와는 우리와 함께하시느니라"라고 긍정적이고 희망적인 신앙의 보고를 하자 이들을 죽이려고 달려듭니다.

여기서 우리가 놓치지 말아야 할 영적인 교훈은, 세몰이에 의한 다수결의 횡포가 세상은 말할 것도 없고 이 땅의 교회를 얼마나 많이 어지럽혔는가를 너무도 잘 알 수 있다는 것입니다.

성경은 인본주의의 다수를 따라가는 그릇된 민주주의를 결코 용납하지 않습니다. 진정한 복음의 삶은 무엇이 하나님을 기쁘시게 하는 것인가를 추구하는 신본주의입니다.

이러한 불신앙의 결과로 이스라엘 백성들은 애굽에서 가나안까지 불과 604km, 자동차로 8시간, 걸어서 열하룻길(신 1:2)의 그 짧은 거리를 무려 40년 동안이나 고난 가운데 방황해야 했습니다. 그뿐만 이 아니라 그들의 불신앙대로 모세를 비롯한 1세대들은 젖과 꿀이 흐르는 약속의 땅 가나안에 아무도 들어가지도 못하고 광야에서 다 죽음을 당하고 맙니다. 이처럼 그들의 불신앙으로 인해서 40년 동안 광야 길을 걷게 하신 것은 하나님께서 그들을 겸손하게 낮추시고 그들을 시험하셔서 그들이 어떠한 믿음을 가지고 있는지, 더 나아가서 모세에게 말씀하신 둘째 율법 즉 신명기 6장 4-19절, 10장 12-22절, 11장 22절 등의 하나님의 명령을 지키는지 지키지 않는지를 알고자 하셨기 때문입니다.

그것은 광야와 같은 우리의 인생 가운데에도 그대로 적용됩니다. 하나님의 약속의 말씀만 믿고 순종하며 나아가면 이보다 더 은혜롭고 축복되고 행복한 삶이 없을 텐데 우리가 살아 계신 하나님께 대한 불신앙과 불순종으로 인해 광야의 불행과 고통이 끊임없이 따르고 맙니다. 그러므로 우리가 과거에 아무리 하나님의 은혜와 축복과 행복을 누렸다 할지라도 지금 영적으로 깨어 있지 못하여서 성령님으로 충만하지 못하고 교만해선 안 됩니다. 그 순간부터 믿음을 지키지도 못하고 말씀대로 살지 못하므로 우리의 인생이나 가정이나 사업이나 교회나 나라나 민족도 다 무너지고 맙니다.

우리는 어떠한 시험이 닥쳐도 끝까지 살아 계신 하나님께 대한 믿음만은 흔들림이 없어야 하고, 하나님의 약속의 말씀을 끝까지 붙들고 어떠한 환난과 핍박의 시험 속에서도 어떠한 이유도, 핑계도, 변명도 없이 끝까지 인내하며 이겨 내야 합니다. 그리하면 그 고난의 시험을 통해 살아 계신 하나님께서는 우리에게 더욱더 유익하고 풍성한 은혜를 부어 주시고, 평강을 더해 주시고, 축복을 내려 주십니다.

전전주 월요일 오후에 우리 노회의 한 목사님 내외분이 찾아오셔서 그런 말씀을 하셨습니다. 요즘 코로나19가 이 땅에 횡행하는 것은 교회마다 다 자신의 이해관계로 싸우면서 복음의 사명을 제대로 감당을 안 하니까 진정으로 믿는 자와 안 믿는 자를 솎아 내려고 이러한 엄청난 고난을 주시고 계속해서 연단하고 계신다는 것입니다. 한편으로는 일리가 있는 말씀이었습니다. 코로나19의 시험을 겪으면서 그동안 평생 신앙생활을 했던 이 땅의 목사고, 장로고, 권사고, 집사고 간에 신앙이 다 무너져 버리는 것을 보았습니다. 하나님께서 "수고하고 무거운 짐 진 자마다 다 내게로 오라"(마 11:28)라고 초청하셨는데 인간들이 교만에 빠져서 하나님께 나아오지 못하도록 막는 큰 죄악을 저지르는 것입니다.

그런데 성령님께서 부족한 종의 마음속에 뜨겁게 감동시키신 세 가지 신앙이 있습니다. 환난의 때에 우리의 예배신앙, 성전신앙, 순교신앙을 잘 지켜나가야 한다는 것이고, 그리하여 하늘의 상과 이 땅의 복을 누리라는 것이었습니다. 이처럼 우리가 이 땅에 사는 동안 성경적이고 복음적이며 치유적이고 선교적인 바른 신앙의 삶을 회복하기 전에는 삶의 불행과 고통의 고난의 연단이 일생토록 끊임없이 계속됩니다. 그러므로 더 이상 가난과 질병과 고통의 삶을 겪지 말고, 하나님께서 연단하시기 전에 내가 먼저 깨어지고 부서지고 죽어져서 정금 같은 믿음으로 나아올 수 있길 바랍니다.

부족한 종이 모셨던 노량진교회 림인식 원로목사님의 큰아드님 림형석 증경총회장님의 장인 되시는 어른이 심정수 장로님이십니다. 그 장로님 가정의 교훈이 "맞고 나서 후회 말고 맞기 전에 바로 하자"라고 들었는데 저는 처음에 이 가훈을 듣고 속으로 웃었습니다. 무슨 그런 가훈이 있을까 그랬습니다. 그러나 우리의 신앙생활이 하나님으로부터 사랑의 채찍을 맞기 전에 잘하면 얼마나 은혜롭고 축복되고 행복한데 하나님의 말씀대로 살지 못하여 얼마나 큰 고통과 불행을 겪습니까? 세월이 지나고 나니까 지금은 그 가훈이 영적으로 너무도 의미 깊은 가훈으로 느껴집니다. 그러므로 우리가 고난을 당하면 가장 먼저 무엇 때문에 나에게 마음의 고통과 육신의 질병과 물질적 어려움과 가정의 불행과 신앙생활의 시험이 닥쳤는지 하나님 아버지 앞에 엎드러질 수 있길 바랍니다.

서울 영문초등학교 이유남 교장선생님이 《엄마 반성문》이라는, 참으로 은혜롭고 근래에 보기 드문 사랑하는 자녀 치유와 양육의 책을 썼습니다. 서울교대를 우수한 성적으로 졸업하고 만 19세에 교직에 첫발을 내딛고, 의욕이 충만하여 맡은 학급마다 1등으로 올려놓고 각종 연수에서 1등을 휩쓸어서 30대 초반부터 수업 관련 분야에서 '교사를 가르치는 교사'로 유명해지기 시작했습니다. 그녀에게 붙은 별명이 '양카리스마'였고, 가훈은 'SKSK'(시키면 시키는 대로)라고 해서 가정생활이나 자녀 양육까지도 모든 것을 밀어붙이며 살아왔는데 14년 전 그녀의 인생을 송두리째 바꿔놓은 사건이 터지고 말았습니다. 고3 아들이 학교 자퇴를 선언하더니 한 달 뒤에는 고2 딸마저 학교를 그만둔 것입니다. 교육 전문가의 아들과 딸이 이러니 할 말이 없었을 것이고, 교사인 엄마로서 얼마나 절망적이었겠습니까?

그 이후 남매는 방 안에 틀어박힌 채 엄마와의 대화 자체를 거부했습니다. 처음에는 그 이유를 알 길이 없었지만 '아이들을 살리고 봐야겠다'는 절박한 심정으로 가장 먼저 주님 앞에 엎드려 눈물로 기도하는 가운데 엄마로서 자신을 돌이켜 보게 되었습니다. 그때 깨달은 것은 그동안 자신이 아이들을 진정으로 사랑하는 엄마가 아니라 그들을 억압하는 감시자였다는 사실입니다. 사랑이라는 이름으로 자녀들을 얼마나 불행하게 만들고 있었는지 깨닫자 그때부터 자녀들의 불행의 모든 원인이 자신으로 시작되었음을 눈물로 통회 자복하기 시작했습니다. 그리고 자녀들에게 진심으로 사랑으로 다가가서 자녀들 방문 밖에서 먼저 자녀들에게 눈물로 용서부터 구했습니다. 그러자 자녀들이 방문을 열어 주고, 마음 문을 열고 대화를 시작하고, 그들을 인정해 주고 치유해 주고 그들의 자존감을 회복시켜 주었습니다. 그리고 그들의 삶의 동기를 부여해서 그들을 다시 일으켜 세워서 하나님께서 그들에게 주신 재능을 따라 살아갈 수 있도록 도와주었습니다. 그랬더니 그들이 주님의 품으로 돌아와서 너무도 행복하고 자랑스러운 아들과 딸로 자라났습니다.

그러면서 이유남 선생님은 이 땅 위에 문제의 자녀는 없고 문제의 부모만 있을 따름이고, 이 책의 제목처럼 우리 부모들의 반성으로부터 시작해서 자녀들의 문제를 풀어 가면 기필코 해결책이 나온다고 자녀 양육의 결론을 맺습니다.

이처럼 우리가 믿음의 시험을 통해 하나님의 신앙의 연단을 받고 자신부터 겸손히 낮추고 정금 같은 믿음을 회복하고 하나님의 말씀을 지켜 나갈 때 야고보서 1장 2-4절에서 "내 형제들아 너희가 여러 가지 시험을 당하거든 온전히 기쁘게 여기라 이는 너희 믿음의 시련이 인내를 만들어 내는 줄 너희가 앎이라 인내를 온전히 이루라 이는 너희로 온전하고 구비하여 조금도 부족함이 없게 하려 함이라"

고 분명히 약속하십니다. 그러므로 우리가 어떠한 인생의 고난 가운데에서도 믿음의 시험을 기쁘게 여기며 겸손히 낮추고 믿음을 회복하고 하나님의 말씀을 철저히 지켜 나갈 때, 복의 근원 되시는 하나님께서 온전하고 구비하여 조금도 부족함이 없게 하심으로써 어떠한 고난도 머지않아 다 이겨 낼 줄 확실히 믿으시기 바랍니다.

하나님을 경외하게 하기 위함

계속해서 본문 6절 말씀을 다 함께 읽겠습니다.

> "네 하나님 여호와의 명령을 지켜 그의 길을 따라가며 그를 경외할지니라."

이처럼 하나님께서는 광야 생활을 통해서 한두 사람도 아니고 남자 장정만 60만 명을 넘어서는, 총 200만 명이 넘는 이스라엘 백성들을 겸손히 낮추시고 그들을 주리게 하시며 그들이 알지 못하던 만나(מָן, 이것이 무엇이냐)를 내려 주셨습니다. 광야 생활 40년간 매일 밤에 내려 주셔서 아침에 1인당 1오멜(약 2.27ℓ)씩 6일 동안만 내려서 먹이시고 안식일에는 만나를 안 내려 주신 것은, 사람이 떡으로만 사는 것이 아니요 여호와의 입으로 나오는 모든 말씀으로 사는 것임을 깨닫게 하고자 하심이었습니다. 또 그들이 40년 동안 광야 길을 걸었지만 의복이 해지지 않게 하셨고 발이 부르트지 않게 하시면서, 부모가 자식을 사랑으로 징계함과 같이 여호와께서도 그들을 사랑하심으로 징계하는 줄을 그들이 알고 여호와의 명령을 지켜서 그의 길을 따라가면서 오직 여호와만을 경외하게 하기 위해서 광야의 고난을 당하게 하셨습니다.

하나님 아버지께서 우리에게도 궁극적으로 바라시는 것이 무엇입니까? 하나님은 분명히 살아 계시고 변함없이 우리를 사랑하시고 그의 말씀을 따라 살면 틀림없이 복될 것을 깨닫고, 하나님을 경외하는 신앙으로 두렵고 떨림으로 섬기는 것입니다. 그런데 우리는 조금만 건강해지고, 조금만 먹고살 만하고, 조금만 높은 자리에 올라가고, 조금만 편안해지면, 개구리가 올챙이 시절을 잊어버리듯이 사탄과 같이 자신을 하나님과 같은 자리에 앉히는 교만에 빠져서, 성경에 나와 있는 바와 같이 하나님께서 말씀하신 대로 아무리 밤낮으로 그토록 외쳐도 귀를 닫고 안 듣고, 마음을 닫고 안 믿고, 팔짱을 끼고 버티면서 안 따릅니다. 그럴수록 그 인생은 영적으로 잠들고 병들고 죽어가는 것입니다.

지난 주간에 "방패연"이라는 제목의 의미심장한 글을 읽었습니다.

> 하늘을 높이 날고 싶었던 방패연!
> 더 높이 날고 싶어서 몸을 쭉 펴면 땅의 실이 팽하고 잡아당긴다.
> "실만 없으면 더 높이 오를 텐데…
> 실만 없으면 별에게도 가 볼 텐데…
> 실만 없으면 구름에게도 가 볼 텐데…"
> 연은 실이 미웠다.
> 어느 날 방패연은 결심했다.
> "실을 끊겠어!"
> 끊어버리자마자 바람이 불어와 한 번도 오르지 못한 곳으로 날아올랐다.

그리고 소리쳤다.

"자유다!"

그 순간 갑자기 바람의 방향이 바뀌더니 방패연이 이리저리 휘둘렸다.

그리고 땅으로 추락하기 시작한다.

그제야 알게 됐다.

실 때문에 강한 바람을 이겼고

실 때문에 하늘을 날았다는 것을….

여러분, 하나님의 형상대로 창조된 인간은 주님 없이는 한순간도 살 수가 없습니다. 그래서 우리가 주님의 뜻을 거스르고 주님의 말씀을 거역하고 주님의 품을 떠나는 순간, 그것이 바로 우리의 인생에 주님의 은혜가 메말라 가고 행복이 사라져 가고 축복을 다 잃고 스스로 인생의 사양길에 접어들고 자신의 무덤을 파고 마는 것입니다.

그러므로 우리가 코로나19로 인해 아무리 어려움을 당해도 우리가 살 수 있는 길은 성경에 분명히 증거하고 있는 바와 같이 하나님 앞에 나아와 지난날의 하나님과의 영적인 관계를 돌이켜 보는 길입니다. 그리고 하나님의 말씀대로 하나님을 경외하는 신앙으로 두렵고 떨림으로 섬기기 위해서 하나님께서 가장 기뻐하시는 예배부터 회복하고, 하나님의 집인 성전을 사수하고, 하나님의 복음을 위해서 목숨까지도 바칠 수 있는 순교신앙으로 일어서서 나아가야 합니다. 그때 비로소 우리는 코로나19도 능히 극복하고 믿음의 복을 회복하면서 하나님을 온전히 경외할 수 있는 것입니다.

여러분, 우리가 지난 1년 동안 분명히 경험했듯이 우리가 방역수칙을 철저히 지키면서 얼마든지 코로나19에 감염되지 않고 예배드릴 수가 있지 않습니까? 그런데 코로나19 감염을 막는다고 하면서 식당이나 마트나 지하철은 몇 십 명, 몇 백 명, 몇 천 명씩 다 풀어놓으면서 식당은 앉아도 되고 카페는 앉아서는 안 되고, 목욕탕은 열어도 되고 헬스클럽 등 실내 체육시설이나 학원은 안 된다는, 분명한 원칙도 없는 이런 방역이 세상에 어디 있습니까? 더구나 수십 명 모이는 교회나 수백 명 모이는 교회나 수천 명 모이는 교회나 수만 명 모이는 교회나 어떻게 똑같이 20명만 모여서 예배드리라고 할 수 있습니까? 진정으로 정부의 지침대로 방역을 해야 한다면 관공서나 병원이나 식당이나 마트나 지하철이나 KTX도 20명씩만 넣어야 할 것 아닙니까? 너무나 교회를 우습게 생각하고 박해하는 처사 아닙니까? 그런데도 그동안 그토록 의로운 체하던 이 땅의 목사, 장로, 권사, 집사님들은 어디로 사라졌는지 다 숨어 버리고 왜 저항의 말 한마디 못합니까?

더욱이 불신자들은 수많은 확진자를 낸 신천지 이단이나 극우의 사랑제일교회나 상주 열방센터를 다 똑같은 교회로 취급을 하고, 정작 코로나19를 종식해야 할 복음적인 교회들마저도 봉쇄해 버리니, 어떻게 코로나19를 제대로 조기 진압을 할 수가 있겠습니까? 말도 안 되는 소리 아닙니까? 인류의 역사 가운데 하나님을 진정으로 경외하지 않는 개인이나 가정이나 나라나 민족이 축복되게 번영한 것을 보지를 못했습니다. 오히려 하나님의 교회를 핍박하다가 결국 하나님의 심판을 면치 못했습니다. 그러나 그나마 이 땅의 영적 그루터기들이 각 교회에서 카타콤 예배를 드리면서 나라와 민족을 위해 간절히 부르짖음으로 그나마 우리가 코로나19의 그 큰 위기를 극복해 왔습니다. 그러니 새벽마다 이 땅의 예배의 회복을 위래 얼마나 마음 절박하고 간절한 기도가 나오는지 모릅니다.

전전주 목요일, 우리 대한예수교장로회 총회장이신 신정호 목사님이 국무총리인 정세균 안수집사님을 만난다는 소식을 듣고, 그 전날 밤에 카카오톡으로 총회장님께 "존경하는 형님, 한국 교회의 예배의 열망이 하늘을 찌르는데요. 예배당마다 20명씩만 예배를 드리라는 게 말이 됩니까? 예배당의 10%라도 방역수칙을 철저히 지키면서 예배드릴 수 있도록 간절히 부탁드립니다. 그렇지 않으면 천심도 민심도 다 돌아설 것을 강력히 경고해 주십시오"라고 문자 메시지를 보냈습니다. 그리고 이제 정부의 새로운 방역지침 발표에 큰 기대를 가지고 기도해 왔는데 어제 오전 11시 보건복지부 권덕철 장관을 통해 놀랍게 기적의 응답이 일어났습니다. 이제는 우리가 하나님을 경외하는 믿음을 가지고 두렵고 떨림으로 섬기면 하나님 아버지께서 분명히 살아 계셔서 우리를 어떠한 질병에서도 치유하시고, 우리의 여생뿐만 아니라 자손들까지 기필코 복되게 하시고 귀하게 쓰시며 크게 영광 거두어 주실 것입니다.

원로배우 신영균 장로님은 신실한 기독교 가정에서 태어나서 원래 서울대학교 치의대를 졸업한 치과의사였는데, 그가 하나님을 경외하는 신앙을 가졌기 때문에 영화계에 데뷔한 후에도 술과 담배와 도박과 여자를 늘 멀리했습니다. 그리하여 "연산군", "상록수", "빨간 마후라", "미워도 다시 한 번" 등의 명작들의 주인공이 되고, 영화계의 최고의 자산가가 되었습니다. 신 장로님은 지금으로부터 3년 전 90세 되던 해에 "이제 내가 나이 아흔이 되었으니 살면 얼마나 살겠습니까? 그저 남은 거 다 베풀고 가면서 인생은 아름답게 마무리하고 싶습니다. 나중에 내 관 속에 성경책 하나 함께 넣어 주면 됩니다"라고 고백했습니다. 그가 가장 좋아하는 성경 구절, "그러나 내가

나 된 것은 하나님의 은혜로 된 것이니 내게 주신 그의 은혜가 헛되지 아니하여 내가 모든 사도보다 더 많이 수고하였으나 내가 한 것이 아니요 오직 나와 함께하신 하나님의 은혜로라"(고전 15:10)는 말씀을 삶에 실천했습니다. 명보극장, 명보제과, 뉴욕제과, 태극당, 풍년제과의 주인이고 최고의 인기를 누렸던 60~70년에 많게는 1년에 30편씩 찍어 가며 모아 온 재산을 하나님께 많이 바쳤습니다. 거기다가 500억 규모 재산을 한국영화의 발전을 위해 내어놓았고, 모교인 서울대학교의 발전기금으로 100억 원 상당의 대지를 헌납했습니다. 그리하여 한국 교회를 대표하는 '노블레스 오블리주'(Noblesse oblige, 사회적 의무를 다한 지도층) 장로님으로 상징됩니다.

그런데 신영균 장로님이 그의 일생을 담은 《엔딩 크레딧》이란 책 가운데서 이러한 장로님의 인생의 궤적의 한 축에는 어머니 신순옥 권사님이 계셨고, 한 축에는 바로 그 어머니에게서 물려받은 신앙이 있었다고 고백했는데, 어머니와 신앙이 구순이 넘은 노배우 장로님을 지금까지 든든하게 받쳐 온 두 버팀목이었습니다. 어머니와 신앙은 동전의 양면과 같아서 절대 떼려야 뗄 수가 없었는데 어머니가 곧 신앙이었고 신앙이 곧 어머니였다는 것입니다. 한국 영화의 산 역사인 한 노배우의 뒤에 성 어거스틴의 어머니인 모니카와 같은 신앙의 어머니가 계셨고, 그 어머니의 뒤에는 하나님을 경외하는 신앙과 눈물의 기도가 있었음을 증언했습니다.

지난 수요일 밤 목장 리더 헌신예배를 드리는데 갑자기 "모든 인류의 역사의 뒤에는 남성이 있고, 그 남성 뒤에는 여성이 있고, 그 여성 뒤에는 어머니가 있다"라는 감동이 왔습니다. 그 누구보다도 하나님을 경외하는 우리의 어머니들의 신앙과 눈물의 기도가 오늘의 우리를 만들어 놓은 것입니다. 우리 어머니들이 영적으로 무너지면 우리의 가정도 자녀도 다 무너지고 말지만 우리 어머니들만 영적으로 무너지지 않으면 우리의 가정도, 자녀들의 장래도 결코 무너지지 않습니다.

그렇습니다. 그래서 우리가 끝까지 하나님을 경외하는 신앙을 지켜 나가야 합니다. 그리할 때 시편 34편 9-10절에 "너희 성도들아 여호와를 경외하라 그를 경외하는 자에게는 부족함이 없도다 젊은 사자는 궁핍하여 주릴지라도 여호와를 찾는 자는 모든 좋은 것에 부족함이 없으리로다"라고 분명히 약속하시지 않습니까? 그러므로 우리가 하나님을 온전히 경외할 때 살아 계신 하나님께서 모든 좋은 것으로 부족함이 없도록 채워 주심으로, 우리의 인생의 어떠한 고난도 능히 다 이겨 낼 줄 확실히 믿습니다.

하나님을 찬송하게 하기 위함

마지막으로 본문 10절 말씀을 다 함께 읽겠습니다.

> "네가 먹어서 배부르고 네 하나님 여호와께서 옥토를 네게 주셨음으로 말미암아 그를 찬송하리라."

하나님께서는 이스라엘 백성들의 40년의 기나긴 광야 생활 가운데에도 아름다운 가나안 땅을 약속하셨는데 그곳은 극히 메마른 광야의 사막지대와는 다릅니다. 산과 산 사이의 골짜기든지 산지든지 흐르는 시내(brook)와 물이 솟아나는 분천(stream)과 물이 솟아나 고인 샘(deep spring)이 흘러 물이 풍부하고 너무도 비옥하여 밀과 보리의 소산지이자, 포도와 무화과와 석류와 감람나무와 꿀의 소산지로서 먹을 것에 모자람이 없었습니다. 그 땅의 돌은 당시 그들에게 꼭 필요한 철이었고, 산에서는 동을 캘 수 있어서 이스라엘 백성들이 풍요로운 환경 속에 먹고 배부르게 하셨습니다. 그런데 궁극적으로 그들에게 이처럼 젖과 꿀이 흐르는 옥토를 주셨음으로 말미암아 그들이 하나님을 찬송하게 하기 위함이었다는 것입니다.

하나님께서 우리에게 고난을 주신 것도 주님의 뜨거운 은혜를 체험하고 평강을 누리고 축복이 차고 넘쳐 지금까지의 주님의 모든 은혜에 감사하면서 하나님께서 분명히 살아 계심을 분명히 확신하고, 결국에는 모든 고난도 이겨 내고 하나님께 찬양으로 영광 돌리길 원하심입니다. 그런데 지난날 우리는 주님으로부터 많은 은혜도 받았고 평강도 누리고 축복도 얻었으면서도 이 모든 것을 다 잊어버리고, 진심으로 감사하지도 않고 찬양하지도 않고 예배드리지도 않고 주님의 영광을 가리며 살아갑니다.

지난 수요밤 예배 목장 리더 헌신예배에 서울 문화교회 김형진 목사님이 오셔서 말씀의 큰 은혜를 받았는데, 그 가운데 장석교회 원로목사님이신 이용남 목사님이 부흥성회에 오셔서 하신 간증을 들려주셨습니다. 하루는 목사님이 속 썩이는 교인으로 인해서 차를 타고 가다가 하나님께 울분을 쏟아 놓았다고 합니다. “하나님 아버지, 목회를 하라고 교회에 보내셨으면 목회할 수 있는 여건 좀 만들어 주시지 왜 속 썩이는 교인을 주셔서 이렇게 목회를 힘들게 하십니까? 정말 목회 못해 먹겠습니다. 어떻게 이럴 수가 있습니까?…” 하고 한참 마음에 쌓인 감정을 쏟아 놓는데 주님의 음성이 들려오더랍니다. “나도 너 때문에 속 썩어서 못해 먹겠다! 왜 그렇게 힘들다고, 허구한 날 그렇게 못해 먹겠다고 속 썩이는 말만 쏟아 놓느냐?” 하시는데 할 말이 없더랍니다. 그래서 평소에 찬양을 좋아하시던 이 목사님이 하나님께 그랬다고 합니다. “하나님, 너무 속상해하지 마세요. 기분도 그런데 찬송 한 곡 들려드릴까요?” 그리고는 찬송가 310장 “아 하나님의 은혜로” 찬송을 부르기 시작했습니다.

> “아 하나님의 은혜로 이 쓸데없는 자
> 왜 구속하여 주는지 난 알 수 없도다….”

첫 소절을 부르는데 그렇게 눈물이 쏟아지더랍니다. 마른 막대기만도 못하고 썩어 가는 구더기만도 못한 죄 많은 우리를 하나님의 그 크신 사랑과 은혜로 구원하시고 불러 주셔서 목사, 장로, 권사, 집사로 세워 주셨는데, 그런 우리가 얼마나 하나님께 감사 찬송을 하고, 정성을 다해 예배드리고, 영광 돌리는 삶을 살고 있느냐는 것입니다.

여러분, 우리의 지난날이 그랬습니다. 그래서 부족한 종이 우리가 하나님의 변함없으신 사랑과 그 크신 은혜와 부족함이 없는 축복에 늘 감사하고 찬양하며 예배드리며 살아야 하는 것을 그토록 강조한 것입니다. 우리가 세상 사람들을 두려워하지 않고 찬양과 예배를 통해 하나님을 가장 기쁘시게 하기도 하지만 하나님의 그 풍성한 은혜와 축복과 행복을 온전히 누릴 수 있는 결정적인 통로이고, 코로나19 등 우리 인생의 모든 문제들이 주님으로부터 풀리기 때문입니다.

저는 어렸을 때부터 신앙생활을 해오면서도 지난날을 하나님께 감사하지도 않고 찬양하지도 않고 예배드리지도 않고 자기 혼자 애쓰고 수고하며 피폐하고 힘들게 살다가 떠나간 목사님, 장로님, 권사님, 집사님들에 대해 많이 들었습니다. 또 44년 목회를 하면서 일생의 모든 것을 복의 근원 되시는 주님께 다 맡기고 예배를 중시하고 믿음으로만 살아가는 목사님, 장로님, 권사님, 집사님, 성도님들의 그 풍성한 은혜와 축복과 행복의 삶도 너무도 많이 보았습니다. 멀리 갈 것도 없이 저 자신부터가 그렇습니다. 빈손 들고 일어서서 여기까지 왔으면 다 하나님의 은혜로 온 것 아닙니까? 그러니까 더욱더 믿음의 확신과 체험을 가지고 하나님께 예배드리고 찬양하며 영광 돌리며 살아가지 않을 수 없습니다.

부족한 종이 시카고에서 박사 과정 공부를 하며 이민목회를 하고 있을 때 그곳에서 YWCA(기독교여자청년회)를 통해 석은옥 권사님이라는 너무도 귀한 권사님을 뵐 기회가 있었습니다. 석 권사님은 숙명여자대학교 영문과 1학년 학생이었을 때 시각장애인을 위해 자원봉사를 나가서 그중에 가장 불쌍하고 초라해 보이는 중학교 1학년 시각장애 학생을 만나게 됩니다. 그 학생은 13세 때 아버지를 일찍 여의었고, 그다음 해 학교에서 축구를 하다가 축구공에 눈을 맞아 각막 박리를 앓았는데 당시 국내 의료기술이 뒤처졌기 때문에 결국 시력을 잃고 말았습니다. 그 충격으로 어머니까지 세상을 떠났고, 몇 년 후에 그토록 의지하던 누나까지 죽는 바람에 졸지에 홀로 남은 고아가 되고 말았습니다. 그래서 자신도 살아가기가 어려운데 동생이, 둘이나 남아 있으니 어떻게 하겠습니까? 결국 남동생은 친척집 철물점으로 가서 일하게 되고, 남은 여동생은 고아원으로 보내야 했으니 희망이 보이지 않는 이 중학생은 재활원을 전전하면서 수없이 방황하고 여러 차례 자살까지 기도했습니다.

그런데 이 여대생이 끝까지 사랑으로 나가가서 책도 읽어 주고 공부도 가르쳐 주고 물질로도 도와주면서 사랑으로 섬기면서 신앙의 큰 위로와 도움이 되어 주었습니다. 결국 그 사랑에 감동을 받고 "갖지 못한 한 가지를 불평하기보다 가진 열 가지를 감사하자!"는 말에 큰 은혜를 받고 이 여학생의 변함없는 사랑의 도움으로 피눈물 나는 노력 끝에 연세대학교 교육학과를 졸업하고, 국제로터리재단의 장학생으로 뽑혀 미국 피츠버그 대학교에서 한국인 최초의 장애인으로 교육학 박사학위를 받았습니다. 그리고 노스이스턴 일리노이 대학교 교수를 거쳐 미국 부시 행정부에서 국가장애위원회 정책차관보에까지 이르렀는데, 당시 한국인의 100년 미국 이민 역사상 최고위 공직의 자리에까지 올라간 것입니다. 한 여대생이 그 중학생의 어머니의 역할에서, 누나의 역할에서, 그리고 연인에서 평생의 반려자가 되기까지 그의 일생을 일으켜 세웠고, 두 아들까지 낳아 신앙의 의사와 변호사로 잘 길렀습니다.

이처럼 석은옥 권사님의 입지전적인 신앙과 사랑의 내조로 일어선 이가 그 유명한 우리나라 최초의 시각장애인 박사였던 강영우 박사입니다. 그는 일생 앞을 보지 못했지만 살아 계신 하나님을 믿음의 눈으로 목격하고, 갖가지 장애로 인해 절망 중의 있는 수많은 사람들에게 희망과 용기를 불어넣어 주다가 68세의 일기로 하늘나라로 떠나갑니다. 바로 그 강영우 박사의 뒤에는 한 가냘픈 신앙의 여인인 석은옥 권사님이 있었던 것입니다. 강영우 박사는 일생 앞이 캄캄하고 한없이 눈물이 흘러내리는 갖가지 고난 속에서도, 하나님을 경외하는 신앙 가운데 하나님의 은혜에 대한 감사와 아내의 사명의 믿음과 변함없는 사랑의 내조의 희생이 있었기에 결국에는 하나님께 모든 감사와 찬양과 영광을 돌릴 수 있었던 것입니다.

그래서 이사야 43장 21절에서도 “이 백성은 내가 나를 위하여 지었나니 나를 찬송하게 하려 함이니라”고 분명히 강조하지 않습니까? 그러므로 어떠한 인생의 고난 가운데서도 하나님을 찬송하고 예배드리며 영광 돌릴 때 하나님께서 우리의 그 믿음을 기뻐 받아 주시고, 어떠한 인생의 고난도 능히 다 이겨 내게 하시고, 자손 대대로 믿음의 복으로 천 배, 만 배나 갚아 주실 줄 확실히 믿으시기 바랍니다.

오늘 여전도회 주일로 지키면서 지난 월요일 목사실에서 말씀을 준비하는 가운데 할머니가 떠올랐습니다. 저희 집안의 여성 가운데 가장 피눈물 나는 고생을 하신 분을 꼽는다면 저희 할머니 박연심 집사님일 것입니다. 저희 할머니 시대에는 그 깊은 시골에서 여성들은 거의 서당이나 학교에 안 보내서 사실 한글도 모르셨고, 또 남성 위주의 가부장적 문화 속에서 여성들은 억압을 많이 당했기 때문에 참으로 고생을 많이 하시다가 가난한 김 씨 집안에 시집을 오셨습니다. 옛날에는 그런 분들이 많았습니다. 저희 할아버지가 가정을 안 돌보시고 밖으로 돌아다니는 한량이셔서 할머니는 농사일도 하시면서 9남매 자녀들을 길러 내셨습니다. 더욱이 두 아들이 병들어 그 시골에서 약도 제대로 못 쓰고 떠나 보내실 때 그 어머니의 심정이 어떠했겠습니까?

가슴에 한을 품고 사셨는데 옛날 여성들은 친정이나 시가나 어디에 가서도 가슴에 맺힌 말을 할 데가 없었습니다. 그래서 저희 할머니는 할아버지로 인해 속을 썩으실 때나 자녀들을 기르기 힘드실 때마다 새벽에 성전에 나가서 가슴에 맺힌 아픔을 다 쏟아 놓곤 하셨습니다. 또 가슴 아픈 일로 인해서 마음이 너무도 상하실 때마다 골방에서 홀로 눈물을 주룩주룩 흘리시며 기도하셨는데 그때마다 할머니가 즐겨 부르시던 찬송이 370장 "주 안에 있는 나에게"라는 찬송이며, 50년의 세월이 지난 지금도 귓가에 생생하게 들려옵니다.

1. 주 안에 있는 나에게 딴 근심 있으랴
   십자가 밑에 나아가 내 짐을 풀었네
2. 그 두려움이 변하여 내 기도 되었고
   전날의 한숨 변하여 내 노래 되었네
3. 내 주는 자비하셔서 늘 함께 계시고
   내 궁핍함을 아시고 늘 채워 주시네
4. 내 주와 맺은 언약은 영 불변하시니
   그 나라 가기까지는 늘 보호하시네

후렴) 주님을 찬송하면서 할렐루야 할렐루야
   내 앞길 멀고 험해도 나 주님만 따라가리

저희 할머니의 그 간절한 눈물의 기도와 찬양이 결단코 헛되지 않아서, 모든 믿음의 시험을 다 이겨 내고 할아버지가 주님의 품으로 돌아오셔서 마지막으로 집사님까지 되시고 할머니와 행복하게 여생을 살다가 떠나가셨습니다. 7남매 자녀들도 다 장로, 권사, 집사가 되고, 의사, 약사, 간호사, 교수, 건축사가 되고, 그 손자 가운데 목사인 저까지 나오게 된 것입니다.

저희 할머니는 제가 초등학교 5학년 때부터 고등학교 졸업하고 서울로 대학을 올 때까지 8년 동안을 길러 주셨습니다. 부족한 종이 미국 유학을 떠났다가 3년 만에 박사 과정 논문자료 수집차 귀국해서 김포공항에 도착했더니 바로 그날 할머니가 돌아가셨다는 것입니다. 할머니는 평소의 "가족들에게 폐 끼치지 않고 평안히 떠났으면 좋겠다"는 기도 제목대로 그날 입맛이 없으시다고 아침 한 끼니 거르시고 평안하게 주무시듯이 떠나가셨습니다. 그런데 그날 아침 속주머니에서 빳빳한 만 원권 세 장을 꺼내 건네주면서 저희 아버지에게 “오늘 의식 목사가 돌아온다는데 내가 아무래도 못 볼 것 같으니 이것 좀 전해 달라!”라고 부탁하시더랍니다. 그렇게 저희 할머니는 떠나가셨지만, 평생의 그 엄청난 고난의 세월에서도 갖가지 믿음의 시험을 끝까지 인내하면서, 주님만 바라보고 경외하고 찬송하고 기도하시며 하나님의 약속의 말씀을 믿음으로 갖가지 고난 가운데서도 다 이겨 내시고, 한 알의 밀알과 같이 일생을 희생하심으로 저희 집안을 이렇게 일으켜 세워 주시고 그의 사명을 다 마치시고 하늘나라로 가신 것입니다.

사랑하는 성도 여러분, 지난날 우리의 할머니, 어머니, 아내의 한 알의 밀알과 같은 희생이 없었다면 어떻게 오늘의 우리가 존재할 수 있었겠습니까? 그분들의 희생이 있었기에 오늘의 우리가 있듯이 우리도 인생의 어떠한 고난 가운데서도 그분들의 신앙을 본받아야 합니다. 이 고난이 우리의 믿음을 시험하기 위함이고, 하나님을 경외하게 하기 위함이고, 하나님을 찬송하게 하기 위함임을 기억할 때 우리는 인생의 어떠한 고난도 다 이겨 내고 하나님께 영광 돌리는 복된 여생과 그 자손들이 될 줄 확실히 믿습니다.

체코의 종교개혁자 얀 후스의 이름이 ‘거위’라는 뜻인데 자신이 화형당할 때 “나를 죽여도 100년 후 거위의 꿈을 이루는 백조가 나타날 것이다”라고 예언하였는데 그의 사후 100년 후 마틴 루터가 나타나 개혁을 완성했습니다. 다 함께 결단의 찬송으로 “거위의 꿈”을 함께 부르며 믿음으로 결단하도록 하겠습니다.

난 난 꿈이 있었죠
실패하고 아파 절망하여도
내 가슴 깊숙이 목숨과 같이 기도했던 꿈

혹 세상 사람들의 뜻 모를 비웃음
내 가슴에 남길 때도 난 견뎌야 했죠
이길 수 있었죠 그날을 위해
늘 인정하지 않았죠 헛된 믿음뿐이라고
세상은 불행한 운명처럼
이미 버림받은 현실이라고
그래요 난 난 꿈이 있어요
그분을 믿어요 해낼 수 있어요
저 차갑게 서 있는 죄악이란 벽 앞에
당당히 이겨 낼 수 있어요
언제가 난 그 상처 딛고서
주님 나라 위해 나갈 수 있어요
이 어두운 세상도 빛을 밝힐 수 있죠
내 삶의 끝에서 나 주님의 나라 꿈꿔 가요
늘 인정하지 않았죠 헛된 믿음뿐이라고
세상은 불행한 운명처럼
이미 버림받은 현실이라고
그래요 난 난 꿈이 있어요
그분을 믿어요 해낼 수 있어요
저 차갑게 서 있는 죄악이란 벽 앞에
당당히 이겨 낼 수 있어요
언젠가 난 그 상처 딛고서
주님 나라 위해 나갈 수 있어요
이 어두운 세상도 빛을 밝힐 수 있죠
내 삶의 끝에서 나 주님의 나라 꿈꿔 가요

고난 속에서도 위로가 되시는 하나님 아버지, 저희의 인생의 여정 가운데 얼마나 많은 고난 속에서 살아왔습니까? 그러나 하나님의 자녀인 저희가 고난을 겪어야 하는지 이유를 깨닫게 하여 주시옵소서. 무엇보다도 믿음의 시험을 다 이겨 내게 하여 주시옵소서. 하나님만 경외하게 하여 주시옵소서. 하나님만 찬송하게 하여 주시옵소서. 그리함으로 저희의 인생의 어떠한 고난도 다 이겨 내고 하나님께 큰 영광을 돌려드리는 복된 여생과 저희 자손들이 모두 다 될 줄 확실히 믿사옵고, 예수님의 이름으로 간절히 기도하옵나이다. 아멘!

하나님의 명령을 따르라

신명기 12:1-8

우리가 신앙생활을 하면서 진정으로 주님 안에서 은혜롭고 축복되고 행복하게 살아 나가야 하는데 교인들의 삶을 지켜보면 모두 다 그렇게 은혜롭고 축복되고 행복하지만은 않은 것 같습니다. 그 근본적인 문제가 무엇인가 보면 하나님의 말씀을 따르지 않는 데 결정적인 이유가 있습니다.

구약성경의 율법이란 첫째 계명(מצוה, 미츠와, commandment)이라고 해서 십계명을 중심으로 한 613계명(하라 248개, 하지 말라 365개)의 명령을 말하고, 둘째 율례(חק, 호크, decree, statue), 계명의 세부사항을 담고 있습니다. 셋째 규례(חק, 호크, decree, ordinance)라고 해서 심판이 포함된 율례를 말하고, 넷째 법도(מִשְׁפָּט, 미쉬파트, law)로 재판과 통치의 기준이 되는 것을 말합니다. 그리고 이 네 가지를 통틀어서 율법(תּוֹרָה, 토라, law)의 가르침 즉 넓은 의미로는 구약성경, 더 나아가 모든 하나님의 말씀이라고 하였던 것입니다.

그래서 오늘 두 번째 율법인 신명기 가운데 5장에서 십계명을 다시 반복하고, 6장에서는 율법의 기본 원리를, 10장에서는 율법의 실천을 강조하고 12-26장은 십계명을 삶 가운데 구체적으로 실천하는 율례에 대해서 말씀하고 있습니다(12장에서는 1계명, 13장에서는 1-3계명, 14장에서는 2-4계명, 15장에서는 1-4계명, 16장에서는 4계명, 17장에서는 5계명, 18장에서는 5, 7계명, 19장에서는 6, 9-10계명, 20장에서는 6계명, 21장에서는 5-10계명, 22장에서는 7계명, 23장에서는 6-10계명, 24장에서는 7, 10계명, 25장에서는 10계명, 26장에서는 1-5계명). 그런데 하나님 여호와께서 오늘 본문 말씀 가운데 모세를 통해서 이스라엘 백성들에게 평생에 지켜야 할 규례와 법도 즉 신앙생활의 실제와 원리를 명령하십니다. 이 하나님의 명령 가운데 들려오는 하나님의 음성을 오늘도 다 함께 들을 수 있길 바랍니다.

우리의 우상을 다 멸해야 함

먼저 본문 3절 말씀을 다 함께 읽겠습니다.

> "그 제단을 헐며 주상을 깨뜨리며 아세라 상을 불사르고 또 그 조각한 신상들을 찍어 그 이름을 그곳에서 멸하라."

먼저 이스라엘 백성들이 헐어야 할 제단은 우상숭배를 하는 제단이었고, 그들이 깨뜨려야 할 주상은, 가나안 땅의 주신(主神)이요 농경 생활의 풍요의 남신(男神)인 바알을 섬기는 돌기둥이나 나무기둥을 멸하는 것, 아세라 상은 가나안의 풍요의 신이라는 바알의 아내요 다산의 여신(女神)인데 이 아세라를 섬기는 목상을 다 불사르는 것이었습니다. 또한 그들이 찍어야 할 조각한 신상들은 가나안 땅에서 섬기던 각종 우상들을 말하는데, 그러한 우상들을 다 찍어 버리고 그 이름조차도 다 멸하라고 명령하십니다. 왜냐하면 하나님보다 더 사랑하는 우상들이 다 그들을 진정으로 은혜롭지 못하게 하고, 축복되지 못하게 하고, 행복하지 못하게 하기 때문이었습니다. 이처럼 하나님의 명령이 중요한데 이것은 우리가 취사선택할 수 있는 것이 아니라 절대 복종해야 하는 것입니다.

우리도 가장 먼저 멸해야 할 우상들이 있습니다. 주님보다 더 사랑하는 것들 곧 현대판 우상들인데 그 가운데서도 가장 먼저는 눈에 보이는 유형 우상이 있습니다. 세상 물질이 우상이 되는 사람이 있는데 뭐니 뭐니 해도 머니(money)가 최고라면서 돈 없이는 못 살고, 그것을 벌고 모으고 쌓는 재미로 살아갑니다. 그래서 돈, 돈, 돈 하다가 돈에 미쳐 돌아 버리는데 이처럼 맘모니즘(Mammonism)이란 우상에 빠져 살아가는 것입니다. 그리하여 주님과 고통당하는 이웃을 위해서는 정작 아까워서 쓰지 못하고 살다가 어느 날 갑자기 하나님께서 부르셔서 세상을 떠나가고 맙니다. 그러니 세상을 떠나면서도 남겨 놓은 돈 아까워서 마음 편하게 못 떠나니 이 얼마나 불행하고 불쌍한 인생입니까?

또 주님보다 더 사랑하는 사람들이 있습니다. 부모님이나 남편이나 아내나 자녀들이나 손주들이나 사랑하는 사람이 우상인 사람입니다. 특히 할아버지, 할머니들은 핸드폰 바탕화면이 모두 다 손주들인데 저는 거기에 반대합니다. 아내와 자녀들이 더 소중하고 사랑스럽지 손주들은 한 다리 건넌 것 아닙니까? 그런데도 손주들에게 매여서 신앙생활도 제대로 못하다가 어느 날 갑자기 떠나가면 어떻게 되겠습니까?

더 나아가 우리에게 눈에 보이지 않는 무형 우상도 있습니다. 세상의 욕심이나 욕망에 사로잡혀서 정욕이나 명예욕에 매여 하나님을 진정으로 사랑하지 못하고 세상 향락이나 자리다툼에 빠져 살다가 어느 날 갑자기 세상을 떠나가니 이 얼마나 덧없고 불행한 인생입니까?

이처럼 요즘에는 모두들 얼마나 세상 일에 관심들이 많은지 모릅니다. 한 원로목사님이 이런 카톡 글을 보내 주셨습니다. 요새 새로 개정된 형법에 '자존심 손상죄'란 게 생겼다는데 그 종류와 형량이 다음과 같다고 합니다.

> 하루 벌어 하루 먹고 사는 사람에게 골프 안 치느냐고 묻는 죄: 징역 1년
> 왜 더 좋은 아파트에 살지 않느냐고 묻는 죄: 징역 3년
> 자녀들이 서울대에 갔느냐고 묻는 죄: 징역 5년
> 자녀들을 해외 유학 안 보내느냐고 묻는 죄: 징역 7년
> 아들·딸이 언제 결혼하느냐고 묻는 죄: 징역 10년
> 손자·손녀 보았냐고 묻는 죄: 징역 15년
> 손자·손녀 자랑하며 약 올리는 죄: 징역 30년
> (그래서 저도 손자 이야기 안 하잖아요?)
> 요즘 같은 취업난 시대에 자식 취직했느냐고 묻는 죄: 무기징역
> 그러나 끝으로 쪼그라들거나 펑퍼짐한 50~60대 마누라보고 '몸매 죽인다'고 아부하는 죄: 요것은 '사형'

그러나 말세 마지막 때 우리가 가장 경계해야 할 가장 위험한 우

상은 우리를 영적으로 혼란스럽게 하고 미혹하는 사탄의 역사입니다. 지난 1월 4일 미국 제117차 하원 개회를 위한 기도를 맡은 민주당 하원의원 이매뉴얼 클리버(Emanuel Cleaver) 목사가 이렇게 기도를 마무리했습니다. “우리의 유일신 하나님, 힌두교 신인 브라마, 여러 다른 이름, 다른 믿음으로 알려진 신의 이름으로 기도합니다. 아멘(amen). 그리고 아우멘(a-women).” 감리교 목사이기도 한 클리버 의원이 이렇게 기도를 마무리한 것은 낸시 펠로시 하원 의장이 내놓은 하원 규칙서인 ‘역사상 가장 포용적인 의회’ 제안과 관련이 있는데, 클리버 목사의 기도의 결정적인 문제점은 모든 종교에 구원이 있다는 종교다원주의와 동성애까지도 지지하는 말세 마지막 때의 사탄의 계략이 담겨 있다는 것입니다. ‘정치적 올바름’(political correctness)의 결정판이라고 할 수 있는 이 제안은 ‘남성’, ‘여성’, ‘남편’, ‘아내’ 등 성별에 따른 단어들을 삭제하고 트랜스젠더(transgender, 성전환자) 등 성 소수자를 위해 성 중립적 단어를 사용하고자 촉구하고 있는데, 클리버 의원도 이에 호응해서 기도 뒤에 따르는 ‘아멘’(amen)이라는 말과 함께 ‘아우멘’(a-women)이라는 남·여 동등의 신조어를 덧붙임으로 아멘의 의미를 남성화해서 완전히 왜곡한 것입니다. 이것이 청교도 국가인 미국의 하원 개회 기도에 드려졌다는 것이 너무도 충격적이었습니다.

이렇게 말세 마지막 때 많은 사람들이 세상에 빠지고 육신에 젖고 사탄에게 속아서 영적인 분별력을 다 잃어버리고 하나님보다 더 사랑하는 우상숭배를 하고 있습니다. 그러므로 골로새서 3장 5절에 “그러므로 땅에 있는 지체를 죽이라 곧 음란과 부정과 사욕과 악한 정욕과 탐심이니 탐심은 우상숭배니라”라고 분명히 경고하고 있지 않습니까? 우리가 하나님보다 더 사랑하는 이러한 우상들로 인해서 잠시 잠깐 만족과 기쁨을 누릴지 모르지만 결국에는 영원한 행복과 축복도 다 잃어버리고 맙니다. 그러므로 이러한 주님보다 더 사랑하는 우상에 대해서 날마다 순간마다 죽어지고, 오직 예수, 오직 복음, 오직 믿음으로 살아가야 합니다. 그리할 때 이 땅에 사는 동안에도 이보다 더 천국의 축복과 행복의 감격을 누릴 수가 없습니다.

그래서 요한일서 2장 15-17절에 "이 세상이나 세상에 있는 것들을 사랑하지 말라 누구든지 세상을 사랑하면 아버지의 사랑이 그 안에 있지 아니하니 이는 세상에 있는 모든 것이 육신의 정욕과 안목의 정욕과 이생의 자랑이니 다 아버지께로부터 온 것이 아니요 세상으로부터 온 것이라 이 세상도, 그 정욕도 지나가되 오직 하나님의 뜻을 행하는 자는 영원히 거하느니라"고 분명히 약속하시지 않습니까? 그러므로 우리의 하나님의 명령을 따라 우리 주위의 어떠한 우상이라도 다 멸하여 버릴 때 우리는 진정으로 영원한 천국의 축복과 행복의 감격 속에 살게 될 줄 확실히 믿으시기 바랍니다.

택하신 곳에서 예배드려야 함

계속해서 본문 5절 말씀을 다 함께 읽겠습니다.

> "오직 너희의 하나님 여호와께서 자기의 이름을 두시려고 너희 모든 지파 중에서 택하신 곳인 그 계실 곳으로 찾아 나아가서."

이스라엘 백성들은 항상 자신의 편한 방식대로 하나님께 예배드리고 하나님을 섬기려고 했습니다. 그래서 하나님께서는 분명히 택하신 곳으로 찾아가서 그들의 제물을 완전히 불사르는 헌신의 번제

(레 1장)와 일반적으로 제사드릴 때 바치는 제물과 곡식이나 포도주, 기름, 가축의 첫것을 바치는 십일조(신 14:22)를 드리고 제물의 오른쪽 뒷다리를 제사장이 성소를 향하여 높이 들어서 하나님께 바치는 거제 즉 제물 중 제사장을 위해 떼어 놓은 부분(레 7:14)과 입다와 같이 특별한 서원이 성취되었을 때 드리는 서원제(레 22:18; 삿 11:30)와 자원해서 바치는 낙헌제(레 7:16)와 소득의 1/10을 바치는 십일조(레 27:31; 민 18:26)를 다시 한 번 강조해서 그 택하신 곳에서 바칠 것을 명령하셨습니다. 그런데 중요한 것은 신명기에서만 해도 택하신 곳에서 제사를 드릴 것을 다음과 같이 열여덟 번이나 강조해서 명령하셨다는 것입니다.

"오직 너희의 하나님 여호와께서 자기의 이름을 두시려고 너희 모든 지파 중에서 택하신 곳인 그 계실 곳으로 찾아 나아가서"(신 12:5).
"만일 네 하나님 여호와께서 자기 이름을 두시려고 택하신 곳이 네게서 멀거든 내가 네게 명령한 대로 너는 여호와께서 주신 소와 양을 잡아 네 각 성에서 네가 마음에 원하는 모든 것을 먹되"(신 12:21).
"오직 네 성물과 서원물을 여호와께서 택하신 곳으로 가지고 가라"(신 12:26).
"네 하나님 여호와 앞 곧 여호와께서 그의 이름을 두시려고 택하신 곳에서 네 곡식과 포도주와 기름의 십일조를 먹으며 또 네 소와 양의 처음 난 것을 먹고 네 하나님 여호와 경외하기를 항상 배울 것이니라"(신 14:23).
"그러나 네 하나님 여호와께서 자기의 이름을 두시려고 택하신 곳이 네게서 너무 멀고 행로가 어려워서 네 하나님 여호와께서 그 풍부히 주신 것을 가지고 갈 수 없거든"(신 14:24).

"그것을 돈으로 바꾸어 그 돈을 싸 가지고 네 하나님 여호와께서 택하신 곳으로 가서"(신 14:25).

"너와 네 가족은 매년 여호와께서 택하신 곳 네 하나님 여호와 앞에서 먹을지니라"(신 15:20).

"여호와께서 자기의 이름을 두시려고 택하신 곳에서 소와 양으로 네 하나님 여호와께 유월절 제사를 드리되"(신 16:2).

"오직 네 하나님 여호와께서 자기의 이름을 두시려고 택하신 곳에서 네가 애굽에서 나오던 시각 곧 초저녁 해 질 때에 유월절 제물을 드리고"(신 16:6).

"네 하나님 여호와께서 택하신 곳에서 그 고기를 구워 먹고 아침에 네 장막으로 돌아갈 것이니라"(신 16:7).

"너와 네 자녀와 노비와 네 성중에 있는 레위인과 및 너희 중에 있는 객과 고아와 과부가 함께 네 하나님 여호와께서 자기의 이름을 두시려고 택하신 곳에서 네 하나님 여호와 앞에서 즐거워할지니라"(신 16:11).

"네 하나님 여호와께서 택하신 곳에서 너는 이레 동안 네 하나님 여호와 앞에서 절기를 지키고 네 하나님 여호와께서 네 모든 소출과 네 손으로 행한 모든 일에 복 주실 것이니 너는 온전히 즐거워할지니라"(신 16:15).

"너의 가운데 모든 남자는 일 년에 세 번 곧 무교절과 칠칠절과 초막절에 네 하나님 여호와께서 택하신 곳에서 여호와를 뵈옵되 빈손으로 여호와를 뵈옵지 말고"(신 16:16).

"네 성중에서 서로 피를 흘렸거나 다투었거나 구타하였거나 서로 간에 고소하여 네가 판결하기 어려운 일이 생기거든 너는 일어나 네 하나님 여호와께서 택하실 곳으로 올라가서"(신 17:8).

"여호와께서 택하신 곳에서 그들이 네게 보이는 판결의 뜻대로 네가 행하되 그들이 네게 가르치는 대로 삼가 행할 것이니"(신 17:10).

"이스라엘 온 땅 어떤 성읍에든지 거주하는 레위인이 간절한 소원이 있어 그가 사는 곳을 떠날지라도 여호와께서 택하신 곳에 이르면"(신 18:6).

"네 하나님 여호와께서 네게 주신 땅에서 그 토지의 모든 소산의 맏물을 거둔 후에 그것을 가져다가 광주리에 담고 네 하나님 여호와께서 그의 이름을 두시려고 택하신 곳으로 그것을 가지고 가서"(신 26:2).

"온 이스라엘이 네 하나님 여호와 앞 그가 택하신 곳에 모일 때에 이 율법을 낭독하여 온 이스라엘에게 듣게 할지니"(신 31:11).

하나님께서 이스라엘 백성들이 예배드릴 그 '택하신 곳'으로 광야 생활에는 성막을 짓게 하셨고, 왕정시대에는 성전을 세우게 하셨고, 포로 생활에는 회당을 허락해 주셨고, 신약시대에는 교회를 세워 주셨습니다. 그래서 우리는 지금 주님께서 세워 주신 바로 그 교회에서 하나님께 예배드리고 기도드리고 찬양하고 말씀 받고 성례를 베풀고 성도의 교제를 나누고 봉사를 하고 선교를 하면서 하나님의 풍성한 은혜와 축복과 행복을 마음껏 누리는 것입니다. 그래서 거듭 말씀드리지만 하나님께서 택하신 아버지의 집에는 나오지 않고 우리의 편의를 따라 비대면 예배를 보는 것은 하나님께서 기뻐하시는 영과 진리로 드리는 진정한 예배가 아닙니다. 환자나 거동이 불가능한 경우라도 침상에 눕혀 예수님께 찾아온 중풍병자를 데리고 온 사람들과 같이 주님 앞에 나아올 때 치유의 기적은 일어납니다.

전전주 월요일 오후 극동방송을 들었는데 한 신학대학원의 장 모 교수가 나와서 교회에 대해서 이런 말씀을 전했습니다. 베드로 사도가 예수님께 신앙고백을 했을 때 예수님께서는 마태복음 16장 18절에서 "또 내가 네게 이르노니 너는 베드로라 내가 이 반석(베드로의 신앙고백) 위에 내 교회를 세우리니 음부의 권세가 이기지 못하리라"고 하셨기 때문에 우리가 어디에 있든지 우리는 교회이므로 우리가 어디서 예배드려도 된다는 것입니다. 이것은 무형 교회만 말할 때는 맞는 말이지만 그 교수는 무형 교회만 알았지 이 땅에 모이는 유형 교회는 부정한 것입니다. 이런 유형 교회를 부정하는 자유주의 신학자들이나 목회자들 때문에 말세 마지막 때 많은 교인들이 무교회주의로 빠지고 있습니다.

그래서 유럽 교회가 가장 먼저 죽었고, 이어서 미국 교회가 죽어가고 있고, 이제는 한국 교회에도 코로나19로 인해 이 큰 시험이 닥친 것입니다. 그러나 성경에는 마태복음 16장 18절에 근거한 무형 교회도 나오지만 구약시대에 성막으로부터 시작된 이 땅에 수많은 유형 교회가 있었고, 신약시대에 예루살렘 교회로부터 시작된 유형 교회를 통해 지금 우리에게까지 복음이 전해지며 그래서 우리 치유하는교회까지 이렇게 존재하고 있습니다. 하나님 아버지께서는 말세 마지막 때 코로나19와 같은 환난의 때에 사탄이 역사하여 교회를 부정하고 흩어지는 시험에 빠질 것을 다 내다보시고 히브리서 10장 25절에 "모이기를 폐하는 어떤 사람들의 습관과 같이 하지 말고 오직 권하여 그날이 가까움을 볼수록 더욱 그리하자"라고 분명히 강조하셨던 것입니다.

지난주 19일(화) 한국기독교교회협의회(NCCK)가 신년 기자좌담회를 열어서 코로나19 이후 앞으로의 중점 목표를 '모이는 교회'에서

'흩어지는 교회'로 삼겠다고 했는데 저는 그때 코로나19로 인해 교인들이 안 모여서 흩어지는 교회를 강조하는 인상을 받았습니다. 이것은 일종의 패배주의 발상이요, 종교 행위의 삶을 묵인하고 방치할 뿐입니다. 한마디로 교회의 침체를 방관하고 포장하는 사고와 행위인 것입니다. 왜냐하면 여러분, 선교신학자 J. C. 호켄다이크 박사가 《흩어지는 교회》라는 책을 써서 우리가 교회에 모이지만 말고 세상에 흩어져서 전하는 선교적 교회를 지향했던 것은 모이는 교회가 잘될 때 흩어지는 교회도 가능하기 때문입니다. 지금 모이지도 않는데 어디서 영적인 힘을 얻어서 흩어져서 선교하는 교회가 되겠습니까? 말세 마지막 때가 될수록 우리가 모여서 뜨거운 말씀과 기도의 예배를 통해 성령님의 충만함을 받을 때 우리는 죽어가는 영혼을 향해서 예수님의 사랑의 심장을 안고 흩어져서, 우리의 가정이나 직장이나 이웃의 삶 가운데서 언제 어느 곳에서든지 어두워 가고 썩어가는 세상의 소금과 빛으로 살면서 복음을 전하게 되는 것입니다. 따라서 모이는 교회가 바로 안 되면 흩어지는 교회도 안 됩니다.

2020년 12월 17일 중국 언론 시나(Sina) 뉴스에 공개된 사연입니다. 중국에서 대설주의보가 발효되어서 폭설이 쏟아지고 체감 온도 영하 20℃까지 떨어지는 역대급 추위를 겪는 가운데에 주인에게 버려진 강아지 사진이 재조명되어서 보는 이의 눈시울을 붉히게 했습니다. 눈이 억수같이 내리는 날 강아지는 "오랜만에 산책이나 갈까?" 하는 주인의 말에 기뻐하며 집 밖으로 달려 나갔습니다. 수북이 쌓인 눈 때문에 발바닥이 시렸고 강추위에 온몸이 오들오들 떨렸지만 주인과 함께여서 신이 나고 마냥 행복했는데 그 행복은 그리 오래 가지 않았습니다. 집에서 어느 정도 벗어났을 때쯤 주인의 발걸음은 멈췄고, 강아지에게 걸린 목줄을 풀기 시작했습니다. 그리고 "곧 데리러 올 테니까 여기서 잠깐만 기다려!"란 말 한마디만을 남긴 채 가더니 다시는 주인의 모습이 보이지 않았습니다. 그런데도 그 강아지는 강추위의 폭설 속에서도 그대로 앉은 채로 주인을 기다리다가 얼어 죽고 만 것입니다. 강아지가 버려진 정확한 시간은 밝혀진 바 없지만 얼어붙은 상태로 봐선 꽤 오랜 시간 그곳에서 주인을 기다린 것으로 추정되는데, 결국 강아지의 사체는 목격자의 신고로 동물보호센터로 옮겨졌고 거기서 장례를 치러 주었다고 합니다.

여러분, 하나님과 교제하는 영이 없는 강아지도 그 영하 20℃의 강추위 속에서도 눈을 맞으며 이렇게 한 주인을 못 잊고 기다리다가 죽어가는데 우리는 살아 계신 하나님을 얼마나 사모하고 하나님의 응답을 끝까지 기다리면서 하나님께 예배드리며 살아왔습니까? 지금까지의 그 크신 하나님의 사랑과 은혜를 저버리고 살아가는, 그 개만도 못한 믿음을 가진 목사와 장로와 권사와 집사들이 이 땅에 얼마나 많습니까? 지난날 로마시대 때나 일제강점기 때나 6·25전쟁 때나 오늘의 코로나19 시대에 이르기까지, 우리가 지난 1년 동안도 카타콤 예배를 드리면서 안팎의 환난과 핍박 가운데 예배신앙, 성전신앙, 순교신앙을 지키면서 그 어느 때보다도 예배의 감격의 은혜를 체험하고 축복을 누리고 행복의 감격을 경험했습니다. 그처럼 남은 여생도 우리가 하나님의 명령을 따라 택하신 교회에 나아와 예배드릴 때 하나님께서 우리를 가장 기뻐 받으시고 하늘 문을 여시고 우리와 우리 자손들에게 놀라운 축복을 부어 주시고 우리를 통해 크게 영광 거두어 주실 줄 확실히 믿습니다.

하나님의 복을 즐거워해야 함

마지막으로 본문 7절 말씀을 다 함께 읽겠습니다.

"거기 곧 너희의 하나님 여호와 앞에서 먹고 너희의 하나님 여호와께서 너희의 손으로 수고한 일에 복 주심으로 말미암아 너희와 너희의 가족이 즐거워할지니라."

이스라엘 백성들이 성소 앞에서 하나님께서 복을 주심으로 말미암아 그들의 가족과 함께 즐거워하라고 명령하십니다. 특별히 이 신명기에서는 거룩한 신앙의 즐거움을 강조하고 있고(신 14:26, 16:11, 15, 26:11), 신명기 33장 29절에서 결론적으로 "이스라엘이여 너는 행복한 사람이로다" 하고 선언하였습니다. 그리하여 이스라엘 백성들이 광야 생활 가운데서는 각기 소견대로 하였을지 몰라도 가나안 땅에 들어가서는 절대 그렇게 그들의 소견대로 하지 말고 하나님의 말씀을 철저히 따를 것을 명령하십니다.

요즘 50~60대 눈썹 문신 열풍이 거셉니다. 정치인들 가운데 홍준표 대통령 후보가 눈썹 문신을 하니까 원희룡 제주지사에 이어 요즘엔 안철수 서울시장 후보까지 하고, 그래서 그런지 우리 주위의 목사님, 장로님들 가운데에도 많이 퍼져 가고 있습니다. 이 눈썹 문신이 사람의 인상을 강렬하고 멋있게 할 뿐만 아니라 관상학적으로는 눈썹이 높이 솟고 길게 뻗어야 행운과 재복이 있다고 하여 눈썹 모습을 바꾸어 주기도 합니다. 그러나 여러분, 그렇게 눈썹이나 손금 바꾸어서 인생의 복이 달라질 것 같으면 눈썹 문신하는 사람이나 손금 바꾼 사람들이 다 자신의 팔자 바꾸어서 복을 받고 잘 살지 왜 남의 눈썹 문신이나 그려주고 손금이나 봐 주고 있겠습니까? 그럴 것 같으면 저도 몸에 있는 털 다 뽑아 눈에다 갖다 붙이고 칼로 손금을 그려서라도 팔자를 바꿔 버리겠습니다. 그러나 우리의 인생은 하나님께서 복을 주시지 않으면 어떠한 인생도 결코 복되게 살아갈 수가 없습니다.

중국의 성령 충만한 신령한 목사였던 워치만 니(Watchman Nee)가 《영에 속한 사람》이란 책에서 강조했는데 교인 가운데 세 가지 유형이 있다고 합니다. 고린도전서 2장 13-14절에 나오는 육에 속한 사람(The man without the Spirit)은 하나님의 자녀로 거듭나지 못했을 때로써 영적인 세계를 도저히 이해할 수가 없고, 하나님의 진정한 복을 체험할 수도 없습니다. 그런데 고린도전서 3장 1-4절에 나오는 육신에 속한 사람(The worldly man)은 어린아이와 같이 더 깊은 영적인 은혜와 축복을 체험하지 못하고 시기와 고집에 빠지고, 불화와 분쟁에서 헤어 나오지를 못합니다. 그러나 고린도전서 2장 15-16절에 나오는 신령한 영에 속한 사람(the spiritual man)은 모든 것을 영적으로 판단하고 분별할 뿐만 아니라 그리스도의 온유하고 겸손한 마음으로 살아갑니다. 그래서 그러한 영적인 사람들은 날마다 하나님의 풍성한 은혜를 체험하고 놀라운 축복을 누리고, 행복의 감격 속에 살아갑니다. 뿐만 아니라 영적인 가족으로 인해 온 가족까지도 하나님의 모든 복에 감사하면서 너무도 즐거워하며 행복의 감격 속에 살아가는 것입니다.

한 장로님 가정에서 점심 초대를 해주셔서 부목사님들과 함께 갔습니다. 그 장로님의 안수집사 아들 내외가 우리 치유하는교회에 나와서 너무도 은혜롭고 축복되고 행복하게 신앙생활을 하고 있는데 고등학생인 그 집사님의 아들이 할머니 장로님에게 그러더랍니다.

"할머니, 우리 가정처럼 천국과 같이 행복한 가정은 없을 거예요!" 여러분, 이렇게 복된 가정이 어디 있습니까? 할머니와 부모의 신앙의 모범이 고등학생 아들의 눈에 그렇게 보이고 그런 행복이 느껴져서 그 즐거움을 고백할 수 있다는 것이 얼마나 놀라운 감격입니까? 그래서 "그런 부모님의 신앙의 모범과 행복의 감격 속에서 자란 자녀들이 주의 종이 되어야 하나님의 나라의 장래가 밝으니까 꼭 권면해서 일반 대학을 마치고라도 신학을 공부하도록 하십시오!" 하고 간곡히 권면했습니다.

그런데 말세 마지막 때 목사들부터 영적으로 무너지니까 장로, 권사, 집사 할 것 없이 다 영적으로 무너져 버립니다. 지난주 2021년 1월 19일(화) 대한예수교장로회 합동 교단에서 전국 목회자 600명을 대상으로 '코로나19 시대 한국 교회 신 생태계 조성 및 미래 전략 수립을 위한 설문조사' 결과를 발표했는데 전체 98.9%가 교회 내부의 개혁이 필요하다고 했습니다(매우 필요 86%, 약간 필요 12.9%). 그리고 주요 개혁 대상으로는 목회자 32.8%, 노회와 총회 28.4%, 평신도 23.2%, 교회기관과 연합 단체 7.4% 순으로 나타났습니다. 한마디로 말하면 교회의 직분자들부터 신앙의 결단과 변화가 없으면 한국 교회에 희망이 없다는 결론이었습니다. 새해에는 우리 자신부터 교만과 욕심과 욕망과 고집을 다 내려놓고 무언가 새로운 변화가 일어나야 합니다.

그렇습니다. 늘 강조하지만 고린도전서 4장 20절에 "하나님의 나라는 말에 있지 아니하고 오직 능력에 있음이라"고 분명히 증거하지 않습니까? 아무리 자신이 믿음이 있다고 해도 아무런 역사도 일어나지 않으면 그것은 죽은 믿음이고, 아무리 자신이 사랑하고 있다고 해도 아무런 수고도 하지 않으면 그것은 죽은 사랑이고, 아무리 자신이 소망하고 있다고 해도 아무런 인내도 하지 않으면 그것은 죽은 소망인 것입니다. 그래서 이제는 시편 119편 14절의 "내가 모든 재물을 즐거워함같이 주의 증거들의 도를 즐거워하였나이다"라는 말씀과 같이 하나님의 복에 대한 즐거움이 주님의 복음의 삶의 즐거움으로 승화되어야 합니다. 그러므로 하나님의 명령을 따라 일생토록 우리의 삶 가운데서 주님의 풍성한 은혜를 체험하고 축복을 누리고 행복에 감격하면서 자신뿐만 아니라 우리의 사랑하는 자녀들까지 하나님의 복을 즐거워하며 증거하며 살아갈 때, 진정으로 하나님께서 기뻐하시는 믿음의 복된 삶을 평생토록 살아가게 될 줄 확실히 믿으시기 바랍니다.

지난 주간에는 여수에서 세계치유선교회 동계 수련회에 참석했습니다. 그동안 동역했던 부목사님들이 담임목사로 나가서 전국에서 치유목회로 뜨거운 부흥운동을 일으키고 있는데, 우리가 처음 함께 나누었던 치유목회의 복음의 열정이 결단코 식어서는 안 되기 때문에 우리가 1년에 두 차례 동계와 하계 수련회를 가져왔습니다. 이번에는 순천 남부교회 고창주 목사님과 여수 성광교회 최종배 목사님까지 참석해서 함께 큰 은혜를 나누었습니다. 목회를 하다 보면 자치고 힘들어서 우리가 받은 치유의 은혜의 감격이 메말라 가고 하나님으로부터 받은 축복의 즐거움이 사라지기 쉽습니다. 그런데 특히 코로나19의 이 목회적 위기 속에서 함께 모여서 우리 치유하는교회에서 함께 나누었던 치유의 은혜의 감격과 복음의 열정이 식지 않도록 계속해서 서로를 위한 사랑의 중보적 기도 가운데 성령의 불을 붙이고, 다시 한 번 신앙의 결단을 하고, 성령님으로 충만해져서 돌아왔습니다.

그런데 지난 주일 밤 세계치유선교회 동계 수련회로 여수에 내려

가서 여수의 밤바다를 바라보면서 저도 모르게 뜨거운 눈물이 흘러 내렸습니다. 사실 저는 치유하는교회에서의 21년 목회가 힘들 때도 있었지만 주의 종으로 부름 받은 후 지난 44년의 목회 가운데 작년 한 해가 영적으로 가장 힘들었습니다. 목사가 목회를 시작할 때는 주님의 복음을 위해서 목숨을 바치기로 작정했기 때문에 치유하는 교회에 와서 54건에 이르는 고소를 하고 이단으로 몰고 목사 면직까지 시켜도 저에게 닥친 신체적·정신적·물질적 어려움은 다 참고 이겨낼 수 있었습니다. 그러나 하나님의 이름을 더럽히고, 하나님의 영광을 가리고, 하나님께 드리는 예배를 짓밟으려 할 때는 너무도 참기가 힘들었습니다.

작년 1월 20일 우리나라에서 최초의 코로나19 확진자가 나온 이후부터 우리는 안팎의 환난과 핍박의 시험이 시작되었습니다. 정부나 세상 사람들은 교회의 문을 닫고 성경에 근거도 없는 비대면(Online) 예배를 강요했습니다. 신학자들과 대형 교회 목사들까지 하나님의 말씀보다도 세상 사람들의 소리에 무너져 가고, 심지어 총회나 교회 안에서까지도 이에 동조했습니다. 교회와 부족한 종을 사랑하는 장로님들 그리고 동역자들까지도 "목사님, 이번에는 좀 양보하시죠!" 하고 권유할 때는 저의 마음까지 흔들리기도 했습니다. 예수님에게도 가룟 유다와 같은 배신자가 있었듯이 구청이나 경찰이나 심지어 언론기관에까지 밀고하는 자들이 나왔을 때 가장 참기가 힘들었습니다. '저들이 과연 신앙을 가진 사람들인가? 다 같은 신앙의 사람은 아니구나! 예수님의 마음이 바로 이렇게 배신감에 사무친 실망스런 마음이었겠구나!' 하고 생각하니까 그 불쌍한 영혼들로 인해서 눈물이 끊이지 않았습니다. 그래서 매주 토요일 밤마다 결전의 날인 주일 준비를 하면서 지난 7개월 동안 성전에서 밤을 지새울 때마다 자다가도 깨어날 때가 한두 번이 아니었습니다.

그것은 어쩌면 처절하리만큼 힘든 저 자신과의 영적인 싸움이었습니다. 사실 제가 저 자신의 물질이나 명예나 이권을 위한 것이라면 얼마든지 양보할 수 있겠지만 하나님의 종으로서는 "가장 먼저 어떻게 해야 하나님께서 가장 기뻐 받으시고, 맡겨 주신 양 떼들에게 진정으로 은혜롭고 축복되고 행복하게 할 수 있겠습니까? 더 나아가 어떻게 하면 하나님의 교회를 영적으로 부흥시킬 수 있겠습니까?" 하고 남모르는 눈물을 흘리며 간구하지 않을 수 없었습니다. 그런데 주님 앞에 엎드려 간구할 때마다 다른 길이 없었고 더 이상 물러설 수 없는 신앙의 양심의 마지노선이어서, 아무에게도 말 못하는 담임목사로서 져야 할 십자가요, 저만의 너무도 가슴 아픈 큰 갈등과 고뇌가 있었습니다.

그러나 너무도 외롭고 힘들 때마다 또다시 주님 앞에 엎드리면 주님께서는 계속해서 저에게 "성경 말씀대로만 해라!", "나의 명령대로만 따르라!", "강하고 담대하라!"라는 말씀으로 강권하시고 위로하시고 새 힘을 주실 때마다 저는 더 이상 할 말을 잃어버렸습니다. 그래서 강단에서나 언론과의 인터뷰에서나 기독교 신문에 기고할 기회가 있을 때마다 끊임없이 하나님께 가장 큰 영광을 돌려드리고 우리의 모든 은혜와 축복과 행복의 근원이 되는 성전 예배만은 멈춰선 안 된다고 강력히 외쳤습니다. 그리고 하나님 아버지만이 저의 심정을 아시니까 카타콤 예배를 드리면서 하나님의 기적적인 보호를 눈물로 간구하며 지낼 수밖에 없었습니다.

그런데 지난 1년 동안 언론기관뿐만 아니라 시청이나 구청이나 경찰까지도 매 주일마다 검열을 나오고 갖가지 흠을 찾으려고 했지만 성령님께서 그들의 눈을 다 가려 주셔서 발각되지 않고, 카타콤 예배를 너무도 은혜의 감격 속에 드릴 수 있게 해주셨습니다. 특별히 카타콤 예배를 드릴 때 2,500석 글로리아채플에 20명만 앉아 있는데 그 빈 자리를 바라보며 "평화 하나님의 평강이 당신의 삶에 넘쳐나기를 평화 하나님의 평강이 당신의 삶에 가득하기를 축복합니다" 하고 찬양을 할 때마다 눈물이 났고 가슴이 너무나 아팠습니다. 빈 좌석을 바라보며 과거에 여러분이 가득 채우고 예배드릴 때를 생각하며 말씀을 전할 때에도 눈물이 핑 돌았습니다.

그런데 새벽마다 드리는 우리 모두의 눈물의 간절한 기도의 응답으로 10%의 좌석에서라도 다 나와 예배드릴 수 있는 감격을 허락해주셨습니다. 이처럼 우리를 무너뜨리려는 갖가지 우상들을 다 멸하고 예배당을 되찾게 해주시고, 하나님의 복을 즐거워하면서 오늘 이렇게 모두 다 나와서 감격의 주일예배를 드릴 수 있다는 것이 제게는 정말 꿈만 같고 이보다 더 큰 행복이 없고 감격이 없습니다. 그동안 함께 십자가를 지고 예배를 열망하고 성전을 사수하며 순교신앙으로 합심합력해서 모든 주의 종들과 장로님들과 권사님들과 집사님들과 성도님들과 청년들과 어린 학생들에 이르기까지 하나님의 명령을 따른 예배의 신앙에 대한 하나님의 기적의 응답입니다. 그래서 변함없는 사랑과 은혜로 지켜 주신 하나님 아버지를 생각하며 눈물이 나오고, 함께 하나님의 명령에 따라 십자가를 지고 예배드려온 성도들을 생각하며 눈물이 나오고, 고난의 세월들이 지나고 영광의 날이 임하게 됨을 감사하면서 뜨거운 눈물이 나옵니다.

사랑하는 성도 여러분, 우리가 짧은 인생을 살아가면서 이러한 환난과 핍박은 말세 마지막 때가 가까워질수록 더해질 것입니다. 그러나 한 번 왔다가 언젠가는 떠나갈 우리가 이 땅에서 바랄 게 뭐가 있겠습니까? 세상 것 다 얻어도 잠시 잠깐의 기쁨뿐이지만 이 땅 위의 사명을 다 마치고 주님 앞에 서게 될 때에, 천국문 앞에서 주님을 뵈올 때 주님의 품에 안겨서 한없이 울면서 "주님, 그때 믿음을 지키기가 너무도 힘들었어요. 그래도 주님 바라보며 주님 위로받으며 주님 주시는 힘으로 이겨 냈어요" 하면 그때 주님께서 "그래. 그동안 얼마나 고생 많았느냐? 내가 너의 수고를 다 안다" 하시면서 우리의 상처 난 마음을 어루만져 주시고, 눈에서 흘러내리는 눈물을 닦아 주시고 머리에는 면류관을 씌워 주며 상급을 베푸실 것입니다. 그러므로 여생에 하나님의 명령을 따라서 우리의 우상들을 다 멸하고, 하나님께서 택하신 곳에서 예배드리고, 하나님의 복을 즐거워하는 것보다 우리에게 영원한 축복과 행복의 감격은 이 땅에 없는 줄 확실히 믿습니다.

다 함께 결단의 찬송으로 "주님 다시 오실 때까지"를 부르며 믿음으로 결단하도록 하겠습니다.

주님 다시 오실 때까지 나는 이 길을 가리라
좁은 문 좁은 길 나의 십자가 지고
나의 가는 이 길 끝에서 나는 주님을 보리라
영광의 내 주님 나를 맞아 주시리
주님 다시 오실 때까지 나는 일어나 달려가리라
주의 영광 온 땅 덮을 때 나는 일어나 노래하리
내 사모하는 주님 온 세상 구주시라
내 사모하는 주님 영광의 왕이시라

저희의 모든 것의 모든 것이 되시는 하나님 아버지, 우리가 하나님을 떠나서 세상 것에서 헛된 만족을 얻으려다 실망하고 낙심할 때가 얼마나 많았습니까? 그러나 이제 남은 삶이라도 하나님의 명령을 따라서 저희의 우상들을 다 멸하게 하여 주시옵소서. 하나님께서 택하신 곳에서 예배드리게 하여 주시옵소서. 하나님의 복을 영원히 즐거워하게 하여 주시옵소서. 그리함으로 주님과 함께 영원한 축복과 행복의 감격 속에 살게 하여 주실 줄 믿사옵고, 예수님의 이름으로 간절히 축복하며 기도하옵나이다. 아멘!

들어와도 나가도 복을 받으리라

신명기 28:1-6

우리 인간은 모두 다 복을 받으며 살길 원하지만 모든 인생이 다 복을 받으며 사는 것은 아닙니다. 그것은 신앙생활을 하면서도 마찬가지입니다. 복의 근원 되시는 하나님의 말씀대로 살지 않으면 아무리 오래도록 열심히 예수님을 믿어도 안 됩니다. 우리가 아무나 하나님의 복을 받는 것은 결코 아니어서, 신명기 28장은 축복장이기도 하고 저주장이기도 합니다. 그렇다면 코로나19의 이 어려운 위기 속에서 우리가 어떻게 하면 들어와도 복을 받고 나가도 복을 받을 수 있을까요?

다른 길이 없습니다. 오늘 본문 말씀 가운데 들려주시는 하나님의 축복의 음성을 다 함께 들을 수 있길 바랍니다.

하나님의 말씀을 부지런히 들어야 함

먼저 본문 1절 상반절 말씀을 다 함께 읽겠습니다.

“네가 네 하나님 여호와의 말씀을 삼가 듣고.”

여기 ‘삼가 듣고’라는 단어를 원어 성경으로 보면 ‘שָׁמוֹעַ תִּשְׁמַע’(쇠모아 티쉬마)라고 해서 ‘듣고 또 들어’라는 말로 ‘부지런히 듣는다’는 의미입니다. 다시 말하면 전에 함께 나누었던 신명기 6장 5절 말씀처럼 “마음을 다하고 뜻을 다하고 힘을 다하여” 하나님의 말씀을 사랑하고 열정을 다 쏟아 하나님의 말씀을 들으라는 것입니다. 왜냐하면 우리가 하나님의 말씀을 열심히 들어야 은혜도 받고 신앙도 성숙해져서 하나님의 복이 자연스럽게 임하게 되기 때문입니다.

그래서 로마서 10장 17절에 “그러므로 믿음은 들음에서 나며 들음은 그리스도의 말씀으로 말미암았느니라”라고 증거하지 않습니까? 그러므로 우리의 믿음이 성숙해지고 하나님의 복을 누릴 수 있는 길은 열심히 주님의 전에 나와서 예배드리며 말씀을 듣고, 성경 말씀도 배우고, 집에서도 시간만 나면 기독교 TV나 라디오를 통해서 하나님의 말씀을 듣고 또 개인적으로도 성경도 읽으면서 하나님의 말씀 가운데 들려오는 하나님의 음성을 듣는 것뿐입니다. 그리할 때 날마다 성령님의 은혜가 충만하게 임하고 행복의 감격이 넘치고, 하나님의 축복이 차고 넘칠 수밖에 없습니다. 그러므로 우리 자신부터 날마다 하나님의 말씀을 부지런히 들어야 우리의 영적 모범을 따라 우리 자녀들도 날마다 하나님의 말씀을 듣습니다. 그리할 때 우리 부모들의 뒤를 이어 우리 자녀들도 자연스럽게 하나님의 복을 누리게 되는 것입니다.

작년 말에 우리 대한예수교장로회 용천노회에서 총회 산하 69개 노회 중 15개 교회학교의 부흥 사례를 담은 《다음 세대가 살아야 교회가 산다》는 책을 출판했습니다. 금년 우리 총회는 "주여, 이제 회복하게 하소서"라는 주제 아래 에스라의 개혁을 주창하고 있습니다. 포로 시대의 제사장이요 율법학자(스 7:6, 10-11)였던 에스라는 예루살렘의 무너진 성벽을 재건하면서 다시는 이런 부끄러움을 당하지 말자고 눈물 어린 호소를 하면서, 조국이 무너진 결정적인 이유는 하나님의 말씀이 무너졌기 때문이라고 역설을 합니다. 그런데 그러한 현실은 지금 우리 부모 세대보다 다음 세대에 더욱 심각한 상황입니다. 총회 산하 9,800여 개 교회 중 교회학교가 없는 곳이 절반에 가깝고, 특별히 지난 10년 사이에 우리 교단의 교회학교 학생 수가 41.9%가 감소했습니다. 거의 절반에 가까운 수인데 이에 코로나19까지 덮쳐 버렸으니 얼마나 더 심각하겠습니까? 그 원인으로 세속 문화와 심각한 저출산과 이농 현상을 꼽을 수 있겠지만 가장 근본적인 원인은 다음 세대에 복음을 전하지 못한 부모 세대의 책임이 가장 큽니다.

반대로 유대인들은 그 포로 생활 가운데서도 자녀들에게 하나님의 명령을 따라 하나님의 말씀을 잘 전수하기 위해서 자녀들에게 끊임없이 하나님의 말씀을 가르치고 듣게 하고 암송하게 하고 실천하며 살도록 했습니다. 그렇기 때문에 그들이 포로 생활에서 귀환한 지 2,500여 년이 지난 지금 그들은 이렇게 전 세계에 가장 강력한 영향력을 미치는 축복된 민족으로 우뚝 서게 된 것입니다. 이처럼 하나님의 말씀을 어렸을 때부터 먼저 바로 잘 듣는 것이 중요합니다.

아버지도 없이 23세에 혼자 되신 어머니의 유복녀로 태어난 딸이 있었는데 어머니의 희생적인 수고로 유학을 다녀와서 나중에 저명한 대학교 교수가 됐습니다. 고등학교 이후 교회를 떠났던 딸은 어머니의 간절한 기도와 권면에 떠밀려 오랜만에 교회에 나왔는데 잠시 교회를 둘러보는데 보고 듣는 것마다 실망이 너무 컸습니다. 한 집사님이 다가와서 처음 본 자신에게 자녀들의 대학 입학을 청탁하고, 여자들이 모여서 남의 험담이나 하고, 회의실에서는 다투는 소리가 문밖으로 새어 나와서 너무 화가 난 딸은 어머니의 손을 끌고 나와 집으로 가자고 재촉했습니다. 그리고 돌아오는 길에 오랜만에 교회에 나와서 보고 들었던 불평스럽고 원망스런 마음을 다 쏟아붓자 조용하기만 하던 어머니가 단호하게 이렇게 말했습니다. "나는 평생 교회에 다니면서 예수님만 보고 들었는데 너는 딱 하루 교회에 나와서 참 많이도 보고 들었구나." 어머니의 바로 이 말에 딸 교수는 무너지고 말았다고 합니다. 딸의 마음속에 생각 없이 교회에 다닌다고 생각했던 그런 어머니가 결코 아니었습니다. 누구든지 자기의 수준만큼만 눈에 보이고 귀에 들리는데 어머니가 보고 들은 수준과 딸이 보고 들은 수준은 하늘과 땅만큼이나 큰 차이가 있었던 것입니다.

우리가 주님 앞에 나와서도 마음 문이 열려서 긍정적이고 적극적인 마음의 귀로 듣느냐, 아니면 마음 문이 닫힌 채 부정적이고 비판적인 마음의 귀로 듣느냐에 따라 그 말씀의 은혜와 축복과 행복의 결과는 천지 차이입니다. 천국과 지옥의 차이가 나고 맙니다. 주님과의 믿음부터 바로 서고 지난날의 상처가 치유 받고 온유하고 겸손한 심령으로 하나님의 말씀을 들으면 틀림없이 주님의 풍성한 은혜를 받고 축복을 누리고 행복해집니다. 그래서 이사야 55장 3절에 "너희는 귀를 기울이고 내게로 나아와 들으라 그리하면 너희의 영혼이 살리라 내가 너희를 위하여 영원한 언약을 맺으리니 곧 다윗에게 허락한 확실한 은혜이니라"라고 분명히 약속하지 않습니까?

그러므로 아무리 코로나19의 두려움이나 어려움이 커도 믿음으로 주님 앞에 나아와 예배드리며 부지런히 하나님의 말씀을 듣고, 삶의 불행과 고통이 심할수록 새해부터는 새벽기도회나 금요심야기도회라도 나오십시오. 꼭 못 나올 형편이라면 열심히 경건의 시간을 갖고 살아 계신 하나님께 매달리며 열정을 쏟아 하나님의 약속의 말씀을 듣고 위로받으며 새 힘을 얻을 수 있길 바랍니다. 그리할 때 새해부터는 우리의 신앙의 영적 모범을 따라 우리의 자녀들까지도 우리가 애쓰고 수고해서 얻는 복과 비교할 수 없는, 살아 계신 하나님의 기적적인 복으로 들어와도 복을 받고 나가도 복을 받게 될 줄 확실히 믿으시기 바랍니다.

하나님의 말씀을 믿음으로 행해야 함

계속해서 본문 1절 하반절 말씀을 다 함께 읽겠습니다.

> "내가 오늘 네게 명령하는 그의 모든 명령을 지켜 행하면 네 하나님 여호와께서 너를 세계 모든 민족 위에 뛰어나게 하실 것이라."

여기에서 주목해야 할 말씀은 "내가 오늘 네게 명령하는 그의 모든 명령을 지켜 행하면"입니다. 주님께서는 날마다 우리에게 말씀으로 명령하시는데 우리는 우리의 마음에 들고 지키고 싶고 행할 수 있는 말씀만 행하려고 합니다. 이것이 지난날 우리의 신앙생활의 축복의 한계였습니다. 그러나 우리가 하나님의 모든 말씀을 지켜 행할수록 우리의 축복의 영역이 우리의 가정에서 직장으로, 나라로, 민족으로, 전 세계 열방으로까지 확대될 것을 약속하셨습니다. 그래서 구약성경은 당시 세계를 지배하던 애굽에서는 요셉을 세우셨고, 바벨론에서는 다니엘을 세우셔서 모든 민족 위에 뛰어나게 하셔서 영광 돌리게 하셨음을 증거하고 있습니다.

그것은 오늘날 우리에게도 그대로 적용됩니다. 우리가 하나님의 모든 말씀대로 지켜 행하면 우리의 축복의 영역을 우리 교회 안에서 노회로, 총회로, 나라와 민족으로, 더 나아가 세계 열방을 향해 나아가게 해주십니다. 그런데 우리가 더 이상 하나님의 말씀을 들으려고 하지도 않고 더더욱 지켜 행하려고 하지 않으니까 삶의 모범도 없고, 감동도 없고, 변화도 없고, 열매도 없어서 가정에서도 존경을 못 받고, 교회에서도 사랑을 못 받는 것입니다. 그러니까 세상에서도 어떠한 영향력도 미치지 못하고, 자기 혼자만 예수님을 잘 믿는 것처럼 자아도취증(Narcissism)에 빠져서 우물 안의 개구리처럼 큰소리만 치면서 주위 사람들의 신앙의 걸림돌만 되다가 인생을 끝내 버립니다. 그러니 평생 신앙을 하고도 이 얼마나 불행하고 불쌍한 인생입니까? 그래서 요즘 인터넷에 떠도는 '대한민국의 6대 거짓말'이 있습니다.

1. 목사: "네 이웃을 사랑하라."(그렇게 외치는데도 왜 목사 자신부터 원수를 사랑하지 못하고 교회 안에는 사랑이 메말라 갈까요?)
2. 의사: "환자의 생명과 건강을 최우선으로 합니다."(그런데 왜 이 땅에 돈 없어 죽어가는 환자는 늘어만 갈까요?)
3. 검사: "무죄추정의 원칙에 따라 수사합니다."(그런데 왜 검찰은 공개적으로 편파적인 짜맞추기 수사를 한다는 비판에서 아직도 헤어 나오지 못할까요?)

4. 판사: "법과 원칙에 따라 판결합니다."(그런데 왜 편파적인 판결로 국민의 분노가 끊이지 않을까요?)
5. 기자: "국민의 알 권리를 위해 진실만을 보도합니다."(그런데 왜 신문사는 지금도 진실과는 별개로 자기들의 성향에 따른 편견만 전할까요?)
6. 정치인: "국민을 위해 정치를 합니다."(그런데 왜 정치인들은 말만 국민을 위하지 다 자신들의 당리당략을 위해서만 정치를 할까요?)

다 우리가 진리의 말씀을 떠나 살기 때문입니다. 아직도 하나님의 말씀을 바로 듣지 못하고 우로나 좌로나 치우쳐서 하나님을 잘못 믿고 바로 지켜 행하지 못하니까 코로나19의 위기 가운데 우리의 신앙의 문제들이 다 터져 나오고 있지 않습니까? 수백 명, 수천 명 확진자를 낸 신천지 이단이나 사랑제일교회나 BTJ열방센터나 IM선교회의 공통점은 다 방역수칙을 어기면서 하나님께서 지켜 주신다는 잘못된 믿음을 가진 것입니다. 우리가 꼭 기억해야 할 것은 우리의 믿음은 행함을 통해서 완성된다는 것입니다. 우리가 구원받기 위해서 율법을 행해선 안 되지만, 구원받은 후에 하나님의 자녀로서 하나님의 말씀을 행하는 것은 당연하고도 자연스런 일입니다. 그래서 행함장인 야고보서 2장 14, 17절에 "내 형제들아 만일 사람이 믿음이 있노라 하고 행함이 없으면 무슨 유익이 있으리요 그 믿음이 능히 자기를 구원하겠느냐…이와 같이 행함이 없는 믿음은 그 자체가 죽은 것이라"고 강조하신 것입니다.

교육자요 문학가요 방송인이요 정치 활동까지 다양한 활동을 한 김정한 선생이 쓴 《유대인 1퍼센트 부의 지름길》이란 책이 있습니다. 유대인은 세계 인구의 1%는커녕 전 세계에 1,700여만 명, 0.2%에 불과한데 세계적인 부호 존 록펠러, 포드, 카네기, 워런 버핏, 조지 소로스, 빌 게이츠 등 현재 전 세계 100대 재벌 중 85명이 유대인이라는 겁니다. 세계적인 철학자 헤겔, 스피노자, 데카르트, 니체, 파스칼, 루소, 부버 등이 유대인이고, 심리학자 지그문트 프로이트, 에리히 프롬 등이 유대인이고, 음악가 베토벤, 헨델, 슈만, 모차르트, 멘델스존, 바그너, 차이콥스키 등이 유대인이고, 미술가 피사로, 세잔, 샤갈, 피카소 등이 유대인이고, 영화배우 스티븐 스필버그가 유대인이고, 핵폭탄의 이론을 개발한 물리학자 아인슈타인, 핵폭탄을 만든 과학자 오펜하이머, 최초의 달 착륙을 시킨 브라운 박사 등이 유대인이고, 아메리카 신대륙을 발견한 탐험가 콜럼버스가 유대인이고, 미국 정치가 루스벨트, 아이젠하워, 존슨, 키신저, 영국 정치가 처칠, 에딘버러, 프랑스 정치가 드골, 퐁피두, 미테랑, 스페인 정치가 프랑코 등이 다 유대인입니다.

이렇게 유대인들이 전 세계 정치, 경제, 사회, 문화, 과학, 예술 등 각 분야를 다 주도할 수 있었던 그 비결은 유대인들은 구약성경에 기록된 율법뿐만 아니라 2세기 말경부터 시작하여 6세기에 이르기까지 수집된 구전 율법인 탈무드까지 지켜 왔기 때문입니다. 이처럼 하나님의 모든 말씀을 행하려는 유대인들을 하나님께서 세계에서 가장 뛰어난 축복의 민족으로 세우셨습니다.

미국의 철강 재벌이자 자선사업가였던 유대인 앤드류 카네기(Andrew Carnegie)도 어렸을 때부터 하나님의 말씀을 잘 배워서 얼마나 지혜로웠는지 모릅니다. 그가 엄마의 손을 붙잡고 과일가게에 갔는데 가만히 서서 뚫어져라 딸기를 쳐다보자 주인 할아버지가 한 움큼 집어 먹어도 된다고 했습니다. 그런데도 카네기가 계속 쳐다만 보자 할아버지가 자기 손으로 딸기를 한 움큼 덥석 집어서 주었습니다. 나중에 엄마가 조용히 카네기에게 물었습니다. "얘야, 할아버지가 집어 먹으라고 할 때 왜 안 집어 먹었니?"라고 묻자 "엄마, 제 손보다도 그 할아버지 손이 훨씬 더 크잖아요!"라고 대답했다고 합니다. 카네기는 어릴 때부터 하나님의 말씀을 잘 익히고 행했기 때문에 그의 삶 가운데 하나님의 지혜가 가득 차 있었으니 일생이 복되지 않았겠습니까?

지난 2021년 1월 18일 거센 눈발이 하염없이 쏟아지던 날 아침, 바쁜 출근길에 남루한 옷을 입고 추위에 떠는 노숙자가 지나가는 사람들에게 "너무도 추워 그러니 커피 한 잔 사 달라"고 사정했습니다. 그런데 출근하던 한 남자가 노숙자가 너무 추워 얼어 죽게 보였는지 자신의 롱패딩 코트를 벗어 노숙자에게 입혀 주고, 주머니 속의 장갑을 건네주고, 5만 원짜리 지폐 한 장까지 전해 주고 말없이 사라졌습니다. 그는 분명히 우리 가운데 찾아오신 예수님이셨든지 아니면 예수님을 진심으로 믿고 말씀을 따라 사는 이였을 것입니다. 그 추운 겨울에 굶주리고 배고픔에 떨고 있는 우리의 형제들에게 오병이어의 사랑의 나눔 헌금 한 푼 나누지 않고 평안히 가라, 덥게 하라, 배부르게 하라 하며 그 몸에 쓸 것을 주지 아니하면 우리가 벌고 모으고 쌓아 놓은 것이 무슨 유익이 있겠습니까? 그런데 어렸을 때부터 신앙생활을 하면서 그렇게 바치고 나누고 베풀며 사는 사람들은 그의 여생뿐만 아니라 자손까지 다들 복을 받습니다.

우리의 삶 가운데서도 하나님의 말씀을 잘 지켜 행함으로 하나님의 축복을 풍성히 누려야 합니다. 그래서 요한계시록 1장 3절에 "이 예언의 말씀을 읽는 자와 듣는 자와 그 가운데에 기록한 것을 지키는 자는 복이 있나니 때가 가까움이라"고 분명히 증거하지 않습니까? 그러므로 코로나19의 어떠한 불황과 불경기 속에서 우리도 모든 하나님의 축복의 약속의 말씀을 끝까지 철저히 믿고 지켜 행할 수 있길 바랍니다. 그리할 때 틀림없이 복의 근원 되신 하나님께서 우리를 땅 끝까지 복음을 증거하도록 세계 모든 민족 위에 뛰어나게, 들어와도 복을 받고 나가도 복을 받게 하실 줄 확실히 믿습니다.

하나님의 말씀을 철저히 복종해야 함

마지막으로 본문 2절 말씀을 다 함께 읽겠습니다.

> "네가 네 하나님 여호와의 말씀을 청종하면 이 모든 복이 네게 임하며 네게 이르리니."

여기 '청종한다'는 단어는 히브리어로 'תשמע'(티쉬마)라고 해서 '복종한다'(obey)는 의미입니다. 우리가 하나님의 말씀이 마음에 믿어지고 가슴에 뜨겁게 와닿아서 기쁨으로 순종할 수도 있습니다만, 때로 하나님의 말씀이 마음에 안 믿어지고 가슴에 안 와닿고 기쁨으로 순종이 안 되면 억지로라도 복종하시기 바랍니다. 그리하면 본문 3-14절에 이르는 이 모든 복이 우리에게 임하고(come on you) 평생토록 우리와 함께한다는 것입니다(accompany you). 오늘 본문에도 3-6절에 약속하지 않습니까? "성읍에서도 복을 받고 들에서도 복을 받을 것이며 네 몸의 자녀와 네 토지의 소산과 네 짐승의 새끼와 소와 양의 새끼가 복을 받을 것이며 네 광주리와 떡 반죽 그릇이 복을 받을 것이며 네가 들어와도 복을 받고 나가도 복을 받을 것이니라." 얼마나 복된 선언입니까? 이보다 복된 약속이 어디에 있습니까? 그러므로 우리가 하나님의 말씀에 기쁨으로 순종하면 가장 큰 복이지만, 안 되면 억지로라도 복종할 수 있길 바랍니다. 그리하면 틀림없이 하나님의 축복의 약속대로 들어와도 복을 받고 나가도 복을 받게 되는 것입니다.

사람들은 이와 같이 다 복을 받기를 원하고, 먹고 사는 것이 그렇게 중요할 수가 없습니다. 더욱이 코로나19의 이 불황의 때에는 더욱 그러합니다. 특히 우리나라의 삶은 다 밥 먹는 것과 연결되어 있는데 지난 금요일 한 원로목사님이 재미있는 글을 보내 주셨습니다. "한국은 모든 것이 밥이면 다 통한다네요"라는 제목의 글입니다.

> 혼낼 때: 너 오늘 국물도 없을 줄 알아!
> 고마울 때: 나중에 밥 한번 먹자.
> 안부 물어 볼 때: 밥은 먹고 지내냐?
> 아플 때: 밥은 꼭 챙겨 먹어.
> 인사말: 식사는 하셨습니까? 밥 먹었어?
> 좋은 와이프 평가 기준: 밥은 잘 차려 주냐?
> 재수 없을 때: 재 진짜 밥맛 없지 않냐?
> 한심할 때: 저래서 밥은 벌어먹겠냐?
> 무언가 잘해야 할 때: 사람이 밥값은 해야지!
> 나쁜 사이일 때: 그 사람하곤 밥 먹기도 싫어!
> 나쁜 사람: 나 된 밥에 재 뿌리는 놈.
> 범죄를 저질렀을 때: 너 콩밥 먹는다!
> 멍청하다고 욕할 때: 어우, 이 밥팅아!
> 심각한 상황일 때: 넌 목구멍에 밥이 넘어가냐?
> 무슨 일을 말릴 때: 그게 밥 먹여 주냐?

최고의 정 떨어지는 표현: 밥맛 떨어져!

비꼴 때: 밥만 잘 처먹더라!

좋은 사람: 밥 잘 사 주는 사람

우리의 최고의 힘: 밥심

그러나 우리가 다 이렇게 복 받고 잘 먹고 잘 입고 잘 쓰고 잘 살고 싶다고 해서 복을 받습니까? 복을 받으려면 복의 근원이신 하나님의 말씀대로 행하고 기쁨으로 순종이 안 되면 억지로라도 철저히 복종을 해야 합니다. 그리하면 틀림없이 하나님의 축복의 약속대로 복을 누리게 되는 것입니다.

지난 주간 청주금식수양관의 신년축복성회를 인도하러 가면서 작년 추수감사주일에 발행한 〈정오의 빛〉을 가지고 가서 읽었습니다. "코로나 시대의 예배를 생각한다"로부터 시작해서 "예배에 목숨 걸며 나아갔을 때!", "방역의 기본은 예배의 회복입니다", "헌신과 봉사로 코로나19를 이기는 교회", "때를 얻든지 못 얻든지 항상 힘쓰라", "모든 것이 하나님의 은혜입니다"에 이르기까지 다 주옥 같은 은혜의 간증들이었습니다.

그런데 그 가운데 신동선 장로님의 '코로나 시대에 지켜야 할 복음 신앙' 코너의 "전에 하던 대로"(단 6:10)라는 글이 뜨겁게 가슴에 와 닿았습니다. 장로님은 마흔 살 나이에 늦게 특별한 계기를 통해 주님을 알게 되었는데 처음에는 쉽게 주님을 받아들이지 못했다고 합니다. 불교 재단인 동국대학교를 나와서 나름 자신의 신앙은 불교라고 생각하고 살아온 장로님이 예수님을 믿게 된 것은 당시에 그가 다니던 회사 사장이었던 매형의 갑작스러운 폐암 선고 때문이었습니다. 그 후 1년의 투병 기간 동안 당시 우리 치유하는교회에 다니던 많은 분들이 매형에게 복음을 전했는데 그때 하나님께서 매형의 병만 고쳐 주신다면 교회를 다니겠다고 서원기도를 드렸다고 합니다. 짧은 1년간의 투병 생활 동안에 매형의 집은 거의 기도원과 같이 수시로 예배를 드리며 뜨겁게 기도하였는데 투병 기간 동안 본인과 온 가족이 구원받고 변화되는 과정을 옆에서 지켜보면서도 그는 쓸데없는 고집으로 주님께 마음을 열지 않았습니다. 매형의 투병 기간은 그의 완악한 고집을 주님께서 꺾으시는 시기였습니다. 그리고 길지 않은 1년간의 투병 생활을 하다가 매형은 하늘나라로 떠나가시고 말았습니다.

하나님께서 살아 계시다면 수없이 드려졌던 예배와 누님의 그 애절한 금식기도와 많은 분들의 중보적 기도를 왜 들어주시지 않으셨을까 하는 의문이 들었지만 그때 장로님의 마음속에는 이미 예수님이 깊이 들어와 계셨습니다. 왜냐하면 매형이 천국에 가셨다는 확신이 들었기 때문입니다. 매형은 한 알의 밀알로서 많은 사람들을 주님 앞으로 인도하고 천국에 가셨고, 매형이 돌아가신 후에 그는 믿음 생활을 더욱더 적극적으로 하기 시작했습니다.

그런데 그가 교회에 열심히 다니려 하니 걸림이 되는 제일 큰 문제가 바로 건설 현장에서 지내는 고사였습니다. 당시 그는 강서, 양천지역에서 빌라나 상가 건물을 짓는 건축 사업을 했는데, 건축업은 안전 사고가 많은 위험한 일이었기 때문에 착공할 때, 준공을 할 때, 분양할 때, 보통 한 현장에 세 번 이상은 돼지머리를 놓고 고사를 지냈습니다. 그러던 그가 교회에 나가면서부터 고사를 없애 버렸고, 한 현장에서 최소한 세 번 이상의 감사예배를 목사님과 교회 식구들과 함께 드렸습니다. 그때부터 그는 예배를 가장 우선에 두는 삶을 살아왔는데 건축 사업을 20여 년간 하는 동안에 주님께서는 단

한 건의 사고도 나지 않도록 지켜 주셨습니다.

주님께서는 늦게 믿은 그에게 소망의 말씀을 주셨는데 마태복음 20장에 나오는 포도원 일꾼 비유였습니다. 포도원에서 일꾼을 구하는 장면이 나오는데 아침에 일찍 부른 일꾼과 오후에 늦게 불려온 저와 같은 일꾼에게도 똑같은 품삯을 주신다는, 세상에서의 인건비 개념과 전혀 다른 말씀이 있었습니다. 심지어 "이와 같이 나중 된 자로서 먼저 되고 먼저 된 자로서 나중 되리라"(마 20:16)라고까지 말씀하여 주셨습니다. 이 말씀을 믿고 그는 남보다 늦게 믿었던 것을 다 보충할 셈으로 모든 공식 예배는 무조건 다 참석하였고, 하나님 말씀을 빨리 알고 싶어서 성경을 읽고 쓰기 시작하여 지금까지도 계속하고 있다고 합니다. 콩나물시루에 매일같이 물을 줘도 금방 다 빠져 버려서 아무 쓸모 없는 것 같지만 콩나물은 무럭무럭 자라듯이, 그는 말씀을 매일 읽고 가정예배를 드리며 성경공부를 하고 예배에 참석하는 것을 최우선으로 생각하는 예배 제일주의자가 되었습니다.

그는 주님을 믿은 후 30년 동안 외국에 갈 때 빼고는 한 번도 본교회 주일예배에 빠지지 않았다고 합니다. 이것은 모두 그의 건강과 그의 가정과 그를 둘러싼 모든 형편을 세심하게 돌봐 주신 주님의 특별한 은혜였습니다. 그래서 주님께서는 부족한 것뿐인 그를 교회에 나온 지 17년 만에 안수집사를 거치지 않고 장로로 세워 주셨습니다. 그것도 특별히 누님까지 함께 장로가 되어서 전국 유일한 한 교회 남매 장로로 〈기독공보〉 한 면 전체에 글이 게재되는 감사한 일이 있었습니다. 그래서 지난 15년간 시무장로로서 열심히 교회를 섬기고 있습니다.

우리는 요즈음 코로나19의 시대를 살고 있는데, 중국에서부터 불어온 이 엄청난 사태는 전 세계를 장악하여 정치, 경제, 사회 등 모든 분야를 코로나가 좌지우지하는, 한 번도 경험해 보지 못한 세상을 살아가고 있습니다. 정부와 방역 당국은 신천지와 일부 소수 교회들의 코로나 감염을 빌미로 모든 원인이 교회에서부터 왔다고 하는 편파적인 시각으로 현장 예배를 드리지 못하게 하고 있고, 우리가 전도해야 할 많은 이웃들에게도 좋지 않은 눈총을 받으며 살고 있습니다. 이러한 때에 우리 교회는 이에 굴하지 아니하고 방역수칙을 잘 지키며 지금까지 대면 예배를 드리며 성전 예배의 귀중함으로 알리는 역할을 잘 감당해 왔습니다.

그래서 장로님도 교회에 가지 못하는 주중에 온라인 예배를 드려 봤지만 몸가짐부터가 예배에 참여하는 것같이 되지 않고 집중이 잘 안 되어 영과 진리로 예배를 드릴 수 없어서, 누구나 같은 생각이겠지만 예배는 언제나 성전 예배가 우선이라고 생각했습니다. 그리고 장로님의 간증의 제목과 같이 사자 굴에 던져질 상황에서도 우상을 섬기지 아니하고 다니엘이 "전에 하던 대로" 갈 수 없는 예루살렘 성전을 바라보며 하루에 세 번씩 예배를 드렸듯이 매 주일마다 전에 하던 대로 주의 전으로 발걸음을 향하고, 코로나 시대가 하루속히 종식되어서 모든 성도님들도 전에 하던 대로 성전에 모여 마음껏 찬양하며 주께 예배드리고 성도들의 참다운 교제와 교회 이곳저곳에서 기쁜 마음으로 봉사 헌신할 수 있는 날이 빨리 오기를 간절히 기도한다고 했습니다.

그렇습니다. 우리의 마음에 안 내켜도 억지로라도 나아와 예배드리고 하나님의 말씀에 철저히 복종하며 살아가야 합니다. 그리할 때 신명기 30장 8-10절에 "너는 돌아와 다시 여호와의 말씀을 청종하고 내가 오늘 네게 명령하는 그 모든 명령을 행할 것이라 네가 네 하나님 여호와의 말씀을 청종하여 이 율법책에 기록된 그의 명령과 규례를 지키고 네 마음을 다하며 뜻을 다하여 여호와 네 하나님께 돌아오면 네 하나님 여호와께서 네 손으로 하는 모든 일과 네 몸의 소생과 네 가축의 새끼와 네 토지 소산을 많게 하시고 네게 복을 주시되 곧 여호와께서 네 조상들을 기뻐하신 것과 같이 너를 다시 기뻐하사 네게 복을 주시리라"고 분명히 약속하십니다. 그러므로 우리가 코로나19로 앞이 캄캄한 절망적인 상황 속에서도 모든 하나님의 말씀에 억지로라도 철저히 복종하면서 하나님 아버지께 예배드리고 우리의 신앙을 지켜 나가야 합니다. 그리할 때 인간의 생사화복을 주관하시는 하나님께서 다 기억하시고 살아 계셔서 기적적으로 역사해 주시고 복을 내려 주셔서, 들어와도 복을 받고 나가도 복을 받게 될 줄 확실히 믿으시기 바랍니다.

지난 주간에는 청주금식수양관에 가서 신년축복성회를 인도하고 왔습니다. 원장 되시는 백효선 목사님은 할아버지·할머니가 장로님·권사님이며 이북에서 내려와서 숙명여대 영문과를 졸업하고, 명지여고 영어선생님으로 있다가 결혼을 했습니다. 그런데 남편의 사업이 부도가 나서 교사 봉급에까지 압류가 들어와서 결국 교사를 사직까지 했습니다. 그것까지는 참고 이겨 낼 수 있었는데, 이처럼 갑작스럽게 생활고에 시달리는 것도 서러운 일인데, 거기에다가 엎친 데 덮친 격으로 청천벽력과 같은 남편의 외도까지 덮쳤습니다. 아무에게도 말 못 하고 친정 식구들에게도 말 못 하고 혼자 피눈물을 흘리며 가슴앓이를 하며, 앞이 캄캄한 절망과 고통의 불행 가운데 몸부림치다가 더 이상 삶의 버틸 힘을 잃어버리고 3년 동안이나 정신이상이 와서 고통을 겪다가 세브란스병원에 입원해서 치료까지 받았지만 결국 치료가 안 되었습니다. 그러다가 오산리금식기도원에 들어가서 최자실 목사님의 안수기도를 받으면서 기적적으로 치료를 받고, 3년 동안 최 목사님 밑에서 훈련을 받고 나와서 4년 동안 삼각산기도원에 들어가 40일 금식기도를 네 번이나 하면서 남편을 다 용서하고, 혼외 자식을 둘이나 데려다 기르면서 피눈물 나는 고생을 했습니다.

그리고 여생을 주님을 위해 어떻게 드릴 것인가 기도하는 중, 1988년 시댁이 있는 충북 음성군 감곡면 상우리로 내려와서 남의 땅 100평에 기도원을 차리고 환자들을 위해 눈물로 기도하면서 돌보았는데, 어느 날 31년 된 정신병자가 찾아왔습니다. 대개 정신병자들은 사랑의 결핍과 상처와 충격적인 경험을 못 이겨 내서 오는데 자신도 정신질환에 걸려봐서 그녀의 아픔을 가슴속 깊이 공감하면서 눈물로 기도하는 가운데에 기적적으로 치료를 받았습니다. 그것이 계기가 되어서 기도원이 크게 부흥하였습니다.

이제 인생의 고생이 다 끝이 났나 했더니 3년 만에 기도원에 불이 났습니다. 왜 이렇게 나의 삶 가운데 환난이 그치지 않는가 하고 또 40일 금식기도를 두 번이나 하면서 하나님께 매달려 부르짖었습니다. 그 가운데 하나님의 약속의 말씀을 듣고 그 말씀을 믿음으로 행하고 복종하면서 음성군을 떠나 현재의 청주금식수양관을 개척했습니다. 그리고 지난 33년 동안을 피눈물 나는 고난의 연단 속에서도 주님만 바라보고 하나님의 축복의 약속의 말씀만 믿고 밤낮으로 간절히 눈물로 기도하고 금식하며 매달렸더니 수많은 불치의 병자들이 기적적으로 치료 받고, 부르짖으며 기도한 수많은 자들이 기적적으로 응답 받았습니다. 또한 전 세계를 돌아다니면서 복음을 전하고, 오늘날 5,000평에 100억 원에 이르는 거대한 금식수양관을 이루었습니다. 뿐만 아니라 일생토록 그토록 속을 썩이던 남편도 회개하고 변화시켜 목사로 만들고, 심지어 두 아들까지 부모님의 뒤를 이어 목사가 되고, 우리나라를 대표하는 예장 합동의 총회장이 되시고 한교총 대표회장 되시는 소강석 목사님, 전태식 목사님, 설동욱 목사님까지 길러 냈습니다. 그리고 부족한 종까지 그곳에 불러 주셔서 여러분의 간절한 기도 가운데 이번에 세 번째 부흥성회를 은혜롭게 잘 인도하고 돌아올 수 있었습니다.

사랑하는 성도 여러분, 이 땅 위에 고난이 없는 인생은 아무도 없습니다. 우리를 고난의 연단 속에서 정금 같은 믿음으로 나아오게 하시고, 이제는 하나님의 약속의 말씀만 믿음으로 살아 나가면서 하늘의 상과 이 땅의 복으로 자손 대대로 다 갚아 주신다는 믿음을 가지고 인간의 생사화복을 주관하시는 하나님의 말씀을 부지런히 듣고, 하나님의 말씀을 믿음으로 행하고, 하나님의 말씀을 철저히 복종해야 합니다. 그리할 때 복의 근원이 되시는 하나님께서 틀림없이 우리를 사용하셔서 들어와도 복을 받고 나가도 복을 받으며 영광 돌릴 수 있기를 주님의 이름으로 축원합니다.

이 시간 결단의 찬송으로 "시편 40편"을 함께 부르며 믿음으로 결단하도록 하겠습니다.

1. 하나님의 음성을 듣고자 기도하면
   귀를 기울이시고 내 기도를 들어주신다네
   깊은 웅덩이와 수렁에서 끌어 주시고
   나의 발을 반석 위에 세우시사 나를 튼튼히 하셨네
2. 주를 의지하고 교만하지 않으면
   거짓에 치우치지 아니하면 복이 있으리라
   여호와 나의 주는 크신 권능의 구주라

주의 크신 권능으로 우리들을 사랑하여 주시네

후렴) 새 노래로 부르자 라라라 하나님께 올릴 찬송을

새 노래로 부르자 하나님 사랑을

복의 근원 되시는 하나님 아버지, 지난날 하나님 아버지께서 저희에게 복을 주시지 않아서 복되게 살지 못한 것이 아니라, 저희 인생의 실패의 불행과 고통이 근본적으로 저희가 하나님의 말씀을 떠나 살았기 때문임을 이 시간 철저히 통회하고 자복하게 하여 주시옵소서! 이제 여생이라도 저희의 생사화복을 주관하시는 하나님의 말씀을 부지런히 듣게 하여 주시옵소서! 하나님의 말씀을 믿음으로 행하게 하여 주시옵소서! 하나님의 말씀을 철저히 복종하게 하여 주시옵소서! 그리함으로 복의 근원 되시는 하나님께서 저희가 들어와도 복을 받고 나가도 복을 받게 하시며 영광 거두어 주실 줄 확실히 믿사옵고, 예수님의 이름으로 간절히 축복하며 기도하옵나이다. 아멘!

나는 행복한 사람이로다

신명기 33:29

우리는 이번 주 설 연휴를 앞두고 있는데 사랑하는 부모, 형제, 자손들을 만날 텐데 얼마나 스트레스를 받습니까? 더욱이 신앙이 없는 가족, 친지들을 만나면 상처 받고 시험 드는 일들이 얼마나 많습니까? 그런데 이스라엘의 출애굽의 영적 지도자였던 모세가 가나안 입성을 앞두고 느보 산에서 마지막 죽음을 맞기 전에 이스라엘의 열두 지파에 대한 축복 가운데서 결론적으로 오늘 본문 신명기 33장 29절에서 "이스라엘이여 너는 행복한 사람이로다"라고 축복의 선언을 합니다. 그것도 축복의 마지막 말씀이기 때문에 그 의미를 더해 줍니다. 그렇다면 우리가 무엇 때문에 "나는 행복한 사람이로다"라는 확신을 하며 영적 자존감(spiritual self-esteem)을 가지고 행복의 감격 속에 살아갈 수 있는가, 이 시간도 들려주시는 하나님의 음성을 다 함께 들을 수 있길 바랍니다.

우리가 영원한 구원을 받았기 때문임

먼저 본문 29절 상반절 말씀을 다 함께 읽겠습니다.

> "이스라엘이여 너는 행복한 사람이로다 여호와의 구원을 너같이 얻은 백성이 누구냐."

모세는 이스라엘 백성들이 행복한 사람이라고 선언하면서, 가장 먼저 "여호와의 구원을 너같이 얻은 백성이 누구냐?"라고 반문합니다. 하나님께서 천지를 창조하시고 가장 먼저 이스라엘 백성들을 그의 자녀로 택하셨습니다. 그리고 그들에게 구원의 은혜를 베푸시고 축복을 내려 주시고 행복하게 하셨습니다.

우리도 세상의 그 무엇보다 죄로 인해 영원히 멸망 당할 수밖에 없었는데 수많은 사람들 가운데 우리를 택해 주셔서 불신앙의 죄를 회개하고 예수님을 구주로 영접함으로써 하나님의 은혜를 믿음으로 말미암아 구원에 이르게 하셨습니다(엡 2:8). 그래서 우리는 물과 성령으로, 다시 말하면 성경에 근거해서 성령의 감동을 받아 하나님의 자녀로 거듭나게 된 것입니다(요 3:3, 5). 그런데 많은 사람들이 구원의 확신을 못 갖거나 구원의 은혜를 체험했다고 하면서도 구원의 감격을 잃어버리고 살아가고 있습니다. 우리가 짧은 인생 가운데 갑자기 세상을 떠나서 영원히 멸망된다면 이보다 불행한 일이 어디에 있겠습니까? 우리가 아무리 세상에서 많이 배우고 높은 지위에 오르고 많은 돈을 벌고 세상 낙을 누려도 이러한 세상의 것들은 우리에게 참된 만족과 행복을 가져다주지 못할 뿐만 아니라 죽음 앞에서는 다 무너지고 마는 것입니다.

지난 1월 27일 방송된 채널A "아이 콘택트"라는 프로그램에 로또 복권이 발행되기 시작한 2002년 12월 2일부터 지난 18년 동안 한 회도 빠짐없이 구입했다가 전 재산 7억 원을 날린 불운한 남자 김명길 씨가 나왔습니다. 18년 동안 세탁소를 하면서 땀도 엄청나게 흘리고 먼지도 뒤집어 써가면서 열심히 일해도 보상받지 못한 기분이었다고 합니다. 그때 마침 로또 복권이 나왔고, 가족들에게도 도움이 될까 해서 샀던 게 안 돼서 오늘까지 이르게 되었는데, 계속해서 당첨이 안 되는데도 복권을 사는 바람에 오히려 가족들과 사이가 많이 안 좋아지고, 아들이 얼굴도 마주치지 않으려 하고, 대화도 못하고 산다고 안타까워했습니다. 이 불운한 남자의 눈 맞춤을 할 상대로 로또 복권에 1등, 2등, 3등에 수시로 당첨된 행운남 김성수 씨가 나왔는데 그에게 기를 받으러 불운남 김명길 씨가 나왔습니다.

하루는 김성수 씨의 꿈속에 돌아가신 아버지가 나타나셨는데 아버지가 개울가 한쪽 옆 바위에 앉아 계셨는데 빨간 코피를 엄청 흘리시더랍니다. 그래서 코피를 막아 드리려고 했더니 "막으면 안 되니까 내버려 두라!"고 하셔서 너무 신기하고 뭔가 연관이 있지 않을까 해서 로또를 샀더니 1등(24억 원)에 당첨되고, 3개월 후에는 2등(6천 3백만 원)에 당첨되고, 그 후로도 3등(160만 원)은 수시로 당첨됐다는 것입니다. 이 말을 듣고 나니까 "왜 우리 아버지는 꿈에도 안 나타나시고 나타나서도 코피도 안 흘리시는지요?" 하고 아버지가 꿈에 나타나셔서 코피를 흘리길 기대하는 사람이 있을지 모르겠습니다. 그러나 그런 기대를 하는 사람들은 절대로 당첨이 안 됩니다.

그 행운남이 그다음에 하는 말이 참 의미 있는 말이었습니다. "저는 복권 운은 있어도 가족 운은 없어서 지금까지 혼자 살고 있어요. 사람들이 저를 보고 엄청 행복하겠다고 하는데 저는 가족이 있는 선생님이 더 부럽습니다. 선생님이 불운하다고 하셨는데 가족과 멀어지는 게 더 불운이에요." 그리고는 행운남은 불운남에게 "한 달 동안 로또 사지 마시고 그 돈으로 가족들 선물을 사서 행복하게 지내겠다고 약속하시면 제가 서울 올라올 때 끼었던 장갑을 드릴게요" 라고 제안했습니다. 그러자 행운남의 장갑을 낀 불운남은 "가족들의 마음을 더 이상 아프게 하지 않도록 노력할게요. 오늘이 바로 제일 운 좋은 날 같네요"라며 웃었습니다.

여러분, 세상에서 우리는 결코 영원한 만족도, 행복도 얻을 수가 없습니다. 그러므로 우리의 구세주가 되시는 예수님을 믿음으로 구원을 받고 날마다 말씀과 기도로 성령님으로 충만한 가운데 이 땅에 사는 동안에 날마다 천국의 축복과 행복의 감격 속에 살아갈 수 있길 바랍니다.

그런데 문제는 우리가 자신은 믿음을 가졌다고 하지만 다 구원받은 것이 아니라는 사실입니다. 우리가 교회에 다닌다고 구원받는 것이 아니고, 목사, 장로, 권사, 집사가 되었다고 할지라도 구원받지 못한 사람들이 있습니다. 총신대 대학원장을 역임하시고 충현교회를 담임하셨던 신성종 목사님이 은퇴를 하신 후 천국과 지옥을 체험하기 위해 2주간 금식하면서 체험했던 천국과 지옥을 《내가 본 지옥과 천국》이란 간증집에서 이 사실을 밝히고 있습니다. 지옥에 갔더니 목사, 장로, 권사, 집사들도 거기에 많이 와 있더라는 것입니다. 다시 말하면, 교회에서 목사, 장로, 권사, 집사를 한다고 해서 다 천국 가는 줄로 착각하지 말라는 것입니다.

교회의 직분은 결코 우리가 구원받는 조건이 아닙니다. 그래서 마태복음 7장 20-21절에 "이러므로 그들의 열매로 그들을 알리라 나더러 주여 주여 하는 자마다 다 천국에 들어갈 것이 아니요 다만 하늘에 계신 내 아버지의 뜻대로 행하는 자라야 들어가리라"고 분명히 경고하지 않습니까? 그들의 삶의 열매를 통해 그들이 구원받았는지 우리가 알 수 있다는 것입니다. 하나님 아버지의 뜻대로 행하는 자라야 천국에 들어갈 수 있다고 하는데 그렇다면 하나님 아버지의 뜻대로 행하는 사람은 어떠한 사람입니까? 그다음에 나오는 말씀 가운데 "우리가 주의 이름으로 선지자 노릇 하며 주의 이름으로 귀신을 쫓아내며 주의 이름으로 많은 권능을 행하지 아니하였나이까 하리니 그때에 내가 그들에게 밝히 말하되 내가 너희를 도무지 알지 못하니 불법을 행하는 자들아 내게서 떠나가라 하리라"(마 7:22-23)라고 말씀하십니다. 그런데 우리가 살아가면서 항상 있어야 할 것은 믿음과 소망과 사랑이지만 종말장인 마태복음 24장 12절에 "불법이 성하므로 많은 사람의 사랑이 식어지리라"고 증거하십니다. 다시 말하면 하나님은 사랑이시고(요일 4:7-8) 성령님의 첫 번째 열매가 사랑이기 때문에(갈 5:22-23) 우리가 하나님의 구원을 받았다면 우리의 삶 가운데 가장 먼저 하나님의 사랑이 자연스럽게 나타나야 한다는 것입니다.

그래서 요한일서 4장 20절에 "누구든지 하나님을 사랑하노라 하고 그 형제를 미워하면 이는 거짓말하는 자니 보는 바 그 형제를 사랑하지 아니하는 자는 보지 못하는 바 하나님을 사랑할 수 없느니라"고 분명히 증거하시지 않습니까? 그러므로 아직도 감정을 못 풀고 마음속에 감정이 응어리진 사람이 있다면 한시라도 빨리 회개하고 예수님을 구주로 영접함으로써 자연스럽게 사랑의 삶을 살아갈 수 있길 바랍니다.

'성경적 상담'을 주장하였던 미국의 복음주의 상담학자 래리 크랩(Larry Crabb) 박사는 《행복》(*A Different Kind of Happiness*)이라는 책에서 "진정한 행복이란 자아의 굴레를 벗어나서 타인을 사랑하는 삶"이라고 요약하여 정리를 해줍니다. 우리의 일생의 불행의 원인이 다른 데 있는 것이 아니라 자아 즉 사탄의 지배를 받는, 인간적이고 육신적이고 세상적인 마음이 교만과 자존심과 감정과 이익에 사로잡혀서 치유 받지 못하니까 이러한 사람들은 평생을 원수를 사랑할 수가 없고, 스스로 불행과 고통 가운데 죽어가고 마는 것입니다.

그러므로 주위의 삶 가운데 천국의 사랑의 증거를 보인 사람들이 구원받은 하나님의 자녀들임을 영적으로 분별하면서, 우리도 영원한 구원의 확신과 감격을 안고 하나님의 사랑을 실천하기 위해서 무엇보다 이번 설날에도 기도로 준비해서 사랑의 마음부터 회복해야 합니다. 그리고 사랑하는 부모, 형제, 자손을 반갑게 만나고 말 한마디라도 사랑으로 따뜻하게 하고, 조그마한 선물이라도 준비하고, 1년에 한 번 주는 세뱃돈도 안 믿는 가족들보다 더 얹어 주고, 고향 교회에도 들러 감사하고, 부모와 형제들을 다 맡기고, 더 나아가 아무리 우리에게 상처를 주어도 주님의 사랑으로 다 불쌍히 여기고 용서하고 승리하고 돌아올 수 있길 바랍니다.

이처럼 영원한 구원의 감격 속에서 사랑하며 구원의 복음을 전하게 될 때 우리는 어떠한 인생의 환난과 핍박 속에서도 모두 다 주님 안에서 "나는 행복한 사람이로다"라고 확신하며 증거하게 될 줄 확실히 믿으시기 바랍니다.

주님께서 방패와 칼이 되시기 때문임

계속해서 본문 29절 중반절 말씀을 다 함께 읽겠습니다.

"그는 너를 돕는 방패시요 네 영광의 칼이시로다."

하나님께서는 이스라엘 백성들을 돕는 방패시고 이스라엘 백성들의 영광을 드러내는 칼이 되신다는 것입니다. 여기 히브리어로 '너를 돕는'이 'עֶזְרֶךָ'(에즈레카)고 '네 영광의'가 히브리어로 'גַּאֲוָתֶךָ'(까아와테카)인데 다 뒤에 2인칭 남성 단수 접미어가 붙어 있습니다. 다시 말하면 하나님께서는 이스라엘 백성들 각 사람에게 원수들의 공격에 대한 그의 방패가 되시고, 원수들을 물리쳐 그의 영광을 지켜주는 칼이 되신다는 것입니다.

우리도 영원한 구원의 확신을 가지고 사랑으로 섬기며 살아가려 하지만 원수 대적들은 끊임없이 우리를 핍박하고 말할 수 없는 상처의 고통을 안겨 줄 때가 있습니다. 지난 주간에 우리나라를 떠들썩하게 했던 것은 국회가 헌정 사상 최초로 법관을 탄핵했을 뿐만 아니라 탄핵을 당한 고등법원 부장판사가 대법원장과 면담하면서 녹음한 내용을 공개해서 대법원장을 거짓말쟁이로 몰아세운 비극적인 일이었습니다. 면담하면서 녹음하고 녹음한 내용을 공개한 부장판사나 거짓말을 한 대법원장이나 어느 누구도 의롭다고 할 수가 없었지만 문제는 우리가 삶의 순간의 위기 속에서 어떠한 반응을 보이느냐에 따라 우리 일생의 행복이 결정적으로 좌우된다는 것입니다.

미국 하버드 대학교에서 철학과 심리학 전공으로 박사학위를 받고, 세계적인 긍정심리학의 주창자요 뉴욕타임스의 베스트셀러요 하버드 대학교의 행복학 강의인 《해피어》(*Happier*)의 저자요, 미국의 명문 대학들인 아이비리그의 3대 명강의로 유명한 하버드대의 최고 인기 교수인 탈 벤-샤하르(Tal Ben-Shahar) 교수가 쓴 《행복을 미루지 마라》(*Choose the Life You Want*)라는 책 가운데 이런 내용이 있습니다. 우리 행복의 약 40%는 우리가 내리는 선택에 의해 결정된다는 것이 심리학의 결론인데, 우리가 순간에 무엇을 하기로 선택하느냐에 따라 가장 먼저 우리의 감정에 직접적인 영향을 주고 그다음에 우리의 행동에 영향을 미쳐서 결국 우리의 장래의 행복을 다 좌우한다는 것입니다.

그러므로 우리의 신앙을 가로막는 주위의 원수 대적들이 우리의 앞길을 가로막고 우리를 해치려고 달려들 때에 우리가 "주여! 주여!" 하고 기도하면서 꼭 기억해야 할 말씀이 바로 로마서 12장 19-21절 말씀입니다. "내 사랑하는 자들아 너희가 친히 원수를 갚지 말고 하나님의 진노하심에 맡기라 기록되었으되 원수 갚는 것이 내게 있으니 내가 갚으리라고 주께서 말씀하시니라 네 원수가 주리거든 먹이고 목마르거든 마시게 하라 그리함으로 네가 숯불을 그 머리에 쌓아 놓으리라 악에게 지지 말고 선으로 악을 이기라."

우리 주위에 어떠한 원수 대적이 있더라도 우리가 해야 할 일은 그들과 똑같이 감정을 가지고 싸우는 것이 아니라, 하나님의 심판에 그들을 다 맡기고 위해서 기도하고 끝까지 사랑으로 섬기면서 인내하며 기다리는 것입니다. 그러면 살아 계신 주님께서 그들이 죽은 후에는 말할 것도 없고 이 땅에 사는 동안에도 우리의 원수들을 선악 간에 다 심판하십니다. 그리하여 가장 먼저는 그들의 마음속에 구원의 기쁨부터 다 잃어버리게 하시고, 그다음에는 경제적인 손실을 당하게 하시고, 그다음에는 가정에 불행이 따르고, 그다음에는 질병의 고통에 시달리게 하십니다. 그때라도 하나님 앞에 엎드려서 자신의 불행과 고통의 원인을 찾고 하나님의 영광을 가리는 죄악으로부터 급히 돌이키면 치유와 회복의 길이 열리고, 새로운 은혜가 임하고, 축복의 문이 열리고, 행복의 감격을 회복하게 됩니다.

그런데 끝까지 자기 교만과 아집에 빠져서 결단코 돌이키지 않고 하나님의 영광을 가리며 살아가면 그때는 살아 계신 하나님께서 진노의 손을 펼치셔서 초대교회의 아나니아와 삽비라처럼 그들의 생명을 갑작스럽게 불러가 버리십니다. 이렇게 갑자기 세상을 떠난 교인들의 장례식을 인도할 때면 눈물밖에 안 나옵니다. 회개하고 돌아오라고 하나님의 사랑을 가지고 그토록 강단에서 눈물로 호소했는데도 살아 계신 하나님이 두려운 줄 모르고 끝까지 강퍅하고 완악한 심령을 버리지 못하고 살다가 그렇게 어느 날 갑자기 인생을 끝내 버리니 이보다 더 불행하고 불쌍한 인생이 어디에 있습니까?

그래서 한 권사님이 보내 주신 경기도 광주시 오포성당 박현성 주임신부님이 쓴 기도문이 가슴에 뜨겁게 와 닿았습니다.

> 하나님! 우리가 얼마나 서로 거짓과 막말들을 했으면 주둥이를 마스크로 다 틀어막고 살라 하십니까?
> 하나님! 우리가 얼마나 서로 다투고 싸우며 시기하고 사랑을 안 했으면 서로를 다 거리 두어 살라 하십니까?
> 하나님! 우리가 얼마나 죄를 짓고 손으로 나쁜 짓을 했으면 어딜 가나 소독제와 비눗물로 다 씻게 하십니까?
> 하나님! 우리가 이웃 간의 사랑이 얼마나 없었으면 서로 주먹으로 인사하게 하십니까?
> 하나님! 이제 주둥이를 함부로 놀리지 않고 손으로 나쁜 짓 하지 않고 서로 사랑하며 살겠습니다!

우리가 남은 삶 동안 이 기도문대로만 살면 되지 않겠습니까?

이처럼 우리가 어떠한 코로나19의 환난 가운데서도 끝까지 믿음으로 이겨 내면 결국에는 주님께서 우리의 원수 대적을 다 막아 주는 방패가 되시고, 그들을 다 물리쳐 주시고, 우리의 억울하고 원통한 것도 다 풀어 주시고, 우리의 영광을 드러내는 칼이 되십니다.

그러므로 이번 설날에 가서도 가족, 친지들이 믿음이 연약하거나 이번 코로나19로 인해 언론에 오르내리는 신앙이 잘못된 교회들의 집단 감염을 보고 우리의 신앙을 비방하고 교회를 핍박하고 심지어 주님을 조롱하면서 우리에게 신앙의 상처를 주고 시험에 빠뜨릴 수 있습니다. 그러나 그때도 우리는 끝까지 그들이 하나님의 심판에 이르지 않도록 눈물로 기도해 주고, 사랑으로 섬기고, 정말 참기 어려운 순간에도 "주여! 주여!" 하고 부르짖으면서 끝까지 인내하고 주님께 다 맡기고 승리하고 돌아올 수 있길 바랍니다. 그리할 때 주님께서는 우리의 어떠한 원수 대적도 다 물리치고 이겨 내게 하시는 방패와 칼이 되어서 우리의 억울하고 원통한 마음도 다 위로하여 주시고 우리의 영광을 다 회복시켜 주시기 때문에, 우리는 모두 다 어떠한 환난과 핍박 속에서도 주님 안에서 "나는 행복한 사람이로다"라고 감격의 간증을 하게 될 줄 확실히 믿습니다.

영광스러운 승리의 그날이 꼭 오기 때문임

마지막으로 본문 29절 하반절 말씀을 다 함께 읽겠습니다.

> "네 대적이 네게 복종하리니 네가 그들의 높은 곳을 밟으리로다."

하나님께서는 구약성경의 기록을 통해서도 분명히 증명해 보이십니다. 이스라엘 백성들이 시날 평지의 아홉 왕(창 14장), 애굽 왕(출

12, 14장), 아말렉 족속(출 17장), 가나안의 일곱 족속(수 6, 10-12장), 아모리 족속(수 10장), 미디안 족속(삿 7-8장), 블레셋 족속(삿 15-16; 삼상 17장) 등 수많은 대적들을 계속해서 다 물리쳐 이기게 하십니다. '그들의 높은 곳'이란 히브리어로 'בָּמוֹתֵימוֹ'(빠모테모)로서 높은 곳에 있던 이방인의 산당들을 의미하는데 그것도 '네가' 즉 히브리어 'וְאַתָּה'(웨앗타)가 2인칭 남성단수 대명사를 주어로 하여 이방인 산당들을 다 정복하게 될 것이기 때문에 행복한 사람임을 강조하고 있습니다.

그것은 우리의 신앙생활 가운데에도 마찬가지입니다. 아무리 우리 주위의 부모, 형제, 자손, 더 나아가 이웃들, 교인들이라고 할지라도 하나님을 바로 믿지 않고 갖가지 우상숭배를 하고 또한 인간이나 물질이나 명예나 세상의 그 무엇을 우상으로 섬기면서 우리를 대적해 와도 주님께서 만왕의 왕이시요, 만국의 주가 되시기 때문에 못 이겨낼 대적이 없습니다. 우리 인생의 영적 싸움터에서 주님의 편에만 서면 다 이겨 낼 수 있습니다. 그러므로 우리는 영적 분별력을 가지고 하나님의 편에만 서야 합니다.

미국의 남북전쟁이 한참 격렬할 때에 제16대 에이브러햄 링컨 대통령은 어려운 위기 때마다 기도실을 찾았습니다. 그때 대통령 비서관이 기도를 마치고 나오는 링컨 대통령에게 물었습니다. "각하, 남군과 북군이 서로 이기게 해달라고 기도하면 하나님께서 누구 편 손을 들어 주겠어요?" 그때 링컨 대통령이 그렇게 대답했습니다. "그래서 나는 우리 북군이 이기게 해달라고 기도하지 않네! 우리가 하나님의 편이 되게 해달라고 기도하네!" 결국 링컨 대통령은 4년 넘게 끌던 남북전쟁을 승리로 이끌고 흑인 노예 해방의 위대한 역사를 일으켰고, 지금까지도 미국 역사상 가장 존경받는 대통령으로 기억되고 있습니다.

그렇습니다. 우리가 하나님의 편에 서면 우리는 영적 싸움에서 백전백승을 하지만 우리가 하나님의 편에 서지 않으면 백전백패를 하고 맙니다. 그래서 최후의 승리의 삶을 살기 위해 영적 분별력이 그토록 중요한 것입니다.

늘 강조하지만 우리가 하나님 편에 서서 하나님의 뜻을 이루기 위해서 필요한 것을 미국의 유명한 강해 설교가인 워런 위어스비(Warren Wiersbe) 목사님이 그의 명저 《영적 전투의 전략》(*The strategy of Satan*)이란 책에서 밝히고 있습니다. 우리가 어느 순간부터인가 영적으로 잠들고 병들고 죽어가다 보면 하나님의 말씀을 떠나게 되고, 하나님의 영광을 가리게 되고, 하나님의 교회에 걸림돌만 되고, 하나님의 인내를 이루지도 못하고, 하나님의 평안을 다 잃어버리고 맙니다. 그러나 우리가 하나님의 말씀에 근거하고 하나님의 영광을 드러내고 하나님의 교회에 유익하고 하나님의 인내를 이루고 하나님의 평안을 누리면 우리는 하나님의 편에 서서 하나님의 뜻을 이루면서 영적 싸움에 승리하고, 원수 대적들이 아무리 우리를 막으려고 해도 막을 수 없습니다. 오히려 그들이 하나님의 뜻을 거스를수록 그들은 지치고 힘들고 그들의 설 땅을 스스로 잃어버리고, 끝없는 불행과 고통 속에서 헤어 나오지 못하고 멸망하고 맙니다. 왜냐하면 모든 일이 결국에는 다 주님의 뜻대로 결말이 지어지기 때문입니다.

지난 목요일 저녁 우연히 TV조선의 간판 프로그램으로 시청률 30.4%를 돌파한 "미스트롯2"를 보게 되었습니다. 본선 3차 메들리 팀 미션 에이스 전에서 본선 1라운드 2위였던 녹용시스터즈 홍지윤이 나와서 마스터 총수 1,200점 만점에 12명 중 9명이 100점을 주어서 1,194점을 받고 관중 점수 225.8점을 받아서 본선 1라운드 1위가 되었습니다. 마스터 총점 1,160점을 받은 뽕가네 에이스 은가은은 가장 유력했었던 1등으로 그래서 오죽하면 모두들 "은가은, 금가은, 진가은"이라고 응원했겠습니까? 그런데 최종 결과 발표 직전에 은가은이 마이크에 대고 "나무아미타불 관세음보살"을 해버리는데 그 순간 '우상숭배를 하는 너희는 글렀다!' 하는 생각이 팍 들었습니다.

그래서 그다음에 나온 홍지윤 양을 응원하게 되었습니다. 대학에서 국악을 전공하며 가슴에 한이 맺힌 노래인 창(唱)을 배워서 그날 트로트와 창을 접목시킨 "배 띄워라"라는 노래를 불렀는데 진성 마스터가 "완벽한 노래였다"고 했고, 장윤정 마스터는 "이 무대가 모두를 행복하게 했고, 이게 결승 무대였다면 바로 진이다"라고 했습니다. 또한 조영수 마스터도 "지금까지 미스트롯을 심사해 오면서 지윤 씨한테 맞는 국악 곡을 써야겠다는 생각이 들었다"고 했고, 항상 가장 날카로운 평가를 하는 박선주 마스터까지도 "예쁜 것 외에는 흠이 없다"고 하면서 "조영수 마스터가 작곡을 하면 내가 작사를 하고 싶다"고 할 정도였습니다. 그래서 3차전 진에는 홍지윤 양이 차지했고, 가슴에 한을 품고 최선을 다한 홍지윤 양 때문에 녹용시스터즈가 대역전극을 펼쳐서 1등을 차지하였습니다.

그래서 뉴욕 양키즈 야구팀의 전설적인 포수였고 감독의 자리에까지 오른 요기 베라(Yogi Berra) 감독이 "끝날 때까지는 끝난 게 아니다"(It ain't over till it's over)는 유명한 명언을 남겼지 않습니까? 모든 일이 끝났다고 자만하면 여지없이 무너지고 맙니다. 그래서 살아 계신 하나님께서 결말을 주실 때까지 우리는 끝까지 최선을 다해야 하는 것입니다.

그러므로 한때의 어떠한 삶의 불행과 고통 속에서도 주님의 도우심으로 인해 기필코 승리하리라는 믿음을 가지고 주님만 바라보면서 끝까지 인내하면서 기다릴 수 있길 바랍니다. 욥이 한때 엄청난 고난을 당했지만 결국에는 갑절의 축복을 회복하는 해피엔딩(happy ending)으로 인생을 끝냈듯이, 우리도 이 땅에서 언젠가는 원수 대적을 다 이겨 내고 이 땅에 사는 동안 승리의 날이 꼭 다가오고, 천국에 가서 최후의 승리의 영광의 면류관을 받게 될 것입니다. 그래서 고린도전서 15장 57-58절에 "우리 주 예수 그리스도로 말미암아 우리에게 승리를 주시는 하나님께 감사하노니 그러므로 내 사랑하는 형제들아 견실하며 흔들리지 말고 항상 주의 일에 더욱 힘쓰는 자들이 되라 이는 너희 수고가 주 안에서 헛되지 않은 줄 앎이라"라고 주님께서 분명히 약속하시지 않습니까?

그러므로 이번 설날에 가서도 우리가 어떠한 환경 속에서도 천국의 축복과 행복의 감격을 가지고 살아갈 때 어떠한 삶의 환난과 핍박 가운데서도 하나님의 편에 서서 끝까지 믿음을 지키고 영광스러운 승리의 그날이 꼭 다가온다는 믿음의 확신을 가지고 끝까지 기쁨으로 인내하면서, 우리 모두 다 주님 안에서 "나는 행복한 사람이로다"라고 선언하며 돌아올 줄 확실히 믿으시기 바랍니다.

사랑하는 성도 여러분, 우리가 분명히 기억해야 할 것은 십자가의 신앙이란 한마디로 하나님께 대한 신앙과 사람에 대한 신의라는 것입니다. 이것이 십자가의 복음 신앙입니다. 그런데 말세의 마지막 때가 되니까 신앙도, 의리도 헌신짝처럼 저버리는 교인들이 이 땅 위에 얼마나 많습니까? 그래서 서글프고 안타까운 현실이 아닙니까? 그렇더라도 우리의 인생의 진정한 행복이 무엇이라고 생각하십니까? 이번 설 연휴에 부모, 형제, 자손들을 만나러 가서도 사탄이 우리를 향해 공격할 준비를 하고 있기에 상처 받고 시험 들 일들이 기다리고 있을 것입니다. 그럼에도 불구하고 우리는 영원한 구원을 받았고, 주님이 돕는 방패와 칼이 되시고, 영광스러운 승리의 그날이 꼭 다가오기 때문에 우리 일생의 어떠한 환난과 핍박 속에서도 우리는 모두 다 주님 안에서 "나는 행복한 사람이로다"라고 감격의 고백을 하며 일생을 살아가게 될 줄 확실히 믿습니다.

우리 다 함께 결단의 찬송으로 "행복"이란 복음성가를 부르며 믿음으로 결단하도록 하겠습니다.

1. 화려하지 않아도 정결하게 사는 삶
   가진 것이 적어도 감사하며 사는 삶
   내게 주신 작은 힘 나눠 주며 사는 삶
   이것이 나의 삶에 행복이라오
2. 눈물 날 일 많지만 기도할 수 있는 것
   억울한 일 많으나 주를 위해 참는 것
   비록 짧은 작은 삶 주 뜻대로 사는 것
   이것이 나의 삶에 행복이라오

후렴) 이것이 행복 행복이라오
세상은 알 수 없는 하나님의 선물
이것이 행복 행복이라오
하나님의 자녀로 살아가는 것
이것이 행복이라오

저희의 행복의 근원이 되시는 하나님 아버지, 저희가 모두 다 행복하게 살기를 원하셨지만 저희가 하나님의 행복의 말씀대로 살지 못함으로 인해 그 행복을 잃어버릴 때가 얼마나 많았습니까? 여생이라도 저희가 영원한 구원을 받았고, 주님이 저희의 방패와 영광의 칼이 되시고, 머지않아 영광스러운 승리의 그날이 꼭 올 줄 확실히 믿게 하여 주시옵소서! 그리함으로 저희가 어떠한 환난과 핍박 속에라도 주님 안에서 "나는 행복한 사람이로다"라고 확신하고 고백하면서 이 행복을 전하는 이번 설 연휴와 저희의 남은 여생이 모두 다 되게 하여 주시옵소서! 믿사옵고 예수님의 이름으로 간절히 축복하며 기도하옵나이다. 아멘!

십일조의 축복을 나누라

신명기 14:22-29

우리가 새로운 변화의 삶을 살려고 하면 첫째, 주님을 새롭게 만나야 하고, 둘째, 주님 앞에 열심히 나아와야 하고, 셋째, 예배의 감격을 회복해야 하고, 넷째, 말씀의 은혜에 빠져야 하고, 다섯째, 기도의 능력을 받아야 하고, 여섯째 찬양의 기쁨을 누려야 하고, 일곱째 십일조의 축복을 나눠야 합니다.

저는 신학생 시절에 저희 할아버지가 예수 믿기 전인데 "교회에 가면 헌금 이야기 하는 것 듣기 싫어서 교회에 나가기 싫다"고 하시고, 집사님이셨던 저희 할머니도 "왜 우리 목사님은 헌금 이야기를 왜 그렇게 많이 하는지 모르겠어야!" 하시는 말씀을 듣고 이 말씀들이 저의 가슴에 걸렸습니다. 그래서 설교 중에 선교헌금이나 건축헌금에 대해서는 말씀드렸지만 십일조에 대해서는 말씀을 못 드렸습니다. 그런데 하나님의 축복을 잃어버리는 양 떼들을 보면서 저의 마음속에 성령님의 강렬한 음성이 들려왔습니다. "김 목사, 김 목사는 왜 개인 사정에 의해서 축복의 말씀을 대언치 않느냐? 그럼으로 인해 교인들이 복을 잃어버린다면 김 목사가 책임져야 하지 않겠는가?" 하는 음성이 계속해서 들려와서 그동안 참아오다가 하나님께 순종하는 마음으로 오늘 십일조에 대해서 증거하게 되었습니다. 그러면 우리가 어떻게 십일조의 축복을 나눌 수 있을까요?

십일조는 하나님의 명령임(십일조의 근거)

먼저 본문 22, 28절 말씀을 다 함께 읽겠습니다.

> "너는 마땅히 매년 토지 소산의 십일조를 드릴 것이며…매 삼 년 끝에 그해 소산의 십분의 일을 다 내어 네 성읍에 저축하여."

하나님께서 모세의 율법을 통해 땅의 소산과 가축의 십일조를 하나님의 것으로 바칠 것을 명령하셨고(레 27:3-33), 더 나아가 3년마다 한 번씩 또 다른 십일조를 할 것을 명령하고 있습니다. 이것을 신학적으로 '제2의 십일조'(the second tithe)라고 부릅니다. 이처럼 십일조는 선택사항(option)이 아니라 하나님의 명령(order)이요, 하나님의 자녀의 의무(obligation)인데 이것이 바로 십일조의 근거입니다.

그런데 이단인 여호와의 증인 등에서 십일조는 옛날 율법 시대에 있었던 것이니 오늘날 은혜 시대에도 꼭 율법을 지킬 필요가 있느냐고 합니다만 그것은 성경에 대해 너무도 무식한 결과입니다.

원래 십일조는 적어도 모세의 율법이 있기 650여 년 선에 믿음의 조상 아브라함이 소돔과 고모라의 왕들에게서 조카 롯의 가족들을 구해왔을 때 감사의 마음으로 전리품의 십분의 일을 평강의 왕 멜기세덱 즉 주님께 바치는 데서 시작되었습니다(창 14:20). 그 후 십일조는 이스라엘이 된 야곱이 계속하였고(창 28:22), 믿음의 조상 아브라함에 의해 시작되었기 때문에, 엄밀한 의미에서 율법이 아닌 것입니다. 더구나 율법을 완성하러 오셨던 예수님께서도 마태복음 23장 23-24절에서 "화 있을진저 외식하는 서기관들과 바리새인들이여 너희가 박하와 회향과 근채의 십일조는 드리되 율법의 더 중한 바 정의와 긍휼과 믿음은 버렸도다 그러나 이것도 행하고 저것도 버리지 말아야 할지니라 맹인 된 인도자여 하루살이는 걸러내고 낙타는 삼키는도다"라고 하시면서 어떻게 해서든지 십일조를 내지 않으려고 했던 예수님 당신의 외식하는 서기관과 바리새인 등 회칠한 무덤 같은 종교 지도자들을 책망하시며 명령하셨습니다.

이처럼 십일조는 성도의 당연한 의무요 주님의 명령인데도 우리는 주정헌금이나 월정헌금이나 감사헌금을 바치는 것으로 헌금 생활을 다한 줄로 착각합니다. 그래서 말라기 3장 8절에 "사람이 어찌 하나님의 것을 도둑질하겠느냐 그러나 너희는 나의 것을 도둑질하고도 말하기를 우리가 어떻게 주의 것을 도둑질하였나이까 하는도다 이는 곧 십일조와 봉헌물이라"고 경고하고 있는 것입니다. 그러므로 우리는 어떠한 이유로도 하나님의 것인 십일조를 도둑질해선 안 됩니다. 더욱이 십계명 중 8계명이 "도둑질하지 말라"(출 20:15)인데 우리가 사람의 것을 도둑질해서도 안 되지만 하나님의 것을 도둑질해서는 더더욱 안 되는 것입니다.

어떤 교인이 하나님께 기도를 드렸습니다. "하나님, 이번 장사에서 1천만 원을 벌게 해주시옵소서. 그러면 수입 중 절반인 500만원을 헌금하겠습니다." 그런데 장사를 다 끝내고 나서 보니까 남긴 돈이 500만 원밖에 안 되자 그가 그러더랍니다. "아이고, 하나님이 십일조를 미리 떼고 주셨네! 그러니까 헌금 안 해도 되는 거죠?" 여러분, 이런 믿음으로 무슨 축복을 받겠습니까? 우리가 하나님의 명령에 순종하는 믿음으로 십일조를 실천할 때 그것이 우리에게 큰 은혜를 체험하게 하는 것입니다.

미국의 앨버트 하이드는 문방구와 서점을 운영하여 번 돈을 주식에 투자하여 큰 부자가 된 사람입니다. 그런데 1887년 경제 대공황이 닥치자 그렇게도 많이 모아 두었던 주식이 한꺼번에 다 휴지조각이 되어 빚더미에 앉고 말았습니다. 살던 집까지도 다 넘어가서 당장 아홉 자녀들과 함께 생계조차 이어갈 수 없는 절망적인 상황이 되고 말았을 때 그는 통회 자복하며 믿음으로 일어섰습니다. 그리고 아무리 적은 돈이 생기더라도 그동안 하지 못했던 십일조부터 하기 시작했습니다.

그러자 주위 사람들이 "빚을 지고 있는 주제에 무슨 십일조야? 빚부터 갚아야지!"라고 조롱할 때마다 하이드는 이렇게 대답했습니다. "나는 빚을 갚는 것보다도 내가 그동안 도둑질한 것부터 갚아야 합니다." 사람들이 놀라서 "당신이 언제 어디서 도둑질을 했단 말이오?" 하고 물으면 하이드는 말라기 3장을 펼쳐 보이며 그러더랍니다. "나는 하나님의 것인 십일조를 훔친 도둑놈입니다. 그래서 하나님의 것을 도둑질한 것을 지금 갚고 있는 중입니다." 그는 이렇게 3년 동안 너무도 힘든 시간을 보내야 했습니다. 그런데 1890년 우리나라에서는 안티푸라민으로 널리 알려진 멘소래담 회사를 창립했는데 그 제품이 전 세계적으로 널리 수출되어 크게 성공해서 대재벌이 되었습니다. 철저한 십일조가 그를 다시 일어서게 만들었던 것입니다.

지난 주간에는 광주소망교회에 가서 부흥사경회를 인도했습니다. 이번에 가서 보니까 목사님도 훌륭하시지만 최 장로님이란 훌륭한 분이 계셨습니다. 그분이 기도하는 중에 목사님을 모시며 얼마나 전

폭적으로 목회를 도와주던지 목사님이 큰 힘을 얻고 있었습니다. 심지어는 보통 교회 같으면 부목사님이나 집사님들이 강사를 승용차로 모시는데 이번 집회 기간 내내 새벽부터 밤까지 선임장로님이신 이 최 장로님이 다 해주셨습니다. 그래서 "장로님, 하시는 사업도 바쁘실 텐데 어떻게 이렇게 시간을 내셨습니까?"라고 물었습니다. 정육점에서 쓰는 육가공 기계를 판매하는 사업을 경영하시는데 회사를 비우고 운전할 때마다 핸드폰으로 기계 주문을 받는다고 하면서 "저는 주의 일 하고, 주님은 제 사업을 운영해 주시네요" 하면서 그렇게 감사하셨습니다. 그 고백을 들으면서 저의 마음속에 '그렇다! 하나님께서 복을 주셔야 우리가 복되게 사는데 우리는 하나님의 뜻대로 살지 않으며, 하나님의 복을 구하기보다도 내가 애쓰고 수고만 하는구나!' 하는 생각이 강하게 들었습니다.

소망교회에 가서 보니까 최 장로님 말고도 한 안수집사님, 권사님 가정이 열심히 충성을 다하고 계셨습니다. 그 권사님이 25년 전에 우연히 헌금봉투 꽂이함에서 최 장로님의 십일조 봉투를 보았다고 합니다. 그때 김 권사님은 집사로서 3만 원씩 십일조헌금을 하고 있었는데 최 장로님은 당시로는 아주 큰돈인 30만 원씩 매월 십일조 헌금을 하고 계셔서, 마음속으로 '하나님 아버지, 우리도 하나님의 축복을 받아서 매월 30만 원씩 십일조 헌금을 할 수 있게 해주세요!' 하고 기도하면서 지나간 세월 꾸준히 십일조 생활을 해왔답니다. 그런데 세월이 흘러서 하나님께서 그 기도에 놀랍게 응답해 주셔서 이제는 권사님 가정도 그 이상으로 십일조 헌금을 할 수 있게 해주셨다며 그렇게 감사해하셨습니다.

그러므로 우리가 내 마음에 안 내켜도 하나님의 것을 도둑질하지 말라는 하나님의 명령을 따라서 순종하는 믿음으로 온전한 십일조를 드릴 때 우리의 일생토록 큰 은혜를 체험하게 될 줄 확실히 믿습니다.

어려운 이웃을 돕기 위함(십일조의 목적)

계속해서 본문 29절 상반절 말씀을 다 함께 읽겠습니다.

> "너희 중에 분깃이나 기업이 없는 레위인과 네 성중에 거류하는 객과 및 고아와 과부들이 와서 먹고 배부르게 하라."

원래는 십일조를 레위 자손에게 기업으로 주어 성막에서 봉사하도록 했습니다(민 18:2-13). 그런데 본문에서 3년마다 한 번씩 제2의 십일조를 더 내게 하신 목적은 분깃이나 기업이 없는 레위인들뿐만 아니라 어렵게 살아가는 나그네들과 고아와 과부들을 구제하기 위해서였습니다. 이처럼 우리가 십일조를 바치는 목적은 주님과 고통당하는 우리 주위의 형제와 이웃들을 위해서이고, 이것이 바로 십일조의 목적인 것입니다.

여러분, 우리가 지금까지 하나님의 변함없는 사랑을 받아 왔고 풍성한 은혜를 누려 왔고 부족함이 없는 축복을 누리며 살아왔지 않습니까? 그런데 우리 주위를 둘러보면 우리와 비교할 수 없을 정도로 가난하고 병들고 외롭고 힘들게 살아가는 형제나 이웃들이 얼마나 많습니까? 그래서 그래도 그들보다 잘사는 우리가 십일조를 나누며 도와주어야 하는 것입니다.

한 성도님이 카카오톡으로 보낸 내용 가운데 "이래야 멋진 남편이래!"라는 글이 있었습니다.

일하고 돈 벌 때는 허리가 부서지거나 말거나
눈비가 오거나 몸이 쑤셔도
개미처럼 부지런한 마당쇠

아내의 단점이나 잘못은 시댁이나 처갓집이나
친구들 앞이나 애들 앞에서
절대 말하지 않는 철통 같은 자물쇠

아내의 감춰진 과거를 뒤늦게 알았다 하더라도
이제 와 어쩌겠수 하고
자크를 굳게 잠그는 모르쇠

아내의 마음이 우울하거나
꽈악 닫혀 있을 때에는
언제나 활짝 열어 주는 만능열쇠

모진 풍파에도 딴 길로 새거나
흔들리지 않고
굳세게 가정을 지키는 강인한 무쇠

아내가 아무리 화를 내고
짜증을 부려도
싱글벙글~ 둥글둥글 굴렁쇠

아내와 대화할 때는

부드럽고 달콤한
수액처럼 고로쇠

아내가 울적할 땐
달콤한 노래로 달래 주는
이문쇠

그런데 여기까지는 너무 좋았는데 마지막 부분에 가서 저의 마음에 안 드는 내용이 나왔습니다.

친구들과 밖에서 반창회, 동창회, 송년회에서
어울릴 땐 정해진 회비 외엔 기분 내서 나서지 않고
돈일랑 한 푼도 안 쓰는 구두쇠

여러분, 무엇을 위해 그 고생을 하며 돈을 버십니까? 그렇게 인색하게 돈을 모았다가 한 푼도 못 쓰고 어느 날 갑자기 세상을 떠나 버린다면 그 돈이 무슨 의미가 있습니까? 그것처럼 불쌍하고 불행한 인생이 없습니다.

그런데 우리가 얼마나 돈에 대해서 인색합니까? 천 원짜리 지폐와 만 원짜리 지폐가 만났는데 만 원짜리 지폐가 천 원짜리 지폐를 보고 아주 도도하게 말했습니다. "난 주로 백화점이나 호텔이나 뷔페 같은 곳만 가. 넌 어디를 많이 가니?" 그러지 천 원짜리 지폐가 기어 들어가는 목소리로 그러더랍니다. "난 교회만 가!" 천 원짜리 지폐가 신앙이 좋아서 교회만 가는 겁니까?

'노블레스 오블리주'(Noblesse Oblige)라는 말이 있는데 이 말은 프랑스어로 '귀족은 의무를 갖는다'는 뜻으로, 사회지도층에게는 사회에 대한 책임이나 국민에 대한 의무를 모범적으로 실천하는 높은 도덕성이 요구된다는 말입니다. 그 어원은 14세기 백년전쟁 때 프랑스의 도시 칼레가 영국군에게 포위당하여 항복을 했는데 영국 왕은 모든 시민의 생명을 보장하는 조건으로 도시의 대표 6명이 목을 매 처형을 당하는 것으로 저항에 대한 책임을 지라고 했습니다. 모두들 머뭇거리는 상황에 칼레에서 가장 부자인 외스타슈 드 생 피에르가 처형을 자청했더니 뒤를 이어 시장, 상인, 법률가 등의 귀족들이 동참했습니다. 그 모습을 본 영국 왕이 여섯 명의 희생정신에 감탄하여 모두 살려 주게 된 데서 '지도층의 도덕적 의무'가 강조된 것이라고 합니다.

이러한 사랑의 실천운동은 우리나라에서도 오래전부터 펼쳐졌습니다. 사학자 조용헌 교수가 쓴 《500년 내력의 명문가 이야기》라는 책 가운데 보면, 경주 최 부자 집안에서는 300년 동안 만석꾼의 재산을 유지하였는데 최 부자 집안의 가훈에 여섯 가지 행동 지침이 있었다고 합니다.

> 첫째, 과거를 보아도 진사 이상은 하지 마라.
> 둘째, 재산은 만석 이상을 모으지 마라.
> 셋째, 나그네(손님)를 후하게 대접하라.
> 넷째, 흉년기에는 재산을 늘리지 마라.
> 다섯째, 사방 100리 안에 굶어 죽는 사람이 없게 하라.
> 여섯째, 최씨 가문의 며느리들은 시집온 후 3년간 무명옷을 입어라.

그래서 "부자가 3대 가기 힘들다"는 옛말이 무색하게도 12대에 걸쳐 300년 동안 계속 만석의 축복을 누려 온 최 부자 집은 온 국민들의 칭찬과 존경을 받으며 오늘에 이르게 되었다고 합니다.

안 믿는 사람들도 이렇게 나누며 베풀며 살았는데 주님을 믿는 우리가 어려운 이들에 대해 무관심하고 인색하고 억지로 마지못해 하면 어떻게 되겠습니까? 그래서 고린도후서 9장 7-8절에 "각각 그 마음에 정한 대로 할 것이요 인색함으로나 억지로 하지 말지니 하나님은 즐겨 내는 자를 사랑하시느니라 하나님이 능히 모든 은혜를 너희에게 넘치게 하시나니 이는 너희로 모든 일에 항상 모든 것이 넉넉하여 모든 착한 일을 넘치게 하게 하려 하심이라"고 증거하지 않습니까? 자기 자신만 생각하고, 자기 가족만 위해 쓰고, 자기 장래만 준비하며 주님과 고통당하는 이웃을 생각하지 못하는 사람들은 더 이상의 은혜도, 축복도, 행복도 없는 것입니다. 그러므로 이제는 더 이상 주위 눈치 보며 인색함으로나 억지로 하지 말고, 믿음을 가지고 기쁨으로 즐겁게 하시기 바랍니다. 우리가 주님과 고통당하는 이웃을 돕기 위해서 십일조를 드릴 때 우리를 통해서 모든 착하고 보람된 일들을 일생토록 행복하게 이루게 될 줄 믿습니다.

십일조는 축복의 통로임(십일조의 결과)

마지막으로 본문 29절 하반절 말씀을 다 함께 읽겠습니다.

> "그리하면 네 하나님 여호와께서 네 손으로 하는 범사에 네게 복을 주시리라."

우리가 온전한 십일조를 드리게 될 때 우리가 하는 모든 일들을 범사에 복을 주실 것을 약속하고 있는데 이 축복의 약속은 본문에만 나와 있는 것이 아닙니다. 우리가 너무도 잘 아는 말라기 3장 10절에도 분명히 약속하지 않습니까? "만군의 여호와가 이르노라 너희의 온전한 십일조를 창고에 들여 나의 집에 양식이 있게 하고 그것으로 나를 시험하여 내가 하늘 문을 열고 너희에게 복을 쌓을 곳이 없도록 붓지 아니하나 보라." 여러분, 성경에 "하나님을 시험해 보라"는 말씀은 바로 이 말씀뿐입니다. 하나님께서 이렇게 시험해 보라고 하시면서까지 말씀하실 정도면 얼마나 확실한 약속이겠습니까? 우리가 온전한 십일조를 못 드려서 쌓을 곳이 없는 복을 못 누리지, 우리가 하나님의 살아 계심을 믿고 하나님의 축복의 약속도 믿고 온전한 십일조를 드리면 틀림없이 하나님의 기적적인 축복을 누리게 될 것입니다. 이것이 바로 십일조의 결과입니다.

시민문학사 주간이요 인터넷서점인 BOOK 365의 사장이었던 이채윤 성도가 쓴 《록펠러, 십일조의 비밀을 안 최고의 부자》라는 책이 있습니다. 록펠러는 미국 전체 석유의 95%를 독과점한 세계 최고의 부자였는데 그는 98세로 세상을 떠날 때까지 단 한 번도 십일조를 빠뜨리지 않고 드렸다고 합니다. 그것은 신앙심 깊은 어머니의 가르침 때문인데 그 어머니는 어려운 가정을 지키지 않고 평생을 자유롭게 살았던 아버지 대신 혼자 생계를 꾸려 나가며 자녀들을 키우면서도 단 한 번도 흐트러짐이 없었다고 합니다. 특별히 아무리 적은 돈이라도 반드시 십일조를 드려야 할 것을 강조했습니다. 그래서 그 어머니가 하늘나라로 떠나가시면서 자녀들에게 유언을 남겼습니다.

첫째, 하나님을 친아버지로 섬겨라.

둘째, 목사님을 하나님 다음으로 섬겨라.

셋째, 오른쪽 주머니에는 항상 십일조를 준비하라.

넷째, 아무도 원수로 만들지 말라.

다섯째, 예배드릴 때는 반드시 앞자리에 앉아라.

여섯째, 아침마다 그날의 목표를 세우고 그 일을 위해 기도하라.

일곱째, 잠들기 전에 반드시 하루를 반성하고 기도하라.

여덟째, 남을 힘껏 도우라.

아홉째, 주일예배는 반드시 본 교회에서 드려라.

열 번째, 아침에 일어나면 제일 먼저 하나님의 말씀을 읽으라.

훗날 록펠러는 이를 그대로 행했더니 세계 최고의 부자가 되었다고 그의 자서전에서 고백했습니다. 이 중에서 특별히 자기가 세계 최고의 부자가 된 결정적인 비결은 바로 이 십일조 생활 때문이라는 것입니다. 그가 어렸을 때 가난한 집안을 돕기 위해 일을 했는데 일주일 동안 일을 해서 처음으로 1달러 50센트를 벌어서 어머니께 드렸더니 어머니가 이렇게 말씀하시더랍니다. "엄마는 정말 네가 자랑스럽구나. 그런데 이 돈의 십일조를 하나님께 드린다면 하나님께서도 너를 정말 자랑스러워하실 거다." 록펠러는 후일 이렇게 말했습니다. "난 난생처음으로 내가 번 돈의 십일조를 하나님께 바쳤고, 그 후 일생 동안 단 한 번도 빠짐없이 십일조를 드렸습니다. 그런데 만약 그때 그 1달러 50센트의 십일조를 드리지 않았더라면 내가 100만 달러를 벌었을 때 결코 십일조를 드릴 수 없었을 것입니다. 내가 하나님께 축복의 씨를 드리면 하나님께서 반드시 20년, 30년 후에 어마어마한 결실로 돌려주시는 것을 경험했습니다. 나는 그런 하나님의 경제학을 평생 십일조를 강조하셨던 나의 어머니에게서 배웠습니다." 그가 석유를 독과점했다고 비난하는 사람들도 있지만 그는 생전에 록펠러재단을 세워 전 세계적으로 수많은 자선사업을 했을 뿐만 아니라 뉴욕의 그 유명한 리버사이드 교회를 비롯한 4,928개의 교회를 세웠습니다. 또한 명문 시카고 대학교를 비롯한 12개의 종합대학교를 지었을 뿐만 아니라 록펠러의 유언에 따라 지금도 뉴욕 시 전체의 수도세를 대신 내주고 있다고 합니다.

이처럼 십일조를 통한 하나님의 축복의 약속의 성취는 성경의 역사를 통해서뿐만 아니라, 기독교 역사를 통해서뿐만 아니라 우리 개인의 경험을 통해서도 분명히 체험한 바가 아닙니까? 부족한 종도 지금으로부터 36년 전 예수님을 구주로 영접하고 구원의 확신을 가진 후에 나 같은 죄인을 살리신 주님의 십자가의 사랑에 감격하면서 십일조 생활을 시작했습니다. 저의 인생 가운데 경제적으로 가장 어려웠던 때가 미국 유학 시절이었는데 교회에서 받은 사례만으로는 세 가족이 생활하고 박사 과정 공부하기가 힘들었습니다. 더구나 목회를 적극적으로 하고 더 나아가 주위의 어려운 신학생들을 돕다 보니까 카드 빚이 점점 늘어가고 더욱더 재정적인 어려움이 커졌습니다. 그런데 놀라운 것은 그 어려움 속에서도 하나님의 축복을 믿고 아무리 어려워도 먼저 십일조를 떼어놓고 "내 주여 뜻대로 행하시옵소서" 하고 살았는데 그때마다 일찍이 까마귀를 통해 그릿 시냇가의 엘리야 선지자를 먹이셨듯이 하나님께서 사람 까마귀를 통해서 부족한 종의 필요를 기적적으로 채워 주셔서 부족함 없이 살았습니다. 그래서 동역했던 부목사님이 언젠가 "저는 목사님이 한국에서 늘 돈을 부쳐 주셔서 그렇게 풍족히 쓰는 줄 알았습니다" 그러셔서 제가 전혀 그런 적이 없다고 했더니, "그런데도 목사님이 그렇게 돈을 쓰시는 것을 보면 이것은 전적으로 하나님의 기적입니다" 그러셨습니다. 저는 지난 36년 동안 한 달도 빠짐없이 온전한 십일조를 드려 지금까지 이렇게 놀라운 하나님의 축복 속에 살고 있습니다.

그렇습니다. 우리가 다 복되게 살길 원하지만 그저 자기 것을 움켜쥐기만 하는 사람은 더 이상의 복을 누리지 못하는 것은 말할 것도 없고, 자신이 움켜쥔 것조차도 다 못 쓰고 갑니다. 더 심한 경우는 그것조차도 생전에 다 빼앗기고, 남겨 놓아도 자식들 사이를 다 갈라놓고 아무런 의미도 없이 헤프게 다 사라지고 맙니다. 그러므로 우리가 축복은 하나님으로부터 오는 것을 확신하고, 하나님의 축복의 약속을 확실히 믿고 믿음으로 결단하고 살므로 십일조를 실천할 때 하나님의 기적적인 축복의 통로가 되어서, 우리의 여생뿐만 아니라 형제나 이웃들에게까지 나눠 주고 자손 대대로 그 복이 임하는 것을 분명히 체험하게 될 줄 확실히 믿으시기 바랍니다.

제가 교육전도사부터 교육목사에 이르기까지 봉사했던 노량진교회 림인식 목사님은 힘에 지나도록 헌금하시고 설교 준비를 위해 책을 사 보시는 일 외에도 교인들을 구제하시다 보니까 목회 20여 년 동안 사모님께 생활비를 한 푼도 가져다주지 못하셨다고 합니다. 그래서 사모님이 삯바느질을 하면서 너무도 어렵게 5남매를 기르셨습니다.

한 번은 둘째 아들이 초등학생 때 양말에 자꾸 흙을 묻혀 와서 "넌 왜 이렇게 흙을 묻혀 오느냐?"고 야단을 쳤더니 "엄마, 죄송해요"라는 말만 되풀이했는데, 어느 날 새벽기도회에 다녀와서 마당에 흩어져 있는 아이들 신발을 정리하다 보니까 둘째 아들의 신발에 엄지손가락만 한 구멍이 뻥 뚫려 있더랍니다. 아버지와 어머니가 어렵게 목회하시는 것을 아니까 신발 사 달라는 말을 못 한 것입니다. 그 구멍 뚫린 신발을 보면서 사모님이 얼마나 눈물이 나던지 부모 때문에 고생하는 아들 생각에 한참 동안 눈물을 흘리셨다고 합니다. 그런데도 림인식 목사님은 그 어려움 속에서도 오늘 본문의 말씀처럼 2/10조를 하나님께 바치셨습니다.

그때는 도저히 이해하기 어려운 믿음이었는데 40여 년의 세월이 흐른 지금 하나님께서 림 목사님을 통해 노량진교회를 그렇게 은혜로운 교회로 부흥시키시고 총회장까지 역임케 하셨을 뿐만 아니라 금년 88세로 장수의 복을 누리며 지금도 정열적으로 활동하도록 건강을 허락하심을 보게 됩니다. 첫째 아들 림형석 목사님은 3,000여 명이 모이는 평촌교회 담임목사님이 되었고, 둘째 아들 림형천 목사님은 6,000여 명이 모이는 잠실교회 담임목사님이 되었고, 셋째 아들 림형진 장로님은 미국 텍사스 대학교 교수로 오스틴 교회를 잘 섬기고 있고, 두 따님도 행복한 가정을 이루고 권사님이 되어 교회를 충성스럽게 섬기며 한국 교회 역사상 최초인 5대 목사님에 이르는 행복하고 축복된 신앙의 명문 가문을 이루게 된 것입니다.

사랑하는 성도 여러분, 우리는 어차피 빈손으로 왔다가 빈손으로 떠나갈 인생입니다. 그러나 하나님의 명령을 따라 주님과 어려운 이웃을 위해 온전한 십일조를 드릴 때 그것이 틀림없이 축복의 통로가 되어 기적적인 축복을 자손 대대로 누리며 이웃과 함께 나누게 될 줄 확실히 믿습니다.

다 같이 "주님, 내가 여기 있사오니"라는 복음성가를 부르며 결단하도록 하겠습니다.

주님 내가 여기 있사오니 나를 보내소서
나의 맘 나의 몸 주께 드리오니 주 받으옵소서
주님 내가 여기 있사오니 나를 써 주소서
가진 것 모두 다 주께 드리오니 주 받으옵소서
할렐루야 할렐루야 할렐루야 할렐루야
나를 받으옵소서 나를 받으옵소서

복의 근원 되시는 하나님 아버지, 하나님께서는 하나님의 자녀 된 저희가 다 복되게 살길 원하시지만 우리의 불신앙과 불순종으로 인해 그 놀라운 하나님의 복을 잃어버릴 때가 얼마나 많았습니까? 이제라도 저희의 여생에 하나님의 명령을 따라 주님과 어려운 이웃을 위해 온전한 십일조를 드림으로 그것이 축복의 통로가 되어 기적적인 하나님의 축복을 자손 대대로 누리며 이웃과 함께 나누게 될 줄 확실히 믿사옵고, 예수님의 이름으로 기도하옵나이다. 아멘.

강하고 담대하라

여호수아 1:1-9

우리가 강하고 담대한 믿음을 갖지 않으면 너무도 쉽게 상처를 받고 시험에 빠질 수밖에 없습니다. 그래서 오늘 본문 가운데에는 "강하고 담대하라"는 말씀을 세 번씩이나 되풀이하며 강조하고 있습니다. 그렇다면 이 환난 많은 말세 마지막 때 우리가 강하고 담대해야 할 이유가 무엇인가, 이 시간도 들려주시는 하나님의 음성을 다 함께 들을 수 있길 바랍니다.

하나님께서 축복의 약속을 하시기 때문임

먼저 본문 6절 말씀을 다 함께 읽겠습니다.

> "강하고 담대하라 너는 내가 그들의 조상에게 맹세하여 그들에게 주리라 한 땅을 이 백성에게 차지하게 하리라."

출애굽의 영도자였던 여호와의 종 모세가 세상을 떠났는데 여기 나오는 '종'은 히브리어로 '**עֶבֶד**'(에베드)라고 해서 그야말로 자신의 인격도, 소유도, 권리도 내세울 것이 아무것도 없는 '종'(servant)입니다. 모세의 수종자 눈의 아들 여호수아가 뒤를 잇게 되는데 여기 '수종자'라고 하는 것은 히브리어로 '**מְשָׁרֵת**'(메솨레트)라고 해서 '섬기는 자'(minister)였습니다. 그런데 여호수아는 젊고 경험이 많지 않았기 때문에 지금까지 광야 40년의 세월을 이끌어 주었던 영적 지도자 모세 없이 이스라엘의 다음 세대를 이끌고 미지의 땅 가나안에 들어간다는 것이 참으로 두렵고 떨리는 마음이었을 것입니다. 그래서 하나님께서는 다른 말씀은 안 하시고 "강하고 담대하라"고 계속해서 명령하십니다. 그리고 여호수아가 강하고 담대해야 할 첫 번째 이유가 하나님께서 이스라엘 백성의 조상들에게 맹세하여 그들에게 주리라 하신 가나안 땅을 이 백성에게 차지하게 하리라고 약속하셨기 때문입니다. 다시 말하면, 이제 40년 광야 생활을 마치고 하나님께서 약속하신 젖과 꿀이 흐르는 가나안 땅에서 축복을 누리게 될 것을 약속하시므로 강하고 담대하라고 명령하신 것입니다.

하나님께서 우리가 예수님을 믿고 죽음 후의 영원한 천국도 약속하시지만 이 땅에 사는 동안에도 우리가 믿음으로 살아가면 천국의 축복과 행복의 감격을 누릴 것을 분명히 약속하십니다. 실제로 우리가 빈손으로 이 땅에 와서 지금까지 살아 있고 건강하고 코로나19의 이 어려운 현실 속에서도 먹고 입고 쓰며 살아가고, 심지어 쌓아 놓고 살 수 있는 모든 것이 하나님의 축복이 아닐 수 없습니다.

그런데 우리는 지금 코로나19로 인해 바닥을 알 수 없는 '일자리 쇼크'에 빠져 있습니다. 지난 2021년 2월 10일(수) 통계청이 발표한 1월 고용 동향에 따르면, 한 달 사이에 100만 개의 일자리가 사라졌고,

취업자 수는 1년 전보다 98만 2,000명이 줄었습니다. 실업률은 2000년 이후 최고치인 5.7%이고, 청년 실업률은 9.5%로 22년 만에 최악입니다. 그러나 우리가 아무리 어렵고 힘들지라도 낙심하지 말아야 할 것은 하나님께서는 분명히 우리에게 이 땅에 사는 동안에도 축복을 약속하시기 때문입니다. 그런데도 우리가 기대한 만큼 좀 더 풍요롭지 못하다고 불평하고 당장 응답이 없다고 낙심하는데, 그것은 하나님의 축복의 약속을 누리는 데는 지금이 신앙의 연단의 과정에 있음을 간과하기 때문입니다. 만약에 어린아이가 원한다고 아이에게 날카로운 칼을 주면 당장 위험하고 많은 돈을 주면 다 의미 없이 허비하고 맙니다. 그래서 신앙의 연단 후에 우리의 신앙이 성숙해서 그 축복의 의미를 깨닫고 가치를 살려서 뜻 있게 쓰도록 하기 위해서 신앙의 연단은 불가피하고, 그 신앙의 연단 속에서 우리의 믿음이 정금같이 나올 때까지 기필코 시간이 필요한 것입니다. 어떤 분야에서든지 그냥 성공한 사람은 결단코 없고, 성공한 사람들의 공통점은 다 피눈물 나는 세월의 연단이 오늘의 그들을 만들었다는 사실입니다.

제가 TV 이야기를 자주 하는 편인데 보수적인 목사님들은 TV가 마귀상자라고 해서 못 보게 합니다. 그러나 보지 말아야 할 섹스나 폭력이나 귀신에 관한 것을 보거나 그러한 것에 중독이 되어서 그렇지, 치유의 도구로 사용하면 얼마나 은혜가 되는지 모릅니다. 스위스의 개혁교회 목사이며 20세기를 대표하는 신학자인 칼 바르트(Karl Barth) 목사님은 "우리가 세상을 바로 알고 신앙생활을 해나가기 위해서 한 손에는 성경을, 한 손에는 신문을 들라"고 했는데 저는 "한 눈으로는 성경을, 한 눈으로는 TV로 보라"고 강조하고 싶습니다. 왜냐하면 TV의 웃음과 눈물의 프로그램들이 치유의 도구가 되기 때문입니다. 그래서 세상 드라마보다도 치유의 도구인 웃음과 눈물을 안겨 주는 프로그램을 매주 하나 이상씩 보라고 권면하고 싶습니다. 왜냐하면 우리의 성격과 행동과 신앙을 변화시키기 위해 가장 강력한 치유의 무기는 십자가의 사랑의 용서지만 그렇게 십자가의 사랑의 용서를 하기 위해 가장 효과적인 도구가 웃음과 눈물이며, 이를 통해 우리의 마음이 치유되고 회복될 수 있기 때문입니다. 그렇지 않으면 말세 마지막 때 사탄의 역사 속에 우리의 심령이 점점 강퍅해지고 완악해지고 말 것입니다.

지난 월요일 저녁 JTBC의 무명가수전인 "싱어게인"(Sing Again)이라는 경연 프로그램의 결선이 있었는데 무명가수인 이승윤이라는 청년이 나왔습니다. 그가 백주년기념교회 이재철 목사님의 아들이어서 더욱 열심히 응원했습니다. 그는 지난 31년 동안 스튜디오 원룸에 갇혀서 아무도 알아주지 않는 음악 세계를 추구하다가 이번 "싱어게인"이라는 무명가수전 프로그램을 통해 세상 밖으로 나와서 데뷔를 했는데 마지막 결선 노래에도 그의 심정이 잘 나와 있었습니다. "물 물 물 물 물 물 좀 줘요. 목 목 목 목 목말라요…"를 되풀이했는데 한 무명가수의 지나간 길고 긴 세월의 목마름을 잘 표현함으로 눈물이 핑 돌게 하는 장면이었습니다. 얼마나 오랜 세월을 인내하며 기다리며 고민하고 애태웠겠는가 하는 그의 갈급한 심정이 그대로 뜨겁게 느껴졌습니다. 결국 이번에 1위 우승을 하여 1억 원의 상금을 받고 가수로서의 길이 열리면서 하나님께 영광을 돌리게 되었습니다.

그래서 서양 속담에 "Rome is not built in a day"(로마는 하루아침에 지어지지 않았다)라는 말이 있듯이 어떤 개인이나 가정이나 직장이나 나라나 민족까지도 오랜 세월의 비바람과 폭풍우 속에서 하나님의 연단이 절실히 필요한 것입니다. 그러므로 우리가 하나님의 축복의 약속을 누리기 위해서는 히브리서 6장 13-15절의 "하나님이 아브라함에게 약속하실 때에 가리켜 맹세할 자가 자기보다 더 큰 이가 없으므로 자기를 가리켜 맹세하여 이르시되 내가 반드시 너에게 복 주고 복 주며 너를 번성하게 하고 번성하게 하리라 하셨더니 그가 이같이 오래 참아 약속을 받았느니라"는 말씀을 꼭 잊지 마시기 바랍니다. 우리의 믿음의 조상 아브라함도 반드시 복 주고 복 주며 번성하게 하고 번성하게 하리라는 하나님의 축복의 약속을 그냥 얻은 것이 결코 아니라 그 축복의 약속을 얻기 위해 오래 참아 기다렸던 것을 주목해야 합니다. 그러므로 우리도 하나님의 축복의 약속이 이루어질 때까지 끝까지 인내해야 합니다.

미국 최고의 인기 종목인 미식축구의 제55회 슈퍼볼(Super Bowl) 결승이 2021년 2월 7일(주일) 플로리다주 템파베이 레이몬드 제임스 스타디움에서 열렸는데 만년 하위 팀인 템파베이 버커니어스 팀이 작년 우승팀인 캔자스시티 치프스를 완파하고 슈퍼볼 우승을 이루었습니다. 이날의 주인공인 44세의 완전한 퇴물 쿼터백 탐 브래디(Tom Brady) 선수의 세 번의 터치다운 패스와 견고한 수비로, 캔자스시티의 우승을 점치던 전문가의 예상을 완전히 뒤엎고 31:9로 압승을 거둔 것입니다. 탐 브래디는 뉴잉글랜드 패트리어스 팀에서 슈퍼볼에 여섯 차례 우승을 했고, 슈퍼볼 최우수선수(MVP)도 네 차례나 뽑힌 바 있었지만, 스포츠의 어느 분야든지 마찬가지지만 44세 된 미식 축구선수는 완전히 퇴물입니다. 그런데도 끝까지 인내하며 더욱더 열정을 쏟아 뛰고, 또 템파베이 팀도 이런 노장을 스카우트하는 용기와 혜안이 있어서 이런 기적의 우승을 일궈 냈습니다. 더욱 놀라운 것은 템파베이가 제37회 슈퍼볼 우승 이후 18년 만에 창단

두 번째 우승을 거머쥔데다, 보통 3~5년 전에 슈퍼볼 개최지가 결정되는데 지금까지 슈퍼볼 개최지에서 우승한 역대 첫 번째 팀의 영광까지 누리게 된 것입니다. 18년 동안 우승을 목말라 기다리던 최하위 팀에 이적을 해 와서 또다시 우승을 일궈 냄으로써 개인 통산 일곱 번째 우승의 기록도 이어가고, 슈퍼볼에 다섯 차례 최우수선수로 뽑히는 영광까지 누리게 되었습니다.

그러므로 우리도 하나님의 축복의 약속을 이룰 때까지 강하고 담대한 믿음으로 끝까지 인내하며 기다릴 때 기필코 하나님의 약속의 축복을 풍성히 누리게 될 줄 확실히 믿으시기 바랍니다.

우리가 어디로 가든지 형통하게 하시기 때문임

계속해서 본문 7절 말씀을 다 함께 읽겠습니다.

> "오직 강하고 극히 담대하여 나의 종 모세가 네게 명령한 그 율법을 다 지켜 행하고 우로나 좌로나 치우치지 말라 그리하면 어디로 가든지 형통하리니."

여호수아가 오직 강하고 극히 담대해야 할 두 번째 이유가 있습니다. 하나님께서 모세를 통해 이미 명령하신 대로(신 5:32-33, 17:18-20), 율법을 다 지켜 행하고 하나님의 말씀대로 우로나 좌로나 치우치지 않으면 그가 어디로 가든지 형통하리라고 약속하셨기 때문입니다. 하나님은 오직 강하고 극히 담대하라고 강조하셨습니다.

우리도 하나님의 말씀대로 주님을 바로 믿으면 우리가 틀림없이 은혜를 받고 축복을 누리고 행복할 수밖에 없습니다. 하나님의 말씀대로 다 지켜 행하며 살면 인생의 어떠한 계획을 가지고 어떠한 길로 가든지 평탄하고 형통하게 됩니다. 그래서 우리가 예수님을 믿고 주님의 은혜로 과거보다 다 복 받고 더 잘살고 있는 것입니다.

그런데 많은 경우에 실패하고 좌절하는데 그 실패의 결정적인 원인은 하나님의 말씀대로 살지 않기 때문입니다. 다 자신의 지식이나 경험이나 감정을 따라 살기 때문에 오히려 실패하고 좌절할 수밖에 없습니다. 더욱이 우리 가운데에는 하나님의 말씀을 지켜 행한다고 하면서 우로나 좌로나 치우쳐 버리는 사람들이 많습니다.

그렇다면 여기 나오는 '우로나 좌로나 치우친다'는 것은 무슨 의미입니까? 지난 한 주간 이 말씀을 묵상하는 가운데 깨달아지는 것이 있었는데, 먼저 우로 치우친다는 것은 근본주의나 율법주의에 빠져서 자신의 좁은 편견과 아집에서 헤어 나오지 못하는 것을 말합니다. 그래서 그들은 율법에 사로잡혀서 하나님의 은혜를 모르고 살아가기 때문에 그들의 삶에 용서의 사랑은 전혀 없고 정죄의 비난만 있을 뿐입니다. 그들은 예수님을 믿는 것이 아니라 자신의 독선과 위선에 빠져 살아갑니다. 그 결과 주님의 은혜가 메말라 버리고 축복도 잃어버려서 그 자아가 깨어지고 부서지며 죽기 전에는 그들의 신앙생활에 더 이상의 은혜도 축복도 행복도 없는 것입니다. 그래서 가까운 가족들로부터도 인정을 받지 못하면서 평생 큰소리만 치다가 인생을 끝내고 맙니다. 예수님께서 가장 싫어하셨던 "화 있을진저 외식하는 서기관들과 바리새인들이여"(마 23장)와 다를 바가 아무것도 없습니다.

또 여기서 '좌로 치우친다'는 것은 신비주의나 자유주의에 빠져서 하나님의 말씀을 떠나서 자신의 신앙의 체험이나 가진 지식을 최우선으로 여기는 것입니다. 그러다 보니까 그들도 역시 교만과 비판에 사로잡혀 살아갑니다. 자신들이 경험했거나 알고 있는 영적인 세계를 최고로 착각하고, 그것을 경험하지 못했거나 알지 못하는 사람들을 얕잡아보고 폄하하는 교만한 그들에게서는 예수님의 온유하고 겸손한 모습은 찾아볼 수가 없습니다. 그러니 우로든 좌로든 치우친 이 둘은 모두 하나님의 말씀을 벗어난 인본주의요, 세속주의요, 기복주의 신앙인 것입니다.

이번 코로나19로 인해 수백 명, 수천 명 확진자가 나온 신천지 이단이나 사랑제일교회나 BTJ 열방센터나 아이엠선교회와 이단인 영생교 승리제단의 공통점은, 자신들은 바로 믿는다고 하는데 실제로는 다 하나님의 말씀을 떠나서 우로 근본주의나 율법주의에 치우쳐 있거나 좌로 신비주의나 자유주의에 빠져 있다는 것입니다. 그렇기 때문에 이단이나 사이비로 빠지고 맙니다. 그러나 우리가 하나님의 말씀대로 행하면서 우로나 좌로나 치우치지 않으면 시편 1편 1-3절의 "복 있는 사람은 악인들의 꾀를 따르지 아니하며 죄인들의 길에 서지 아니하며 오만한 자들의 자리에 앉지 아니하고 오직 여호와의 율법을 즐거워하여 그의 율법을 주야로 묵상하는도다 그는 시냇가에 심은 나무가 철을 따라 열매를 맺으며 그 잎사귀가 마르지 아니함 같으니 그가 하는 모든 일이 다 형통하리로다"라는 약속의 말씀이 그대로 이루어지는 것입니다.

미국의 한 소년이 3세 때 부친를 여의고 몹시나 가난하여 학교 문턱도 가 보지 못했는데 그것이 어린 시절에 그의 가슴속에 박힌 큰 상처였습니다. 그러나 13세 때 양복점에 취직을 하였고, 열심히 일하여 돈을 모아서 17세 때 양복점을 차렸고, 구두 수선공의 딸과 결혼을 한 후 부인한테서 글을 배웠습니다. 공부를 취미 삼아 다방면에 교양을 쌓고 사업에 성공한 뒤에 정계에 뛰어들어서 테네시 주지사, 상원의원이 된 후에 링컨 대통령의 러닝메이트로 부통령에까지 당선이 됩니다. 그러나 부통령으로 취임한 지 한 달여 뒤에 1865년 16대 링컨 대통령이 암살당하자 대통령직을 승계하여 17대 대통령이 된 후에 정적들의 맹렬한 공격을 받게 됩니다. "한 나라를 이끌고 나갈 대통령이 초등학교도 나오지 못하다니 말이 되느냐?"는 등의 마음속 깊은 상처의 공격을 받았지만 그는 언제나 침착하게 받아들이고 오히려 강하고 담대한 믿음으로 이렇게 대답을 했습니다. "여러분, 저는 지금까지 예수님께서 초등학교를 다녔다는 말을 들어 본 적이 없습니다. 예수님께서는 초등학교도 못 나오셨지만 전 세계를 지금도 구원의 길로 이끌고 계십니다." 그 한마디로 상황을 뒤집어 역전시켜 버립니다. 그리고 이어서 "이 나라를 이끄는 힘은 학력이 아니라 긍정적 신앙의 힘입니다!"라고 외칩니다. 그는 국민들의 열렬한 환호와 지지를 받아 상황을 역전시켜서 남북 통일을 주도해 갔습니다.

그리고 그는 재임 시에 구소련의 영토였던 알래스카를 단돈 720만 달러에 사들였는데, 국민들은 얼어붙은 불모지를 산다고 협상 과정에서 비난과 욕설을 퍼부었습니다. 그러나 그는 "그 땅은 감추어진 무한한 보고이기에 다음 세대를 위해 사 둡시다"라면서 국민들과 의회를 설득하여 1867년 찬반투표로 알래스카 매입에 성공하였습니다. 오늘날 알래스카는 미국의 중요한 군사적 요충지이자 천연가스, 석유, 금 등의 천연자원이 풍부한 미국의 보고가 되었고, 그는 미국 역사상 최고의 위대한 대통령으로 신뢰받는 인물 중 한 사람이 되었습니다. 대통령 퇴임 후에도 하원의원, 상원의원을 계속 하다가 하늘나라로 떠나갔는데 그가 바로 미국의 제17대 앤드루 존슨(Andrew Johnson) 대통령입니다. 그의 하나님만 바라보는 긍정의 신앙에 하나님께서 형통한 복을 부어 주셨던 것입니다.

우리의 긍정의 신앙이 우리가 하나님의 형통한 복을 누리는 데 이렇게 중요합니다. 이처럼 복의 근원 되시는 하나님께서 우리를 형통케 하시기 때문에 우리가 강하고 담대한 믿음으로 일어서게 됩니다. 그런데 우리가 코로나19가 두려워서 주님 앞에 못 나오고 모든 복의 통로가 되시는 살아 계신 하나님께 예배를 못 드린다면 우리의 일생이 어떻게 되겠습니까? 그래서 전전주 일요일 보건복지부 중앙사고수습본부의 손영래 전략기획반장이 "교회는 마스크를 착용하고 손 소독을 잘하기 때문에 성전 예배를 통한 감염은 사실상 없었다"고 정부가 처음으로 사실을 인정하는 바른 발표를 했습니다.

더구나 지난 전전주 금요일(5일) 〈한국일보〉에 따르면, 서울대병원(감염내과 오명돈·박완범 교수)과 서울대(생화학교실 김상일·정준호 교수, 전기정보공학부 노진성·권상훈 교수) 연구팀은 코로나19 관련 유전적 특징을 분석한 논문을 국제학술지에 발표했습니다. 이 논문의 주된 내용은 "코로나19에 감염되지 않은 사람 10명 가운데 6명이 코로나19 바이러스를 퇴치하는 중화항체를 생성하는 면역세포를 이미 갖고 있다는 사실을 발견했다"는 것입니다. 미국의 존슨 홉킨스 병원에서 발표한 바와 같이 메르스 치사율이 34.3%, 사스 치사율이 11%, 코로나19 치사율이 2.18%(우리나라는 1.82%)로서 우리가 면역력이 강한 사람이 독감도 이겨 내듯이 코로나19도 이겨 낼 수 있습니다. 그렇다고 해서 코로나19 예방 접종을 안 해도 된다는 말은 절대 아닙니다. 그러나 우리가 믿음으로 이겨 낼 수 있나는 증거인 것입니다. 이처럼 우리가 하나님의 말씀대로 살아가면 어디로 가든지 형통하게 됩니다.

지난 주일 오후에 한 권사님으로부터 카카오톡 메시지가 왔는데

이렇게 적혀 있었습니다

"목사님, 오늘도 말씀을 통하여 은혜 많이 받았습니다. 정말 주님이 도와주신 일입니다. 귀국해서 미용 가게를 하면서 주일에도 1부 예배 드리고 가게 일을 했어요. 그러다 믿음으로 결단하고 주일을 쉬니 고객들이 주일 쉰다고 핀잔도 듣고 다른 곳으로 가신 분도 많고 수입도 줄었지만 인내했더니, 저희를 돕는 분을 붙여 주셔서 저희 가게를 블로그에 올려 주셔서 지금 시기에 성업하고 있어요. 그런데 교회에서 영상을 하시는 고객이 있어요. 얼마 전 본인이 확진자여서 치료받고 나왔다고 하시며 저번에 가게에서 커트를 하고 바로 확진되었어요. 그런데 우리 가게에 왔다 갔다고 동선을 말을 안 했다는 거예요. 동선을 말했으면 지장을 많이 받을 텐데 정말 놀랍게 막아 주셨고요. 또 저희 가족도 감염을 막아 주셨어요. 너무 은혜로운 일이라 말씀드렸어요. 오늘도 수고 많으셨어요. 한 주간도 건강하세요!"

이 권사님의 가족은 원래 2004년에 미국 LA로 이민을 가서 거기서 9년여 동안 험난한 이민 생활을 살아오시다가 2012년에 역이민을 오셨습니다. 우리 교회에는 2010년에 큰딸님부터 등록을 해서 용인에서 사시면서 코로나19의 그 어려움 속에서도 그 멀리서 매주일 우리 교회에 나오시는데, 안수집사님 권사님 내외분뿐만 아니라 그 자녀들까지도 모두 다 얼마나 복을 받았는지 모릅니다. 세 따님이 우리 교회에 와서 다 결혼하고, 그 큰 사위가 우리 교회 부목사님이니 얼마나 큰 복을 받았습니까? 두 내외분의 긍정의 신앙에 주님께서 자손들까지 복의 문을 열어 주신 것입니다.

우리 치유하는교회는 누가 뭐라고 해도 코로나19의 이 어려운 때에도 하나님의 말씀의 근거대로 우로나 좌로나 치우치지 않는 복음

주의 신앙으로 예배 신앙과 성전 신앙과 순교신앙을 사수하였기 때문에 지금까지 코로나19의 위기를 잘 극복해 온 것입니다. 그러므로 우리가 어떠한 시련과 역경 속에서도 강하고 담대한 믿음으로 하나님의 말씀을 따라 우로나 좌로나 치우치지 아니하면 우리가 어디로 가든지 모든 일에 주님 안에서 형통하게 될 줄 확실히 믿습니다.

하나님께서 우리와 함께하시기 때문임

마지막으로 본문 9절 말씀을 다 함께 읽겠습니다.

> "내가 네게 명령한 것이 아니냐 강하고 담대하라 두려워하지 말며 놀라지 말라 네가 어디로 가든지 네 하나님 여호와가 너와 함께하느니라 하시니라."

우리가 강하고 담대해야 하고 두려워하지 말며 놀라지 말아야 할 마지막 이유는 하나님 여호와께서 우리와 함께하시기 때문이라는 것입니다. 그래서 하나님께서는 모세(출 3:12)나 여호수아(수 1:9)나 예레미야(렘 1:8)에게나 하나님께서 쓰시는 종들에게 항상 함께하실 것을 약속하셨습니다. 여러분, 다른 사람도 아니고 온 세상을 창조하고 소유하고 주관하시는 유일한 하나님께서 함께하신다는 약속보다 더 크고 놀라운 약속이 세상 어디에 있겠습니까? 하나님께서 함께하시니 두려워할(afraid) 것이 무엇이고 놀랄 것이 무엇이냐는 것입니다. 여기 '놀라지 말라'는 히브리어로 '**תֵּחַת**'(테하트)라고 해서 문자 그대로 깜짝 놀란다(surprise)는 뜻이 아니라 낙심하거나 좌절하지(discourage) 말라는 뜻입니다. 그러므로 강하고 담대하라고 마지막

세 번째 강조하신 것입니다.

우리가 인생을 홀로 살아갈 때 얼마나 외롭고 힘듭니까? 일본 여행 중에 본 누군가가 식당에 걸어 둔 글이 한 편으로 우스우면서도 의미심장한 글이었습니다.

사랑에 빠지는 18세,
욕탕서 빠지는 81세.
도로를 폭주하는 18세,
도로를 역주행하는 81세.
마음이 연약한 18세,
다리뼈가 연약한 81세.
두근거림이 안 멈추는 18세,
심장질환이 안 멈추는 81세.
사랑에 숨 막히는 18세,
떡 먹다 숨 막히는 81세.
학교 점수 걱정하는 18세,
당뇨 혈당 걱정하는 81세.
아무것도 철모르는 18세,
아무것도 기억나지 않는 81세.
자기를 찾겠다는 18세,
모두 찾아나서는 81세.
불지 않으면 바람이 아니고,
가지 않으면 세월이 아니며,
늙지 않으면 사람이 아니다.

여러분, 인간이 몇 살까지 살 수 있다고 생각을 하십니까? 근래 부쩍 '100세 시대'라고 하니 100살까지는 살 수가 있지 않을까 하고 기대를 하지만 다음의 자료를 보면 80세까지 사는 것도 대단한 행운이고 축복입니다. 한국인의 연령별 생존 확률을 보니까 70세까지 생존율은 86%, 75세까지 생존율은 54%, 80세까지 생존율은 30%, 85세까지 생존율은 15%, 90세까지 생존율은 5%, 100세까지 생존율은 2.35%(여성 3.7%, 남성 1%)라고 합니다. 그러나 가장 중요한 사실은 언제 어떻게 될지만 모를 뿐이지 한 번은 다 간다는 사실입니다. 그렇다면 우리가 내일 일을 알 수 없는 이 짧은 인생을 살아가면서 불행하고 고통스럽게 살아간다면 어떻게 되겠습니까?

사업을 하는 한 남편이 20억짜리 생명보험 7개를 들어놓고 과로로 죽었는데, 장례를 치르고 난 다음 날 부인이 남편 사진을 보면서 그러더랍니다. "당신은 아주 멋진 놈이야!" 이 소리를 들은 옆집 남편이 건강하게 오래오래 살려고 그날부터 헬스클럽에 가서 열심히 운동했습니다. 그러자 옆집 마누라가 마음속으로 운동하러 나가는 남편을 보고 '어유, 저 질긴 놈!' 그랬다고 하지 않습니까? 여러분, 남편을 웬수처럼 여기고 남편 죽어서 큰 보험금이나 바라는 이런 가정에 무슨 행복이 있겠습니까?

그러나 우리가 인생의 어떠한 환난이나 고통을 당할 때도 누군가 우리 곁에 함께해 준다면 얼마나 큰 위로를 받고 힘을 얻는지 모릅니다. 그런데 그렇게 안 되니까 대부분 우울증에 걸려서 자살 충동을 느끼는 것입니다.

2019년 통계청의 자살률 통계에 따르면, 우리나라는 10만 명 당 26.9명으로 OECD(경제협력개발기구) 국가 중 자살률이 1위인데, 주목해야 할 것은 연령이 올라갈수록 자살률이 높아진다는 점입니다. 그래서 10대 5.9명, 20대 19.2명, 30대 26.9명, 40대 31명, 50대 33.3명, 60대 33.7명, 70대 46.2명, 80대 67.4명으로 가장 많아서 OECD 국가 중 우리나라의 노인 자살률도 1위입니다. 노인 자살의 원인으로는 경제적 어려움(40.4%), 건강 문제(24.4%), 외로움(13.3%), 배우자나 자녀나 친구와의 갈등 및 단절(11.5%), 배우자나 자녀나 친구의 사망(5.4%) 순이지만 자살을 시도한 사람들의 공통점은 아무도 나를 사랑하는 사람이 없고 아무도 나를 이해하는 사람이 없고 아무도 내 곁에 없고 나는 혼자라는 고독감이 결정적이었습니다.

그러나 우리가 그토록 믿고 의지했던 사랑하는 사람들은 우리의 가슴에 배신의 칼을 꽂고 다 떠나가도 그 아들을 아낌없이 내어주시고 십자가에서 죽기까지 사랑해 주신 하나님 아버지께서는 우리와 함께하심을 약속하셨습니다. 예수님께서도 마태복음 28장 20절에서 "내가 너희에게 분부한 모든 것을 가르쳐 지키게 하라 볼지어다 내가 세상 끝 날까지 너희와 항상 함께 있으리라 하시니라"라고 약속하셨습니다. 그리고 히브리서 13장 5절에서도 "그가 친히 말씀하시기를 내가 결코 너희를 버리지 아니하고 너희를 떠나지 아니하리라 하셨느니라"라고 분명히 증거하십니다. 그러므로 우리가 이러한 짧은 인생을 사는 동안에도 다른 것은 잊어버려도 절대로 잊지 말아야 할 치유의 5중 복음이 있습니다.

첫째, 하나님은 분명히 살아 계십니다.

둘째, 우리를 변함없이 뜨겁게 사랑하십니다.

셋째, 우리의 기도에 기적으로 기필코 응답하십니다.

넷째, 우리를 영육 간에 기적으로 치유하십니다.

다섯째, 세상 끝 날까지 우리와 항상 함께하십니다.

우리는 이 다섯 가지 치유의 복음을 확실히 믿으면서 지난 21년 동안 저와 여러분은 우리 앞에 닥쳐왔던 어떠한 시련과 역경도 다 이겨 낼 수 있었던 것입니다.

그러므로 우리의 여생에 주님께서 이처럼 세상 끝 날까지 우리와 항상 함께하신다는 이 신앙을 지켜나가는 데 꼭 필요한 세 가지 마음이 있는데, 첫째가 초심입니다. “그러나 너를 책망할 것이 있나니 너의 처음 사랑을 버렸느니라 그러므로 어디서 떨어졌는지를 생각하고 회개하여 처음 행위를 가지라 만일 그리하지 아니하고 회개하지 아니하면 내가 네게 가서 네 촛대를 그 자리에서 옮기리라”(계 2:4-5). 주님과의 처음 사랑을 저버려선 안 됩니다.

둘째가 열심입니다. “내가 네 행위를 아노니 네가 차지도 아니하고 뜨겁지도 아니하도다 네가 차든지 뜨겁든지 하기를 원하노라 네가 이같이 미지근하여 뜨겁지도 아니하고 차지도 아니하니 내 입에서 너를 토하여 버리리라”(계 3:15-16). 차지도 뜨겁지도 아니한 미지근한 신앙을 가져서도 안 됩니다.

마지막 셋째가 뒷심입니다. “너는 장차 받을 고난을 두려워하지 말라 볼지어다 마귀가 장차 너희 가운데에서 몇 사람을 옥에 던져 시험을 받게 하리니 너희가 십 일 동안 환난을 받으리라 네가 죽도록 충성하라 그리하면 내가 생명의 관을 네게 주리라”(계 2:10). 주님께서 마지막 부르실 때까지 끝까지 충성을 다해야 합니다.

우리가 어떠한 환난과 핍박 속에서도 초심과 열심과 뒷심을 가지고 강하고 담대한 믿음으로 두려워하지도 않고 낙심하지도 않고 나아가면 주님께서 세상 끝 날까지 항상 함께하심을 날마다 순간마다 체험하게 될 줄 분명히 믿으시기 바랍니다.

최근에 설 연휴를 맞이하여 크리스천 가정과 교회의 문제를 다룬 “세 자매”라는 가족영화가 상영되었습니다. 한 장로님 가정에 세

딸이 있었는데 첫째 딸 희숙이는 늘 “내가 미안하다”, “괜찮다” 하고 되새기면서 상처의 아픔을 마음속으로 삼키며 상처를 끌어안고 살아가면서 작은 꽃집을 운영하고 있었습니다. 그녀는 버릇없는 딸과 가정에 무관심한 남편에게도 제대로 된 말 한마디 못하고 괜찮은 척 늘 감정을 억누른 채 살아갑니다. 그러다가 결국 암에 걸려 시한부 선고를 받고도 가족에게 알리지도 못하고 혼자 두려워하며 가슴 아프게 살아갑니다. 둘째 딸 미연이는 “언니가 늘 기도하는 거 알지?” 하면서 완벽한 척하는 가식적인 딸이었습니다. 교회 찬양대 지휘자로서 남편의 외도 사실을 알게 되었는데도 아무 일 없던 것처럼 철저하게 감추며 가식적으로 일상을 보내지만 홀로 있을 때는 방 안에서 베개를 부둥켜안고 목 놓아 통곡을 합니다. 그러니 얼마나 가슴 아프고 눈물 나는 삶입니까? 셋째 딸 미옥이는 제대로 데뷔도 하지 못한 극작가로서 365일 술에 취해 살아가면서도 안 취한 척하고 “나는 쓰레기야”라는 직설적이고 거침없는 말과 행동으로 주변을 당황하게 만드는, 아들 하나 있는 이혼남과 결혼해 천방지축 제멋대로 사는 딸이었습니다.

이처럼 각자 아무렇지 않은 척 살아가던 세 자매는 아버지 생신을 맞아 오랜만에 고향집에 방문하게 됩니다. 고향에는 친정 부모님과 정신질환을 앓고 있는 막냇동생 진섭이가 살고 있었는데 세 자매는 고향집 동네 어귀에 들어서면서 어린 시절 너무나도 감당하기 힘든 아픈 기억을 떠올리게 됩니다. 둘째 딸 미연이가 9세, 셋째 딸 미옥이가 5세 때 한겨울 늦은 밤 둘이 손 꼭 붙잡고 내복만 입은 채 맨발로 집에서 도망치듯 나와서 동네에 있는 가게로 뛰어 들어갑니다. 아버지가 술을 마시고 죄책감에 외도해서 낳은 자식들인 첫째 딸과 막내아들을 때리고 있으니 동네 어르신들에게 대신 경찰에 신고해

달라고 했으나 그들은 "너희 아버지를 전과자로 만들 거냐?"고 하면서 조용히 집에 들어가라고 합니다. 집에 돌아온 둘째와 셋째 딸은 벌거벗은 채 온몸이 멍투성이로 울다 지친 막냇동생을 끌어안고 문밖으로 쫓겨난 첫째 딸을 발견합니다. 이처럼 어린 시절 가정 폭력 속에서 자라난 세 자매와 남동생은 어른이 되었어도 여전히 지난날의 상처의 고통을 끌어안고 살아가고 있었습니다.

그렇게 세월이 흘러 교회 장로님이신 친정아버지의 생신날 식당에서 목사님을 모셔놓고 생일 감사예배를 드리면서 아버지가 기도드리는 가운데 정신질환을 앓고 있는 막내아들 진섭이가 아버지 얼굴에 소변을 보면서 예배 자리는 엉망이 되어 버렸습니다. 체면이 구겨진 아버지는 계속해서 목사님께 죄송하다며 용서를 구하니까 둘째딸 미연이가 바닥에 엎드려 통곡하면서 "아버지, 목사님께 용서를 구할 것이 아니라 우리 자식들에게 용서를 구하셔야지요! 제가 아버지만 빼놓고 나머지 모든 식구들이 다 죽어서 천국 가게 해달라고 하나님 아버지께 얼마나 간절히 기도했는데요! 천국 가서 행복하게 살고 싶다고요" 하며 울부짖었습니다. 아버지는 깊은 후회와 통탄으로 식당 창문 유리창에 머리를 박고 피를 흘리며 쓰러지고 맙니다. 이처럼 아버지의 외도와 폭력은 자녀들로 하여금 평생을 아픔의 상처를 안고 고통 속에서 살아가게 했습니다. 비록 신앙을 가진 아버지였지만 권위적이고 가정폭력으로 인해 신앙의 본이 되지 못했고 진정한 회개와 용서의 삶을 살지 않았던 것입니다. 그러나 결국 세 자매는 아버지를 진정으로 용서하고 사랑하며, 바닷가에 앉아 어린 시절 아버지와 행복했던 바닷가의 추억을 더듬으면서 이 영화는 끝이 납니다.

사랑하는 성도 여러분, 우리도 지나온 삶을 돌이켜 보면 즐겁고 행복한 시간도 있었지만 지난날 나만의 가슴 아프고 눈물 나는 상처의 기억들도 있을 것입니다. 어린 시절의 가슴 아픈 상처의 기억들도 있고, 결혼하고 나서 불행에 사무친 눈물의 기억들도 있을 것입니다. 우리가 지금까지 살아오면서 누구나 다 나만의 가슴 아픈 눈물의 사연들이 있을 것입니다. 그래서 얼마나 긴긴밤을 잠 못 이루고 눈물 속에 보내 왔고, 얼마나 멀고 험난한 고난의 가시밭길의 세월을 피눈물을 흘리며 살아왔고, 얼마나 눈물의 골짜기를 나 홀로 외롭고 힘들게 걸어왔습니까?

그럼에도 불구하고 하나님께서 우리에게 축복의 약속을 하셨고, 우리가 어디로 가든지 형통하게 하셨고, 우리와 함께하셨기 때문에 우리는 오늘에 이르게 된 것입니다. 그러므로 우리의 여생도 그 살아 계신 하나님만 바라보고 믿고 의지하면서 강하고 담대한 믿음으로 일어설 때 우리의 인생에 어떠한 환난과 고통이 닥쳐와도 능히 다 극복하고 승리하며 영광 돌리는 믿음의 복된 여생을 모두 다 살아가게 될 줄 확실히 믿습니다.

우리 다 함께 결단의 찬송으로 독일의 저항신학자 디트리히 본회퍼(Dietrich Bonhoeffer) 목사님이 마지막으로 남긴 신앙시를 담은 "선한 능력으로"라는 복음성가를 함께 부르며 믿음으로 새롭게 결단하도록 하겠습니다.

1. 그 선한 힘에 고요히 감싸여 그 놀라운 평화를 누리며
   나 그대들과 함께 걸어가네 나 그대들과 한 해를 여네
2. 지나간 허물 어둠의 날들이 무겁게 내 영혼 짓눌러도
   오 주여 우릴 외면치 마시고 약속의 구원을 이루소서
3. 주께서 밝히신 작은 촛불이 어둠을 헤치고 타오르네

그 빛에 우리 모두 하나 되어 온누리에 비추게 하소서

4. 이 고요함이 깊이 번져 갈 때 저 가슴 벅찬 노래 들리네
다시 하나가 되게 이끄소서 당신의 빛이 빛나는 이 밤

후렴) 그 선한 힘이 우릴 감싸시니 믿음으로 일어날 일 기대하네
주 언제나 우리와 함께 계셔 하루 또 하루가 늘 새로워

복의 근원 되시는 하나님 아버지, 지나온 생애 가운데 주님의 은혜로 지켜 주심을 진심으로 감사하옵나이다. 무엇보다 하나님께서 축복의 약속을 하시고, 우리가 어디로 가든지 형통하게 하시고, 하나님께서 우리와 함께하여 주심을 믿음으로 강하고 담대하게 일어서게 하여 주시옵소서! 그리함으로 우리 앞에 닥친 어떠한 환난과 고통도 능히 이겨 내게 하여 주시고 복되게 살아가며 영광 돌리게 하여 주실 줄 믿사옵고, 예수님의 이름으로 간절히 축복하며 기도하옵나이다. 아멘!

구원의 증표를 받으라

여호수아 2:1-13

지난 수요일 '재의 수요일'(Ash Wednesday)이 지나고 주님의 고난을 묵상하는 사순절을 맞이하면서 우리가 험난한 인생을 살아가는 데 신앙의 중요성을 더욱더 절감하지 않을 수 없습니다. 그런데 그 신앙의 첫 단계가 무엇인가 하면, 그것은 바로 하나님의 구원을 받는 것입니다. "사람이 만일 온 천하를 얻고도 제 목숨을 잃으면 무엇이 유익하리요 사람이 무엇을 주고 제 목숨과 바꾸겠느냐"(마 16:26)라고 말씀하시듯이 우리가 육신의 목숨도 세상에서 제일 소중한데 하물며 영원한 생명을 잃어버리면 어떻게 되겠습니까?

늘 강조하지만 우리가 교회만 다닌다고 구원받는 것도 아니고, 직분만 받았다고 구원받는 것도 아닙니다. 평생 "주여! 주여!" 하면서 예수님을 믿는다고 하면서도 이 하나님의 구원을 받지 못하면, 천국의 행복도 누리지 못하고 세상 낙도 누리지 못하고 세상에서 가장 불쌍하고 불행한 사람이 되고 맙니다. 그래서 오늘 본문에 나오는 신앙의 한 인물인 기생 라합이 어떻게 구원의 증표를 받았는가를 보면서 우리도 어떻게 구원의 증표를 받을 것인가, 이 시간도 들려주시는 하나님의 음성을 다 함께 들을 수 있길 바랍니다.

하나님의 사람을 잘 분별해야 함

먼저 본문 4-5절 말씀을 다 함께 읽겠습니다.

> "그 여인이 그 두 사람을 이미 숨긴지라 이르되 과연 그 사람들이 내게 왔었으나 그들이 어디에서 왔는지 나는 알지 못하였고 그 사람들이 어두워 성문을 닫을 때쯤 되어 나갔으니 어디로 갔는지 내가 알지 못하나 급히 따라가라 그리하면 그들을 따라잡으리라 하였으나."

가나안 땅의 여리고 성에 라합이라는 여인이 있었습니다. 라합(רחב)은 히브리어로 '자랑스러움', '강함'이라는 뜻이 있는데, 본문 1절과 히브리서 11장 31절과 야고보서 2장 25절에 그녀가 기생(prostitute, 매춘부)이었다고 기록하고 있는 것으로 보아 그녀가 과거에 죄악 된 삶을 살아왔던 것을 알 수가 있습니다. 그럼에도 불구하고 그녀는 영적으로 자랑스럽고 강한 여인이어서 그녀는 믿음으로 새롭게 회복되고 일어설 수가 있었던 것입니다.

당시 가나안은 31개의 도시 국가로 이루어져 있었고 각 성마다 왕이 있어서 가나안 땅에 31명의 왕이 있었는데 여리고 성도 그중 하나였습니다. 여호수아가 싯딤에서 여리고 성에 2명의 정탐꾼을 파견했는데 바로 이 기생 라합의 집에서 유숙하였던 것입니다. 당시 라합의 집은 나그네들의 잠자리와 먹을 것을 제공하고 성을 매매하는,

과거 우리나라의 여관이나 여인숙과 같았습니다. 그런데 누군가가 여리고 왕에게 "보소서 이 밤에 이스라엘 자손 중의 몇 사람이 이 땅에 정탐하러 이리로 들어왔나이다" 하고 신고함으로 인해서 여리고 왕은 부하들을 기생 라합의 집에 보내서 "네 집에 들어간 그 사람들을 끌어내라 그들은 이 온 땅을 정탐하러 왔느니라"고 다그칩니다. 그러나 라합은 정탐꾼 두 사람을 이미 숨겨 놓고 "과연 그 사람들이 내게 왔었으나 그들이 어디에서 왔는지 나는 알지 못하였고 그 사람들이 어두워 성문을 닫을 때쯤 되어 나갔으니 어디로 갔는지 내가 알지 못하나 급히 따라가라 그리하면 그들을 따라잡으리라"라고 말합니다. 라합은 그 두 정탐꾼이 하나님의 사람이었던 것을 영적으로 잘 분별하였기에 이미 그들을 숨겨 주고 왕의 부하들에게 그렇게 말했던 것입니다.

이처럼 우리도 세상을 살아갈 때나 신앙생활을 해나갈 때 하나님의 사람을 잘 분별해야 합니다. 전에도 말씀드렸듯이 불신앙 가운데 사탄이 역사하는 사람인 육에 속한 사람(고전 2:13-14)을 따라가면 완전히 멸망의 길로 가고 맙니다. 영적으로 어린아이와 같은 육신의 속한 사람(고전 3:1-3)을 가까이하면 맨날 입만 열면 불평이나 원망이나 하고 시기와 분쟁에 빠져서 평생 하나님께서 주시는 풍성한 은혜와 축복과 행복을 다 잃어버리고 살다가 인생 끝내 버립니다. 그러나 하나님의 사람인 영적인 사람(고전 2:15-16)과 교제하면 하나님의 구원의 문이 열리고 날마다 천국의 축복과 행복의 감격 속에 살아가게 되는 것입니다.

한자어에 '같은 무리끼리 서로 왕래하며 사귄다'는 뜻의 '유유상종'(類類相從)이라는 말이 있듯이, 우리가 영적으로 사람을 바로 분별하지 못하고 육적인 사람들을 가까이하면 금방 동화되고, 결국에는 그들과 함께 영적으로 잠들고 병들고 죽어 버리고 맙니다. 그렇기 때문에 우리에게 영적으로 은혜가 되지 않고 유익도 되지 않아서 우리를 신앙의 시험에 빠지게 하는 사람들은 절대 가까이해서는 안 되는 것입니다.

요한일서 4장 1절에 "사랑하는 자들아 영을 다 믿지 말고 오직 영들이 하나님께 속하였나 분별하라 많은 거짓 선지자가 세상에 나왔음이라"고 경고하셨습니다. 이 땅에 거짓 목사나 장로, 권사, 집사 등 거짓 교인들, 즉 사탄에게 속아 하나님의 말씀에 무지하여서 성경에 근거하지 않는 이단이나 사이비 신앙을 가진 사람들이 너무나 많습니다.

그렇다면 우리가 어떻게 그러한 거짓 신자들을 분별할 수 있습니까? 그 분별법은 로마서 12장 2절에 잘 나와 있습니다. "너희는 이 세대를 본받지 말고 오직 마음을 새롭게 함으로 변화를 받아 하나님의 선하시고 기뻐하시고 온전하신 뜻이 무엇인지 분별하도록 하라." 가장 먼저 너희는 이 세대를 본받지 말라고 하십니다. 우리는 세상 사람들이 하는 생각이나 말이나 행동을 따라가면 안 된다는 것입니다.

지난 화요일 새벽기도회를 마치고 한 크리스천 대학병원 장례식장에 발인 예배를 드리러 갔는데 가는 길에 교구 목사님이 "장례식장에서 다른 장례식장에 폐가 된다고 해서 찬송을 못 부르게 해서 지금까지는 찬송을 못 불렀는데 오늘도 찬송 없이 할까요?" 그러는 겁니다. 그래서 제가 "이 예배 누구를 위해서 드리러 갑니까? 하나님께 드리는 예배 아닙니까? 우리가 언제부터 하나님의 말씀보다 세상 사람들의 말을 들으면서 예수님을 믿었습니까? 코로나19로 인해 정부가 성전 예배를 드리지 말고 비대면 예배를 드리라고 하니까 영적인 분별력이 없는 주의 종들부터 앞장서고 그들을 따르는 장로, 권사, 집사들까지 비대면 예배라는 예배도 아닌 비성경적 예배를 하더니 이제는 찬송도 못 부르게 해요? 우리가 잡혀가는 한이 있더라도 불러야지요. 조용히 부르면 됩니다!"라고 했습니다. 지금 정부는 예배당 수용 인원 20%까지만 예배는 드리되 더는 드리지 말고 찬양대도 하지 말라고 합니다. 그런데 이것은 지난날 애굽 왕이 "광야에서 예배는 드리되 멀리 가지는 말라! 장정만 가고 여자들이나 아이들은 남겨 두라. 양과 소는 남겨 두고 여인들과 아이들은 데리고 가라!"(출 8:28, 10:11, 24)고 말했던 것과 똑같은 사탄의 소리입니다. 그래서 그 장례 예배 드리다가 잡혀갔겠습니까, 안 잡혀갔겠습니까? 지난 1년 동안 매 주일 성전 예배를 드리면서 다 이겨 내었듯이 안 잡혀가서 오늘 이렇게 여러분 앞에 서 있습니다.

말세 마지막 때가 되었습니다. 예수님께서 "내가 너희에게 이르노니 속히 그 원한을 풀어 주시리라 그러나 인자가 올 때에 세상에서 믿음을 보겠느냐 하시니라"(눅 18:8)고 탄식하시며 말씀하셨듯이 이제는 살아 계신 하나님의 말씀인 성경에 근거해서 살아가는 믿음을 찾아보기가 너무도 어려운 때를 우리는 살아가고 있습니다. 모두들 성경에 근거하지 않고 다 자기 편의주의식 '내가복음(?)'으로 믿고 성경을 자기 마음대로 해석해서 개떡 같은 믿음으로 살아갑니다. 그러나 성경에서 "내가 이 두루마리의 예언의 말씀을 듣는 모든 사람에게 증언하노니 만일 누구든지 이것들 외에 더하면 하나님이 이 두루마리에 기록된 재앙들을 그에게 더하실 것이요 만일 누구든지 이 두루마리의 예언의 말씀에서 제하여 버리면 하나님이 이 두루마리에 기록된 생명나무와 및 거룩한 성에 참여함을 제하여 버리시리라"(계 22:18-19)라고 분명히 경고하시지 않습니까? 여러분, 세상은 결코 주님을 위하지도 않고 교회를 위하지도 않고 우리를 위하지도 않습니다. 또한 세상 사람들은 결코 우리를 영적으로 구원할 수 없고 치유할 수도 없고 양육할 수도 없습니다. 오히려 교회가 세상을 위하고 그들에게 사랑을 쏟고 그들을 복음으로 구원하는 것입니다.

그러므로 우리는 더 이상 이 세대를 본받지 말고 오직 마음을 새롭게 함으로 변화를 받으라고 명령하십니다. 그런데 우리가 어떻게 마음을 새롭게 할 수 있습니까? 오직 하나님의 말씀과 기도만이 우리의 신앙생활의 표준이 되고, 말씀과 기도로만 진정으로 우리가 새로워질 수 있습니다(딤전 4:5). 그래서 날마다 말씀과 기도의 경건의 시간을 가져야 하는 것입니다. 그렇다면 여러분, 날마다 새벽기도회에 나오거나 말씀과 기도의 경건의 시간을 갖고 있습니까? '아멘!' 하고 자신있게 대답하지 못하는 사람들은 절대 성령 충만한 삶을 살고 있는 것이 아닙니다. 우리가 구원받은 후 신앙생활의 가장 기본이 되는 것은 매일 말씀과 기도의 경건의 시간을 가지며 새롭게 변화되는 생활입니다.

그리고 마지막으로 하나님의 선하시고 기뻐하시고 온전하신 뜻이 무엇인지 분별하도록 하라고 말씀하십니다. 다시 말하면, 하나님께서 무엇을 선하게 보시고 기뻐하시고 온전히 여기시는지 하나님의 뜻만 좇아 나아가야 우리가 하나님의 사람을 바로 분별할 수 있다는 것입니다.

최근에 우리 사회에 또다시 이슈가 되는 것이 학교폭력(학폭)입니다. 우리나라 여자 배구 국가대표로서 쌍둥이 자매인 이재영, 이다영 선수 중 동생인 이다영 선수가 그녀의 SNS(Social Networking Service, 사회 관계망 서비스)에서 지금 여자배구 1위를 달리고 있는 같은 소속 팀인 흥국생명의 주장인 김연경 선수를 연상케 하는 글을 띄웠습니다. "괴롭히는 사람은 재미있을지 몰라도 괴롭힘을 당하는 사람은 죽고 싶다. …나잇살 좀 쳐먹은 게 뭔 벼슬도 아니고 좀 어리다고 막 대하면 돼? 안 돼? …곧 터지겠찌이잉 곧 터질 꼬야야암 내가 다아아아 터뜨릴 꼬얌… 갑질과 괴롭힘은 절대 하지 말아야 할 일이야"라는 글을 자신의 인스타그램에 올려놓으면서 논란이 시작되었습니다.

여러분, 우리나라 여자배구의 여제(여성 황제)인 김연경 선수가 어떤 선수입니까? 김연경 선수는 동료, 선후배 선수들을 얼마나 사랑하는지, 고등학교 선수 시절부터 후배들이 선배들 빨래를 하는 잘못된 악습을 바로잡고, 코치가 선수들을 힘들게 하던 폐습도 바로잡았습니다. 2014년 인천 아시안게임에서 여자배구가 20년 만에 우승했는데도 대한배구협회가 예산을 핑계로 김치찌개로 회식을 하자 숟가락을 들지도 않고 후배들을 다시 모두 다 고급 레스토랑으로 불러 회식까지 시켜 주었던 일화로 유명하지 않습니까?

더구나 소속 팀의 샐러리캡(salary cap, 구단이 쓸 수 있는 총연봉)을 고려해서, 해외 탑리그인 터키에서 받던 21억 원 이상 받을 수 있는 연봉을 다 포기하고 80%나 삭감시키면서 후배인 쌍둥이 선수들(6억, 4억)보다 훨씬 적은 연봉(3억 5천만 원)으로 계약하며 자신의 자존심까지도 다 깎아내리고 생의 마지막을 도쿄올림픽에 걸고 고국에서 봉사하기 위해 돌아왔습니다. 그리고 소속 팀의 주장을 맡아서 헌신적으로 뛰어 왔습니다. 신인 선수가 엉덩이를 꽉 움켜쥐는, 크게 화를 낼 수 있는 심한 장난을 쳐도 쿨하게 장난으로 받아 주고, 자존심이 센 두 쌍둥이를 통제하기 위해 감독도 하지 못하는 시도를 한 건 김연경 선수뿐이었다고 합니다. 그런데 팀을 살리기 위해서 후배 선수에게 한 조언을 갑질이니 괴롭힘이니 하고 매도당하니 얼마나 가슴이 아팠겠습니까? 그런데 여덟 살이나 어린 후배 선수가 쓴 그런 비난 글에도 한마디 답글도 쓰지 않고 침묵으로 이겨 낸 김연경 선수에 대해서 오히려 그 후에 그의 삶을 까도 까도 계속해서 미담만 쏟아져 나와, 오히려 이번 기회에 그녀에 대한 얘기가 모든 사람들에게 알려지게 된 것입니다. 그래서 이번에 운동선수로서는 그 어려운 화장품 모델까지 되었다고 합니다.

그녀야말로 모든 면에 솔선수범하는, 여자배구 역사상 최고의 월드클래스(World-class, 세계 최정상 수준) 선수였습니다. 더구나 지난 10일 배구 종목을 총괄하는 국제기구인 Volleyball World(배구 세계)에서 126주년을 맞이하여 선정된 여자배구 세계대표선수 가운데 주장으로까지 선발되었고, 그녀를 모든 면에서 세계 배구 역사상 100년에 한 명 나올 만한 선수라고 극찬했다고 합니다. 오죽하면 그녀의 별명이 '갓연경', '빛연경', '최고연경'이라고 불리겠습니까?

그런데 문제는 다른 데서 터져 나왔습니다. 이다영 선수가 올린 글이 오히려 부메랑이 되어 역풍을 불러일으켜서 이 쌍둥이 선수들이 초등학교 6학년 선수 시절부터 행했던 학교폭력이 공개되기 시작했습니다. 기숙사 생활을 하는데 장난도 심하게 치고, 자기 기분대로만 하는 게 엄청 심했고, 자기 옷은 자기가 정리를 해야 하는데 제일 기본인 빨래조차도 동료나 후배 할 것 없이 시키고, 병원에 갈 때도 꼭 따라다녀야 했다고 합니다. 틈만 나면 무시하고 욕하고 때리고, 상습 욕설이나 폭행을 한 것 외에도 다른 선수들을 칼로 협박하거나 금전을 갈취했다는 것입니다. 그리하여 이 쌍둥이 자매의 잘못으로 인해 배구부가 단체로 기합을 받는 날이 많아서 한 후배 선수는 이들의 뒤치다꺼리나 하려고 배구를 시작했나 생각하다가 결국 1년 반 만에 견디다 못해 합숙 숙소에서 도망을 갔고 지금까지 평생

트라우마를 안고 살고 있는데, 전 재산을 줘도 상처가 안 없어진다면서 이 쌍둥이 가해자들을 퇴출해야 한다고 분노했습니다.

결국 쌍둥이 자매는 진정성 없는 사과문을 게재하고 구단 숙소를 떠나고 여자 배구 리그 경기에도 불참했는데 쌍둥이 분쟁으로 인해 지금 흥국생명은 4연패의 수렁에 빠졌습니다. 15일(월) 소속 팀인 흥국생명은 보도 자료를 내고 두 선수에 대해 무기한 출전 정지를 결정하고, 이재영 선수(6억 원), 이다영 선수(4억 원)의 연봉 지급을 정지하고, 대한배구협회에서도 두 선수의 대표선수 자격을 무기한 박탈했습니다. 심지어 TV 방송국에서도 그들이 출연하는 프로그램에서 하차시키고, 자동차 회사에서는 광고까지 다 취소했습니다. 그래서 이들은 해외 이적을 시도했지만 그마저도 안 된다는 대한배구협회의 유권해석이 나와서 거의 잠정적으로 은퇴 수준에 머물러야 할 형편이 되어 버렸습니다. 심지어 어린 시절 딸들의 경기까지 관여했던 전 여자배구 국가대표였던 그의 어머니 김경희 씨에 대해서까지도 대한배구협회에서 작년에 수여한 '장한 어머니 상'까지 회수한다는 발표를 했습니다. 한 딸의 잘못된 글이 결국에는 그 자매뿐만 아니라 집안을 온통 불명예와 큰 손해와 더불어 앞길까지 다 막아 버린 것입니다. 지금까지 해 온 자신들의 성질대로 사람을 함부로 잘못 건드리다가 자신의 학폭으로 인해 집안이 망했으니 이 얼마나 가슴 아프고 안타까운 일입니까?

우리는 이러한 사건을 통해 그들을 비난만 하기 전에 우리 자신을 돌이켜 보는 계기로 삼아야 그것이 오히려 우리에게 은혜가 되고 축복이 되고 행복의 기회가 될 수 있습니다. 그렇기 때문에 우리가 누구를 대하든지 주님을 만난 듯이 천사를 대하듯이 사랑으로 섬기며 축복해야 합니다. 설령 형제나 이웃에게 허물이 있다 할지라도 서로를 불쌍히 여기고 용서하고 끝까지 허물까지도 다 덮어 주는 사랑으로 섬겨야 합니다. 그런데도 자신들의 신앙생활에 더욱 심각한 문제가 있으면서 남이나 탓하고 있으면 되겠습니까? 그래서 서로 허물을 덮어 주고 감싸 주고 세워 나갈 때 우리가 하나님의 사람을 영적으로 바로 분별하게 되고, 그를 통해 임하시는 하나님의 구원의 증표를 받고, 더 나아가 자신의 삶의 믿음의 복을 풍성히 누리게 될 줄 확실히 믿으시기 바랍니다.

구원의 때까지 신실한 삶을 살아야 함

계속해서 본문 6절 말씀을 다 함께 읽겠습니다.

> "그가 이미 그들을 이끌고 지붕에 올라가서 그 지붕에 벌여 놓은 삼대에 숨겼더라."

이스라엘 성지의 지붕들은 평평하여서 다목적으로 사용되었습니다. 그곳에서 쉬기도 하고(삼하 11:2), 손님을 대접하기도 하고(삼상 9:25-26), 많은 사람이 모이기도 하고(삿 16:27), 기도하는 장소로 쓰이기도 하고(행 10:9), 또 오늘 본문처럼 곡식을 말리기도 했습니다. 라합이 그 지붕에 말린 삼대(flax)는 의복용 섬유로서 가장 오래된 섬유인 삼베(linen)를 짜는 실을 얻기 위한 아마 직물의 줄기였는데, 그 삼대를 적당한 길이로 잘라 3~4일간 물에 담가 두었다가 지붕에서 말렸다고 합니다. 그 후에 껍질을 벗겨서 실을 만들고, 그 실로 우리나라에서는 삼베(대마포)와 모시(저마포)를 만들었고, 껍질을 벗긴 그 속을 말려서 땔감이나 지붕 위에 덮거나 혹은 햇빛을 피하는 발을 만드는 데 사용했습니다. 이처럼 라합은 비록 기생이었지만 삼대를 말려서 거기서 실을 뽑아 삼베를 짤 정도로 그의 삶에 성실하고 현숙한 여인이었음을 보여주고 있습니다.

우리가 믿음이 있노라고 하면서 삶이 받쳐 주지 않으면 그 믿음은 진정한 믿음이 아닌 것입니다. 그것도 교회에서의 삶만 보아서는 모르고, 그가 가정에서나 세상에서 어떻게 살아가는가를 보면 그 신앙을 바로 알 수 있습니다. 그래서 주님께서는 우리가 썩어 가는 세상의 소금이요, 어두워 가는 세상의 빛이라고 말씀하시면서 마태복음 5장 16절에 "이같이 너희 빛이 사람 앞에 비치게 하여 그들로 너희 착한 행실을 보고 하늘에 계신 너희 아버지께 영광을 돌리게 하라"라고 명령하신 것입니다. 과연 우리는 세상의 소금과 빛으로서 세상 사람들 앞에서 우리의 착한 행실을 통해 하나님께 영광을 돌리는 삶을 살고 있습니까?

지난 8일 카카오 창업주 김범수 회장이 자신의 재산 10조 원의 절반인 5조 원 규모를 사회에 기부하겠다고 발표했고, 18일(목)에는 배달의 민족 창업주 김봉진 회장이 자신의 재산 1조 원 중 절반인 5,000억 원을 사회에 기부하겠다고 밝혔습니다. 두 사람 다 시골과 섬에서 어렵게 자라나서 큰일들을 한 것입니다.

그런데 우리 교인 중에서도 그 정도의 부자는 못 되어서 그만큼은 못해도 그저 물질만 생기면 어려운 교인들이나 주의 종들이나 선교사님들을 이름도 없이, 빛도 없이 돕는 성도들이 많이 있습니다. 지난주 목요일에도 한 권사님의 보낸 카카오톡 메시지가 저의 가슴을 뜨겁게 했습니다.

"목사님, 저희가 세상 가치로는 이럴 만큼 풍성치는 못하지만 하나님 나라 중심으로는 부족함이 없음을 감사하며, 불과 5~6년 전 너무 어려웠던 때를 생각하며 감사할 것이 많음에 은혜를 보답해야 해서요. 전세금 올리며 들어온 돈 1,000만 원을 어려운 이웃을 위해 쓰기로 결심했어요. 코로나로 너무 어려워진 가정이 많은 때 이럴 수 있다는 게 기적이며 하나님 은혜 아니면 불가능한 일인 것을 감사드립니다. 단돈 300만 원 때문에 죽으려 했던 그날이 불과 5~6년 전 일이랍니다. 하나님께서 불쌍히 여겨 주셔서 그때와는 천지 차이로 집도 주시고 딸 결혼도 시켜 주시고 남편 직장과 건강 주시고 부족함 없이 채워 주셨답니다. 늘 부족한 저와 저희 가정을 축복해 주시는 하나님께 영광 드리고 목사님께 감사드립니다! 어려운 때 저의 딸에게 좋은 믿음의 친구 붙여 주셔서 이탈하지 않고 믿음 안에 있게 해주신 것도 하나님 은혜입니다. 이렇게 나눌 수 있음에 진심으로 감사드려요! 목사님, ♡♡♡"

여러분, 요즘처럼 코로나19로 다 어려운 때 왜 자신이라고 안 어렵겠습니까? 그러나 자신이 그 극심한 어려움을 겪어 보고는 어려움을 당한 가정의 아픔을 너무도 가슴속 깊이 공감하고 자신보다 더 고통당하는 형제나 이웃을 생각하는 것, 바로 이것이 우리가 가져야 할 진정한 믿음과 소망과 사랑의 삶이고, 진정으로 하나님의 복을 자손 대대로 누릴 삶인 것입니다.

그런데 우리가 복음을 전하고 하나님께 영광을 돌리는 삶을 살아갈 때 가장 소홀히 하기 쉬운 것이 가정입니다. 그래서 19세기 남아프리카공화국의 성자요 기도와 성령의 사람인 앤드류 머레이(Andrew Murray) 목사님은 "우리 자녀들은 하나님께서 우리 가정에 보낸 하나님의 정탐꾼이다"라고 했던 것입니다. 그것이 우리 자녀들뿐이겠습니까? 우리의 부모, 형제, 남편이나 아내, 자녀, 손주들이 다 그러합니다. 그렇다면 과연 우리가 우리의 가정에서부터 사랑하는 가족들로부터 인정받고 사랑받고 존경받는 신앙생활을 하고 있습니까?

최근 몇 년 동안 어린아이들을 방치하고 폭력을 행하여서 살인하는 부모들이 급속도로 많아지고 있습니다. 이처럼 충격적인 가족의 죽음이 발견되는 것을 보면서, 우리는 얼마나 믿는 자로서 가족들을 사랑하고 섬기며 신실하게 살아왔는지 다시 한 번 돌이켜 보지 않을 수 없습니다. 그래서 디모데전서 5장 8절에 "누구든지 자기 친족 특히 자기 가족을 돌보지 아니하면 믿음을 배반한 자요 불신자보다 더 악한 자니라"고 분명히 경고하시지 않습니까? 그러므로 우리는 여생 동안 멀리 갈 것도 없이 우리의 사랑하는 가족들부터 십자가의 사랑으로 섬기며 그들을 구원하고 치유하고 주님의 제자로 양육시켜 나가야 하는 것입니다.

한 안수집사님이 '명절 끝에 있었던 실화'라는 글을 보내 주셨는데 부산에 거주하는 지인의 이야기라고 합니다. 시댁에서 차례를 잘 모시고 좋은 며느리로 칭찬받으며 마무리 잘하였는데 어찌 기분 좋은 일만 있었겠습니까? 그러나 종가의 맏며느리로 평소와 같이 남은 음식을 시어머님이 싸주는 대로 거부하지 않았습니다. 작은 며느리는 안 가져간다고 미리 이야기하니 주지 않고 수고했다고 큰며느리에게만 검은 봉투에 바리바리 싸주었답니다. 큰며느리는 아무 말 없이 조용히 인사하고 돌아가던 중 함안휴게소에 들러 그 음식들을 쓰레기통에 모두 버리고 귀가했다고 합니다. 그런데 집에 막 도착했는데 시어머니께서 전화가 하셔서 "애야, 수고 많았다! 작은 며느리 눈치챌까 봐 보이지 않게 검은 봉투에 돈 300만 원 넣어 놨으니까 너희 먹고 싶은 것 사 먹고 옷도 하나 사고 그래라. 손자들도 좋은 것 하나 사 줘라. 에미가 땀 흘려가며 날품팔이하여 품삯으로 받아 모은 돈인데, 만 원짜리도 있고 5만 원짜리도 있고 오천 원짜리도 있다. 담에 또 벌면 줄게!" 그러시는 겁니다. 며느리는 하늘이 노오래져서 허겁지겁 다시 차를 몰고 함안휴게소를 달려가 가득 쌓인 쓰레기통을 뒤졌는데 어찌 찾을 수 있었겠습니까? 이 며느리는 며칠을 식음을 전폐하고 속병이 났는데 누구에게 말도 못 하고 뭐 한 가지라도 사면 어머니한테 "그 돈으로 샀습니다" 하고 평생 죄책감을 가슴에 안고 살아가는 처지가 되었답니다. 이 며느리가 300만 원은 잃었지만 3000만 원 이상의 뉘우침이나 가르침과 시부모의 사랑에 대한 의미를 느낄 수 있었으면 좋겠습니다. 전국적으로 이런 일이 너무도 많아 명절 때는 쓰레기를 그냥 처리하지 않고 내용물을 확인한다고 하니, 씁쓸한 이야기지만 멋진 교훈이라 생각됩니다.

그런데 이와는 정반대의 일도 있습니다. 지난 월요일 한 집사님이 급히 심방을 요청해서 갔습니다. 그 집사님은 불신 가정에 시집을 갔는데 외아들을 남편처럼 여기며 살아온 시어머니로 인해서 말할 수 없는 상처를 받고 피눈물을 흘리며 지난 30년의 세월을 살아왔다고 합니다. 이제 시어머니도 팔순이 넘고 육신이 병들고 힘이 다 빠져서 누워만 계시는데 남편이 어머니를 요양병원에 보내자고 했지만 어머니가 너무도 불쌍한 마음이 들어서 모실 수 있는 데까지 모시자고 하면서 수발을 하고 있었습니다. 그런데 그 집사님의 마지막 말이 너무도 감동적이었습니다. "목사님, 저의 어머니가 지난날 저에게 말할 수 없는 상처를 주고 불행과 고통 속에 살게 하셨지만 지금은 갈수록 어머니가 더 예쁘고 사랑스럽고 떠나보내고 싶지 않아요" 하는 말에 너무나 큰 은혜를 받고 돌아왔습니다.

이처럼 우리의 남은 생애 동안 가정에서부터 신실한 삶을 살아갈 때 하나님께서 구원의 확실한 증표를 보이시며, 우리의 삶을 통해 온 가족이 구원받는 하나님의 복을 누리며, 하나님의 영광을 크게 드러내게 될 줄 확실히 믿습니다.

온 가족의 구원을 간구해야 함

마지막으로 본문 12-13절 말씀을 다 함께 읽겠습니다.

> "그러므로 이제 청하노니 내가 너희를 선대하였은즉 너희도 내 아버지의 집을 선대하도록 여호와로 내게 맹세하고 내게 증표를 내라 그리고 나의 부모와 나의 남녀 형제와 그들에게 속한 모든 사람을 살려 주어 우리 목숨을 죽음에서 건져 내라."

라합은 정탐꾼들이 잠들기 전에 그들을 숨긴 지붕으로 올라가서 여호와께서 가나안 땅을 이스라엘 백성들에게 주신 것을 확신하고, 가나안 땅 백성들이 지금 두려워서 간담이 녹을 지경이라고 고백합니다. 또한 40년 저 이스라엘 백성들이 출애굽 할 때 홍해 물을 마르도록 갈라놓으신 일(출 14:15-22)과 요단 동편에 있는 아모리 족속의 두 왕인 헤스본 왕 시혼과 바산 왕 옥을 전멸시킨 일(민 21:21-35)을 들었기 때문이라고 합니다. 그들의 마음이 녹고 정신을 잃게 된 것은, 하나님 여호와는 위로는 하늘에 아래는 땅에서 강하신 분이신 하나님이시라면서 라합이 정탐꾼들에게 간절히 부탁을 합니다. 그녀가 정탐꾼들을 친절하게 선대하였은즉 그들도 라합의 아버지 집, 즉 부모, 남녀 형제와 그들에게 속한 모든 사람들을 살려준다는 확실한 구원의 증표(a sure sign of salvation)를 달라고 간청을 합니다. 그러자 정탐꾼들은 라합의 집의 창문에 붉은 줄을 내려놓으라고 하면서 구원의 증표를 주었습니다.

그런데 1930년대의 영국의 고고학자인 존 가스탱(John Garstang)과 캐슬린 케니언(Kathleen Kenyon) 박사 팀이 여리고 성을 발굴하고 보니까 여리고 성은 내벽 4~5m, 외벽 6~8m로 되어 있고 2.5~4.5m 간격을 둔 이중으로 된 성이었습니다. 라합의 집은 고대에 이런 집이 많았듯이 두 성벽 사이에 나무를 걸치고 그 위에 세워진 것으로 보입니다. 그런데 그녀의 방이 바로 성 밖을 향하였으므로 두 정탐꾼을 줄로 달아 내렸던 그 창문에 붉은 줄을 매달라고 한 것입니다. 두 정탐꾼들을 달아 내린 줄(חבל, 헤벨)은 굵은 줄을 꼬아 만든 '밧줄'(cord)이었고, 창문에 매단 붉은 줄(חוט, 후트)은 몇 개의 실을 엮은 '가는 줄'(thread)이었는데 그 붉은 줄은 유월절의 어린 양의 피를 상징하였습니다. 그것은 영적으로 예수님의 보혈의 상징하였고, 그것이 그녀의 온 가족의 구원의 증표였습니다.

이렇게 그의 가정이 구원받은 결과 유대인 남편 살몬과 이방 여인 라합은 결혼하여 보아스를 낳고, 보아스는 오벳을 낳고, 오벳은 이새를 낳고, 이새는 다윗을 낳고, 다윗의 후손 가운데 온 세상의 구세주 되시는 예수님이 탄생하시는 영광을 누릴 수 있었던 것입니다.

우리도 온 가족을 구원의 확실한 증표를 받아서 우리를 통해서 온 가족을 구원해야 합니다. 그런데도 우리는 우리의 부모나 형제나 자녀손들이 영원한 복을 받기는 바라면서도 그들의 영혼에 대해서는 관심을 갖지 않습니다. 조금 기도하다가 안 되면 낙심해 버리고, 조금 권면하다가 안 되면 포기해 버립니다. 그러다가 어느 날 갑자기 세상을 떠나면 그 영혼들이 어떻게 되겠습니까? 에스겔 3장 18절에 "가령 내가 악인에게 말하기를 너는 꼭 죽으리라 할 때에 네가 깨우치지 아니하거나 말로 악인에게 일러서 그의 악한 길을 떠나 생명을 구원하게 하지 아니하면 그 악인은 그의 죄악 중에서 죽으려니와 내가 그의 피 값을 네 손에서 찾을 것이고"라고 분명히 경고하시지 않습니까? 그런데 우리는 그 누구보다도 우리의 가장 사랑하는 가족들로부터 구원해야 하는데 우리의 능으로, 힘으로 할 수 없기 때문에 가장 먼저 살아 계신 성령님께서 친히 역사하시도록 간구하고, 그러고 나서 사랑으로 섬기고 끝까지 인내하면서 기필코 그들의 영혼을 구원해야 합니다. 그런데 우리는 어떻습니까? 아직도 교회에도 안 나오고 구원을 받지도 못하고 복음을 받아들이지 못한 부모나 형제나 자녀손들이 얼마나 많습니까?

장신대 기독교교육과 신형섭 교수님은 《가정 예배 건축학》이란 책에서 우리의 조그만 삶의 실천을 강조했습니다. 이 책 가운데 미국 남침례신학대학원의 기독교교육과 티모시 폴 존스(Timothy Paul Jones) 교수가 자녀의 신앙의 책임이 부모에게 있다는 것을 통감하며 던져야 할 질문이라고 소개합니다. "지난 한 주간 동안 자녀와 함께 기도한 적이 몇 번인가요? 지난 한 주간 동안 자녀와 함께 성경 말씀을 읽은 적이 몇 번인가요? 지난 한 주간 동안 자녀와 함께 하나님과 신앙에 대하여 대화한 적이 몇 번인가요?" 하고 물으면서 이렇게 평소 가정에서부터 사랑하는 우리 자녀들의 신앙을 일으켜 나가야 한다고 말합니다.

사실 우리의 신앙생활의 문제는, 교회에 와서는 은혜를 받지만 그러고 가정으로 돌아가서는 삶의 실천이 얼마나 있느냐는 것입니다. 밀랍 인형처럼 외형만 번지르르하지 실제로는 아무런 생명력이 없이 굳어져만 가고, 가족과의 관계가 멀어져만 가고, 그들에게 복음의 영향력을 미치지 못해서 천국과 같이 행복해야 할 우리의 믿음의 가정들이 결국 불행과 고통 속에 죽어가고 있지 않냐는 것입니다. 그러므로 우리 가운데는 사랑하는 가족들을 위해서 가장 먼저 눈물로 간구하고 사랑으로 섬기고 인내하면서 강권해서 사랑하는 부모님, 형제들, 남편이나 아내, 자녀손들까지도 주님 앞으로 강권적으로 인도해서 기필코 구원에 이르게 해야 합니다. 그것이 영원한 천국의 축복과 행복의 감격인 것입니다.

지난 수요 밤예배에도 영하 10도의 강추위 속에 장로님들, 권사님들, 집사님들조차 교회에 못 나오는데 한 안수집사님과 권사님 내외가 매주 그러하듯이 고등학생, 중학생 딸과 초등학생 아들, 이렇게 3남매 자녀들을 데리고 나와 예배를 드리는데 얼마나 감동적이었는지 모릅니다. 장로님·권사님이신 그들의 부모님의 신앙이 자손 대대로 이어지는 가장 은혜롭고 축복되고 행복한 신앙의 유산이 된 것입니다. 우리가 과거에는 열심히 예배드리고 봉사했는데 이제 직분을 내려놓았으니까, 은퇴했으니까 뒷짐을 지고 있는 것은 결코 믿음의 복된 여생이 아닙니다. 그래서 요한계시록 2장 10절에 "네가 죽도록 충성하라(Be faithful, even to the point of death; 죽을 때까지 충성하라) 그리하면 내가 생명의 관을 네게 주리라"고 분명히 약속하시지 않습니까?

전전주에 방파선교회 명예사무총장이신 김영곤 목사님으로부터 한 권의 책을 선물로 받았는데 《말하고 걸을 수 있을 때까지》라는 책 이름부터가 가슴에 뜨겁게 와닿는 책이었습니다. 김 목사님은 1939년 8월 26일 전북 남원 춘향이골 주천면 장안리에서 태어나서 중학생 때 주님을 만나서 형에게 몽둥이로 얻어맞는 극심한 핍박 속에서도 신앙을 지켜 그의 인생이 변화되었습니다. 호남 지역과 서울에서 목회를 하시다가 총회 임원과 사회부 총무로도 섬겼는데, 그의 인생의 극적인 전환점이 된 것은 1974년 신학 동기 정성균 선교사님이 세계에서 가장 가난한 나라인 방글라데시와 파키스탄으로 떠나면서부터였습니다.

동기 목사들이 방파선교회를 만들어서 그 어려운 목회 속에서도 10년 동안 후원해 왔었는데 정 선교사님이 그곳에서 복음을 전하시다가 급성 간염으로 인해 1984년 40세의 젊은 나이에 그곳에서 순교를 하였습니다. 그 뒤부터 정 선교사님의 뒤를 잇기 위해 본격적으로 선교에 뛰어들었는데, 지난 40년 동안 지구를 수십 바퀴를 돌면서 60여 선교사님 가정을 파송하고, 은퇴하신 후에도 지난 2017년부터 방파선교회 순회선교사로 임명을 받고 금년 82세인데도 전 세계를 누비며 복음을 전해 오셨습니다. 그리고 이 책의 마지막 페이지에 이렇게 적고 있습니다.

"이 책의 제목을 《말하고 걸을 수 있을 때까지》로 정했다. 이것은 죽는 날까지 하나님께서 주신 선교의 사명을 붙잡고 살아가겠다는 나의 뜨거운 다짐이자 간절한 기도이다. 하나님, 말하고 걸을 수 있을 때까지 저를 방파선교회의 종으로, 머슴으로, 마부로 마음껏 사용하소서!"

저는 이 책을 읽으면서 다른 말씀도 은혜가 되었지만 《말하고 걸을 수 있을 때까지》라는 책 제목부터가 지금까지도 저의 가슴에 뜨겁게 와닿았습니다. 그런데 놀라운 것은, 복의 근원 하나님께서 목사님의 자손들에게 하나님의 복을 부어 주셔서 큰아들은 우리나라를 대표하는 줄기세포를 연구하는 생명의학 박사이고, 막내딸은 주의 종의 사모이고, 손자가 아버지의 뒤를 이어 고려대 의대를 다니고 있다고 합니다. 온 가족이 힘을 합해 지금도 1년에 가족이 드리는 선교헌금만 해도 2,000여만 원에 이를 정도로 생의 마지막 순간까지 하나님의 복을 누리며 하나님의 선교에 힘쓰고 있었습니다.

그러므로 이처럼 우리가 생의 마지막 순간까지 온 가족이 구원에 이르러서 마지막 때 선교적 사명을 감당할 수 있도록 간절히 간구할 때 우리는 하나님의 구원의 증표를 확실히 받게 되며, 자손 대대로 영원한 축복의 통로로 크게 쓰임 받게 될 줄 확실히 믿으시기 바랍니다.

부족한 종도 43년 전 주의 종으로 소명 받고 나서 성경을 읽는 가운데 가장 먼저 마음에 걸린 말씀이 바로 사도행전 16장 31절 말씀이었습니다. "이르되 주 예수를 믿으라 그리하면 너와 네 집이 구원을 받으리라 하고." 여기 보면 주 예수는 내가 믿는데 나만 구원을 받는 것이 아니고 "너와 네 집이 구원을 받으리라"고 분명히 약속하십니다. 우리는 '너와 네 집'이라고 하니까 영어로 'you and your family'(너와 네 가족)라고 생각하지만 NIV 영어성경에 보면 "you and your household will be saved"(너와 네 가속이 구원을 받으리라)고 번역되어 있습니다. 다시 말하면, 여기 나오는 '가속'(household, 권속)이라고 하는 것은 '집에 속한 모든 사람들' 즉 '가족과 그 집에 속한 종과 그 집에 머무는 나그네'까지를 다 포함하는 말입니다. 그만큼 초대교회 성도들은 그들의 삶 가운데 복음의 영향력을 가졌습니다.

그런데 다 겪어 봐서 아시겠지만 우리가 전도를 해보면 가장 전도하기 어려운 사람은 우리의 삶을 너무도 잘 아는 우리의 사랑하는 가족들입니다. 그러나 그들을 진정으로 사랑한다면 그들을 영원히 살리기 위해서라도 다른 어떤 사람들보다도 혼신의 힘을 다 쏟아 복음을 전하지 않을 수 없습니다.

그래서 부족한 종도 43년의 세월이 지났지만 주의 종으로 소명 받은 다음에 가장 먼저 당시 70세 가까우셨던 죽음이 얼마 남지 않은 할아버지가 떠올랐습니다. 할아버지가 한량으로서 밖으로만 돌아다니셔서 우리 할머니와 자손들에게 상처를 많이 주셨기 때문에 미운 마음도 있었지만 그래도 한 분뿐인 할아버지신데 어떻게 하겠습니까? 할아버지를 진정으로 불쌍히 여기면서 위해서 간절히 기도하며 복음을 전하지 않을 수 없었습니다. 말로만 해서 안 되니까 아르바이트를 해서 돈을 모아 헌금을 전해 드리면서 교회에 나가시도록 강권했습니다. 그런데 기도해도, 사랑으로 섬겨도 안 되어서 마지막 최후의 비상 수단으로 한 달 동안 오전 금식을 하면서 매달렸습니다.

이렇게까지 몇 년 동안 최선을 다해 전도해도 안 되니 이번이 마지막이라는 심정으로 사흘 전부터 금식을 하며 매달렸고 "하나님 아버지, 주님께 다 맡깁니다! 저는 할 만큼 다 했으니까 이번에도 할아버지가 마음 문을 열지 않으시면 저는 더 이상 못하겠습니다. 주님의 뜻대로 하옵소서!" 하고 간절히 계속해서 기도하면서 고향으로 내려갔습니다. 그리고는 할아버지에게 큰절을 올리고 나서 무릎 꿇고 할아버지의 두 손을 붙잡고 "할아버지, 하나님은 분명히 살아 계세요! 이 손자가 죽을병에서 살아나서 주의 종이 된 것을 할아버지도 아시잖아요? 그런데 우리 모든 자손들이 예수님을 믿고 구원받아 천국에 가서 영원히 살 텐데 할아버지만 영원한 지옥 불못에서 죽고 싶어도 죽지도 못하고요, 고통 가운데 살려 달라고 소리치신다면 우리 자손들이 어떻게 편히 살겠어요? 할아버지, 예수님을 믿으셔야 해요!…" 하면서 몇 십 분 동안 간절히 눈물로 울부짖었습니다. 결국 할아버지가 거기서 마음 문이 열리면서 "의식아, 그만 울어라!" 하셔서 "할아버지가 영원히 지옥 불못에서 고통당하며 죽어가는데 어떻게 손자가 안 울 수 있어요?" 그랬더니 "의식아, 너 봐서 예수 믿으마!" 그러시는 겁니다. 할렐루야! 70세 가까우시도록 아버지·어머니, 작은아버지·작은어머니, 고모부·고모 등 모두 다 장로님, 권사님이신데도 그토록 전도해도 꿈쩍도 안 하시던 할아버지가 성령님의 역사 앞에 무릎을 꿇고 주님의 품에 돌아와서 그다음 주일부터 할머니를 따라 교회에 나가시기 시작해서 세례에 순종하시고 집사님까지 되셨습니다. 그리고 "천국에서 다시 만나자!"는 마지막 유언을 남기고 주무시듯이 평안하게 하늘나라로 떠나가셨습니다.

교회 나가자고 전도하면 그토록 욕을 하며 신경질적으로 반응을 보이던 장손인 저희 형도 결국 회개하고 돌아와서 서리집사 되고, 안수집사 되고, 장로님까지 되어서 요즘에는 손아래 동생 목사에게 존댓말까지 할 정도로 예수님을 닮아 온유하고 겸손한 장로님까지 되셨습니다. 더 나아가 처가 식구들까지 다 영원한 구원에 이르게 해주셨습니다.

사랑하는 성도 여러분, 우리가 사랑하는 가족, 친척들에게 복음을 전하고 그들을 구원한다는 것이 너무나 마음 상하고 눈물이 나오고, 우리의 한계를 느낄 때가 얼마나 많은지 모릅니다. 수많은 욕설과 핍박을 당하면서 상처를 받고 너무도 고통스럽고 힘들어서 포기하고 싶은 순간들이 얼마나 많이 있습니까? 그러나 그때도 우리는 갈라디아서 6장 9-10절의 "우리가 선을 행하되 낙심하지 말지니 포기하지 아니하면 때가 이르매 거두리라 그러므로 우리는 기회 있는 대로 모든 이에게 착한 일을 하되 더욱 믿음의 가정들에게 할지니라"(NIV: Therefore, as we have opportunity, let us do good to all people, especially to those who belong to the family of believers, 더욱 믿는 자의 가족들에게 할지니라)는 말씀을 기억해야 합니다. 우리가 하나님의 사람을 잘 분별하고, 하나님의 구원의 때까지 신실한 삶을 살아가고, 끝까지 온 가족의 구원을 간구할 때에 기필코 온 가족이 하나님의 구원의 증표를 받고 영원히 천국의 축복과 행복의 감격 속에 살게 될 줄 확실히 믿습니다.

다 함께 결단의 찬송으로 "그날"을 함께 부르며 믿음으로 결단하도록 하겠습니다.

사망의 그늘에 앉아 죽어가는 나의 백성들
절망과 굶주림에 갇힌 저들은 내 마음의 오랜 슬픔
고통의 멍에에 매여 울고 있는 나의 자녀들
나는 이제 일어나 저들의 멍에를 꺾고 눈물 씻기기 원하는데
누가 내게 부르짖어 저들을 구원케 할까
누가 나를 위해 가서 나의 사랑을 전할까
나는 이제 보기 원하네 나의 자녀들 살아나는 그날
기쁜 찬송 소리 하늘에 웃음소리 온 땅 가득한 그날

저희의 영원한 생명과 소망이 되시는 하나님 아버지, 코로나19로 인해 이 세상 어디에도 희망이 보이지 않는 환난의 때에 저희를 구원하여 주시고 영원한 생명과 소망을 갖게 해주심을 진심으로 감사드립니다. 어떠한 환난과 핍박 속에도 하나님의 사람을 영적으로 잘 분별하게 하여 주시옵소서. 구원의 때까지 신실한 삶을 살게 하여 주시옵소서. 끝까지 온 가족의 구원을 간구하게 하여 주시옵소서. 그리함으로 온 가족이 하나님의 구원의 증표를 받고 영원히 천국의 축복과 행복의 감격 속에 살게 하여 주실 줄 믿사옵고, 예수님의 이름으로 간절히 축복하며 기도하옵나이다. 아멘!

이것으로써 너희가 알리라

여호수아 3:7-13

우리가 신앙생활을 하면서 믿음의 확신을 갖지 못할 때가 많이 있습니다. 그러나 우리가 하나님께서 살아계심을 확실히 믿는다면 우리의 삶 가운데 하나님의 기적의 역사를 체험하고 이것으로써 우리가 하나님을 바로 알게 되는 것입니다. 여기 오늘 본문 7절에 나오는 "그들이 알게 하리라"(דעון, 예데운)와 10절에 나오는 "너희가 알리라"(תדעון, 테데운)도 다 히브리어로 '안다'(ידע, 야다)는 단어에서 나왔는데 이 'ידע'(야다)라는 단어는 '지식적으로 아는 것'을 의미하는 것이 아니라 '체험적으로 아는 것'을 의미합니다. 그런데 우리는 우리의 신앙생활의 기본이 되는 진리의 말씀을 바로 알지 못하고 살아갈 때가 얼마나 많습니까? 여러분, 우리가 한 하나님을 믿고 한 교회를 다녀도 왜 신앙이 각각 다르냐면 하나님의 진리의 말씀을 바로 알지 못하기 때문입니다. 더 나아가 성경 말씀을 바로 가르쳐 줘도 다 자기가 알아왔던 대로, 또 자기 편의대로, 심지어 자기 교만 때문에 안 받아들이는데 그것이 그들의 신앙생활의 은혜와 축복과 행복의 한계인 것입니다.

오늘 우리는 사순절 둘째 주일이요 제102주년 3·1절 기념주일을 맞이하여 본문 말씀 가운데에 여호수아의 인도 아래 이스라엘 백성들이 요단 강을 건너는 기적 가운데 그들이 무엇을 알게 되는지, 이 시간도 들려주시는 하나님의 음성을 들을 수 있길 바랍니다.

하나님께서 우리와 함께하심을 알아야 함

먼저 본문 7절 말씀을 다 함께 읽겠습니다.

> "여호와께서 여호수아에게 이르시되 내가 오늘부터 시작하여 너를 온 이스라엘의 목전에서 크게 하여 내가 모세와 함께 있었던 것같이 너와 함께 있는 것을 그들이 알게 하리라."

두 정탐꾼의 여리고 성 보고를 들은 이스라엘은 가나안 정복을 확신하며 아침 일찍 싯딤을 출발하여 여리고 성을 향하여, 그들이 싯딤을 떠난 후 사흘이 되었을 때(수 3:2) 12km 떨어진 요단 강에 이르렀습니다. 당시 요단 강의 강폭은 20~30m이고 수심은 3~4.5m가 될 정도였습니다. 요단 강은 레바논의 눈이 녹는 4월경에 가장 수량이 풍부했는데 이스라엘 백성들이 요단을 건넌 때가 니산월로서 3~4월 10일이었으니까(수 4:14) 요단 강이 범람하는 가장 어려운 시기였습니다. 하나님께서는 이미 여호수아를 격려하신 적이 있었습니다만(수 1:1-9) 여기서 또다시 격려하십니다. 그것은 모세가 애굽에서 열 재앙을 체험하고 홍해를 건너는 기적을 목격하였듯이(출 14:31) 이제는 여호수아가 요단 강을 기적적으로 건넘으로써 하나님께서 이스라엘 백성들과 함께하심을 알게 하신다는 것이었습니다.

우리도 신앙생활을 해오면서 하나님의 기적을 체험하면서 하나님께서 우리와 함께하심을 알게 됩니다. 사실 우리가 이미 불신앙의 죄를 회개하고 예수님을 구주로 영접할 때 하나님의 영이신 성령님께서 우리에게 임하셔서 영원히 함께하십니다. 그런데 우리는 이 사실을 확신하지 못하고 기도할 때나 찬양할 때 "성령님이여, 이 시간 임하여 주시옵소서!", "주님, 저희와 함께하여 주시옵소서!" 하고 곧잘 기도하는데, 엄밀하게 말하면 그것은 비성경적인 불신앙의 기도입니다. 마치 우리 부모님이 우리와 함께 사시는데도 매번 부모님을 뵐 때마다 "엄마, 아빠, 저와 함께해 주세요!"라고 말하면 부모님이 어떻게 느끼시겠습니까? "아니, 내가 너와 평생 함께한다고 약속했는데 왜 엄마, 아빠를 못 믿고 만날 때마다 자꾸 그렇게 말하니?" 그러실 거 아닙니까?

그래서 앞으로 우리가 기도나 찬양을 할 때에 "성령님이여, 임하여 주시옵소서!"라고 하기보다도 성령님은 이미 우리 가운데 임하여 계시니까 "성령님의 은혜로 충만케 하여 주시옵소서!", "성령님의 능력으로 충만케 하여 주시옵소서!"라고 기도하는 것이 더 성경적입니다 "하나님 아버지, 우리와 함께하여 주시옵소서!"라고 기도하는 대신에 "하나님 아버지, 우리와 함께하심을 확신하게 하여 주시옵소서! 우리와 함께하심을 체험하게 하여 주시옵소서!"라고 기도해야 합니다.

여러분, 우리 부모님만 우리와 함께하시고 사랑을 부어 주시고 축복을 더해 주셔도 얼마나 위로가 되고 힘이 되고 복이 되고 감격스러운 일입니까?

머리가 하얀 70세가 넘어 보이시는 한 장로님이 계셨는데 하루는 결혼한 아들에게 전화를 하셨습니다. "아버지, 왜 전화하셨어요? 무슨 일 있으세요?" "아니야. 무슨 일이 있기는…." "그런데 왜 전화하셨어요?" "아니, 다른 게 아니고 사실은 있잖아! 내가 너를 사랑한다고…." "뭐라고요, 아버지? 지금 뭐라고 그러셨어요?" "응, 내가 너를 사랑하는데 말이야…." 그랬더니 아들이 아무 대답이 없더랍니다. 계속해서 "너에게 참 미안하다! 미안한 게 너무 많아!" 하고 아버지가 한참 동안 말을 못 잇다가 전화가 끊었습니다. 그리고 두세 시간쯤 뒤에 며느리에게 전화가 와서 그러더랍니다. "아버님, 남편에게 뭐라고 하셨어요? 뭐라고 하셨길래 저렇게 방에 들어가서 계속 울고 있어요? 뭐라고 하셨길래요?"

지난날 우리 부모님들이 평생 자식들에게 사랑한다는 말 한마디 못했어도 부모님은 우리를 변함없이 사랑하셨고, 우리에게 쏟아 줄 사랑이 다했을 때 우리 곁을 떠나가셨습니다. 그런데 우리 부모님의 사랑이 완전하지 못하여 때로는 우리에게 사랑의 표현을 잘 못하시고 상처를 줄 때도 있으셨지만 우리 주님은 그렇지 않으십니다. 주님은 우리를 변함없이 완전하게 사랑하십니다. 그러므로 우리가 세상 끝 날까지 바로 그 주님께서 함께하심을 확실히 믿어야 합니다.

그런데 그 주님의 사랑은 십자가를 통해서 나타났습니다. 그러므로 예수 그리스도의 고난(苦難)이 시작되는 재(災)의 수요일(Ash Wednesday), 즉 지난 2월 17일 수요일부터 부활주일 전날인 4월 3일(토)까지 주일을 뺀 40일 동안이 사순절(四旬節, Lent) 기간입니다. 사순절은 주후 325년 니케아 공의회에서 결정되어 지금까지 온 세계 교회가 지켜 오고 있는데 예수님께서 나 같은 죄인을 위해서 십자가의 고난과 죽임을 당하신 수난(受難)의 절기입니다. 그런데도 우리는 연례적이고 형식적으로 지나쳐 버릴 때가 얼마나 많습니까? 그래서 우리가 이 사순절 기간에 실천하면 좋겠습니다.

1) 예수 그리스도의 십자가의 고난과 사랑을 깊이 묵상합시다.
2) 성경을 읽읍시다.
3) 자신을 돌이켜보며 마음을 찢고 참회합시다.
4) 깨어 새벽기도회에 참석하여 기도로 무장합시다.
5) 공예배에 열심히 참석하며 예배 생활을 회복합시다.
6) 육식이나 기호식품이나 세상적인 향락을 절제하고 인내합시다.
7) 경건생활에 힘씁시다.
8) 내 주위의 이웃에게 선행으로 사랑을 실천합시다.
9) 사랑하는 가족부터 전도에 힘써야 합니다.
10) 예수 그리스도와 동행하며 그의 은혜를 잊지 않고 감사하고 감격하면서 살아가야 합니다.

그리할 때 주님께서 우리가 복되고 형통하고 행복할 때만 우리와 함께하시는 것이 아니라 갖가지 질병이나 경제적 위기나 갑작스런 사고나 가정의 불행이나 죽음의 위기 등 갖가지 삶의 불행과 고통 속에서도 기적적으로 우리를 건져 주시는 체험을 통해 주님께서 우리와 함께하심을 분명히 알게 됩니다.

우리의 신앙생활의 진수를 담고 있는, 시편 중의 시편이라는 시편 23편은 다윗 왕이 사랑하는 아들 압살롬의 반란으로 쫓겨 유다 광야에서 생사를 알지 못하는 피난 생활을 하면서 지은 찬양시입니다. 그 시편 23편 4절에서 다윗은 "내가 사망의 음침한 골짜기로 다닐지라도 해를 두려워하지 않을 것은 주께서 나와 함께하심이라 주의 지팡이와 막대기가 나를 안위하시나이다"라고 고백했습니다. 다

윗은 과거 사울 왕에게 쫓겨 다닐 때도 수없이 죽음의 위기를 겪었고, 심지어 아들 압살롬의 반란에 의해 쫓기면서도, 지난날 그가 아버지의 양을 지킬 때 선한 목자로서 사자와 곰에게서 그의 양을 지켰듯이(삼상 17:34-35) 주님께서 그와 함께하시면서 주님의 지팡이(rod)로 어둡고 위험한 길을 갈 때에 길잡이가 되어 주시고, 주님의 막대기(staff)는 양의 대적을 쳐서 물리치는 도구가 되어 주셨던 것입니다. 그리하여 다윗을 안위(위로)해 주셨듯이 우리도 하나님의 사랑에 감격하면서 그를 확실히 믿음으로 하나님께서 우리와 함께하심을 알게 될 줄 확실히 믿으시기 바랍니다.

하나님의 말씀대로 될 것을 알아야 함

계속해서 본문 8-9절 말씀을 다 함께 읽겠습니다.

> "너는 언약궤를 멘 제사장들에게 명령하여 이르기를 너희가 요단 물가에 이르거든 요단에 들어서라 하라 여호수아가 이스라엘 자손에게 이르되 이리 와서 너희의 하나님 여호와의 말씀을 들으라 하고."

이스라엘 백성들 중 레위 지파 가운데 아론의 자손들이 제사장이 되고(민 3:3), 또 그중에 아론의 직계 중에서 한 사람이 평생의 종신직인 대제사장직을 맡았고, 레위인들은 성소에서 봉사직을 맡았습니다. 광야 행진 중에는 언약궤(법궤)는 레위인 가운데 고핫 자손이 메었는데(민 4:15) 이 언약궤는 행렬의 중앙에 위치하고 이스라엘 백성들은 그 앞과 뒤에 여섯 지파씩 행진했습니다(민 10:14-28). 그런데 하나님께서는 여호수아에게 요단 강을 도강할 때는 언약궤를 멘 제사장들이 요단 강 물가에 이르거든 그대로 요단 강에 들어서라고 명령하십니다. 사실 그 넘실거리는 요단 강물 속으로 언약궤를 메고 뛰어드는 것은 목숨을 거는 것과 같은 일이었습니다. 그럼에도 불구하고 여호수아는 각 지파의 대표들을 불러서 "너희의 하나님 여호와의 말씀을 들으라"고 명령합니다. 여호와의 궤를 멘 제사장들의 발바닥이 요단 강물을 밟으면 요단 강물 곧 위에서부터 흘러내리던 물이 끊어지고 상류에서 쌓여 서리라는 거였습니다. 당시에 보리를 추수하는 시기인 3~4월경이면 요단 강물이 항상 언덕(גדותיו, 께도타이우, his banks) 즉 그 강둑에 넘쳤는데 강물이 많고 또 급류가 흘러 건너기가 가장 어려운 시기였습니다. 그런데도 하나님의 말씀을 절대 신뢰하는 믿음을 가졌기 때문에 그대로 행했고, 실제로 하나님의 명령대로 그 위험한 요단 강물에 제사장들이 발을 딛는 순간 그 넘쳐나던 요단 강물이 끊어지는 기적이 일어난 것입니다. 이것은 이스라엘 백성들에게 이 모든 것이 하나님의 말씀대로 이루어지는 것을 알게 하기 위함이었습니다.

말세 마지막 때 우리 인간들이 복의 근원이 되시는 하나님의 말씀대로 살지 않으니까 스스로 불행을 겪고 고통을 당하고 파멸에서 헤어 나오지 못합니다. 최근 들어 어린아이들을 방치하고 폭력을 행사하며 살인하는 부모들까지 점점 많아지고 있습니다.

전전주 월요일에 한 여성이 경북 구미에 있는 빌라에서 전 남편에게서 낳은 3세 딸아이를 방치한 채 6개월 전에 새 남편에게 이사해 버렸습니다. 새 남편과 갖게 된 아이에게 신경 쓰느라고 그 딸을 버리고 갔는데 결국 어린 딸이 죽은 채로 발견이 되었습니다. 더욱더 놀라운 것은 그 빌라 아랫집에 외할아버지, 외할머니가 살고 있었다는 것입니다. 세 살 난 어린아이가 난방도 안 켠 불 꺼진 그 추운 방에서 6개월 동안 춥고 무섭고 배가 고파서 밤낮으로 울부짖었을 텐데도 어떻게 그 울음소리를 못 들을 수 있습니까? 분명히 그 엄마가 이 세 살 난 딸아이를 정신을 잃게 하거나 죽이지 않았다면 어떻게 아무런 소리도 없을 수 있겠습니까? 그것도 빌라 임차 기간이 만기가 되어 집을 비워 달라는 집주인의 말을 듣고 외할머니가 빌라 문을 열고 들어갔다가 손녀딸의 시신이 상당히 부패가 되어 형체를 알아볼 수 없는 상태로 발견을 하고 경찰에 신고한 것입니다.

지난 수요일 전북 익산에서도 20대 부부가 태어나서 2주도 안 된 아들이 울고 토한다는 이유로 이 어린 아기를 침대에 던지고 얼굴을 때렸습니다. 그리고 피멍자국이 생기자 병원에도 못 데리고 가다가 아기가 의식을 잃자 아기가 침대에 떨어졌다고 119에 신고를 했는데 결국 이 아이는 조기 치료를 못 받아서 세상을 떠났습니다.

또 전전 주간 경기도 용인에서도 10살 여자 조카가 말을 듣지 않고 소변을 못 가린다고 심하게 폭행하고 물고문하여 치사한 이모 부부도 살인죄로 구속되었습니다.

또한 지난 수요일에는 가정불화와 스트레스로 인해서 의붓아들을 차가운 물에 2시간 동안 담가 학대하다가 저체온증으로 살해한 계모에게 징역 12년형이 선고되었습니다.

심지어는 돈을 벌어오라는 아내의 말에 분노한 70대 남편이 아내를 흉기로 살해해서 서울중앙지법에서의 1심 재판에서 징역 8년을 선고받았습니다. 아내들도 제 명에 살려면 이제 남편에게 돈 벌어오라는 말도 함부로 해선 안 되겠습니다. 차라리 굶고 금식하는 게 낫지 잘못하면 맞아 죽게 생겼으니, 그래도 우리가 지금까지 안 맞아 죽고 살아 있는 것만 해도 감사하면서 살아야 합니다. 말 한마디라도 따뜻하게 서로 위로하며 행복하게 살아가야 할 세상이 지옥 같이 변해 버리고 말았습니다.

한 여집사님의 이웃집 여자가 생일 선물로 남편에게서 화장품 세트를 받았다는 자랑을 듣고 집에 와서 지난달 자기 생일에 남편이 "겨우 통닭 한 마리로 때웠다"고 화를 냈습니다. 그러자 남편이 "쯧쯧. 그 여자 참 불쌍하네!" 그러더랍니다. 그러자 아내가 "아니, 그 여자가 불쌍하다니 그게 무슨 말이에요? 이렇게 사는 내가 불쌍한 여자지!" 하고 더욱 화를 내자 남편이 "그 아줌마가 당신처럼 예뻐 봐! 무슨 화장품이 필요하겠어?"라고 말해서 그 남편 집사님이 살아났다고 합니다. 말 한마디가 이렇게 중요합니다.

이처럼 우리는 말세 마지막 때 사랑이 메마를 대로 메마른 살벌한 세상이 되리라는 예언의 말씀대로 이루어지는 세상을 살아가고 있습니다. 그 근본적인 이유가 아모스 8장 11절의 "주 여호와의 말씀이니라 보라 날이 이를지라 내가 기근을 땅에 보내리니 양식이 없어 주림이 아니며 물이 없어 갈함이 아니요 여호와의 말씀을 듣지 못한 기갈이라"라고 하신 말씀 그대로 되고 있는 것입니다. 그래서 하나님께서 우리 인생에 고난을 주시는 것도 우리의 삶의 연단 속에 정금 같은 믿음으로 나와서 하나님의 말씀대로 되는 것을 알게 하시기 위함입니다.

사회과학적 관점에서 초기 기독교 성장의 요인을 파헤친 워싱턴 대학교 비교종교학의 로드니 스타크(Rodney Stark) 교수가 쓴 《기독교의 발흥》(*The Rise of Christianity*)이란 책에 보면, 초기 기독교 시대에 끊임없는 침략과 화재와 지진과 기근과 전염병과 처참한 폭동 속에서도 살아 계신 하나님의 말씀대로 초기 기독교인들은 끝까지 인내하면서 살아 계신 하나님께 대한 예배를 사수하고 이웃에 대한 사랑의 봉사로 살아갔습니다. 그랬더니 1세기 말 7,535명의 기독교인이 300년 만에 2배 이상이 되어 400년에는 1억 8,222만 5,584명으로 뜨겁게 부흥하게 되었다는 것입니다.

그런데 《3·1운동 정신과 코로나 극복》이란 책 가운데서 장신대 교회사 임희국 교수는 그것은 우리나라의 초기 기독교에도 똑같은 일이 일어났다고 합니다. 1919년 3·1운동 당시에도 약 1,600만 명의 우리나라 인구 가운데 기독교인이 약 29만 명이었으니까 전체 인구의 1.8%에 불과했습니다. 그런데 독립선언서에 서명한 민족 대표 33인 중 16인이 목사, 전도사, 장로들인 것은 말할 것도 없고, 전체 만세 시위자의 약 30%가 기독교인이었고, 또 시위 도중 투옥된 사람의 약 20%가 역시 기독교인이었습니다. 그래도 우리 신앙의 성도들이 일본의 무자비한 총칼 앞에서도 살아 계신 하나님의 말씀대로 원수까지도 사랑하며 비폭력, 무저항, 박애신앙으로 살아갔더니 조국의 독립도 앞당겨졌고, 그 후 기독교는 나라와 민족에 결정적인 선한 영향력을 미치면서 한국 교회가 뜨겁게 부흥하게 되었다는 것입니다.

여러분, 우리가 가지고 있는 이 하나님의 말씀 가운데 하나님의 뜻이 나타나 있고, 하나님의 축복이 담겨 있고, 하나님의 영광이 다 드러나 있습니다. 그런데 우리가 이 하나님의 말씀대로 살지 못함으로 인해 하나님의 풍성한 은혜와 축복과 행복을 다 잃어버리고 얼마나 갖가지 인생의 불행과 고통을 겪으며 살아가고 있습니까? 그래서 말씀장인 시편 119편 67절과 71절에서 "고난당하기 전에는 내가 그릇 행하였더니 이제는 주의 말씀을 지키나이다…고난당한 것이 내게 유익이라 이로 말미암아 내가 주의 율례들을 배우게 되었나이다"라고 증거하였던 것입니다.

사실 우리가 아무리 계획을 세우고 애쓰고 수고해도 인생을 살다

보면 우리 뜻대로 되는 것이 아무것도 없습니다. 다만 우리의 뜻이 하나님의 뜻과 맞을 때 우리의 뜻대로 된 줄로 착각할 뿐입니다. 그래서 우리가 살아가면서 갖가지 인간적이고 육신적으로 계획을 세우고 계략을 꾸며도 다 헛수고입니다. 그러므로 진정으로 복되고 형통한 길은 하나님의 말씀을 그대로 믿는 것이고, 하나님의 말씀을 그대로 따라 사는 것이고, 하나님의 말씀을 그대로 이루는 삶을 살아가는 것입니다. 그리할 때 결국에는 모든 것이 하나님의 말씀대로 그대로 다 이루어집니다.

그래서 예수님께서도 40일 금식기도를 마치고 광야에서 사탄의 시험을 받으실 때 가장 먼저 "네가 하나님의 아들이어든 이 돌들로 떡이 되게 하라"라는 육의 굶주림의 시험에 신명기 8장 3절의 말씀을 인용하여 "예수께서 대답하여 이르시되 기록되었으되 사람이 떡으로만 살 것이 아니요 하나님의 입으로부터 나오는 모든 말씀으로 살 것이라 하였느니라 하시니"(마 4:4)라고 말씀으로 물리치셨습니다. 그다음 예수님을 성전 꼭대기로 데려가서 "네가 하나님의 아들이어든 이 성전 꼭대기에서 뛰어내리라"라고 한 명예의 시험에 신명기 6장 16절의 말씀을 인용하여 "예수께서 이르시되 또 기록되었으되 주 너의 하나님을 시험하지 말라 하였느니라 하시니"(마 4:7)라고 말씀으로 물리치셨습니다. 마지막으로 사탄이 예수님께 천하만국과 그 영광을 보여주며 한 "만일 내게 엎드려 경배하면 이 모든 것을 네게 주리라"라고 한 영적인 시험을 신명기 6장 13절의 말씀을 인용하여 "이에 예수께서 말씀하시되 사탄아 물러가라 기록되었으되 주 너의 하나님께 경배하고 다만 그를 섬기라 하였느니라"(마 4:10)라면서 말씀으로 물리치셨습니다. 이처럼 우리도 인생의 어떠한 불행과 고통도 하나님의 말씀으로 이겨내야 하므로 아무리 바쁘고 피곤해도 모든 삶의 우선순위를 우리 인생의 풍성한 은혜와 넘치는 행복과 부족함이 없는 축복의 보고인 하나님의 말씀에 두어야 합니다. 그리고 성경공부를 신청해서 하나님의 말씀을 배우면서 하나님의 말씀을 듣고 읽고 묵상하고 암송하고 실천하면서 승리해 나가야 합니다.

하나님의 말씀을 계속해서 배우면서 영적으로 성장하지 않고 초신자 때의 신앙을 가지고 목사 하고 장로 하고 권사 하고 집사를 하려고 하니까 스스로 갖가지 신앙의 불행과 고통 속에서 헤어 나오지 못하고, 주의 종들이나 영적인 성도들과 갈등과 불화를 겪을 수밖에 없습니다. 그러므로 이 환난 많은 세상 가운데서 하나님의 말씀 가운데 승리하는 변화된 삶을 살아가야 합니다.

미국의 잰 해리슨(Jan Harrison)은 믿음으로 순탄한 삶을 살아왔습니다. 그런데 우리의 인생이 결코 순탄한 삶만 있는 것이 아니지 않습니까? 2010년 27세의 아주 믿음이 좋은 아들 제임스(James)가 케냐에 단기선교를 갔다가 급성 폐렴으로 갑작스럽게 하늘나라로 떠나가고 말았으니, 어머니의 심정으로는 함께 천국에 따라가고 싶은 심정이었습니다. 그래서 깊은 삶의 고통의 소용돌이에서 헤어 나오지 못하고 날마다 점점 거세지는 두려움에 점점 밑바닥으로 가라앉는 힘겨운 믿음의 싸움을 하며 살아갔습니다. 그런데 어느 날 그녀의 인생의 험난한 폭풍 가운데 예수님께서 찾아오셨습니다. "안심하라 내니 두려워하지 말라"(막 6:50)는 음성이 들려오는데 놀라운 것은 그 말씀을 듣는 순간부터 그녀의 인생이 잔잔한 바다로 변한 것이었습니다. 그리고 폭풍 이후의 삶을 예비해 놓으신 주님께 남은 인생의 모든 것을 맡기고 살아가게 됩니다.

남은 삶을 어떻게 살 것인가 기도하던 중에 무엇보다 아들의 뒤를 이어 날마다 성경 말씀대로 살아가는 사람(A Bible Doer)이 되기를 간구하며 성경 교사로서 헌신하고, 그 후 20여 년 동안을 여성을 대상으로 한 집회와 수련회에서 자신이 겪은 고난과 말씀으로 일어서게 된 감동의 간증을 전하였습니다. 그리고 먼저 하늘나라로 떠나간 아들 제임스를 기념하여 설립한 국제사역단체인 'With Open Eyes'(눈을 열라)의 리더로서 빌리 그레이엄 목사님의 딸인 앤 그레이엄 로스 목사님과 함께 12개국 30개 도시에서 수천 명이 참석하는 부흥회를 인도하면서 오히려 이전과 비교할 수 없는 복된 삶을 살아가게 됩니다.

그녀는 아들의 죽음의 슬픔을 딛고 쓴 《나에게 폭풍이 왔다》라는 책 가운데 이렇게 말하고 있습니다. 사탄이 인생의 폭풍우 가운데 있는 우리에게 "너는 이겨 내지 못해. 애써 봤자 소용없어!" 하고 속삭일 때 빌립보서 4장 13절의 "내게 능력 주시는 자 안에서 내가 모든 것을 할 수 있느니라"는 말씀을 붙들라고 합니다. 또 사탄이 "돈이 다 떨어지면 아무도 너에게 신경 쓰지 않을 거야!" 하고 속삭일 때 빌립보서 4장 19절의 "나의 하나님이 그리스도 예수 안에서 영광 가운데 그 풍성한 대로 너희 모든 쓸 것을 채우시리라"는 말씀에 귀 기울이라고 합니다. 또한 사탄이 "이 상황은 절대 변하지 않을지도 몰라. 너는 일평생 이렇게 살게 될 거야! 네 인생을 끝났어!"라고 소리칠 때 로마서 8장 28절의 "우리가 알거니와 하나님을 사랑하는 자 곧 그의 뜻대로 부르심을 입은 자들에게는 모든 것이 합력하여 선을 이루느니라"는 하나님의 말씀을 붙잡고 일어서라고 합니다. 잰 해리슨은 그 엄청난 불행과 고통 속에서도 하나님의 말씀을 붙들므로 그의 여생이 삶의 의미를 찾게 되고 복되게 쓰임 받으며 영광 돌릴 수 있었던 것입니다.

그러므로 우리도 우리 인생의 어떠한 불행이나 고통이 인간의 지식이나 경험이나 이성으로는 안 받아들여져도 하나님의 말씀만 믿고 붙들고 나아갈 때 하나님의 말씀대로 그대로 이루어짐을 분명히 알게 될 줄 확실히 믿습니다.

모든 대적을 물리치게 될 것을 알아야 함

마지막으로 본문 10절 말씀을 다 함께 읽겠습니다.

> "또 말하되 살아 계신 하나님이 너희 가운데에 계시사 가나안 족속과 헷 족속과 히위 족속과 브리스 족속과 기르가스 족속과 아모리 족속과 여부스 족속을 너희 앞에서 반드시 쫓아내실 줄을 이것으로써 너희가 알리라."

살아 계신 하나님께서는 이스라엘 백성들 가운데 함께 계시고 하나님의 말씀 가운데 인도하셔서 가나안의 일곱 족속 즉 가나안 족속, 헷 족속, 히위 족속, 브리스 족속, 기르가스 족속, 아모리 족속, 여부스 족속을 모두 다 이스라엘 백성 앞에서 반드시 쫓아내실 줄을 이것으로써 알게 하리라고 약속하십니다. '이것으로써'는 히브리어로 '**בזאת**'(뻬조트)로서 '이 일로'라는 뜻인데, 즉 언약궤가 요단 강에 들어감으로써 요단 강이 갈라지고 이스라엘 백성들이 요단 강을 건너는 기적으로(수 3:5, 13) 믿음의 확신을 가진 것입니다. 결국 가나안의 일곱 족속도 다 물리치고 가나안 땅을 정복하게 될 것을 알게 되리라는 것입니다.

우리의 신앙생활도 마찬가지입니다. 우리는 하나님의 편에 서서 신앙생활을 하려 하면 사탄은 끊임없이 온갖 거짓으로 비방하고 험담하면서 우리를 불행하게 하고 고통스럽게 하고, 실패하게 하고 발목을 잡고 앞길을 막으려고 하고, 무너뜨리려고 하고 죽이려고 달려듭니다.

최근에도 하버드대 존 램지어(John Ramseyer)라는 교수가 "종군위안부들은 자발적 매춘 계약을 하고 돈 벌러 갔다"는 말도 안 되는 거짓 주장을 하여 전 세계를 어지럽힌 사건이 있었습니다. 알고 보니까 그는 어린 시절 일본에 살면서 일본 문화에 젖어 있었고, 그 후 일본에 교환교수로 가 있으면서 일본의 거짓 논리에 물들었고, 더욱이 일본 욱일장(훈장)까지 받았습니다. 그러니까 완전히 일본 편에 서서 역사의 진실을 온갖 거짓으로 각색을 한 것입니다. 이에 하버드대를 비롯한 전 세계 주요 대학 2,100명을 넘는 양심적인 교수들이 "그는 최악으로 학문적 진실성을 위반했다"고 비난 성명서에 서명을 하여서 전 세계적으로 큰 불명예를 안고 말았고, 결국 지난 금요일 램지어 교수가 "한국인 매춘 계약서 발견 못해…내가 큰 실수를 했다"고 잘못을 시인했습니다.

지금까지 목회하면서 갖가지 교인들을 많이 만났는데, 하나님의 말씀에 큰 은혜를 받고 믿음으로 축복을 풍성히 누리고 행복의 감격 속에서 사명을 감당하면서 하나님께 크게 쓰임 받고 영광을 돌리는 주의 종들이나 성도들도 많이 있습니다. 그런데 자신이 하나님께 대한 믿음이 바로 서 있지 않고 지난날의 상처가 치유 받지 못하니까 하나님의 말씀에 어떠한 은혜도 받지 못하고 축복도 다 잃어버리고 행복의 감격도 다 사라져 버려서 가정이나 교회가 평안하지 못한 주의 종들이나 성도들도 많이 봅니다. 그런 사람들은 매사가 부정적이고 비판적이고 거짓된 상상 속에서 자기 수준으로 계략을 꾸

며서 갖가지 시비를 걸고 주의 일에 걸림돌만 되면서 하나님의 영광을 다 가리다가 어느 날 갑자기 세상을 떠나 버립니다. 하나님께서 선악 간에 다 심판하시는데 자기만 복을 다 잃어버리는 교인들을 보면 얼마나 가슴 아프고 눈물 나는지 모릅니다.

그러므로 이제부터 우리의 여생이라도 우리 하나님께서 우리를 어떻게 인도하시고 어떻게 역사하시고 어떻게 영광 거두시길 원하시는가에 항상 영적으로 분별하고 순종하면서, 거기에 우리의 인생의 초점을 맞추며 살아가야 합니다. 그리할 때 우리의 어떠한 원수 대적도 다 물리치시고, 우리를 승리케 하시고 복되게 하시고 귀하게 쓰시고 크게 영광 돌리게 하십니다. 그래서 출애굽기 14장 13-14절에 "너희는 두려워하지 말고 가만히 서서 여호와께서 오늘 너희를 위하여 행하시는 구원을 보라 너희가 오늘 본 애굽 사람을 영원히 다시 보지 아니하리라 여호와께서 너희를 위하여 싸우시리니 너희는 가만히 있을지니라"라고 확증해 주시는 것입니다.

여러분, 우리가 대적들과 싸우는 것 같지만 사실 그렇지 않습니다. 우리가 하나님의 편에만 서서 믿음으로 살아가면 온갖 거짓의 어떠한 사탄의 계략조차도 우리의 힘으로는 못 이겨도 우리 안에 계시는 전지전능하시고 무소부재하시고 영원불멸하신 하나님께서 우리를 위하여 싸우시니까 이 하나님의 권능으로 말미암아 능히 이겨낼 수 있습니다. 신약성경에서는 로마서 8장 37절에 "그러나 이 모든 일에 우리를 사랑하시는 이로 말미암아 우리가 넉넉히 이기느니라"고 선언한 후에 38-39절에서 "내가 확신하노니 사망이나 생명이나 천사들이나 권세자들이나 현재 일이나 장래 일이나 능력이나 높음이나 깊음이나 다른 어떤 피조물이라도 우리를 우리 주 그리스도 예수 안에 있는 하나님의 사랑에서 끊을 수 없으리라"고 분명히 선포합니다. 그래서 사탄은 영적인 목사님이나 장로님이나 권사님이나 집사님이나 성도님들을 결코 해할 수도 없고, 이겨 낼 수도 없습니다.

우리 치유하는교회처럼 성전 예배를 사수하며 큰 환난과 핍박을 겪었던 부산 세계로교회 손현보 목사님의 간증입니다. 그가 태어난 곳은 경남 김해 무척산기도원 밑인데, 어머니는 아버지의 둘째 부인이었고, 아버지는 손 목사님이 네 살 때 돌아가셔서 극심한 가난 속에 살았다고 합니다. 그래서 손 목사님의 다섯 식구는 봄에는 산나물을 뜯고 여름엔 남의 집 일을 돕고 겨울엔 무척산에 올라가 나무를 해야 겨우 먹고 살 수 있었습니다. 더구나 불신 가정에서 극심한 탄압을 받으며 홀로 교회에 다녔는데 형은 예수 믿는 그를 죽이겠다며 낫을 들고 덤벼들 정도였습니다.

고등학교 3학년 때 신학대학에 시험을 쳐 합격했는데 주위를 아무리 둘러봐도 도와줄 사람이 없었습니다. 아무리 계산해 봐도 그의 집에는 등록금을 낼 돈이 없어서, 용기를 내서 집안에서 가장 부자인 삼촌을 찾아갔습니다. 그래서 당시 삼촌이 논 100마지기를 지닌 거부였는데도 "니도 알다시피 우리 아이들은 동아대와 부산대를 다녔다. 한 아이 보낼 때마다 논 30마지기가 들어가더라. 너그 집은 논 두 마지기도 없는데 우짤라고 그러노? 나는 어림도 없데이!" 그러더랍니다. 그래서 그토록 인색한 삼촌에게 "삼촌, 제가 대학에 가는지 못 가는지 두고 보세요. 과정은 잘 모르지만 저는 반드시 신학대학을 졸업하고 목사가 될 겁니다!" 그렇게 큰소리를 치고 뒤도 안 돌아보고 돌아왔지만 등록 마감 하루 전까지 주머니에는 난돈 1만 원도 준비되지 않았습니다.

가슴이 답답해 터질 것만 같아서 어디 가서 바람이라도 쐬고 싶었습니다. 부산 주례삼거리 철길 뒤로 올라가면 불현사라는 절이 있는데 예전에 친구와 함께 놀러 갔다가 그 근처에서 우물물을 마신 적이 있었다고 합니다. 그때 한 스님이 손 목사님을 보고 자기 동자승이 되라고 한 적이 있었는데, 그때 친구가 “스님, 얘는 앞으로 신학을 공부해서 목사가 된다는데요!” 그러니까 “그래? 그럼 나중에 놀러나 오거라!” 하던 것이 생각이 나서 부산으로 향했습니다. 절에 갔다가 마침 그때 만났던 스님을 다시 만났는데 “어찌 왔는고?” 해서 “놀러 오라고 해서 왔습니더!” 그러니까 “목사 된다고 하더만?” 해서 “시험은 쳤습니더!” 했더니 “합격했나?” 묻더랍니다. “합격은 했습니더” 하니까 “등록은 했나?” 해서 “아직 못했습니더!” 그랬더니 “요새 등록금은 얼마나 하나?” 해서 “입학금하고 등록금까지 해서 60만 원 정도 됩니더!” 그랬더니 “그렇나? 마! 놀다 가거라!” 그리고는 아무 말씀도 안 하더랍니다. 그래서 절에서 놀다가 내려가는데 일하는 아주머니가 불러 스님을 만나고 가라고 해서 “스님, 잘 놀다 갑니더!” 하니까 “안으로 들어오니라!” 하더니 돈 봉투를 내밀더랍니다. “이 돈으로 등록하거라!” 해서 “아니, 제가 이 돈을 받아도 됩니꺼?” 했더니 “열심히 예수 믿어서 나중에 부처가 되면 되지!” 그러더랍니다. 기가 막힌 말이지만 등록금이 너무도 감사해서 감사인사를 드리고 집으로 돌아왔습니다.

캄캄한 밤이 되도록 손 목사님이 안 들어오니까 어머니가 걱정이 됐는지 대문 밖에서 기다리고 계시더랍니다. “도대체 어딜 갔다 오노?” 해서 “등록했다! 스님이 60만 원을 줘서 신학대에 등록하고 왔다!” 그러자 어머니는 너무 기뻐하면서 절을 향해 연신 “나무아미타불 관세음보살!”을 외치더랍니다. 그 모습을 보고 “엄마, 그건 부처님이 한 게 아니라 하나님이 하신 일이지!”라고 말했다고 합니다. 그는 하나님께 대한 철저한 믿음을 가지고 있었던 것입니다. 그런데 막상 고신대 신학과에 입학하고 나니 통학이 문제였습니다. 기숙사비는 커녕 밥 사먹을 돈조차 없어서 어디로 갈까 하다가 다시 절로 찾아갔습니다. "스님, 덕분에 등록은 잘했습니더!" 하니까 "집이 김해에서 더 들어간다고 했는데 어디서 생활할라꼬?" 해서 "아직 거할 곳을 찾지 못했습니더!" 했더니 "갈 데가 없으면 다락을 내줄 테니 거기서 먹고 생활하면 어떻겠노?" 그러더랍니다. "오늘부터 말입니까?" 하니까 "그럼!" 그래서 그날로 절 생활을 시작했습니다.

그런데 등록금이 60만 원이던 시절에 불교에서 죽은 사람이 좋은 곳에서 태어나기를 7일마다 일곱 번 재를 올리는 49재를 지낸다고 사 온 과일 값이 30만 원어치였다고 합니다. 파인애플 같은 수입 과일은 구경도 하기 어려운 시절이었는데도 제일 비싸고 좋은 과일로 제사를 지냈습니다. 제사 후 일하는 분이 종류별로 과일을 다락으로 가져왔는데 "저는 제사 지낸 것은 먹지 않습니다!" 하고 거절했습니다. 이튿날 스님과 겸상을 하면서 조용히 눈을 감고 기도했더니 "뭐 하노?" 하고 물어서 "기도합니데이!" 했더니 "밥을 누가 주는데?" 해서 "하나님께서 주셔서 먹는 것 아닙니꺼?" 했다고 합니다. 그랬더니 "야, 내가 벌어서 니한테 밥 주는데 무슨 소리고?" 해서 "스님도 다 하나님의 은혜로 사는 것 아닙니꺼?" 하니까 그 스님이 "야, 이놈아는 정말 못 이겨 낸데이!" 하면서 "사실은 나도 일제강점기 때 주일학교 다녔데이!" 하고 사실을 고백하더랍니다. 그래서 그런지 참 잘해 주었다고 합니다. 그다음 날 학교에서 돌아오니 다락방에 과일이 올라와서 "이 과일은 먹을 수 없습니다! 죄송합니더!" 했더니 "스님께서 손 군은 제사 드린 음식은 먹지 않으니까 제사 전에 미리 담아 주라"고 하셨다는 말을 듣고 그 사랑에 눈물이 핑 돌더랍니다.

그렇게 사탄 마귀의 소굴인 절에서 지내고 원수 대장인 스님에게서 등록금도 받고 책값도 받고 용돈까지 받으면서 신학교에 다녔고, 절에서 지냈지만 새벽마다 근처 교회에 가서 새벽기도를 드렸습니다. 새벽 4시가 되면 스님은 절을 한 바퀴 돌면서 목탁을 두드리며 예불을 했는데 예불이 끝날 때쯤 그는 성경책을 들고 큰소리로 찬송가를 부르면서 교회로 향했습니다. 그렇게 1년 동안 절에서 지내며 깨달은 것이 있었는데 '하나님의 복음을 전하고자 하는 마음만 가져도 하나님은 우리 삶을 기적적으로 인도하시고 모든 어려움을 승리케 하시는구나!' 하는 것이었습니다.

어머니는 하나님의 인도하심이 아니고서는 도저히 이해할 수 없는 그의 삶을 직접 보셨기에 조금씩 마음이 움직이셔서 급기야 고향 교회를 짓는 모습을 보며 그렇게 완고하던 마음이 우르르 무너졌습니다. 어머니보다 더욱 놀라운 기적은 그토록 몽둥이를 들고 쫓아다니며 두들겨 패던 형님의 변화였습니다. 예수 믿는다며 그를 죽이려 하고 교회에 온갖 욕을 다 퍼붓던 형님이 그보다 먼저 목사 안수를 받았고, 누나까지도 얼마 되지 않아 예수님을 믿고 권사님이 되었습니다. 그는 과거에 이렇게 절에서까지 혹독한 신앙의 연단을 받았기에 이번 코로나19의 정부의 핍박 속에서 끝까지 우리 치유하는교회처럼 성전 예배를 사수하고, 성전에서 쫓겨나자 주차장에서 예배를 드리면서 한국 교회의 대표적인 복음의 선봉장으로 쓰임 받을 수 있었던 것입니다.

그러므로 우리도 사탄의 조종을 받는 원수 대적들이 우리의 가정에서나 세상에서나 심지어 교회 안에서까지 갖가지 상처의 고통과 불행을 안겨 줘도 그들은 다 살아 계신 하나님의 심판에 맡겨 버립시다. 그리고 우리는 아무것도 염려하지 말고 두려워하지 말고 낙심하지 말고 좌절하지 말고, 결단코 이 영적인 싸움에 물러서지 말고 끝까지 인내하면서 죽으면 죽으리라는 믿음으로 대적하며 싸워나갈 수 있길 바랍니다. 그리할 때 우리는 아무런 힘이 없지만 우리 안에 계시는 성령님의 권능으로 말미암아 하나님께서 우리를 대신해서 싸워 주시고, 어떠한 원수 대적도 다 물리치고 승리함을 알게 될 줄 확실히 믿으시기 바랍니다.

어느 날 유럽 네덜란드의 한 시내, 오고 가는 사람들 사이에 노년으로 보이는 한 아저씨의 영혼을 씻어 주는 노래가 울려 퍼져서 많은 사람들이 길을 가다가 멈추어 그 노래에 흠뻑 빠져 들어갔습니다. 그 노래의 주인공은 중년인 마틴 허켄스(Martin Hurkens)였는데 그의 노래가 실의와 좌절에 빠진 이들에게 큰 위로와 용기를 주기도 했지만 그의 이력은 너무도 흥미로웠습니다.

네덜란드의 쉰벨트에서 태어난 마틴 허켄스의 어릴 적 꿈은 자신의 재능을 따라 오페라 가수가 되는 것이었지만 가난이란 현실의 벽에 부딪혀 오페라 가수가 되고자 했던 꿈을 포기하고 먹고 살기 위해 제빵사가 되었습니다. 32년 동안을 빵을 구우며 일하다가 50대 중반에 직장에서 실직을 당해 실의에 빠지게 되었습니다. 그러나 어릴 때 꿈인 성악가가 되고 싶었기 때문에 시간이 날 때마다 거리에 나가서 노래를 부르며 실직의 외로움을 달랬습니다.

그러던 2010년 그의 나이 57세 때였을 때 성령님께서 낙심한 아버지를 위로하기 위해 그의 막내딸의 마음을 감동하셔서 'Holland's God Talent'라는 방송국 오디션 프로그램에 아버지 이름으로 몰래 출연 신청을 하게 하셨습니다. 마틴 허켄스는 두려움이 앞서 선뜻 답을 못하고 주저했지만 딸의 눈물 어린 설득에 결국 도전을 하게 되었는데 놀랍게도 기적이 일어나서, 예상 밖으로 마틴 허켄스가 기적적인 우승의 영광을 안았습니다. 좌절을 딛고 일어선 그였기에 가슴속 깊숙이 우러나오는 그의 노래가 많은 사람들에게 큰 감동을 주었던 것입니다.

그 이후 마틴 허켄스에게는 전혀 다른 길이 펼쳐져서 정식으로 가수로 데뷔도 하게 되었고, 레코드 녹음까지 하게 되었습니다. 무대에 서기도 하지만 젊은 날의 꿈을 접어야만 했던 상처의 아픔을 달래기 위해 자주 거리에 나가 과거의 자신과 같이 방황하는 젊은이나 삶의 좌절을 겪는 중년이나 인생의 마지막 길을 가는 노년 등 듣는 모든 이를 위해 노래를 불렀습니다. 그리하여 유튜브에 올려진 그의 노래들은 외롭고 힘들게 살아가는 지구촌의 수많은 사람들의 마음을 사로잡아서 그가 발표하는 노래마다 동영상 조회 수가 500만이 넘고, 1,000만 넘고, 1,500만이 넘고, 2,000만이 넘었습니다.

그뿐만이 아니라 세계 각국에서 공연 요청이 쇄도해서 고국인 네덜란드뿐만 아니라 미국, 프랑스, 독일, 이탈리아, 터키, 중국, 대만, 일본에 이르기까지 해외공연도 계속 이어졌고, 그의 동영상엔 수많은 댓글이 달렸습니다. “가족 같던 오랜 친구에게 사기를 당해 가진 돈을 다 잃고 친구조차 잃었습니다! 이 노래를 들으며 정말 많이 많이 울었습니다! 그동안 가슴에 응어리졌던 속이 뻥 뚫린 듯 시원합니다! 나 자신을 뒤돌아보는 시간이 되었으며, 이제 처음부터 다시 시작해야겠어요!” “저는 한 가족을 책임지는 40대 초반의 가장이었지만 하는 일마다 되는 게 하나도 없고 부모님한테 손 벌리는 것조차 염치가 없었습니다. 그래서 어느 날 이렇게 살 바에는 가족들 힘들게 하지 말고 그만 살고 가려고 아파트 뒤에 있는 산에 올라가 술을 마시고 뛰어내리려는 순간 사랑하는 딸에게서 전화가 왔어요. ‘아빠, 힘내! 누가 뭐라고 해도 나는 아빠를 사랑해!’ 그 전화를 받고 폭포수처럼 쏟아지는 눈물을 참으며 내려왔어요. 그에게 전화를 건

딸아이의 핸드폰 컬러링 벨소리가 이 노래 'You raise me up'(날 세우시네)였거든요."

이렇게 60세가 다 되어 인생 반전을 일궈낸 마틴 허켄스는 자신의 홈페이지에 이렇게 써 놓았습니다. "당신도 늘 꿈꿀 수 있고, 언젠가는 그 꿈이 이루어집니다." 이제 그의 나이도 어느덧 68세가 되었지만 지금도 시간만 나면 네덜란드 마스트리히트 중심가에서도 부르고, 전 세계를 돌아다니며 공연을 할 때마다 늘 빼놓지 않고 부르는 노래가 있습니다. 바로 언제 들어도 은혜롭고 감동적인 선율의 "You raise me up"(날 세우시네)이라는 곡입니다.

1. 나 지치고 내 영혼 연약할 때
   근심 속에 내 마음 무거워
   주 오셔서 함께하실 때까지
   나 잠잠히 주님을 기다려
2. 열망 없는 그런 삶은 없으리
   끊임없이 고동치는 가슴
   주 오셔서 경이로 날 채우고
   영원한 삶 나에게 주시네

후렴) 날 세우사 저 산에 우뚝 서리
날 세우사 풍랑 가운데도
함께하심 나 강하게 하네
날 세우사 모든 것 할 수 있네

사랑하는 성도 여러분, 이 짧은 인생을 살아가면서도 시련과 역경이 없는 인생이 어디에 있습니까? 고난과 좌절이 없는 인생이 어디에 있습니까? 낙심과 절망이 없는 인생이 어디에 있습니까? 그것은 우리의 가정이나 직장이나 교회나 우리나라도 민족도 지난날 그러했습니다. 그러나 그때도 우리의 모든 불행과 고통의 삶 가운데에도 하나님께서 우리와 함께하심을 알아야 하고, 하나님의 말씀대로 될 것을 알아야 하고, 모든 대적들조차도 다 물리치게 될 것을 알아야 합니다. 그리할 때 우리는 인생 최후의 승리의 축복과 행복의 감격을 우리의 여생뿐만 아니라 자손 대대로 누리며 주님께 영광 돌리게 될 줄 확실히 믿습니다.

다 함께 결단의 찬송으로 "날 세우시네"(You raise me up)라는 찬송을 함께 부르며 믿음으로 결단하도록 하겠습니다.

1. 나 지치고 내 영혼 연약할 때
   근심 속에 내 마음 무거워
   주 오셔서 함께하실 때까지
   나 잠잠히 주님을 기다려
2. 열망 없는 그런 삶은 없으리
   끊임없이 고동치는 가슴
   주 오셔서 경이로 날 채우고
   영원한 삶 나에게 주시네

후렴) 날 세우사 저 산에 우뚝 서리
날 세우사 풍랑 가운데도
함께하심 나 강하게 하네
날 세우사 모든 것 할 수 있네

저희 개인과 나라와 민족과 인류의 역사의 주관자 되시는 하나님 아버지, 저희를 뜨겁게 사랑하셔서 102년 전 신앙의 선조들의 3·1 운동에 의해 오늘의 조국의 독립과 번영을 허락해 주심을 진심으로 감사드립니다. 저희의 인생도 지치고 힘들 때 하나님께서 저희를 사랑하시지 않으신 것 같고, 저희를 외면하시는 것 같고, 저희를 버리신 것처럼 낙심하고 좌절할 때가 얼마나 많았습니까? 그러나 이러한 일들로 인해 하나님께서 저희와 함께하심을 알게 하여 주시옵소서! 하나님의 말씀대로 될 것을 알게 하여 주시옵소서! 모든 대적조차도 다 물리치게 될 것을 알게 하여 주시옵소서! 그리함으로 살아 계신 주님 안에서 새로운 용기와 희망을 일어서서 승리하며 하나님의 꿈을 이루며 영광 돌리는 복된 삶을 살게 하여 주실 줄 믿사옵고, 예수님의 이름으로 간절히 축복하며 기도하옵나이다. 아멘!

영적 비석을 세우라

여호수아 4:1-9

이스라엘 백성들이 어린 양(요 1:29)의 피의 구원을 믿음으로 출애굽하여서 죄에 대해서 죽고 의에 대해서 부활함을 믿고 홍해를 건넘으로 세례(고전 10:2)에 순종했습니다. 그리고 40년 광야 생활 가운데 신앙의 연단을 받고 자아가 죽어짐으로 인해 요단 강을 건너는 기적을 체험하게 되었습니다.

그런데 대부분 교인들이 날마다 순간마다 주님의 십자가에서 자아가 죽어지는 체험을 하지 못하니까 생각하는 것이나 말하는 것이나 행하는 것이 육신적이고 인간적이고 세상적이며 그런 신앙생활을 합니다. 그래서 더 이상의 젖과 꿀이 흐르는 가나안 땅의 천국의 은혜도, 축복도, 행복도 다 잃어버리고 살아가고, 교회의 사역이나 성령님의 역사나 복음 선교의 걸림돌만 되어 살다가 인생을 끝내버립니다. 그러므로 이 사순절 기간이라도 다시 한 번 주님의 십자가의 고난을 묵상하고 주님의 십자가에서 자아가 철저히 깨어지고 부서지고 죽어지는 체험을 해야 합니다. 코로나19의 이 힘겨운 환난과 핍박 속에서도 자아가 죽어지지 못하면 더 이상의 희망이 없습니다. 그러나 우리의 자아가 죽어지는 체험을 하면 요단 강을 건너게 됩니다.

오늘 본문 가운데 여호수아는 요단강을 건넌 후 이스라엘의 열두 지파의 대표 한 사람씩 택하고 요단 강의 제사장들의 발이 섰던 곳에서 각기 돌 한 개씩을 가져다가 비석을 세우라고 합니다. 우리도 언젠가는 세상을 떠날 것이고 사람이 죽으면 비석을 세우는데 우리가 다른 비석은 못 세워도 영적 비석만은 세워놓고 떠나야 합니다. 그렇다면 이 열두 비석이 상징하는 것은 무엇이며, 우리의 여생에 어떻게 영적 비석을 세워야 하는가, 이 시간도 들려주시는 하나님의 음성을 다 함께 들을 수 있길 바랍니다.

삶에 기적의 표징이 있어야 함

먼저 본문 5-6절 상반절 말씀을 다 함께 읽겠습니다.

> "그들에게 이르되 요단 가운데로 들어가 너희 하나님 여호와의 궤 앞으로 가서 이스라엘 자손들의 지파 수대로 각기 돌 한 개씩 가져다가 어깨에 메라 이것이 너희 중에 표징이 되리라."

이전에도 돌을 취하여 기념비를 세운 일이 있었습니다. 가장 먼저 야곱이 아버지 이삭과 형 에서를 피해 하란의 외삼촌 라반의 집으로 도망가다가 루스에서 잠들어 꿈에서 하나님을 만나고 깨어난 뒤 베개로 삼았던 돌을 가져다가 기둥을 세우고 기름을 붓고 그곳 이름을 '벧엘'(하나님의 집)이라고 이름 지었습니다(창 28:18-19). 또 야곱이 외삼촌 라반의 집에서 20년 봉사를 하고 모든 것을 결단하고 떠나올 때 돌을 가져다가 기둥을 세우고 '갈르엣'(증거의 무더기)이라고 불렀습니다(창 31:45-47). 그리고 야곱이 돌아와 에서와 화해한 후 하나님께서 자신에서 벧엘로 올라가서 제단을 쌓으라는 음성을 듣고 하나님이 자기와 말씀하시던 곳에 돌기둥을 세우고 그 위에 전제물과 기름을 붓고 다시 벧엘이라고 부릅니다(창 35:15). 그리고 먼 훗날 이스라엘이 블레셋 사람들의 공격을 받게 되자 사무엘 선지자가 미스바로 모여 금식하게 하고 통회 자복하면서 부르짖을 때 큰 우레를 발하여 그들을 어지럽게 해서 이스라엘이 크게 승리하게 되자 사무엘이 돌을 취하여 미스바와 센 사이에 세우고 그 이름을 '에벤에셀'(도움의 돌)이라고 부른 적이 있었습니다(삼상 7:12).

본문 말씀에서도 이스라엘 열두 지파의 각 지파 대표들에게 여호와의 법궤를 메었던 제사장들의 발이 그 넘실거리던 요단 강물에 발을 딛었던 곳에 가서 돌 한 개씩을 가져다가 그날 밤 그들이 유숙했던 곳에 두었다가 다음 날 가져오라고 합니다. 그것도 어깨에 메고 오라고 한 것으로 보아 이 돌이 큰 돌이었음을 알 수가 있습니다. 그리하여 그 12개의 돌비석을 요단 강 건너 서편 길갈에 세웠습니다(20절).

그런데 지금 그들이 이 돌비석을 세우는 것은 가장 먼저 이 돌들이 이스라엘 백성에게 표징이 되리라는 것입니다. 그렇다면 이 '표징'이란 무슨 뜻일까요? 여기 '표징'은 히브리어로 'אות'(오트)라고 하는데 영어로는 'sign'입니다. 이스라엘 백성들의 출애굽 직전에, 모세는 지팡이가 뱀이 되고 그 꼬리를 잡으니 다시 지팡이가 된 것(출 4:4)이나 손을 품에 넣었다가 꺼내니까 나병이 생기고 다시 품에 넣었다가 꺼내니까 본래의 살이 생긴 것(출 4:6-8)이나 나일 강물이 피가 되는 이적을 행했습니다(출 4:9). 그리고 하나님께서 모세의 손에 지팡이를 들려 주어 이적을 행하도록 하여(출 4:17) 열 재앙의 이적을 일으키셨습니다. 구약성경에서는 '표징'이나 '표적'이나 '이적'이라고 번역되어 있는데 신약성경에서는 '표적'(σημειον, 세메이온) 또는 '이적'이라고 기록하고 있습니다. 이는 인간계에 나타나는 영적인 교훈을 담고 있는 기적을 말하는데, 전지전능하신 하나님께서 이스라엘 백성들이 요단 강을 건너게 하신 것은 그들이 믿음으로 행할 때 바로 이 표적이 일어남을 보여주고자 하신 것입니다.

말세 마지막 때 성령님을 모든 육체에 부어 주셔서 우리의 신앙생활 가운데에도 이러한 영적인 교훈을 주는 기적인 표징이 많이 일어납니다. 이처럼 하나님의 표적은 우리 주위의 삶 가운데 끊임없이 일어나고 있는데 이러한 기적을 믿지 못하는 것이 바로 우리의 불신앙의 기적인 것입니다.

한 교회학교에서 교육전도사님이 출애굽기 14장의 이스라엘 백성들이 홍해를 건널 때 '홍해'는 히브리어로 원어성경에 'ים סוף'(얌 수프)라고 기록되어 있는데 '갈대 바다'(sea of reeds)라고 주장하면서, 홍해가 사실은 갈대밭의 낮은 습지대여서 그렇게 건널 수 있었다면서 신학을 좀 배웠다고 자기 실력을 과시했습니다. 그런데 이를 듣고 있던 믿음 좋은 한 어린이가 그랬다고 하지 않습니까? "전도사님, 그러면 이스라엘 백성들이 홍해를 건넌 것보다도 이스라엘 백성들을 뒤쫓아오던 애굽의 군대가 그 무릎밖에 안 차는 갈대밭에 다 빠져 죽었다는 것이 더 큰 기적이네요!" 그때 당시 홍해 주변에 갈대가 많아서 그렇게 불렸을 뿐이지 실제로는 지금처럼 홍해는 깊은 바다였습니다. 이처럼 하나님의 기적으로 가득 찬 성경을 불신앙의 눈으로 보면 볼수록 우리는 스스로 모순에 빠지고 맙니다.

그렇다면 우리가 어떻게 이러한 기적의 표징을 얻는 삶을 살 수 있습니까? 마태복음 17장에 보면 귀신에 들려 간질 때문에 자주 불에도 넘어지며 물에도 넘어지는 한 아들이 있었습니다. 예수님의 제자들은 못 고쳤는데 예수님께서 꾸짖으시니 귀신이 나가고 곧바로 그 아이가 나았습니다. 그래서 예수님의 제자들이 조용히 예수님께 나아와서 왜 자신들은 쫓아내지 못하였는가 하고 예수님께 물으니까 예수님께서 마태복음 17장 20~21절에 이렇게 말씀하십니다. "이르시되 너희 믿음이 작은 까닭이니라 진실로 너희에게 이르노니 만일 너희에게 믿음이 겨자씨 한 알만큼만 있어도 이 산을 명하여 여기서 저기로 옮겨지라 하면 옮겨질 것이요 또 너희가 못할 것이 없으리라 기도와 금식이 아니면 이런 유가 나가지 아니하느니라."

여기서 우리가 주목해야 할 세 단어가 있는데 그것은 믿음과 기도와 금식이란 단어입니다. 우리는 불가능해도 주님께는 능치 못하심이 없는 줄 믿어야 하고, 그 믿음으로 기도하고, 기도해도 안 되면 금식하며 매어 달려야 합니다. 그렇지 않으면 우리의 삶 가운데 기적의 표징은 일어나지 않습니다. 그러나 하나님의 응답의 때까지 믿음을 가지고 기도하고, 안 되면 금식기도를 하며 인내하며 기다리면 기적의 표징은 일어나게 되는 것입니다.

우리 치유하는교회 권사님의 딸 유정 양이 요즘 음원차트 1위인 걸그룹 브레이브걸스의 멤버이고, 집사님의 따님이 걸그룹 시그니처의 셀린으로 맹활약 중입니다. 얼마전에는 장장 5개월에 걸친 "미스트롯2"가 35.2%에 이르는 최고 시청률을 경신하며 결승의 막을 내렸습니다. 저도 애청자의 한 사람으로서 준결승에서 진을 차지하고 결승에 올라서도 마지막 대국민 문자투표 공개 전까지 1위였던 홍지윤 양이 창의 기법을 트롯에 접목하여 너무도 애절하게 잘 부르기에 미스트롯 진이 되기를 기대하고 있었습니다. 그런데 대국민 문자투표에서 대역전이 일어나서 마지막까지 2위였던 양지은 양이 결국 미스트롯 진이 되고 말아서 한편으로 실망이 되면서 금요일 새벽 1시 넘은 시간에 "하나님 아버지, 왜 양지은이 미스 트롯이 되어야 했나요?" 하고 기도했습니다. 전 모르면 무조건 기도합니다.

기도하는 가운데 잠이 들었는데 그다음 새벽기도 후에 한 권사님을 통해 응답의 글을 받았습니다. 양지은 양은 제주도 한림에서 나서 한림에서 고등학교까지 졸업하고 전남대 국악과를 졸업하고 연세대 교육대학원 음악교육을 전공하고, 흥보가 이수자로서 전남 무형문화재 29-5호인 재원이고, 현재는 한국 판소리보존협회 서귀포 지부장을 맡고 있습니다. 그런데 그녀가 21세 때 전 북제주 군의회 의장을 역임한 아버지가 간암과 당뇨 합병증으로 시한부 선고를 받자 아버지를 사랑하는 막내딸로서 가장 먼저 자신의 왼쪽 신장을 기증했습니다. 수술 후에 배에 힘이 들어가지 않아 결국 노래를 포기해야 했고, 결혼해서 두 자녀를 낳고 교회 마리아여전도회 회장으로 여전도회와 구역 봉사에 힘쓰면서 음악과는 담을 쌓았습니다. 그렇게 젊은 날의 꿈이 좌절되고 사장되었으니 얼마나 가슴 아팠겠습니까?

그런데 병석에 누워 계시는 아버지가 자신이 딸의 앞길을 막았다는 자책감에서 세상 떠나기 전에 딸이 방송에 나와서 노래하는 모습을 한 번이라도 볼 수 있는 것이 소원이라고 말씀하셨습니다. 그래서 아버지의 소원을 풀어 주기 위해 이번에 "미스트롯2"에 엄마들이 출전하는 마미부에 지원하게 된 것입니다. 전국에서 몰린 기라성 같은 가수들을 보면서 마음속에 주눅도 들고 결코 넘을 수 없는 벽이라고 느껴졌지만 면접 예선을 통과하고 TV에 출연할 수 있는 것만으로도 아버지의 소원을 풀어 드린 것 같아 행복했다고 합니다.

그런데 그녀가 준결승을 통과하지 못하고 탈락하여 제주도로 내려가려고 했는데 하나님께서 그녀의 간절한 기도에 놀랍게 응답을 하셔서 기적이 시작되었습니다. 준결승에 진출한 14명 중 한 사람이 학교폭력에 연루되어서 중도 탈락하는 바람에 급히 보충한 사람이 바로 양지은 양이었습니다. 그런데 그녀가 준결승까지 통과하여 마지막 7명이 다투는 결승의 마지막 노래로 들고 나온 곡이 가수 강진의 "붓"이라는 노래였는데 왜 하필이면 '붓'일까 하고 저도 궁금했습니다.

1. 힘겨운 세월을 버티고 보니 오늘 같은 날도 있구나
   그 설움 어찌 다 말할까 이리 오게 고생 많았네
   칠십 년 세월 그까짓 게 무슨 대수요
   함께 산 건 오천 년인데 잊어버리자 다 용서하자
   우린 함께 살아야 한다
   백두산 천지를 먹물 삼아 한 줄 한 줄 적어 나가세
   여보게 친구여 붓을 하나 줄 수 있겠나
   붓을 하나 줄 수 있겠나
2. 힘겨운 세월을 버티고 보니 오늘 같은 날도 있구나
   그 설움 어찌 다 말할까 이리 오게 고생 많았네
   칠십 년 세월 그까짓 게 무슨 대수요
   함께 산 건 오천 년인데 잊어버리자 다 용서하자
   우린 함께 살아야 한다
   한라산 구름을 화폭 삼아 한 점 한 점 찍어나가세
   여보게 친구여 붓을 하나 줄 수 있겠나
   붓을 하나 줄 수 있겠나

마지막 곡으로 이 노래를 택한 이유로 그동안 함께 고생하고도 결승에 오르지 못한 동료들을 위로하기 위해 이 곡을 부르고 싶었다면서 신앙의 착한 마음을 그대로 드러냈습니다.

그런데 이번에 대국민 투표 수에서 그렇게 인기가 높은 홍지윤 양을 물리치고 대역전승을 거둘 수 있었던 결정적인 이유가 있었습니다. 온 교회가 함께 기도하면서 한림 지역뿐만 아니라 제주도 일대와 육지의 친인척들에게 이렇게 효녀 심청과 같은 양지은 양을 지지해 달라고 교회 목회자들과 온 교인들이 합심하여 기도하며 연락했다고 합니다. 그래서 결승전 1라운드, 2라운드 모두 다 심사위원 마스터즈 점수에서 홍지윤에게 2위로 밀렸지만 대국민 문자투표에서 대역전을 하여 기적적으로 신데렐라가 되었던 것입니다.

양지은 양은 제2대 미스트롯2 진으로 영예의 왕관을 비롯해서 트로피와 고급 승용차와 작곡가 조용수 씨의 신곡을 받게 되었는데 역대 가장 많은 상금인 1억 5,000만 원을 어디에 쓰려고 하느냐고 물으니까 "부모님이 5층에 사시는데 무릎이 안 좋으셔서 오르락내리락하시는 데 많은 불편을 겪고 계신다. 그 상금으로 1층 집으로 이사가게 해드리고 싶다"며 끝까지 효심을 잃지 않았습니다. 그러고 나서 마지막 인터뷰에서 "예전에는 아버지한테 신장 이식수술을 해드리고 나서 노래를 할 수가 없어 후회한 적도 있었는데 지금도 아버지를 너무 사랑하고 오늘 가족에게 이 모습을 보여드릴 수 있어서 정말 행복해요. 그리고 사랑하는 남편과 아이들을 못 본 지 몇 달이 되었는데 보고 싶어요. 남편과 아이들을 너무너무 사랑해요"라고 고백하면서 눈물을 흘렸습니다.

여러분, 우리도 믿음으로 기도하고 금식하며 간구하면 하나님의 기적의 표징이 우리를 통해 나타남으로 우리 여생에도 영적 비석을 모두 다 세우게 될 줄 확실히 믿으시기 바랍니다.

하나님의 영원한 기념이 되어야 함

계속해서 본문 6절 하반절부터 7절 말씀을 다 함께 읽겠습니다.

> "후일에 너희의 자손들이 물어 이르되 이 돌들은 무슨 뜻이냐 하거든 그들에게 이르기를 요단 물이 여호와의 언약궤 앞에서 끊어졌나니 곧 언약궤가 요단을 건널 때에 요단 물이 끊어졌으므로 이 돌들이 이스라엘 자손에게 영원히 기념이 되리라 하라 하니라."

사실 유월절은 "이는 여호와의 유월절 제사라 여호와께서 애굽 사람에게 재앙을 내리실 때에 애굽에 있는 이스라엘 자손의 집을 넘으사 우리의 집을 구원하셨느니라"(출 12:27)고 하여 이스라엘 자손들이 기념하게 하였습니다. 또 "후일에 네 아들이 네게 묻기를 이것이 어찌 됨이냐 하거든 너는 그에게 이르기를 여호와께서 그 손의 권능으로 우리를 애굽에서 곧 종이 되었던 집에서 인도하여 내실새 그때에 바로가 완악하여 우리를 보내지 아니하매 여호와께서 애굽 나라 가운데 처음 난 모든 것은 사람의 장자로부터 가축의 처음 난 것까지 다 죽이셨으므로 태에서 처음 난 모든 수컷들은 내가 여호와께 제사를 드려서 내 아들 중에 모든 처음 난 자를 다 대속하리니"(출 13:14-15)라고 증거했습니다. 그리고 "후일에 네 아들이 네게 묻기를 우리 하나님 여호와께서 명령하신 증거와 규례와 법도가 무슨 뜻이냐 하거든 너는 네 아들에게 이르기를 우리가 옛적에 애굽에서 바로의 종이 되었더니 여호와께서 권능의 손으로 우리를 애굽에서 인도하여 내셨나니 곧 여호와께서 우리의 목전에서 크고 두려운 이적과 기사를 애굽과 바로와 그의 온 집에 베푸시고 우리 조상들에게 맹세하신 땅을 우리에게 주어 들어가게 하시려고 우리를 거기서 인도하여 내시고 여호와께서 우리에게 이 모든 규례를 지키라 명령하셨으니 이는 우리가 우리 하나님 여호와를 경외하여 항상 복을 누리게 하기 위하심이며 또 여호와께서 우리를 오늘과 같이 살게 하려 하심이라"(신 6:20-24)고 증거했습니다.

그런데 이스라엘 백성들의 자손들이 후일에 이 돌들이 무슨 뜻이냐고 물을 때에 "요단 물이 여호와의 언약궤 앞에서 끊어졌나니 곧 제사장들이 언약궤를 메고 요단을 건널 때에 요단 물이 끊어졌으므로 이 돌들이 이스라엘 자손에게 영원히 기념이 되리라"는 것입니다.

이처럼 이 '기념'이란 단어는 히브리어로 'זִכָּרוֹן'(지카론)이라고 해서 구약성경에서는 이스라엘 백성들이 유월절과 출애굽(출 12:14, 13:9)과 절기(레 23:24; 민 10:10)와 제사들(민 5:15, 18, 16:38, 31:54)과 획기적인 사건 등에 사용했고, 신약성경에는 성만찬(고전 11:23-26)에도 사용했습니다. 이는 과거를 돌이켜 보면서 하나님께 대한 그들의 신앙을 견고하게 하면서 변함없는 사랑과 은혜의 하나님께서 이루신 일을 영원히 기념하기 위해서였던 것입니다.

우리가 지난날을 돌이켜 보면 하나님의 기적적인 은혜의 역사 없이는 살아올 수가 없었고, 모두 다 하나님의 기적 속에 살아왔습니다. 그런데 왜 지금 우리는 그러한 신앙의 확신과 체험 없이 살아갑니까? 그것은 그 삶의 기적을 다 잊어버리고 감사하지도 않고 전하기도 않으며 살아가기 때문입니다. 그러다 보니까 자식들의 신앙은 말할 것도 없고 자신의 신앙조차도 감당을 못 합니다. 그러므로 우리는 기념비까지는 세우지 못한다 할지라도 이를 잊지는 말고 감사하고 전해야 한다는 것입니다.

어느 날 한 손자가 할아버지께 물었습니다. “할아버지, 옛날에 어떻게 사셨어요? 과학기술도 없고, 컴퓨터도 없고, 인터넷도 없고, 드론도 없고, 휴대폰도 없고, 카톡도 없고, 페이스북도 없었는데?” 그러자 할아버지께서 이렇게 대답하셨습니다. “그 대신 너희 세대는 오늘날 인간미도 없고, 품위도 없고, 동정도 없고, 수치심도 없고, 명예도 없고, 존경심도 없고, 개성도 없고, 사랑도 없고, 겸손도 없이 살고 있는 것처럼 살지. 오늘 너희들은 우리를 늙었다고 하지만 우리는 참 축복받은 세대란다. 우리의 삶이 그 증거야! 헬멧을 쓰고 자전거를 타지도 않았고, 방과 후에는 우리 스스로 숙제를 했어. 해질 때까지 들판에서 뛰놀고, 페이스북이나 카톡 친구가 아니라 진짜 친구와 함께 놀았다. 목이 마르면 생수가 아닌 샘물을 마셨고, 친구들이 사용한 잔을 함께 사용해도 아픈 적이 없었다. 너희들처럼 빵, 과자를 많이 먹어 비만하지도 않고, 맨발로 뛰어다녀도 아무렇지도 않았다. 장난감은 직접 만들어 놀았고, 부모님은 부자가 아니셨지만 많은 사랑을 주셨다. 휴대전화, DVD, XBox, 플레이스테이션, 비디오게임, 개인용 컴퓨터, 인터넷 같은 것은 없었다. 하지만 진정한 친구가 있었지. 친구들이 초대하지 않아도 친구 집을 찾아가 밥을 얻어먹었다. 우리는 부모의 말씀도 듣고 자녀들의 말도 들어야 했던 마지막 세대야. 그래서 독특한 세대고 이해심도 많단다. 우리는 한정판이야!”

이처럼 우리는 지나온 과거 아름답고 소중했던 기억들을 잊을 수가 없으니, 이것을 그대로 묻어 두지 마시고 이스라엘 백성들처럼 자손들에게 전해서 영적인 교훈으로 삼아야 합니다.

우리 치유하는교회 유노상 은퇴장로님은 멀리 분당에서 사셔서 지금은 못 나오시지만 매번 카톡으로 안부를 전해주시고, 동영상으로 우리 치유하는교회 예배를 보신다고 합니다. 사랑하는 권사님을 하늘나라로 먼저 떠나보내시고 10여 년 전 칠순이 되실 무렵부터 일생을 정리하시기 위해 시작한 일곱 가지 일이 있다고 합니다. 은퇴 후 하고 계시는 7가지 일 중에 공익을 위한 일이 한 가지이고 후손을 위한 일이 여섯 가지인데, 최근에 세 번째 일을 하셨다고 소식을 전해 주셨습니다. 그것은 유노상 장로님의 일평생의 삶에 대한 구술 녹화로 행정자치부의 국가기록원이 제작했는데 이틀에 걸쳐서 12시간 동안 살아오신 70여 년의 인생의 발자취를 대담 형식으로 기록을 남기셨다고 합니다. 그러면서 깨달은 놀라운 사실은, 변함없으신 하나님의 사랑과 은혜가 장로님의 일생토록 함께하셨다는 것입니다. 그래서 그 기록이 자손들뿐만 아니라 관심을 가지고 역사를 펼쳐보는 후손들에게까지도 큰 영적인 감화를 주리라 확신하셨습니다.

그렇습니다. 그래서 시편 103편 2절에 "내 영혼아 여호와를 송축하며 그의 모든 은택을 잊지 말지어다"라고 명령하고 계십니다. 그러면 우리가 무엇을 잊지 말아야 합니까? 계속해서 시편 103편 3-5절에 "그가 네 모든 죄악을 사하시며 네 모든 병을 고치시며 네 생명을 파멸에서 속량하시고 인자와 긍휼로 관을 씌우시며 좋은 것으로 네 소원을 만족하게 하사 네 청춘을 독수리같이 새롭게 하시는도다"라고 말씀합니다. 우리의 지난날의 삶 가운데 역사하신 하나님의 기적을 잊지 말고 감사하면서 자손 대대로 전해 주라는 것입니다.

그러므로 우리가 하나님의 기적의 역사를 기억하며 감사하며 전할 때 자손 대대로 하나님의 기적의 역사는 잊히지 않고 영원한 기념이 되고, 우리는 계속해서 영적 비석을 세워 나가게 될 줄 확실히 믿습니다.

자손 대대로 신앙의 유산으로 남겨야 함

마지막으로 본문 9절 말씀을 다 함께 읽겠습니다.

> "여호수아가 또 요단 가운데 곧 언약궤를 멘 제사장들의 발이 선 곳에 돌 열둘을 세웠더니 오늘까지 거기에 있더라."

이스라엘 대표들은 여호수아가 명령한 대로 요단 강에서 언약궤를 멘 제사장들이 섰던 열두 돌을 가져다가 길갈에 세웠던 것과 별도로(20절) 다른 열두 돌을 취하여 제사장들이 언약궤를 메고 섰을 때 요단 강물이 멈췄던 곳에도 세웠습니다(9절). 생각해 보면 제사장들이 언약궤를 메고 섰던 그 장소에 물이 다시 흘러서 그 돌들이 물속에 잠기고 또 그 돌들이 요단 강물과 함께 떠내려갈 수도 있었기 때문에 무의미한 일이라고 생각할 수 있었겠지만, 거기에 열두 돌들을 세워 놓았더니 그 돌들이 여호수아의 말년에 이 여호수아서를 기록할 때까지 남아 있었다는 것입니다. 설령 그것이 물속에 잠겼거나 사라졌다고 할지라도 그 돌을 세웠던 사실은 이스라엘 자손들의 마음속에 신앙의 유산으로 대대로 남아 있었을 것입니다. 사실 르우벤 지파, 갓 지파, 므낫세 반 지파의 여자들과 아이들은 요단 강을 건너지 않고 요단 강 동편의 정착지를 차지하였기에(12절) 열두 지파 사이에 균열과 분열이 일어날 수 있었음에도 불구하고, 이 열두 비석을 세움으로 그들이 자손 대대로 한민족임을 기억하며 신앙을 이어가고자 하는 것이 이 열두 돌비석의 마지막 영적 교훈이었던 것입니다.

여러분, 우리도 언젠가는 어느 날 갑자기 이 세상을 떠나게 될 텐데 자손들에게 무엇을 남겨 주고 떠나시렵니까? 우리가 남겨 주는 물질은 금방 써 버리고 말고, 우리가 남겨주는 명예도 금방 사라지고 맙니다. 우리가 남겨 주는 세상의 그 어떤 것도 쉽게 없어지고 맙니다. 그러나 우리의 자손들에게 신앙을 남겨 주는 것은 히브리 속담에 “자녀들에게 생선을 구워 주지 말고 물고기 잡는 법을 가르쳐 주라”고 했듯이, 우리 자녀들이 하나님의 풍성한 은혜와 부족함이 없는 축복과 넘치는 행복의 삶을 스스로 누릴 수 있는 지름길인 것입니다. 만약에 우리의 자녀손들이 충만한 믿음으로 살아가지 않는다면, 지금 우리가 밖으로 돌아다닐 때가 아닙니다. 우리가 사람들을 만나 대화나 하고 교제나 하고 회의나 하고 놀 시간에 언제 세상 떠날지 모르는 우리의 자녀손들을 위해 기도하고 찾아가서 사랑으로 섬기고 대화하면서 그들의 마음 깊숙이 살아 계신 하나님께 대한 신앙부터 심어 주어야 합니다. 그보다 더 큰 영적 투자가 없고 축복이 없고 열매가 없는 것입니다.

우리가 모든 은혜의 축복과 행복의 통로인 예배만 잘 드리고 예배의 신앙만 유산으로 물려줘도 자손들의 장래는 복되고 형통하고 자손 대대로 아버지께 큰 영광을 돌리게 됩니다. 그러니 지금 당장 자녀손들의 삶에 변화가 없다고 결코 낙심하지 말고, 지금 우리 자신부터 이 코로나19의 시험 속에서 예배의 신앙부터 회복해야 합니다. 만약 우리의 자녀들의 영혼에 신앙의 유산을 남겨 주지 못한다면 우리의 행복도, 인간적인 축복도, 세상적인 성공도 더 이상의 의미가 없는 것입니다.

얼마 전에 극동방송 사장이신 한기붕 장로님이 한 권의 책을 보내왔는데 그 책은 프랭클린 그레이엄(Franklin Graham) 목사님이 쓴 《이유 있는 반항아》(*Rebel with a Cause*)라는 책이었습니다. 그는 우리나라 1973년 여의도광장에서 있었던 100만 명이 모인 전도대회를 인도하셨던 빌리 그레이엄 목사님의 2남 3녀의 자녀 중 장남으로 태어났는데, 세계적인 대부흥사의 장남으로서 주위에서 바라보는 엄청난 기대와 그에 따른 압박감이 결국 그로 하여금 세상으로 튀어 나가게 만들고 말았습니다. 그래서 학창 시절부터 신앙을 떠나서 술과 담배와 여자에 빠져서 살다가 결국 대학에서 제적을 당하는 수모까지 겪었습니다. 그러면서 주님과 고통당하는 이웃을 위해서는커녕 자동차며 비행기에 목숨을 걸고 도전하며 인생을 자신의 욕망대로 살았던, 아무도 손댈 수 없었던 최악의 반항아가 되고 말았습니다. 일찍이 제임스 딘(James Dean)이라는 영화배우는 '이유 없는 반항'을 하였지만 그는 목사의 아들로서 남에게 말 못 하는 자기 나름대로의 '이유 있는 반항'을 하고 있었던 것입니다. 그러니까 빌리 그레이엄 목사님에게는 이보다 더 무거운 십자가가 없었습니다.

그런데 그가 주님의 품으로 돌아오기까지, 가장 먼저는 아버지 빌리 그레이엄 목사님이 그를 인격적인 사랑으로 강권하셨습니다. "네가 그리스도를 따르고 순종하든지 거부하든지 둘 중 하나를 선택해야 한다. 나는 그분이 살아 계신다고 확실히 믿기 때문에 간절한 마음으로 너에게 권면하지만, 네가 어떠한 선택을 하든지 이 아버지가 너를 변함없이 사랑한다는 이 한 가지만은 잊지 말아라!" 하는 아버지의 변함없는 인내의 사랑이 있었습니다. 더 나아가 어머니의 끊임없는 간절한 눈물의 기도가 있었는데 끊임없는 부모님의 간절한 그 기도가 결단코 헛되지 않았습니다.

그는 1950년 6·25 전쟁 중에 세워져서 지금은 100여 개 나라의 불우한 이웃을 돕는 전 세계 구호단체인 '월드비전'과 1970년 세워져서 전용항공기 21대로 어린이들에게 2억 개에 이르는 사랑의 선물을 전하고 있는 전 세계 아동 구제 사역기관인 '사마리안 퍼스'를 창설한 밥 피얼스(Bob Pierce) 목사님을 만나면서 전 세계의 고통당하는 이웃과 어린이들을 돕는 구제사역을 보면서 그의 마음 문이 열렸습니다. 그리고 주님의 사랑을 느끼면서 그의 지난날의 상처가 치유되고 회복되어서 28세 때부터 밥 피얼스 목사님에게서 훈련을 받으면서 결국 사마리안 퍼스의 대표로 일하게 되었습니다. 그래서 결국 프랭클린은 전 세계 전쟁과 기근과 전염병과 자연재해의 재난 구호 선교 활동의 일인자가 되었습니다. 뿐만 아니라 2018년 100세를 일기로 하늘나라로 떠나가신 아버지 빌리 그레이엄 목사님의 뒤를 이어 빌리 그레이엄 전도협회 대표로서 전 세계를 다니며 복음을 전하면서, 지금은 미국의 가장 신실하고 가장 귀하게 쓰임 받는 부흥사 목사님이 되었습니다.

그러므로 우리도 사랑하는 자녀들을 위해 우리의 인내의 사랑의 섬김과 눈물의 기도와 끊임없는 사랑의 치유의 대화를 통해서 우리의 자녀들을 기필코 영적으로 일으켜 세워놓고 떠나가야 합니다. 누가복음 23장 28절에 십자가를 지시고 골고다 언덕을 오르시던 예수님을 따르며 가슴을 치며 슬피 울던 여인들을 향하여 예수님께서 "예루살렘의 딸들아 나를 위하여 울지 말고 너희와 너희 자녀를 위하여 울라"고 말씀하시지 않으셨습니까? 이제는 우리가 우리 자녀들을 위해 간절히 기도해야 할 때입니다. 남의 말을 할 때가 아니라 우리 자녀들과 사랑으로 대화해야 할 때입니다. 남의 신앙을 탓할 때가 아니라 우리와 우리 자녀손들의 신앙을 돌이켜 보아야 할 때입니다. 그리하여 지금부터 우리가 세상을 떠나갈 준비를 해야 하지만 다른 무엇보다도 우리 자녀들에게 신앙의 유산을 남기게 될 때 우리는 이 땅에서 가장 소중하고 가장 위대한 영적 비석을 세우고 떠나게 될 줄 확실히 믿으시기 바랍니다.

부족한 종이 1997년 미국 유학에서 돌아온 후 지난 24년간 크리스찬치유상담연구원과 치유상담대학원대학교에서 가르쳐 왔습니다. 우리 치유상담대학원대학교가 세계적으로 유명한 이유는, 전체 학생들이 1,000여 명일 정도로 크게 성장한 것도 있지만 정태기 총장님을 비롯한 15명의 교수들도 무엇보다 막강합니다. 또한 그 무엇보다도 다른 치유상담대학원들보다 이론과 실제를 겸비해서 잘 가르치기 때문입니다. 그 가운데 '영성 수련'이란 과목이 있는데 모든 학생들이 1년에 두 차례 경험해야 할 정도로 아주 특별한 프로그램입니다.

지난 치유상담대학원 입학식 특강에서 정태기 총장님이 그 영성 수련에서 있었던 감동적인 이야기를 전해 주셨습니다. 몇 해 전에 대인관계로 어려움을 겪는 50세 된 목사님이 2박 3일의 이 영성 수련 프로그램에 들어왔는데 3일 동안 계속해서 뒹굴면서 "이건 내가 아니야! 이건 내가 아니야!" 하면서 흐느껴 울더랍니다. 사연인즉 그가 시골교회 목사님의 큰아들로 태어났는데 8세 때까지 노래도 잘 부르고 춤도 잘 추고 대인관계도 좋고 친구들 사이의 리더십도 뛰어나서 친구들이 다 그를 따랐다고 합니다. 그런데 한번은 부잣집 아들에게 먹을 것을 좀 나눠 먹자고 했는데 안 주니까 빼앗았습니다. 그러자 이 아이가 집에 돌아와 우니까 그 마을에서 힘쓰는 부자인 그의 아버지가 평소에 제사를 못 드리게 하는 교회를 핍박할 수 있는 절호의 기회라고 생각하고 교회를 찾아와서 목사님에게 달려들면서 "당신 아들이 강도야? 도둑놈이야?" 누구 것을 맘대로 뺏어먹어?" 하면서 온갖 욕설과 험담을 쏟아놓고 갔습니다. 그러자 아버지 목사님이 분노가 치솟아서 "내가 언제 너를 강도로, 도둑놈으로 길렀냐? 아무리 우리가 못 산다고 뭐가 그렇게 먹고 싶다고 남의 것을 빼앗아 먹어?" 하면서 이 아들을 몽둥이로 두들겨 패서 의식을 잃을 정도로 얻어맞은 것입니다.

이 아들은 그날로부터 노래도 잃어버리고 춤도 잃어버리고 모든 친구와의 관계도 무너져 버리고 항상 혼자 말없이 우울하게 지내게 되었습니다. 그렇게 갑자기 말이 없어진 아들을 보고 아버지는 그의 상처를 보듬어 주고 싸매어 주기는커녕 "저런 바보, 병신 같으니라고… 그러려면 차라리 나가 죽어 버려!" 하고 더 심한 상처의 감정을 쏟아놓았습니다. 그렇게 자라난 아들이 결국 학교생활이나 군대 생활이나 회사 생활까지 적응을 못하자 아버지는 도저히 안 되겠다고 생각이 되었는지 아들을 신학교에 보냈습니다. 그래서 신학을 공부하고 아버지의 뒤를 이어 목사가 되었지만 마음에 깊은 상처가 남아 있으니까 목회를 하면서도 교인들과의 관계가 원만하지 못했습니다.

그렇게 42년의 세월을 남모르는 상처의 고통과 불행을 끌어안고 방황하다가 영성 수련에 들어와서 십자가의 주님을 새롭게 만나고 치유의 은혜를 뜨겁게 체험하게 되었습니다. 그리고 나니까 "지금까지 내가 살아온 인생, 이건 내가 아니야! 이건 내가 아니야!" 하면서 통곡을 하며 울었던 것입니다. 그리고 그때 비로소 그는 어느덧 81세 된 아버지 목사님을 용서하였습니다. 그래서 아버지 댁으로 찾아가 무릎을 꿇고 "아버지, 그때 사랑하는 아들에게 어떻게 무자비하게 몽둥이질을 할 수 있었어요? 어떻게 '바보, 병신 같으니라고. 나가 죽으라!'고 할 수 있었어요? 아버지, '나를 사랑한다!'라는 말 한마디만 해주세요!" 하고 흐느껴 울며 사정을 했다고 합니다. 그때 아버지도 눈물을 흘리시면서 "아들아, 너는 내 맘 몰라! 너는 내 맘 몰라! 내가 새벽마다 네 이름을 부르면서 얼마나 울면서 회개했는지 너는 내 마음 몰라!" 하시면서 그렇게 흐느껴 우시더랍니다. 아버지와 아들 사이에 42년 만에 극적인 화해가 이뤄져서, 그 후로 이 아들 목사님은 아버지 목사님을 시골 교회로 모시고 와서 매 주일 예배 낮예배마다 축도를 하시도록 하면서 함께 행복하게 살아가고 있다는 참으로 감동적인 간증이었습니다.

사랑하는 성도 여러분, 우리도 언젠가는 어느 날 갑자기 이 땅을 떠나갑니다. 그러나 우리는 떠나가도 이 땅에 마지막으로 영적 비석을 세워 놓고 떠나갈 때 이것이 우리 삶의 기적의 표징이 될 뿐만 아니라 하나님께서 이루신 영원한 기념이 되고, 자손을 복되게 하는 일생 잊을 수 없는 감동적인 신앙의 유산으로 남게 될 줄 확실히 믿습니다.

이 시간 결단의 찬송으로 "주 날 인도하시네"를 함께 부르며 믿음으로 결단하도록 하겠습니다.

1. 여호와는 나의 목자시니 내가 부족함 없으리
   그가 푸른 초장에 누이시니 내 영혼 평안해
   오 내 주여 오 내 주여
2. 내가 어려운 일 당할 때에 주를 떠나 방황할 때
   주님께서 동행하시네 영원히 주를 따르리
   오 내 주여 오 내 주여
3. 주의 선함과 인자하심 정녕 나를 따르리니
   내 주 되신 여호와 전에 영원히 거하리로다

오 내 주여 오 내 주여

후렴) 이 험한 세상 지날 때 주께서 인도해 주시니
어디서나 언제든지 주님의 품 안에서
이 험한 세상 지날 때 주께서 인도해 주시니
나 모든 것 나 이기며 내 주 따라 살리라

살아 계신 하나님 아버지, 잠시 왔다가 떠나가는 인생인데 세상 것에 매이고 바쁘고 피곤하게 살면서 의미도 없이, 보람도 없이 살아갈 때가 얼마나 많았습니까? 이제 남은 삶이라도 우리의 일생의 영적 비석을 세움으로써 자손 대대로 삶의 기적의 표징이 되게 하여 주시옵소서! 하나님께서 이루신 영원한 기념이 되게 하여 주시옵소서! 자손 대대로 이어지는 신앙의 유산으로 남게 하여 주시옵소서! 그리함으로 우리 자신뿐만 아니라 자손 대대로 복을 누리며 머지않아 주님 앞에 서게 될 때 하늘의 상과 면류관을 모두 다 누리게 하여 주실 줄 믿사옵고, 예수님의 이름으로 간절히 축복하며 기도하옵나이다. 아멘!

여리고 성을 무너뜨리라

여호수아 6:1-5

이스라엘 백성들이 요단 강을 건너 젖과 꿀이 흐르는 가나안 땅의 정복을 앞두고 그들이 처음 유숙했던 길갈은 요단 강에서 5km 떨어진 곳이었고, 첫 번째 마주친 여리고 성은 길갈에서 2km 떨어진 곳이었습니다. 가나안 땅의 첫 번째 성인 여리고 성을 무너뜨리는 말씀을 받으면서 우리의 인생의 거대한 장벽인 여리고 성을 어떻게 무너뜨릴 것인가, 이 시간도 들려주시는 하나님의 음성을 다 함께 들을 수 있길 바랍니다.

하나님께서 승리를 주셨음을 믿어야 함

먼저 본문 2절 말씀을 다 함께 읽겠습니다.

> "여호와께서 여호수아에게 이르시되 보라 내가 여리고와 그 왕과 용사들을 네 손에 넘겨주었으니."

고대 근동 세계의 전쟁은 침략군이 성문을 부수고 들어가 성을 정복하는 것이었는데, 여리고 성이 굳게 닫혔고 출입하는 자가 없었다는 것은 그들의 철통 방어에 이스라엘 백성들이 더 이상 여리고 성을 침투하기가 어려움을 밝히고 있습니다. 이처럼 성문 돌파가 불가능한 경우는 성벽에 흙으로 경사로를 만들어 성벽을 넘어가야 했는데 여기에는 엄청난 인력을 동원해야 하고 시간도 많이 소요되어서 결코 쉽지 않은 난제가 이스라엘 백성들의 앞에 가로놓인 것입니다. 더욱이 여리고 성은 다른 성에 비해 규모가 그렇게 크지는 않았지만 성벽의 구조면에서 어느 성보다도 견고하였습니다. 높이는 9m 정도이고, 두께도 3.5m에 이르고, 3.5~4.5m 간격의 이중벽으로 구성되어 있어서 다른 어떤 성읍보다도 요새화된 성읍(a fortified city)으로서 가나안 땅의 첫 번째 공략 대상의 성으로는 너무도 힘에 겨웠습니다.

그런데 놀라운 사실은 하나님께서 여호수아에게 하신 "보라 내가 여리고와 그 왕과 용사들을 네 손에 넘겨주었다"는 말씀이었습니다. 여기 가나안 땅을 이스라엘 백성들에게 '넘겨주었다' 단어가 계속해서 나오는데(수 10:8, 12, 19, 30, 11:6, 8; 삿 1:2, 4, 4:7, 14 등) 이는 히브리어로 'נתתי'(나탓티)라고 해서 완료형 동사로서 '내가 이미 주었다'(I have give)는 뜻입니다. 하나님께서 여호수아에게 이 여리고 성을 이미 주셨다니, 이 난공불락의 여리고 성을 공략하는 데 이보다 더 큰 위로가 되고 힘이 되는 말씀이 어디에 있겠습니까? 하나님께서 이스라엘 백성들에게 승리를 주셨음을 믿는 비로 이 믿음이 그 거대한 여리고 성을 기적적으로 무너뜨리는 첫 출발이 되었던 것입니다.

우리도 일생토록 사탄의 세력들과 영적 싸움을 해나가는데 사탄은 우는 사자와 같이 삼킬 자를 찾으면서 가정에서나 세상에서나 심지어 교회 안에서도 어떻게 해서든지 우리를 음해하고 쓰러뜨리려고 하고 죽이려고 달려듭니다. 그런데 놀라운 사실은, 모든 것이 그들의 뜻에 달려 있는 것이 아니라 하나님의 뜻에 달려 있고, 모든 것이 그들의 힘대로 되는 것이 아니라 하나님의 권능으로 되고, 모든 것이 그들의 손에 있는 것이 아니라 하나님의 손에 달려 있다는 것입니다. 우리는 이것을 분명히 믿어야 합니다.

그래서 잠언 21장 31절에 "싸울 날을 위하여 마병을 예비하거니와 이김은 여호와께 있느니라"고 분명히 약속하시지 않습니까? 하나님께서 우리에게 승리를 주시니 누가 우리를 대항할 자가 있겠습니까? 이 하나님의 복음은 구약성경을 통해 하나님의 사람들에게 끊임없이 계속해서 증거되어 있는데 이 승리의 복음이 신약성경 로마서 8장 37절에서도 또다시 증거되지 않습니까? "그러나 이 모든 일에 우리를 사랑하시는 이로 말미암아 우리가 넉넉히 이기느니라." 주님께서 우리를 사랑하시고 우리에게 승리를 주셨으니까 우리 인생의 모든 것이 하나님의 손에 달려 있고, 하나님의 뜻 가운데 승리하게 하시고, 하나님의 영광을 드러내시니 누가 막을 수 있겠습니까? 우리가 운동경기를 볼 때 이미 이겨 놓은 경기를 재방송으로 보면 얼마나 마음이 놓이고 여유가 있고 걱정할 것이 없지 않습니까? 이처럼 우리 인생의 영적 전쟁도 하나님께서 그의 뜻 가운데 우리에게 이미 승리를 주셨고 앞길을 예비하시고 영광을 거두시니 얼마나 마음 든든하고 복된 일입니까?

지난 2021년 3월 6일 〈동아일보〉에 나온 기사입니다만 그 전날(5일) 극동방송의 "만나고 싶은 사람, 듣고 싶은 이야기"에 전두환 전 대통령의 차남 전재용 집사가 출연해서 그가 신학대학원에 입학해 목회자가 되기 위한 과정을 밟고 있다고 밝혔습니다. 진행을 맡은 극동방송 이사장이신 김장환 목사님이 "56세의 나이에 신학대학원에 합격했다던데 깜짝 놀랐어요. 왜 갑자기 신학대학원을 가게 됐어요?"라고 물었더니 이렇게 대답을 했습니다. 전 집사는 원래 거액의 탈세 혐의로 기소돼 2015년 대법원에서 징역 3년에 집행유예 4년, 벌금 40억 원이 확정됐는데 그 이후 벌금 납부 기한인 2016년 6월 30일까지 미납해서 교도소로 잡혀가서 노역장에 유치됐습니다. 그리고 벌금 미납분(38억 6,000만 원)을 하루 400만 원으로 환산해 2년 8개월(965일)간 수감 생활을 했는데 이 때문에 당시 '황제 노역'이란 사회적 비판이 일기도 했습니다. 더욱이 이혼의 아픔을 겪고 재혼을 거듭하면서 그의 삶은 완전히 불행의 나락으로 떨어지는 듯했습니다.

그렇게 교도소에서 2년 8개월을 보내던 어느 날, 그 영광스럽던 전 대통령의 아들이 교도소까지 가게 되었으니 너무도 마음이 외롭고 힘든 가운데 교도소 방에 앉아 멀리 창살 밖을 바라보고 있는데 갑자기 찬송가 소리가 들리더랍니다. 나중에 알고 보니 교도소 안에 있는 종교방에 있던 분이 부른 것이었는데 그분이 노래는 너무 못 부르는데도 뜨겁게 가슴에 와닿은 찬송에 너무도 눈물이 나더랍니다. 전 집사가 교도소에 오기 전에 교회에도 다니고 새벽기도회에 나가고 십일조 헌금도 열심히 드렸지만 그저 하나님께 축복만 많이 받게 해 달라는 기도밖에 못 했는데 그날 처음으로 교도소 감방에 있지만 찬양과 예배를 드리고 싶은 마음이 생기면서 예수님을 뜨겁게 믿기로 결심하게 되었다고 합니다.

그가 신학대학원 진학 이유에 대해선 '말씀을 배움으로 인해서 믿음을 굳게 지킬 수 있지 않을까?'라는 생각에 신학을 공부하고 싶은 마음이 들었기 때문이라고 했는데 탤런트 출신의 아내 박상아 집사도 처음에는 남편의 신학 과정 공부를 결사반대 했다고 합니다. 누가 봐도 죄인인 사람들이 하나님을 믿는 것도 사실 숨기고 싶은 부분인데 목회 사역까지 한다는 것은 하나님 영광을 너무 가리는 것 같다는 것이 반대의 가장 큰 이유였습니다.

그걸로 남편이 집에 돌아오자마자 굉장히 싸우고 안 된다고 했는데 하나님 생각은 그녀의 생각과 달랐습니다. 그리스도의 사랑이 그들을 강권하시니까 거역할 길이 없어서 전 집사는 신학대학원에 가기 전에 부모님께는 말씀을 드렸습니다. 부모님께 신학을 하겠다고 말씀을 드렸더니 결사반대를 하실 줄 알았던 아버지가 치매 초기라서 양치질을 하고도 기억을 못 하시는 상태에다 독실한 불교신자였던 아버지가 생각하지도 못할 만큼 너무도 기뻐하더랍니다. 전두환 전 대통령을 그동안 우리 한국 교회의 원로 어르신들인 극동방송 이사장 김장환 원로목사님과 여의도순복음교회 조용기 원로목사님과 명성교회 김삼환 원로목사님께서 계속해서 전도해 오셨는데 그동안 믿음이 생기셨는지 "네가 목사님이 되면 네가 섬기는 교회를 출석하겠다"고 했다고 합니다. 그 말씀을 듣는 순간 전 집사는 목사가 꼭 되어야겠다고 더욱 결심을 굳히게 되었다는 것입니다. 현재 전 집사 부부는 경기도 판교 우리들교회에 출석하며 집사를 맡고 있는데 그가 신학을 마치고 목사가 되면 우리나라 역대 대통령 자제분들 가운데 최초의 목사가 탄생하는 역사적인 일입니다. 이 얼마나 놀라운 복음의 역사입니까?

여러분, 우리 인생의 장래는 아무도 모릅니다. 그러나 우리의 인생의 여리고 성의 어떠한 대적을 만나고 어떠한 난제에 부딪히고 어떠한 절망적인 상황이 펼쳐져도 낙심하지 말아야 할 것은, 모든 것이 하나님의 뜻대로 되고, 하나님께서 이겨 낼 힘을 주시기 때문입니다.

하나님께서 우리에게 이미 최후의 승리를 주셨음을 확실히 믿음으로 우리의 인생 앞에 펼쳐지는 어떠한 여리고 성도 기적적으로 무너뜨리게 될 줄 분명히 믿으시기 바랍니다.

끝까지 인내하며 순종해야 함

계속해서 본문 3절과 4절 상반절 말씀을 다 함께 읽겠습니다.

> "너희 모든 군사는 그 성을 둘러 성 주위를 매일 한 번씩 돌되 엿새 동안을 그리하라 제사장 일곱은 일곱 양각 나팔을 잡고 언약궤 앞에서 나아갈 것이요."

하나님께서는 그들의 힘으로 여리고 성을 무너뜨리기가 불가능한 것을 아시고 은혜의 승리의 방법을 가르쳐 주십니다. 매일 아침 맨 먼저 제사장 일곱이 양의 뿔로 만든 양각나팔을 잡고 불면서 언약궤 앞에 행하면서 영적 지도자들이 앞장서고 모든 군사는 제사장들의 앞과 뒤를 호위하며 아무 말도 하지 말고 침묵하면서 성 주위를 한 바퀴씩 돌되 엿새 동안을 그리하라고 하셨습니다. 당시 여리고 성은 대략 가로 225m, 세로 80m, 둘레 600m 정도밖에 안 되어서 이스라엘 군사가 줄을 지어 이 성을 돈다고 해도 진영을 출발한 선발대가 한 바퀴 돌고 진영으로 돌아온 뒤에도 행렬이 계속되었을 것입니다.

여러분, 여기서 우리에게 큰 의문이 생기는 것은, 이 명령을 마지못해서 육신적으로 받아들이고 그 성을 돈다고 해서 그 거대한 성이 무너지거나 정복할 수 있었겠느냐는 것입니다. 그럼에도 불구하고 그들은 인간의 지식이나 경험으로는 용납할 수 없었지만 하나님의 명령에 절대 복종하면서 엿새 동안 끝까지 인내하면서 순종하였습니다. 바로 이 인내의 순종이 그 거대한 여리고 성을 기적적으로 무너뜨리는 두 번째 근거가 되었던 것입니다.

우리도 인생의 고난 속에서 앞이 캄캄하고 헤쳐 나아갈 길이 보이지 않고 내일의 희망이 안 보일 때에 절망할 수밖에 없습니다. 그때 불평하고 원망하고 비방하고 험담하다가 인생을 불행과 고통 가운데 살다가 끝낸 사람들이 이 땅 위에 얼마나 많습니까?

지난 주간에 한 목사님이 《유머는 나의 힘》이란 책에 나오는 재미있는 이야기를 전해 주었습니다. 닭이 소에게 불평을 늘어 놓았습니다. "인간들은 참 나빠! 자기들은 계획적으로 아이를 낳으면서 우리에게 무조건 알을 많이 낳으라고 야단이잖아? 난 이제부터 절대 알을 안 낳을 거야." 그러자 소가 말했습니다. "그건 아무것도 아냐! 수많은 인간들이 내 젖을 그렇게 많이 먹고도 나를 엄마라고 부르는 놈은 한 놈도 없잖아? 난 이제부터 절대 내 젖을 못 짜도록 할 거야." 그런데 알을 안 낳는 닭이나 젖을 못 짜게 하는 소는 어떻게 되겠습니까?

우리가 감사하면 우리의 신앙생활이 축복되고 틀림없이 행복해지고 은혜로울 수밖에 없고, 세상 욕심에 사로잡히면 불평하고 원망하고 스스로 불행과 고통 속에 빠지고 오히려 자기 인생의 발목을 잡고 앞길을 다 막아 버리고 맙니다.

지난 수요일 국가수사본부가 발표한 경기도 광명과 시흥 등 3기 신도시 개발에 한국토지주택공사(LH) 직원 20명이 연루된 땅 투기 사건을 보면서 여러분은 무엇을 느끼셨습니까? 공무원이라고 하면 '신이 내려주신 직장(?)'이라고 하지 않습니까? 그들의 인생에 부족함이 없고 노후 준비가 다 되어 있다고 해도 과언이 아닌데도 그 욕심에 눈이 어두워서 신도시 사업 정보를 미리 빼내서 십 수억 원씩 대출을 받아서 토지를 미리 매입을 해서 돈을 몇 배씩 번 것입니다. 고양이에게 생선을 맡긴 격이 되고 말았는데, 결국 그들이 심은 대로 그 복된 공무원직을 박탈당하고 부당 이득도 다 정부에 환수당하고 교도소까지 가게 되었습니다. 그러니 그들의 여생은 말할 것도 없고 자식들에게 어떠한 악영향을 미치겠습니까? 그래서 엊그제 분당에서 한국토지주택공사 전 전북본부장이 양심의 가책을 못 견뎌 투신자살을 하고 말았지 않습니까? 어제도 파주에서 한국토지주택공사 직원이 본인이 구입한 땅의 컨테이너 안에서 숨진 채 발견되었다고 하니 이 얼마나 불행하고 고통스러운 일입니까?

오죽하면 어제 새벽에 존경하는 한 원로목사님이 이런 만화 만평을 보내 주셨습니다. "LH 토지주택공사, 묘한 글자야! 이름을 싸가지 없이 영문으로 지어 놓고 자기들은 한글로 읽는다지?! 내 토지주택공사 내 토지! 내 땅! 내 주택! 다 내 것인 모양이지?" 이처럼 온 국민이 비아냥을 하지 않겠습니까?

여러분, 어른들이 이러니까 요즘에 젊은이들도 주택 영끌, 영끌 해서(영혼을 끌어 모아서) 집을 사고 주식 빚투, 주식을 사기 위해 빚을 내서 투자하고 있습니다. 집도 필요하고 주식도 필요하겠지만 스스로 자신의 과도한 욕심 때문에 더욱 극심한 불행과 고통 속에서 헤어 나오지 못하고 빠져들고, 더구나 어떠한 시험이나 역경이 닥치면 더더욱 이겨 내지 못합니다. 그러나 그때도 우리는 불평이나 원망의 말을 하지 말고 오히려 침묵하면서 주님을 바라보고, 침묵 속에서 들려오는 주님의 음성을 듣고 약속의 말씀을 확실히 믿고 끝까지 인내하며 순종해야 합니다. 우리가 끝까지 인내하며 순종하다가 보면 언젠가는 성령님의 기적적인 역사 가운데 놀랍게 실마리가 풀리고 끝이 보이기 때문입니다. 그러므로 우리가 하나님 앞에서 어떠한 고난 속에서도 감사하면서 끝까지 인내하고 순종하면 어떠한 극심한 시련과 역경을 당해도 야고보서 1장 2-4절에 "내 형제들아 너희가 여러 가지 시험을 당하거든 온전히 기쁘게 여기라 이는 너희 믿음의 시련이 인내를 만들어 내는 줄 너희가 앎이라 인내를 온전히 이루라 이는 너희로 온전하고 구비하여 조금도 부족함이 없게 하려 함이라"고 분명히 약속하시는 것입니다.

지난 주간에는 대한예수교장로회(합동 측) 총회장이고 한국 교회 총연합 대표회장이신 새에덴교회 소강석 목사님이 《에델바이스, 당신》이란 책을 최근에 발간해서 보내 주셔서 읽을 기회가 있었습니다. 코로나19로 인해 미래의 불확실성과 혼란과 더불어 점점 현대인의 내면을 잠식해 가는 불안과 우울과 공포의 시대를 우리가 어떻게 살아갈 것인가 인문학적 관점에서 접근한, 코로나 블루 치유서를 펴낸 것입니다. 그런데 마지막 결론 부분에서 1년 이상 계속되는 이 코로나19를 극복하는 다섯 가지 방법으로 첫째, 이럴수록 우리는 성전 곧 주님의 몸 된 교회를 향하는 간절한 마음을 가져야 하고(왕상 8:37-39; 시 84:10), 둘째, 이런 상황일수록 우리는 악에서 떠나고 우리 자신을 낮추는 기도를 해야 하고(대하 7:13-16), 셋째, 이런 때일수록 우리는 하나님을 바로 알고 하나님께 더 가까이 나아가야 하고(겔 28:23-24), 넷째, 이러한 때일수록 우리는 주님 다시 오실 날을 사모하며 준비해야 하고(눅 21:11-13; 행 1:11), 다섯째, 코로나 바이러스보다 하나님을 더 두려워하고 자신의 건강보다 주님을 더 사랑하는 믿음을 가지고 끝까지 인내해야 한다(눅 12:4-5; 약 5:11)라고 강조했습니다.

그러므로 우리는 인생의 여리고 성에 부딪혀서 아무리 어렵고 힘들고 앞이 캄캄해도 십자가의 주님을 바라보면서 끝까지 인내하며 순종할 때에, 언젠가는 온전하고 구비하여 조금도 부족함이 없는 하나님의 복으로 우리의 인생의 어떠한 여리고 성도 기적적으로 무너뜨리게 될 줄 확실히 믿습니다.

믿음으로 합심하여 부르짖어야 함

마지막으로 본문 4절 하반절부터 5절 말씀을 다 함께 읽겠습니다.

> "일곱째 날에는 그 성을 일곱 번 돌며 그 제사장들은 나팔을 불 것이며 제사장들이 양각 나팔을 길게 불어 그 나팔 소리가 너희에게 들릴 때에는 백성은 다 큰소리로 외쳐 부를 것이라 그리하면 그 성벽이 무너져 내리리니 백성은 각기 앞으로 올라갈지니라 하시매."

일곱째 날 새벽에 이스라엘 백성들은 일찍이 일어나서 매일 돌던 것과 같이 그날은 성을 일곱 번 돌았습니다. 그런데 그날의 순서는 조금 달라서, 맨 앞에 무장한 군사들이 앞서고, 그다음에 양각나팔을 부는 일곱 제사장이 서고, 행군의 중심인 언약궤를 멘 제사장들의 뒤를 이어서 백성들이 뒤따랐습니다. 마지막 날, 일곱 번째 돌 때에 제사장들이 나팔을 불면은 여호수아가 지난 6일 동안 침묵했던 백성들에게 "큰 소리로 외치라, 여호와께서 너희에게 이 성을 주셨느니라"라고 외칠 때 이스라엘 백성들이 다 함께 합심하여 큰 소리로 함성을 지르면 성벽이 무너지고, 백성들은 높은 지대에 있는 여리고 성안으로 들어가서 여리고 성을 기적적으로 정복하게 된다고 했습니다. 그 무너진 여리고 성에 대해서 "이 여리고 성을 건축하는 자는 여호와 앞에서 저주를 받을 것이라 그 기초를 쌓을 때에 그의 맏아들을 잃을 것이요 그 문을 세울 때에 그의 막내아들을 잃으리라"(26절)라고 경고함으로 인해 지금까지도 여리고 성은 무너진 채로 보존되어 있습니다. 이처럼 여리고 성 공략의 마지막 중요한 교훈은, 그들이 하나님의 명령대로 합심하여 소리 지를 때 그 거대한 여리고 성이 기적적으로 무너졌다는 것입니다.

오늘의 우리도 인생의 절망적인 고난 속에서 할 수 있는 게 뭐가 있겠습니까? 그것은 믿음으로 부르짖은 일입니다. 그런데 너무도 안타까운 것은 불평이나 원망의 말이 많은 사람일수록 기도는 안 합니다. 더욱 안타까운 것은 깨어 기도해야 한다고 큰소리를 치는 사람일수록 깨어 기도는 안 합니다. 더욱이 십자가의 고난을 묵상하고 깨어 기도해야 할 이 사순절에도 새벽기도도 안 하고 심야기도도 안 하면 언제 기도할 수 있습니까? 언제 우리의 당면한 문제를 기적적으로 해결할 수 있겠습니까?

말세 마지막 때, 더욱이 코로나19로 어렵고 힘든 때일수록 그 어느 때보다도 우리에게 하나님의 권능의 응답이 절실히 필요합니다. 그래서 베드로전서 4장 7절에 뭐라고 명령하셨습니까? "만물의 마지막이 가까이 왔으니 그러므로 너희는 정신을 차리고 근신하여 기도하라." 만물의 마지막이 가까워진 이때에 주님께서는 우리의 신앙의 최고의 덕목인 사랑을 하라고 명령하지 않고 기도하라고 강조하십니다. 왜냐하면 기도하지 않고는 진정한 사랑도, 헌신도, 봉사도 못하기 때문입니다. 그런데 정말 아이러니하게도 말세 마지막 때 주의 종들이나 교인들의 삶 가운데 가장 약한 것이 뭔지 아십니까? 바로 기도입니다. 왜 그런지 아십니까? 우리가 기도하면 성령님의 권능이 나타나고 기적이 임하고 승리해 버리니까 사탄이 가장 먼저 우리의 기도를 흔들고 식게 하고 무뎌지게 해서 우리를 완전히 짓밟아 버리는 것입니다.

그래서 깨어 기도하는 주의 종들이나 장로나 권사나 집사는 어떠한 사탄의 시험이 와도 다 이겨 내지만 깨어 기도하지 않고 돌아다니는 주의 종들이나 장로나 권사나 집사는 사탄의 밥이 되어서 사탄의 도구로 쓰임 받게 되고 더 이상의 희망이 없습니다.

그런데 놀라운 사실은 과거에 그 환난의 때에도 우리가 힘이나 돈이나 백도 없이, 우리가 가진 건 믿음 외에는 아무것도 없었지만 우리가 주님만 바라보며 합심하여 부르짖으며 기도할 때 기적이 일어났다는 것입니다. 그래서 우리가 믿고 의지할 분은 주님밖에 없으니까 예레미야 33장 3절의 "너는 내게 부르짖으라 내가 네게 응답하겠고 네가 알지 못하는 크고 은밀한 일을 네게 보이리라"라는 이 약속의 말씀을 붙잡고 새벽이나 심야나 성전에서나 골방에서나 간절히 합심하여 부르짖었습니다. 그랬더니 이 약속의 말씀대로 하나님께서 기적적으로 응답해 주시고, 우리가 알지 못하는 크고 은밀한(unsearchable, 찾아낼 수 없는, 헤아릴 수 없는, 불가사의한) 일을 보여주셔서 사탄의 역사를 다 물리치고, 축복된 생애를 살아가고 행복한 가정을 지켜나가고, 이렇게 은혜롭고 행복한 교회로 부흥하게 된 것입니다.

요즘 코로나19로 인해 건강이 염려되어서 두려움 속에서 또는 자녀들이 막아서 못 나오는 어르신들도 계시고, 직장에서 감염되면 해고시키니까 교회를 절대 나가지 말라고 해서 못 나오는 젊은 집사들도 많습니다. 그러나 우리가 지난 1년여 겪어보았고 정부에서도 증언해 주었듯이, 다 마스크 쓰고 손 소독하고 방역수칙 다 지키면서 예배를 드린 교회에서는 감염된 사람이 단 사람도 없었습니다. 그런데도 이처럼 치료하시는 하나님을 믿고 의지하지 않고 자신의 이성이나 지식이나 경험에 의해 판단하고 믿는 것은 인본주의 신앙이요, 세속주의 신앙이요, 기복주의 신앙인 것입니다. 이러한 인본주의 신앙을 가지고는 평생 목사, 장로, 권사, 집사를 해도 그들의 삶 가운데에는 어떠한 기적도 일어나지 않습니다. 그러나 인간의 이성이나 지성이나 경험의 벽을 뛰어넘어 믿음의 기적을 믿으며 진정으로 하나님의 복을 누릴 수 있는 신앙이 복음주의 신앙인 것입니다.

그래서 오죽하면 지난 2021년 3월 10일(수) 대한예수교장로회 고신총회가 한국 교회 교단 최초로 "정부의 감염병 예방 정책에 대한 고신 총회의 입장"이라는 성명서를 통해서 교회가 안전하다는 것을 스스로도 인정하면서도 정부가 나서서 성경에도 근거가 없는 비대면 예배 원칙을 세우고 좌석의 10~30% 등 인원 제한을 하며 심지어 통성기도나 찬양대 찬송도 제한하는 것은 명백한 종교 탄압이라고 발표했습니다. 일제강점기 때 유일하게 신사참배를 거부했던 복음주의 교단으로서 참으로 강하고 담대한 영적인 신앙의 선언이었습니다. 그래서 우리 치유하는교회의 영적인 성도들도 방역수칙을 철저히 지키면서도 인생의 모든 것이 하나님의 손에 달려 있다는 강하고 담대한 믿음을 가지고 합심해서 간절히 부르짖으면서 지난 1년여 동안 하나님의 기적을 체험하면서 승리하며 이겨내 왔습니다.

내일부터 사순절 특별새벽기도회가 시작되는데, 다른 때도 아니고 예수님께서는 우리의 죄악과 상처와 질병을 대신 지시기 위해 십자가에서 죽기까지 사랑해 주셨는데 세상에 빠지고 바쁘고 피곤해서 기도의 무릎이 다 무너져 버리면 되겠습니까? 주님과의 처음 사랑까지도 다 잃어버려서 수많은 문제의 불행과 고통 속에서 살아가면서도 주일 낮예배 한 번 드림으로 신앙생활 다 한 줄로 착각하는 이들을 보면 그들의 장래가 어떻게 될까 암담한 생각이 듭니다. 지금 우리에게는 우리 부부 문제뿐만 아니라 우리의 부모, 형제, 그리고 더 나아가 자녀, 손주들을 위해서 기도해야 할 제목들이 얼마나 많습니까? 그런데 우리가 코로나19를 핑계하면서 이 십자가의 고난을 묵상하는 사순절에도 깨어 기도하지 않고 합심해서 부르짖지 않고 언제 기도하고 어떻게 코로나19를 이겨 내는 기적의 응답을 체험할 수가 있겠습니까?

그래도 수요 밤예배뿐만 아니라 금요 심야기도회에도 안수집사님 가정들이 초등학생, 중학생, 고등학생, 대학생, 청년 자녀들과 다 함께 나와서 합심하여 기도하는 모습에서 우리 치유하는교회에 희망이 있다는 것은 느낍니다. 그 모습을 보면서 아버지 장로님·어머니 권사님의 손에 이끌리어 금요 철야기도회에 나가던 저의 어린 시절이 떠올랐습니다. 그래서 수십 년이 지난 후에 이 부족한 사람이 목사까지 되었습니다. 이처럼 깨어서 기도하는 가정에 희망이 있고 축복이 있고 행복이 있고 기적이 있는 줄 확실히 믿습니다.

저의 어렸을 때 "남자는 절개, 여자는 배짱"이란 영화가 있었는데 갈수록 남성들의 입지가 좁아지고 힘이 빠지고 있습니다. 오죽하면 한때 '간 큰 남자 시리즈'까지 유행했는데 이런 이야기가 잊히지 않습니다. 아내가 밤늦게 외출하려고 할 때 남편이 30대에는 "어디 여자가 밤늦게 돌아다니려고 그래?" 하고 제법 큰소리를 칩니다. 그런데 40대에는 "언제 들어올 거야?" 하고 눈치를 보며 묻고, 50대에는 "일찍 들어올 거지?" 하고 사정조로 묻고, 60대에는 눈물을 글썽이면서 "꼭 와!" 그런다고 합니다. 그러나 우리 남성들이 강하고 담대한 믿음으로 일어서서 더욱더 간절히 부르짖으며 믿음의 역사를 일으켜 나가야 합니다. 그리하여야 영적 가장으로서 가족들의 모범이 되어서 가정을 영적으로 일으켜 세워 나갈 수 있습니다.

미국 유학 시절 들은 이야기입니다. 한 집사님이 아내 권사님에게 이끌려서 억지로 신앙생활을 해왔는데 한번은 여름휴가 때 요트를 빌려서 대서양 바다낚시를 나갔다고 합니다. 그런데 갑작스럽게 엔진 고장이 나서 밤늦게까지 표류를 하게 되자 아내 권사님이 화를 내면서 "모처럼 가족여행을 하면서 왜 값싼 요트를 빌려와 이 고생을 시키느냐? 이러다가 집에도 못 돌아가고 상어 밥이 되는 게 아니냐? 당신이 제대로 하는 게 뭐가 있느냐? 하는 짓이 다 그 모양이지!" 하고 쏟아부었습니다. 이거 어디서 많이 듣던 소리 아닙니까? 그때 꾹 참고 있던 남편이 흰 셔츠를 벗더니 낚싯대에 묶어 세우고 랜턴으로 불을 비춰서 구조 요청을 해놓고는 온 가족을 다 갑판 위로 모이라고 하더랍니다. 그러더니 "무얼 그렇게 불평하고 원망하느냐? 어려울 때일수록 기도해야지! 이 시간 다 함께 엎드려서 구조대가 우리를 구하러 올 때까지 '주여!' 삼창 하고 합심해서 부르짖자!" 고 하더니 믿은 지 얼마 안 된 남편 집사가 통성기도를 인도하더랍니다. 한참 그렇게 온 가족이 부르짖으며 합심해서 기도하고 있는데 어디선가 '붕!' 하는 뱃고동 소리가 나더니 지나가던 배가 조난당한 집사님의 요트를 발견하고 구조해서 그다음 주일에 집사님 가정이 교회로 돌아왔습니다. 그런데 아내 권사님이 목사님에게 지난 주간 조난당했던 이야기를 하면서 그러더랍니다. "목사님, 저는 저희 남편이 저만 따라다녀서 믿음이 없는 줄 알았더니요. 세상에 멸치도 뼈가 있던데요!" 하면서 그렇게 남편을 자랑스럽게 여기며 칭찬하더랍니다.

여러분, 우리 남편들이 적어도 이 정도의 믿음은 가져야 하지 않겠습니까? 그러므로 우리의 인생의 어떠한 거대한 여리고 성에 부딪혀도 전지전능하신 하나님만 믿고 간절히 합심하여 부르짖을 때 기적의 응답을 받고, 우리가 알지 못하는 크고 불가사의한 일들을 보게 되고, 아무리 넘지 못할 여리고 성이라고 할지라도 주님의 기적적인 권능으로 기필코 다 무너뜨리게 될 줄 확실히 믿으시기 바랍니다.

지난 월요일 오전 치유상담대학원과 오후 치유상담연구원의 강의를 마치고 우리 치유하는교회 부목사 출신의 총회 정치부장인 진광교회 이성주 목사님이 저녁 식사에 초대해 주셔서 갔습니다. 그런데 미국에 사는 이 목사님의 손녀딸이 최근에 최고의 인기리에 상영 중인 "미나리"라는 영화의 주인공의 딸로 출연했다고 하면서 해주시는 이 영화의 이야기를 듣고 큰 감동을 받고 돌아왔습니다. 마침 한 안수집사님이 영화 동영상을 보내 주셔서 지난 금요일 오후에 볼 수 있었습니다.

골든글로브 최우수 외국어 영화상 등 무려 75개의 상을 수상한 "미나리"라는 영화는 미국의 유명배우인 브래드 피트가 200만 달러(20여 억 원)의 저예산으로 만든 독립영화인데, 정이삭 감독의 어린시절 경험에서 비롯되었습니다. 그는 1978년 미국 콜로라도주 덴버에 정착한 한국인 이민자의 가정에서 태어나 5세 때 미국의 가장 작은 주 중의 하나인 아칸소주로 이사하여 유년기를 보냈습니다. 원래는 의대를 가기 위해 열심히 공부하여 명문 예일대에서 생화학을 전공했지만 후에 전공을 바꾸어 유타 대학원에서 영화학을 전공하여 영화감독이 되었는데 이 "미나리" 영화는 사실 자신의 어린 시설 경험을 담고 있습니다.

1980년대 아칸소의 조그마한 시골 마을의 농장과 트레일러 집으로 이사를 온 제이콥과 모니카 부부는 매년 3만 명씩 한국을 떠나 젖과 꿀이 흐르는 가나안 땅과 같은 아메리칸 드림을 안고 미국에 정착한 이민 가정 중의 하나였습니다. 아버지 제이콥은 어린 나이인 첫째 앤과 둘째 데이비드와 함께 차에서 내려서 50에이커(약 61,210평) 농장을 소개하면서 가든이라며 그곳에서 농사를 지을 거라 자랑하지만 어머니 모니카는 캘리포니아를 떠나 낯선 땅에 정착하는 상황이 너무도 막막했습니다. 그러는 가운데 아내 모니카는 남편 제이콥이 자기 뜻대로만 하려는 이 상황에 불만을 품고 토네이도가 몰아치는 밤 결국 부부는 부부싸움을 합니다. 그러다 화해한 후 아칸소의 한 공장에서 병아리 감별사로 일하는 동시에 남편 제이콥은 레이건 정부의 정책으로 농장을 본격적으로 개간하게 되면서 사람을 불러 수맥을 찾지 않고 스스로 땅을 파서 물이 나올 곳을 찾습니다. 제이콥은 농기계를 구입하다가 한국전쟁에 참전했다는 폴이라는 일꾼을 알게 되고 폴과 함께 농사를 짓기로 결심하지만 엑소시즘[Exorcism, 귀신을 쫓아내는 축사(逐邪)]에 관심이 있고 친근하게 다가오는 그가 영 못마땅했습니다.

아내 모니카는 매일 나가서 일해야 하니까 자녀들을 돌볼 수가 없어서 한국에서 친정어머니 순자를 모셔 와서 함께 살기로 합니다. 그러자 모든 친정어머니들이 그러하듯이 할머니도 사랑하는 딸네 가족들을 위해 오만 잡동사니를 다 싸 가지고 미국으로 오지만 손자 데이비드는 할머니가 냄새가 나고 영어도 못하고 화투나 선물로 갖다 주고 욕도 잘 하고, 기대했던 모든 것과는 달라 진짜 할머니 같지 않다며 불평을 하며 싫어합니다. 그러던 중 하루는 가족들이 다 함께 교회에 가지만 모니카는 교회에서 이야기할 친구를 찾고자 했던 자신이 오히려 이민자로서 불편하게 여겨지자 교회에 다시 가지 않겠다고 제이콥에게 말합니다. 할머니와 손자의 사이가 점점 더 나

빠져 하루는 할머니가 마실 보약 그릇에 자기 오줌을 싸서 할머니가 모르고 마시자 부모님으로부터 크게 혼이 나지만 할머니는 손자를 사랑하는 마음에 내색하지를 않습니다. 그러다가 교회에 가는 날 서랍을 열다가 다친 손자를 할머니가 사랑으로 치료해 주면서 둘의 사이는 회복됩니다.

그런데 손자가 할머니에게 안겨 잠들던 날 아침, 하필이면 할머니는 뇌졸중이 와서 몸을 제대로 가누지 못하게 됩니다. 이후 병원에서 할머니를 모셔 와서 온 가족이 다시 다 모여 살게 되었지만 아내는 남편의 농사와 아이 양육, 어머니 부양으로 인해 지친 이 상황을 점점 견딜 수가 없었습니다. 남편은 처음에 실패했던 한인 마트에 자신이 생산한 농작물을 납품하는 데 성공하지만 아내는 남편이 가족보다 농사가 우선인 상황에 한계를 느끼고 결별을 선언합니다.

농장에 홀로 남아 몸을 제대로 가누지 못하는 할머니는 딸의 농장 청소를 해 주면서 드럼통에 쓰레기를 태우는 가족의 일을 도와주려다가 그만 불씨가 땅에 떨어지고 순식간에 불이 잔디로 번져 사위의 농작물 창고로 옮겨 붙었습니다. 부부가 도착했을 때는 이미 창고가 불타오르고 있어서 부부는 불을 끄려고 하지만 실패하고 창고는 전소되고 맙니다. 죄책감을 느낀 할머니는 떠나려고 하지만 손자와 손녀가 집으로 돌아가야 한다고 말리면서 그들은 돌아와 모두 한자리에서 잠이 듭니다. 가족은 과거에 남편이 가졌던 꿈도, 농산물도, 모든 관계도 다 무너졌지만 다시 화해하고 제이콥은 제대로 된 수맥을 찾아 다시 농사를 짓기로 합니다.

아버지 제이콥과 아들 데이비드는 근처의 냇가에서 “미나리는 어디에 있어도 잘 자라고 부자든 가난한 사람이든 누구든 건강하게 해 줘”라고 할머니가 말했듯이 한국에서 올 때 가져온 씨로 심어 놓은 미나리가 오히려 생명력 있게 잘 자라난 것을 보고 수확을 하여 팔게 됩니다. 이 가정이 미국 사회에서 생존하기 위해 몸부림을 치면서 미나리와 같이 분투하며 일어나면서 이 영화는 끝이 납니다.

이 "미나리" 영화는 보는 관점에 따라 다양한 해석과 은혜를 나눌 수 있습니다만 저는 이 영화를 보면서 24년 전 미국 유학생활과 이민 목회를 떠나면서 시카고에 두고 온 성도들이 떠올랐습니다. 그때 저뿐만이 아니라 모두 다 그리운 고향 산천 부모 형제를 떠나서 너무 외롭고 힘들게 살아갔습니다. 다른 인종, 다른 문화, 다른 언어 가운데 살아간다는 것이 너무나 스트레스를 받고, 더욱이 흑인들에게서조차 인종차별의 서러움을 겪을 때는 참으로 서글픔을 금할 길이 없었습니다. 더구나 빈손 들고 타향 땅에 와서 한국에서 해보지도 못했던 밑바닥 일을 하면서 무에서 유를 이룬다는 것이 얼마나 서럽고 눈물 나는 일인지 모릅니다. 목사인 저 자신도 학교 식당에서 접시 닦이를 하면서 한국에서 경험해 보지 못한 밑바닥 생활을 했던 기억이 떠올라서, 지나간 유학 시절은 생각만 해도 서럽고 눈물이 납니다. 그 서러움의 눈물을 흘리면서 하루하루를 살다 보니까 평소에 부르지도 않았던 "울려고 내가 왔나"라는 노래가 저절로 입에서 튀어나오곤 했습니다.

울려고 내가 왔나
누굴 찾아 여기 왔나
낯설은 타향 땅에 내가 왜 왔나
하늘마저 날 울려
궂은비는 내리고
무정할사 옛 사람아 그대 찾아

천 리 길을 울려고 내가 왔나

그렇게 인생의 밑바닥에서 다들 피눈물을 흘리면서 믿음으로 다 일어서서 제2의 유대인이라는 영광스러운 별명을 얻을 정도로 눈물겨운 세월 속에서 그들은 오늘의 미국 이민자의 성공을 이루게 된 것입니다.

사랑하는 성도 여러분, 특별히 남선교회 회원 여러분, 그래도 우리는 자랑스러운 조국 대한민국에서 사는 것에 정말 감사해야 합니다. 더구나 우리 곁에 우리를 도울 수 있는 부모, 형제라도 있지 않습니까? 또 무엇보다도 친형제보다 더 가깝고 영원히 함께 살 치유하는 교회 성도들과 주의 종들이 우리 곁에 있지 않습니까? 그럼에도 불구하고 고난 없는 인생은 이 땅에 존재하지 않습니다. 어떠한 인생이든지 다 남 모르는 아픔이 있고 눈물이 있고, 우리를 두렵게 하는 여리고 성은 우리의 인생 가운데 끊임없이 부딪혀 옵니다. 더구나 우리는 꿈에도 상상을 못던 코로나19를 겪으면서 그 여리고 성을 우리의 현실 가운데 부딪히고 있지 않습니까? 그러나 그 인생의 성공과 행복은 우뚝 솟아 우리의 앞길을 막는 여리고 성을 어떻게 무너뜨리느냐에 달려 있습니다.

그러므로 우리가 또다시 사순절을 보내고 남선교회 주일을 맞이하면서, 우리의 인생 가운데 아무리 거대한 여리고 성이 앞을 막는다 할지라도 하나님께서 우리에게 승리를 주셨음을 확실히 믿고, 끝까지 인내하며 순종하고, 살아 계신 하나님만 믿고 합심하여 부르짖을 때 우리의 인생의 어떠한 여리고 성도 넉넉히 다 무너뜨리고 승리하며 영광 돌리는 복된 여생을 모두 다 살아가게 될 줄 확실히 믿습니다.

이 시간 다 함께 “참 좋으신 주님”을 부르며 믿음으로 결단하도록 하겠습니다.

1. 참 좋으신 주님 귀하신 나의 주
가까이 계시니 나 두려움 없네
내 영이 곤할 때 내 맘 낙심될 때
내 품에 안기라 주 말씀하셨네
광야 같은 세상 주만 의지하며
주의 인도하심 날 강건케 하시며
주의 사랑 안에서 살게 하소서
주만 의지하리 영원토록
2. 예수 이름으로 모였던 곳에서
우리가 헤어질 때 늘 함께하시며
이 세상 살 동안 주 말씀 따라서
살게 하소서 승리하게 하소서
광야 같은 세상 주만 의지하며
주의 인도하심 날 강건케 하시며
영원토록 평안함 얻게 하소서
우리 다시 만날 그날까지

살아 계신 하나님 아버지, 인생의 고난 가운데 낙심하고 좌절할 때가 얼마나 많았습니까? 그러나 아무리 거대한 여리고 성이 우리 앞을 막을지라도 하나님께서 저희에게 승리를 주셨음을 확실히 믿게 하여 주시옵소서! 끝까지 인내하며 순종하게 하여 주시옵소서! 살아 계신 주님만 믿고 합심하여 부르짖게 하여 주시옵소서! 그러함으로 우리 앞에 가로놓인 우리의 인생의 아무리 거대한 여리고 성도 다 무너뜨림으로 승리하며 영광 돌리는 복된 남선교회 회원들과 모든 성도들과 주의 종이 될 줄 믿사옵고, 예수님의 이름으로 간절히 축복하며 기도하옵나이다. 아멘!

왜 아이 성에서 실패했는가

여호수아 7:1-5

이스라엘 백성들은 그 거대한 여리고 성을 무너뜨리고 난 후 여리고 성보다 훨씬 더 작은 아이와 같은 아이 성 정복에 실패하고 맙니다. 이들이 왜 아이 성 정복에 실패했는가를 보면 우리도 결코 패배에서 예외가 될 수가 없습니다. 그렇다면 우리 인생의 지난날에 아이 성의 결정적인 실패가 어디에 있었는가를 보면서 우리의 아이 성을 어떻게 정복할 것인가, 이 시간도 들려오는 하나님의 음성을 다 함께 들을 수 있길 바랍니다.

어떠한 탐심이라도 물리쳐야 함

먼저 본문 1절 상반절 말씀을 다 함께 읽겠습니다.

"이스라엘 자손들이 온전히 바친 물건으로 말미암아 범죄하였으니."

여호수아가 여리고 성을 정복한 후에 아이 성을 다음 목표로 삼은 것은, 길갈이 이스라엘 백성들이 장기간 머물 곳이 못 되니 안전지대를 확보하고 가나안 땅을 정복하기 위한 군사 작전이 용이한 곳이 시급하게 필요했기 때문입니다. 그래서 유다 산지를 목표로 삼아서 여리고 성, 아이 성에 이어 벧엘을 정복함으로써 동서를 잇고 가나안의 남북을 차단할 작전을 구상하였던 것입니다. 하지만 여리고 성은 믿음으로 기적적으로 정복했지만 여리고 성에서 불행하게도 한 사람의 범죄가 있어서 그토록 쉽게 생각하였던 아이 성에서 실패하고 말았습니다.

그런데 본문에서는 "이스라엘 자손들이 온전히 바친 물건으로 말미암아 범죄하였으니"라고 지적하고 있습니다. 여기 '범죄하였다'는 단어 'מעל'(마알)이라는 단어를 사용하는데 그것은 다른 죄악보다도 신뢰의 관계의 배신 행위를 말합니다. 다시 말하면 여호수아 6장 18절에 "너희는 온전히 바치고 그 바친 것 중에서 어떤 것이든지 취하여 너희가 이스라엘 진영으로 바치는 것이 되게 하여 고통을 당하게 되지 아니하도록 오직 너희는 그 바친 물건에 손대지 말라"고 분명히 하나님께서 명령하셨습니다. 그런데 계속해서 여호수아 7장 11절과 15절에 "이스라엘이 범죄하여 내가 그들에게 명령한 나의 언약을 어겼으며 또한 그들이 온전히 바친 물건을 가져가고 도둑질하며 속이고 그것을 그들의 물건들 가운데에 두었느니라…온전히 바친 물건을 가진 자로 뽑힌 자를 불사르되 그와 그의 모든 소유를 그리하라 이는 여호와의 언약을 어기고 이스라엘 가운데에서 망령된 일을 행하였음이라 하셨다 하라"라고 밝히듯이 아간은 탐심에 가득 차서 하나님과의 언약을 어기는 범죄를 행하고 말았습니다. 이처럼 한 사람의 탐심이 결국 이스라엘의 아이 성 정복의 결정적인 실패의 원인이 되고 말았던 것입니다.

이렇게 우리의 신앙생활 가운데에 탐심이 무섭습니다. 그래서 골로새서 3장 5절에 "그러므로 땅에 있는 지체를 죽이라 곧 음란과 부정과 사욕과 악한 정욕과 탐심이니 탐심은 우상숭배니라"고 증거하고 있듯이 우리의 신앙생활 가운데 그 무엇보다도 탐심을 철저히 버려야 하는 것은, 물질이나 명예나 향락이나 그 어떠한 인간에 대한 탐심으로 하나님보다 그것 혹은 그 사람을 더 사랑하는 우상숭배에 빠지게 하기 때문입니다. 그런데도 우리가 이 육신의 지체에 대해서 죽어지지 못하고 우리가 하나님보다 더 사랑하는 우상숭배인 탐심을 이겨 내지 않으면 어떻게 되겠습니까? 그러한 탐심으로 인한 그 무엇도 우리에게 진정한 은혜가 되는 것이 아니고, 축복이 되는 것이 아니고, 행복이 되는 것도 아니고, 그것이 오히려 우리의 신앙생활의 덫이 되고 올무가 되고 저주가 되고 만다는 것입니다.

그런데도 지난 목요일, 금요일 언론을 통해서 계속해서 발표되었지만 LH 토지주택공사 직원들이 청와대 직원부터 시작해서 국회의원, 시의원 가족, 부동산중개업자들과 연계해서 전국 토지가 내 토지인 줄 착각해서, 한 LH 직원은 정보를 빼내어 광명시에 64억 원의 땅을 매입하고, LH 전 직원이었던 한 공기업 감사실장은 LH 아파트를 15채나 샀다고 합니다. 그래가지고 진정으로 복된 삶을 살 수 있겠습니까? 더구나 우리가 그 모아 놓은 것을 죽을 때 하나라도 짊어지고 갈 것 같습니까? 한 푼도 못 가져가고 다 놓고 떠나가야 합니다. 재산 많이 남겨두고 떠나려면 속만 쓰리고 하나님의 심판을 어떻게 감당하려고 그럴까요? 오히려 탐심의 결과로 더 큰 불행과 고통에서 헤어 나오지 못하고 맙니다. 그래서 야고보서 1장 15절에 "욕심이 잉태한즉 죄를 낳고 죄가 장성한즉 사망을 낳느니라"고 분명히 경고하시지 않습니까?

그리하여 예수님께서 '한 어리석은 부자의 비유'를 들려주십니다. "한 부자가 그 밭에 소출이 풍성하매 심중에 생각하여 이르되 내가 곡식 쌓아 둘 곳이 없으니 어찌할까 하고 또 이르되 내가 이렇게 하리라 내 곳간을 헐고 더 크게 짓고 내 모든 곡식과 물건을 거기 쌓아 두리라 또 내가 내 영혼에게 이르되 영혼아 여러 해 쓸 물건을 많이 쌓아 두었으니 평안히 쉬고 먹고 마시고 즐거워하자 하리라 하되 하나님은 이르시되 어리석은 자여 오늘 밤에 네 영혼을 도로 찾으리니 그러면 네 준비한 것이 누구의 것이 되겠느냐 하셨으니 자기를 위하여 재물을 쌓아 두고 하나님께 대하여 부요하지 못한 자가 이와 같으니라"(눅 12:16-21)라고 말씀하십니다. 그런데 그전에 누가복음 12장 15절에 "삼가 모든 탐심을 물리치라 사람의 생명이 그 소유의 넉넉한 데 있지 아니하니라"라고 명령하십니다.

모든 탐심을 이겨 내는 방법은 다른 길이 없습니다. 믿음으로 물리쳐야 합니다. 그래서 우리가 의식적으로라도 모든 탐심을 물리쳐야 하는 이유는 사람의 생명이 그 소유의 넉넉한 데 있지 않기 때문이고, 사람의 성공이 그 물질의 부요한 데 있지 않기 때문이고, 사람의 행복이 그 재물의 풍요로운 데 결코 있지 않기 때문입니다. 우리가 아무리 많이 벌고 많이 모으고 많이 쌓은들 무슨 소용이 있겠습니까. 우리가 선한 청지기의 사명을 감당하지 못하면 다 자식들 의만 상하게 하고, 주님 앞에 서게 될 때 "이 악하고 게으른 종을 바깥 어두운 데로 내어 쫓으라 거기서 슬피 울며 이를 갈리라"고 심판을 받을 것입니다. 그러므로 우리가 탐심을 그치고 도둑질을 멈출 뿐만 아니라 구제의 손길을 펼칠 때 진정으로 탐심을 물리칠 수 있습니다. 그래서 에베소서 4장 28절에 "도둑질하는 자는 다시 도둑질하지 말고 돌이켜 가난한 자에게 구제할 수 있도록 자기 손으로 수고하여 선한 일을 하라"고 분명히 명령하지 않습니까? 그리하여 우리가 오히려 하나님께서 주신 물건을 가지고 선한 청지기같이 나누고 베풀고 섬기는 삶이 얼마나 우리에게 은혜가 되고 행복이 되고 축복이 되는지 모릅니다.

국내 1위 치킨 프랜차이즈인 교촌(郊村, 향교가 있는 시골)치킨의 창업주 권원강 전 회장은 가족 생계를 위해 노점상, 해외 건설노동자, 택시기사 등 갖가지 직업을 전전하다가 40세가 되던 1991년 3월 경북 구미에서 10평 남짓한 규모의 교촌통닭집을 세우며 치킨 프랜차이즈 사업에 뛰어들었습니다. 가맹 희망자가 수백 명 줄을 서서 1,078개 가맹점을 돌파한 뒤 가맹점 우선주의로 10여 년간 그 수를 유지하면서 매출 연 3,188억 원으로 국내 치킨 프랜차이즈 업계 1위를 지키고 있습니다. 그런데 이번에 회사 창립 30주년을 맞아 사재 100억 원을 사회에 환원하기로 발표했으니 이 얼마나 멋진 인생입니까?

그런데 우리 교인 가운데서 한 권사님도 평생 전세로 살다가 금년 62세에 이르러 가까스로 조그마한 빌라를 구했는데 지난주 새벽기도회에 코로나19로 어려운 형제와 이웃을 위해 오병이어 사랑의 헌금으로 100만 원을 가져왔습니다. 저는 그 100만 원을 권 회장의 100억 원처럼 소중한 사랑의 헌금으로 받아들였습니다. 이처럼 우리는 언제든지 하나님께서 부르시면 어차피 다 두고 떠날 텐데, 살아 있는 동안 어떠한 탐심이라도 다 물리치고 오히려 하나님께서 주신 물질의 축복을 선한 청지기같이 나누고 베풀고 섬기게 될 때 우리의 일생의 어떠한 아이 성도 능히 무너뜨리고, 자손 대대로 그 하나님의 복을 누리게 될 줄 확실히 믿으시기 바랍니다.

가정에서부터 신앙의 모범이 되어야 함

계속해서 본문 1절 하반절 말씀을 다 함께 읽겠습니다.

> "이는 유다 지파 세라의 증손 삽디의 손자 갈미의 아들 아간이 온전히 바친 물건을 가졌음이라 여호와께서 이스라엘 자손들에게 진노하시니라."

히브리인들은 보통 사람을 소개할 때에 최소한 그 아버지의 이름을 같이 들지만 오늘 본문의 아간의 경우는 너무도 중대한 사건이기 때문에 유다 지파, 세라의 증손, 삽디의 손자, 갈미의 아들 아간이라고 해서 아간의 지파와 증조부와 조부와 아버지까지 다 밝혔습니다. 그의 범죄로 말미암아 자신만 죽은 것이 아니라 그의 조상들까지, 더 나아가 그의 지파까지 다 불명예를 안고 말았습니다. 이 말씀은 역으로 풀어서 해석하면, 우리 조부모와 부모의 자손들을 향한 신앙 교육이 얼마나 중요한 것인가를 역설하고 있는 것입니다. 우리 자녀손들의 신앙 교육은 우리의 자녀 양육에 있어서 아무리 강조해도 지나침이 없습니다. 왜냐하면 자녀손들의 장래가 달려 있기 때문입니다. 그러므로 우리는 자녀손들에게 어렸을 때부터 믿음으로 살게 해야 하는데 늦었다고 생각하는 때가 가장 이른 때입니다. 무슨 일이 있어도 하나님의 말씀을 가르쳐 지켜 행하도록 해야 합니다.

아간 한 사람의 범죄가 그 자신의 죽음은 말할 것도 없이 가정의 불행과 가문의 수치와 지파의 불명예를 안겨 주고 말아서 한 사람의 범죄로 인해 '여호와께서 이스라엘 자손들에게 진노하셨다'는 말씀이 사사기(2:14, 20, 3:8, 10:7)에도 계속해서 나오면서 공동체성을 강조하고 있습니다.

사실 유다 지파는 이스라엘 열두 지파 중 영적으로 지도하는 지파였고, 실제로 이스라엘 백성 중에서 인구도 가장 많았고 가장 큰 기업의 땅도 받았습니다(수 15:1-12). 그런데 아간 한 사람으로 인해 큰 수치와 불명예를 안게 된 것입니다. 결국 제비를 뽑아서 아간을 색출해 내고 아간과 아들들과 딸들과 소들과 나귀들과 양들까지 다 끌고 가서 돌로 쳐서 죽입니다. 훔친 모든 물건들인 시날 산의 아름다운 외투 한 벌과 은 200세겔과 금 50세겔, 즉 1세겔이 약 11.42g이니까 은이 2,284g(약 70돈 = 약 17만 5천 원), 금이 571g(약 18돈 = 약 360만 원)이니까(수 7:21) 사실 다 합해서 500~600만 원 정도밖에 안 됩니다. 그렇게 많지 않은 물질의 탐심으로 인해 결국 그가 소유한 모든 것들과 함께 다 불살라지고 돌무더기가 쌓여 그곳 이름을 오늘날까지 '아골 골짜기'라고 부르게 된 것입니다. 한 사람의 범죄로 인해 온 가정과 가문과 지파와 이스라엘 백성들에게까지 하나님의 진노가 임하게 되어서 결국 아이 성에서 실패하고 말았습니다.

그래서 우리가 앞으로 3년 동안의 교회 표어를 "다음 세대를 위한 영적 비전"으로 삼고, 가장 먼저 우리 부모들이 자녀들의 '영적 모범'이 되자고 했습니다. 사실 우리 자녀들의 장래가 우리 부모들의 손에 달려 있고, 바로 여기에 한국 교회와 민족의 장래가 달려 있기 때문입니다.

그래도 우리 치유하는교회의 믿음이 신실한 성도님들의 가정에서 큰 희망을 발견합니다. 우리 치유하는교회 최광진 은퇴장로님이 지난주 화요일 아버지 최원귀 집사님이 대한예수교장로회 합동교단에서 순교자로 인정받고 순교 증서를 받았다고 전해 주시면서 '아버지의 순교'라는 제목의 감동적인 글을 보내 왔습니다.

아버지, 꿈에도 잊지 못할 6·25,
민족의 가슴에 아픈 상처를 냈던 6·25,
시간이 지나도 빈자리는 크고 가슴은 시리기만 합니다.
아버지 없는 빈자리에 때로 외롭고 때로 힘들었지만
돌이켜 보니 오늘의 우리를 여기까지 지킨 것은 아버지의 순교였습니다.
지나간 70년, 가난과 풍요, 고난과 성공이 수없이 교차했지만
가난 속에서도 비굴하지 않고 풍요 속에서 물질이 하나님이라 믿지 않고
고난 속에서도 끝까지 견뎌 온 것은 아버지가 말없이 가르친 순교의 정신 때문이었습니다.
그동안 교회도 어지러워 곁길로 가고 우리도 세속화, 물질화, 영적 전쟁으로 힘들어할 때
그래도 주님의 몸이라 무너진 교회의 기둥을 붙들며 눈물로 지새워 온 것도
아버지가 우리 가슴에 새겨 준 순교의 교훈 때문이었습니다.
죽으면 살고 죽어야 살며
살아서 죽으면 죽어도 살고 죽어서 살면 영원을 사는 진리를 몸으로 가르친 아버지,
한 알의 밀알이 땅에 떨어져 숲을 이루고 그 숲에서 많은 열매를 맺는 복음의 진리를 죽음으로 가르쳐 주신 아버지,
우리도 아버지처럼 살아 매일 순교적 삶으로 죽고

아버지처럼 죽어 매일 순교자의 영광으로 사는 복되고 아름다운 후손들이 되겠습니다.

부디 하늘나라에서 평안히 영원한 생명을 누리시고

아직도 다 오지 않은 부활의 아침을 위해 조국과 교회를 위해 도고(중보적 기도)를 해주소서!

아버지의 하나님, 천지를 지으시고 교회의 머리가 되시며 지금도 역사와 세상을 통치하시는 거룩한 삼위 하나님께 영광과 찬양을 돌리오며

지금도 살아 계신 주님만이 오직 우리의 영원한 주님이십니다!

2021. 3. 18.

아들 최광진과 후손들 올림

얼마나 감동적입니까? 여러분, 다음 세대를 위해서 우리가 금년에 가장 먼저 해야 할 것인 영적 모범이 안 되면, 자녀들에게 아무리 교회에 나가자, 신앙생활 잘 해라, 그래야 너희들이 복 받는다라고 해도 아무 소용이 없습니다. 자녀손들의 신앙의 모범이 안 되는 삶을 살고 있으니 배우자도, 자식들도, 손주들도 우리 말을 듣지 않습니다. 그러므로 남의 말 할 것 아무것도 없고 남의 탓 할 것 아무것도 없고 남의 신경 쓸 것 아무것도 없고 친절한 금자씨가 말했던 것처럼 "너나 잘하세요!"만 바로 하면 되는 것입니다. 우리가 가정에서부터 신앙의 모범이 되지 못하면 마태복음 18장 6절에 "누구든지 나를 믿는 이 작은 자 중 하나를 실족하게 하면 차라리 연자 맷돌이 그 목에 달려서 깊은 바다에 빠뜨려지는 것이 나으니라"고 분명히 무섭게 경고하시지 않습니까? 그럼에도 불구하고 우리 교회 신실한

성도님들의 자녀들이 믿음으로 잘 자라 가고 있는 것에 대해서 너무도 감사하고 힘이 되고 더 큰 기대를 갖게 됩니다.

우리 교회 안수집사님과 권사님의 따님은 2019년 교육대학교를 졸업하고 이전에 하던 사역들을 다 내려놓고 초등교사 임용고시 준비를 시작하였습니다. 사실 임용고시라는 좋은 명목이 있었기에 이런저런 이유들로 여러 사역과 관계에서 내려왔지만 그전에 자기의 부족함으로 인해 가장 아끼는 사람들에게 상처를 준 것을 알게 되어 급하게 도망쳐 나온 상태였습니다. 그런 그녀에게 하나님은 치유 동산에 올라 처음으로 죄송한 마음을 알게 하셨는데 어릴 적 사랑으로 훈육하시는 어머니의 훈육에도 무엇이 잘못된지 몰라 '잘못했습니다' 그 한마디를 못해 그 자리에서 벗어나지 못했던 그녀에게는 참으로 큰 변화였습니다. 그렇게 하나님과의 관계의 치유가 시작되어 임용을 준비할 수 있게 되었지만 임용은 결코 만만하지 않아서 첫 번째, 두 번째 임용고시에서 실패했습니다.

정말 다시 잘 준비하고 싶은 마음으로 3월부터 세 번째 임용고시 공부를 시작해야겠다는 생각을 하고 있는데 현장 경험의 부족을 아신 어머니께서 기간제를 하지 않으면 공부하는 데 필요한 지원을 해 주시지 않겠다고 하셨습니다. 그 말을 받아들이기 힘들었지만 "부모님 말씀에 순종하라"는 하나님의 뜻을 전해 주신 할머니의 말씀에 기간제를 구했는데 경험이 없는 그녀에게 기간제를 구하는 것은 쉽지 않은 일이었습니다. 넣은 서류가 모두 탈락되었고, 어떻게 해야 하나 막막하던 차에 하나님께서 다행히도 길을 열어 주셔서 코로나19로 혼돈의 시간이었지만 오히려 차근차근 새로운 것을 배우는 기회가 되었고, 책상에 앉아서는 할 수 없는 현장 공부를 할 수 있었습니다.

그렇게 4개월 동안의 기간제를 무사히 마치고 공부의 자리로 다시 돌아왔지만 코로나19로 인해 은혜의 자리가 많이 닫혀서 영적으로 침체된 상태에 머무르게 되고, 건강까지 안 좋아지면서 그녀는 다시 어려움을 겪게 되었습니다. 그녀는 시험 준비도 제대로 하지 못하고 매일 울면서 아프다, 힘들다, 못하겠다는 말을 입에 달고 살아서 어머니와 함께 울기도 많이 했습니다. 시험 일주일 전, 하나님은 할머니를 통해 “쫄지 마라. 교만하지 마라” 두 마디 말씀을 해주셨는데 그 말씀이 그녀를 다시 일으켜 세웠습니다. 시험 전날 밤 불안해하는 그녀에게 하나님은 친구를 통해 “모든 상황 속에서”라는 찬양을 주셔서 그 찬양을 들은 후 편안히 잠들 수 있었습니다.

모든 상황 속에서 주를 찬양할지라
주는 너의 큰 상급 큰 도움이시라
주의 얼굴 구할 때 주의 영을 부으사
크신 사랑 안에서 주를 보게 하소서
내 영혼이 확정되고 확정되었사오니
믿음의 눈 들어 주를 바라봅니다
내 영혼이 확정되고 확정되었사오니
믿음의 눈 들어 주를 바라봅니다

이렇게 하나님의 보호하심 아래에 드디어 시험을 통과했는데, 조금 긴 시간이었지만 하나님께서는 “하나님의 은혜로, 하나님께 영광”이라는 고백을 그녀에게 가르쳐 주시기 위해 기다려 주신 것입니다. 이를 통해 그녀는 자기의 생각보다 더 크게 역사하시고 사용하실 하나님을 기대하게 되었다고 합니다. 이 모든 것은 할아버지 장로님의 신앙이, 매주 수요 밤 예배마다 교사 일을 마치고 와서 안내 봉사를 하는 아버지 안수집사님의 믿음이 큰딸에게 이어져서, 매주 금요 심야기도회 때마다 나와서 부르짖은 기도의 응답이었습니다.

그래서 베드로전서 5장 3-4절에 "맡은 자들에게 주장하는 자세를 하지 말고 양 무리의 본이 되라 그리하면 목자장이 나타나실 때에 시들지 아니하는 영광의 관을 얻으리라"고 분명히 약속하시지 않습니까? 우리가 멀리 갈 것도 없이 우리의 가정에서부터 시작하여 교회에서나 세상에서나 모든 신앙의 모범이 될 때 가장 먼저 우리 자신이 이 땅에 사는 동안에 복을 누리고, 우리 인생의 어떠한 아이성도 다 무너뜨리게 됩니다. 더 나아가 우리가 말 한마디 안 해도 우리를 통해서 사랑하는 가족들부터 시작해서 주위 사람들에게 큰 감동을 주고 변화를 일으키고 열매를 맺으면서 이 땅에 사는 동안 자손 대대로 천 배나 만 배나 갚아 주시고, 머지않아 우리가 주님 앞에 서게 될 때도 영광의 면류관을 모두 다 받게 될 줄 확실히 믿습니다.

평생토록 예수님을 닮아 겸손해야 함

마지막으로 본문 4절 말씀을 다 함께 읽겠습니다.

> "백성 중 삼천 명쯤 그리로 올라갔다가 아이 사람 앞에서 도망하니."

아이 성은 벧엘 동남쪽 4km, 여리고 서북쪽 18km의 작은 성으로 '아이'라는 이름 뜻이 히브리어로 'עַי'(아이) 즉 '폐허'라는 뜻이고 백성도 소수여서 도합 1만 2천 명에 불과했고(수 8:25) 아이와 같이 작고

폐허가 된 성이었습니다. 정탐꾼들이 보고 와서 하는 말이 "수고롭게 다 올라갈 것 없이 백성 이삼천 명만 보내도 능히 쳐부술 수 있다"라고 해서 여호수아나 이스라엘 백성들은 아이 성을 우습게 생각했습니다. 그리하여 여리고 성처럼 제사장들과 군사들과 모든 백성들이 겸손하게 합심합력하지 않고, 우리가 본문을 주목해서 보면 그것도 군사 중에서가 아니라 백성(הָעָם, 하암, the people) 중 3천 명쯤만 보냈습니다. 그런데 뜻밖에도 아이 성 군사들이 공격해 옴으로 36명이나 전사하고 스바님까지 쫓겨나고 말았습니다. 그리하여 이스라엘 백성들은 뜻밖의 패전으로 인해 당황하게 되고 그 공포에 마음이 녹아서 물같이 될 정도였습니다. 우리가 모든 일이 복되고 형통할수록 더욱 겸손해야 하는데 여리고 성의 정복에 너무 도취되고 방심하고 교만했던 것입니다. 결국 그들의 교만한 마음으로 인해 조그만 아이 성에서 대패를 하고 말았습니다.

우리의 신앙생활에 있어서도 마찬가지입니다. 천사장인 루시퍼(Lucifer)는 교만하여져서 하나님과 같이 높아지려고 하다가 타락해 버렸고(사 14:12-15), 최초의 인간인 아담과 하와도 선악을 알게 하는 나무의 열매를 따 먹으면 하나님의 눈과 같이 밝아진다는 사탄의 교만의 시험에 빠져서 영원히 행복하고 축복될 에덴동산에서 쫓겨나고 말았습니다(창 3:4-24). 말세 마지막 때도 지난날 그토록 하나님의 은혜를 뜨겁게 체험하고 축복도 많이 받고 목사, 장로, 권사, 집사의 중한 직분까지 받고 귀하게 쓰임 받던 분들이 어느 날부터인가 영적인 교만에 빠져 버립니다. 그래서 주위의 어떠한 주의 종들도, 영적인 성도들도 인정하지를 않는데 혼자서만 자기의 신앙이 최고인 줄로 착각하고, 하나님의 모든 복의 통로인 예배도 안 드리고, 더 이상 어떠한 영적인 지도도 받지 않으려고 하고, 영적으로 점점 침체되어서 주님의 은혜와 축복과 행복을 다 잃어버리고 살아갑니다. 그래서 하나님의 교회의 걸림돌만 되고 장애물만 되고 암적 존재로 살다가 어느 날 갑자기 세상을 떠난 사람들이 이 땅 위에 얼마나 많습니까?

더욱이 말세 마지막 때 우리 믿는 교인들까지도 황금만능주의와 과학지상주의와 인본주의, 세속주의, 기복주의 신앙에 빠져 갑니다. 심지어 하나님을 믿는다는 사람들이 버젓이 TV에까지 나와서 철학난의 사주나 무속인의 점궤를 의존하며 살아가는 것을 자랑스럽게 여기니, 이보다 더 심각한 우상숭배와 사탄에 사로잡힌 삶이 어디에 있습니까? 그래서 하나님께서 코로나19를 통해서 인간이 아무리 스스로 발버둥을 쳐도 안 된다는 것을 보여주시면서 인간의 죄악과 탐욕과 교만을 심판하시는 것입니다.

그러므로 다른 길이 없습니다. 우리가 어떠한 경우에도 한때 성공했다고, 축복받았다고, 중한 직분 받았다고 다 된 줄로 착각하고 교만하면 안 됩니다. 그래서 고린도전서 10장 12절에 "그런즉 선 줄로 생각하는 자는 넘어질까 조심하라"고 경계하시고, 갈라디아서 6장 3절에 "만일 누가 아무것도 되지 못하고 된 줄로 생각하면 스스로 속임이라"고 분명히 경고하시지 않습니까?

그러므로 우리가 평생토록 지난날의 하나님의 그 크신 사랑과 은혜와 축복에 감사하고 감격하면서 영적으로 깨어져야 합니다. 우리의 의지나 노력이나 힘으로는 절대 겸손할 수 없기 때문에 마태복음 11장 29절의 "나는 마음이 온유하고 겸손하니 나의 멍에를 메고 내게 배우라 그리하면 너희 마음이 쉼을 얻으리니"라는 말씀처럼 예수님을 닮아 온유하고 겸손하게 낮아져야 합니다. 그리고 내가 져야 할 주님의 십자가를 지고 사랑하고 섬기면서 헌신하며 충성을 다하면 주님의 안식을 얻지 않을 수가 없습니다.

연세대 심리학과 권수영 교수님이 지난 20년 동안 수천 명의 내담자들로부터 배운 감정의 웅덩이 밑으로 내려가 마음을 돌보는 법을 다룬 《치유하는 인간》이라는 책을 펴고 같은 치유상담학자라고 해서 출판된 책을 보내 주었습니다. 그 내용 가운데 영국의 소아과 의사이자 정신분석가인 도널드 위니컷(Donald W. Winnicott)은 막 태어난 아이에게 가장 중요한 일은 젖을 먹이는 일이라고 하면서, 새로운 세상에 나와서 극도의 불안과 공포에 빠진 아이에게 평안함을 줄 수 있는 최초의 방법은 엄마의 안아 주기라고 말했습니다. 그러면서 힐링의 비밀이 바로 이 안아 주기(holding)에 있는데, 정신분석학자들은 갓난아이가 이 안김을 통해 자기 자신을 전능자로 느낄 것이라고 해석을 합니다. 아이가 원하는 것이 모두 다 엄마를 통해 즉시 해결되는 때이기에 마치 자신이 전능하다고 느낄 수 있다는 것입니다. 그런데 이러한 '유아기 전능감'이 충족이 안 될 때 자라나면서 '분노 발작'(temper tantrum)을 일으킨다고 합니다. 그리하여 우리가 자녀들이나 손주들의 공격성에 놀라게 되는데 그럼에도 불구하고 그때에 그들의 공격성에 놀라지 않고 맞대응하지 않는 우리의 안아주기가 그들의 내면의 불안이나 혼란을 잠재울 수 있는 놀라운 치유가 된다는 것입니다.

저는 이 책을 읽으면서 우리 인간의 모든 교만과 흥분과 분노와 혈기 등을 잠재울 수 있는 것은 하나님의 사랑의 품의 안아 주기라는 것을 알 수 있었습니다. 죄로 인해 영원히 멸망당할 수밖에 없는 우리 죄인을 향한 주님의 십자가의 사랑의 품에 안겨 보십시오. 우리가 내세울 것이 뭐가 있고, 자랑할 것이 뭐가 있고, 교만할 것이 뭐가 있습니까? 주님의 사랑의 은혜가 없이는 우리는 마른 막대기와 같고, 썩어 가는 구더기만도 못한 죄 많은 인생입니다. 그런데 우리가 주님의 십자가 앞에서 주님의 그 깊으신 사랑의 치유의 은혜를 체험하고 예수님을 닮아 온유하고 겸손할수록 우리의 마음에 평안이 임하고, 우리의 삶에 축복이 임하고, 우리의 일생이 복되게 쓰임받는 것입니다.

'세계의 여인'이라는 별명을 가진 여성 독일 총리 앙겔라 메르켈(Angela Merkel)은 600만 명의 남성에 해당하는 여인으로 묘사되는데 원래 그녀는 1954년 서독 함부르크에서 호르스트 카스너 목사님의 딸로 태어났습니다. 그런데 그녀가 태어난 지 몇 주도 안 되어 아버지가 동독의 선교를 위해 브란덴부르크 주로 이사를 가서 메르켈 총리는 동독에서 자라났습니다. 그 후 독일이 통일이 되고, 1998년 기독민주당 당수 자리를 물려받아서 2005년 기적적으로 제8대 연방 총리가 되고 최초 여성 총리가 되어서 지난 16년 동안 장기 집권을 하였습니다. 그녀가 어린 시절부터 부모님을 통해서 배운 예수님의 온유와 겸손으로 온 국민을 섬겼더니 얼마 전 메르켈 총리가 9월 퇴임을 발표했을 때 독일 국민들이 보여준 반응은 국가 역사상 전례가 없었습니다. 도시 전체가 자발적으로 집 발코니로 나가서 6분 동안 따뜻한 박수를 보냈습니다. 독일은 그녀가 전 동독 출신이라는 것을 다 알면서도 하나로 뭉쳤습니다. 그녀는 독일의 지도부를 위임한 후 자리를 떠났는데 한 번도 자신을 엘리트라고 여기지 않았다고 고백했고, 심지어 그녀는 한결같이 같은 옷만 입었습니다. 하나님은 이 겸손한 지도자와 함께 계셨던 것입니다.

그래서 기자 회견에서 한 기자가 메르켈 총리에게 "우리는 당신이 항상 같은 옷만 입고 있는 것을 주목했는데 다른 옷은 없습니까?"라고 묻자 그녀는 이렇게 대답했습니다. "나는 모델이 아니라 공무

원입니다." 또 다른 기자 회견에서도 한 기자가 "집을 청소하고 음식을 준비하는 가사 도우미가 있습니까?"라고 묻자 그녀의 이렇게 대답했습니다. "아니, 저는 그런 도우미는 없고 필요하지도 않습니다. 집에서 남편과 저는 매일 이 일들을 나눠서 합니다." 그러자 다른 기자가 "누가 옷을 세탁합니까?"라고 묻자 그녀는 이렇게 대답했습니다. "나와 남편 둘이서 합니다. 나는 옷을 손 보고 남편이 세탁기를 돌리는데 대부분 이 일은 전기료가 무료인 밤에 합니다. 가장 중요한 것은 우리 아파트와 이웃 사이에는 방음벽이 있어서 이렇게 밤늦게 세탁기를 돌려도 이웃에게 피해를 주지 않는다는 것입니다." 그리고 그녀는 "나는 여러분들이 내 사생활 말고 우리 정부의 일의 성과와 실패에 대해 질문해 주시기를 기대한다"고 말했습니다. 메르켈 총리는 다른 시민들처럼 평범한 아파트에 살고 있는데, 독일 총리로 선출되기 전에도 이 아파트에 살았고 그 후에도 그녀는 여기를 떠나지 않을 것이며, 별장, 하인, 수영장, 정원도 없이 산다고 했습니다. 이런 여인이 유럽 최대 경제대국 독일의 총리였고 그녀가 독일 국민들뿐만 아니라 전 세계 사람들에게 더 존경을 받는 것입니다. 믿음으로 살지 않는 우리나라 고위 공직자들에게서는 상상도 못할 일이니 얼마나 비교가 됩니까?

우리가 이처럼 예수님을 닮아 평생토록 겸손하게 섬길 때 베드로전서 5장 5-6절에 "…하나님은 교만한 자를 대적하시되 겸손한 자들에게는 은혜를 주시느니라 그러므로 하나님의 능하신 손 아래에서 겸손하라 때가 되면 너희를 높이시리라"고 분명히 약속하시지 않습니까? 우리 주위에서도 보면 예수님을 닮아서 온유하고 겸손한 성도들이나 주의 종들을 다 사랑하고 존경하고 다 높여 주십니다. 그러므로 우리가 다른 때는 몰라도 그리스도의 고난을 묵상하는 사순절에라도 예수님을 닮아 겸손하고, 평생토록 다른 것을 몰라도 예수님을 닮아 겸손해야 합니다. 그리할 때 하나님께서 우리 인생의 어떠한 아이 성도 무너뜨리게 하실 뿐만 아니라 하나님께서 기필코 겸손한 자들을 높여 주시고 귀하게 쓰시고 크게 영광 거둬 주실 줄 확실히 믿으시기 바랍니다.

지난 2021년 2월 한 프랜차이즈 치킨 회사로 한 통의 편지가 날아왔습니다. 어느 고등학생이 보냈는데 볼펜으로 꾹꾹 눌러서 쓴 손편지에는 감사의 말이 가득했습니다. 울며불며 치킨 먹고 싶다는 동생 손 꼭 잡고 찾은 치킨 골목, 손에 쥔 건 단돈 5천 원뿐이었습니다. 부모님은 어릴 때 돌아가셨고 할머니와 함께 살고 있었는데 코로나로 힘든 하루하루를 버티던 어느 날, 가게 앞에 나와서 밤하늘을 쳐다보고 있었는데 동생이 "치킨! 치킨!"이라고 소리쳤습니다.

형은 한 손에는 5천 원, 다른 손은 동생 손을 꼭 쥐고 5천 원어치 치킨을 주겠다는 치킨 집을 찾아 걷고 걸어서 홍대 입구에 이르게 되었는데 그곳에서 서교동 홍대 입구에서 치킨집을 운영하고 있는 박재휘 사장님을 만났습니다. 그때 그 치킨집은 코로나로 매출이 반토막 난 상태여서 월세는 당연히 못 냈고, 식자재도 밀려서 물건 발주도 못하고 있는 상황이었고, 주류나 음료 정도만 겨우 결재할 수 있는 정도였는데 형제가 찾아와서 치킨 5천원어치만 먹을 수 있느냐고 사정을 한 것입니다. 그 모습을 본 박 사장님은 무슨 상황인지 100% 이해하고 두 형제를 치킨집에 들어오게 했는데, 사실 요즘 홀에 손님도 없어서 충분히 안에서 편하게 먹을 수 있는 환경이 될 것 같아 안에서 먹으라고 했다는 것입니다. 5천 원어치만 먹을 수 있냐는 말에 박 사장님은 메뉴판을 주지도 않고 자기 집에서 제일 맛있는 치킨을 튀겨 줬고, 맛있게 치킨을 먹은 형제에게 돈도 받지 않고 사탕을 쥐어 보냈습니다. 그 후 동생은 형 몰래 그 치킨집을 몇 번 더 찾아갔는데도 박 사장은 전혀 부담스러워하지 않았고, 오히려 다시 와 줘서 좋았다고 했습니다. 그러던 어느 날 동생의 긴 머리가 안쓰러워웠던 박 사장님은 동생을 미용실에 데리고 갔는데 미용실 원장님도 그들의 사정을 알고 무료로 머리를 해줬습니다. 1년이 지난 뒤, 형은 이 모든 사연과 감사가 담긴 손편지를 프랜차이즈 본사로 보냈습니다.

> 안녕하세요. 저는 마포구 망원동에 살고 있는 열여덟 살 평범한 고등학생입니다. 이렇게 편지를 보내는 이유는 철인 7호 사장님께서 베풀어 주신 잊지 못할 은혜와 사랑에 감사함을 표현하고 싶은 마음에 다시 찾아뵙기도 하고 전화도 드렸지만 계속 거절하셔서…무슨 방법이 있을까 고민했고 인터넷에 철인 7호를 검색했습니다. 비비큐나 교촌치킨같이 전국에 여러 곳이 있는 가게라는 사실을 알게 되었고, 이런 식으로라도 철인 7호 사장님께 감사 말씀드리고 싶어서 글을 적게 되었습니다.
> 저는 어릴 때 부모님이 사고로 돌아가시고 몸이 편찮으신 할머니와 일곱 살 차이 나는 남동생과 함께 살고 있습니다. 작년부터 코로나바이러스가 심해지면서 알바 하던 돈가스 집에서 잘리게 되고, 지금까지도 이곳저곳 알바 자리를 알아보고 있지만 미성년자인 제가 일할 수 있는 곳은 없었습니다. 나이를 속여 가끔 택배 상하차 일을 해서 할머니와 동생의 생활비를 벌어가며 생활하고 있습니다. 힘이 들지만 동생과 할머니와 제가 굶지 않을 수 있음에 감사하고 있습니다.

어느 날 동생이 제게 집에 와서는 치킨이 먹고 싶다며 울며 떼를 써서 우는 동생을 달래 주려고 일단 바깥으로 데리고 나왔고, 치킨집만 보면 저기 가자고 조르는 동생을 보니 너무 가슴이 아팠습니다. 집 근처 치킨집에 들어가 조금이라도 좋으니 5천 원에 먹을 수 있냐 하니 저와 동생을 내쫓았습니다. 망원시장에서부터 다른 치킨집도 걸어서 들어가 봤지만 다 먹지 못했습니다. 길을 걷다 우연히 철인 7호 수제 치킨 전문점이라는 간판을 보게 되어 가게 앞에서 쭈뼛쭈뼛하는 저희를 보고 사장님께서 들어오라고 말씀해 주셨습니다.

제 사정을 말씀드렸더니 사장님께서 포장은 안 되고 먹고 가라고 말씀하셔서 얼떨결에 자리에 앉게 되었고, 메뉴 이름은 나중에야 알게 되었지만 난리세트라는 메뉴를 저희에게 내어 주셨습니다. 딱 봐도 치킨 양이 너무 많아 보여 사장님께 잘못 주신 것 같다고 말씀드리니 치킨 식으면 맛없다며 콜라 두 병을 가져오시더니 얼른 먹으라고 하셨습니다. 혹시나 비싼 걸 주시고 어떻게서든 돈을 내게 하려는 건 아닌지 속으로 불안했지만 행복해하며 먹는 동생을 보니 그런 생각은 잊고 맛있게 치킨을 모두 먹었습니다.

그제야 저는 계산할 생각에 앞이 캄캄해졌고, 나쁜 생각이지만 동생 손을 잡고 도망갈 생각도 했습니다. 사장님께서는 활짝 웃으시면서 맛있게 먹었느냐고 물어 보셨고, 이것저것 물어 보시길래 잠깐 같이 앉아 대화를 나누게 되었습니다. 외모와 다르게 정이 많으신 분 같았고 말씀 한마디 한마디가 참 따뜻했습니다. 치킨 값은 영수증을 뽑아 둘 테니 나중에 와서 계산하라고 하시며 사탕 하나씩을 주시고는 그래도 5천 원이라도 내려는 저를 거절하시더니 저희 형제를 내쫓듯이 내보내시더군요. 너무 죄송해서 다음 날도 찾아뵙고 계산하려 했지만 오히려 큰소리를 내시며 돈을 받지 않으셨습니다. 얼마 만에 느껴보는 따뜻함인지 1년 가까이 지난 지금도 생생히 기억이 납니다.

그 이후에 동생이 언제 사장님께 명함을 받았는지 모르겠지만 저 몰래 사장님께 찾아가 치킨을 먹으러 갔다고 자랑을 하길래 그러지 말라고 동생을 혼냈습니다. 그때도 사장님이 치킨을 내어 주셨던 것 같습니다.

어느 날은 덥수룩하던 동생 머리가 깨끗해져서 돌아온 걸 보고 복지사님 다녀갔냐고 물어 보니까 치킨을 먹으러 간 동생을 보고 사장님께서 근처 미용실에 데려가 머리까지 깎여서 집에 돌려보내신 것이었습니다. 그 뒤로는 죄송하기도 하고 솔직히 쪽팔리기도 해서 찾아뵙지 못하고 있습니다.

뉴스 보니 요즘 자영업자들이 제일 힘들다는 말들이 많이 들려 철인 7호 사장님은 잘 계신지 궁금하기도 하고 걱정도 됩니다. 하고 싶은 말이 많았는데 막상 볼펜을 잡으니 말이 앞뒤가 하나도 안 맞는 것 같고 이상한 것 같아요. 이해 부탁드릴게요. 다만 제가 느낀 감사한 감정이 이 편지에 잘 표현되어 전달되었으면 좋겠어요.

마지막으로 처음 보는 저희 형제에게 따뜻한 치킨과 관심을 주신 사장님께 진짜 진심으로 감사하단 말씀 드리고 싶습니다. 저도 앞으로 성인이 되고 돈 꼭 많이 벌어서 저처럼 어려운 사람들 도와주며 살 수 있는, 철인 7호 홍대점 사장님 같은 멋있는 사람이 되겠습니다. 진심으로 감사하고 또 감사드립니다.

편지를 받아 본 박 사장은 울음을 터뜨렸습니다. 그런데 따뜻한 마음은 코로나바이러스보다 전파력이 강해서 사연이 알려지자 그 치킨집은 '돈쭐 내 주려는 주문'이 폭주하고, 가게에 봉투와 선물을 두고 가기도 하고, 혹 형제가 찾아오면 치킨 먹이라고 선결제를 하는 사람도 있었고, 프랜차이즈 본사는 치킨집에 월세와 물품 1천만 원 지원을 약속했습니다. 그런데 박 사장은 "뉴스나 신문 이렇게 나는 게 내가 이래도 되나 싶기도 하고 괜히 내가 애들 갖고 상술적으로… 애들한테 상처 주는 거 아닌가 싶기도 하고…"라며 오히려 두 형제를 걱정했습니다. 박 사장님의 세상을 향한 선한 영향력은 마구마구 퍼져 나가고, 특별히 크리스천을 중심으로 '선한 영향력 가게'가 전국적으로 급속도로 퍼져서 전국의 1,400여 개에 이르는 가게들이 결식아동의 급식과 구제에 힘쓰고 있습니다.

사랑하는 성도 여러분, 우리도 과거에 모두들 얼마나 어렵고 힘든 시련을 겪었습니까? 그러나 우리가 예수님을 믿고 얼마나 큰 복을 받았습니까? 그런데 우리만 복 받고 우리 자손들만 잘 먹이라고 그 복을 주셨을까요? 결단코 아닙니다. 이제는 우리가 어떻게 믿음으로 실천하며 살아가느냐에 따라 우리의 남은 인생의 성공과 실패가 결정되고 하늘의 상과 면류관이 결정되는데, 이제라도 지난날의 아이 성의 정복의 실패를 교훈 삼아서 우리가 어떠한 탐심이라도 물리치고, 우리의 가정에서부터 신앙의 모범을 보이고, 평생토록 예수님을 닮아 겸손해져야 합니다. 그리할 때 우리는 모두 다 주님 안에서 더 이상 인생의 아이 성의 실패의 삶을 사는 것이 아니라 성공의 삶을 살면서 자손 대대로 하나님께 영광 돌리며 복되게 살아가게 될 줄 확실히 믿습니다.

이 시간 다 함께 찬송가 461장 "십자가를 질 수 있나"를 부르면서 믿음으로 결단하도록 하겠습니다.

1. 십자가를 질 수 있나 주가 물어 보실 때
   죽기까지 따르오리 성도 대답하였다
2. 너는 기억하고 있나 구원받은 강도를
   그가 회개하였을 때 낙원 허락받았다
3. 걱정 근심 어둔 그늘 너를 둘러 덮을 때
   주께 네 영 맡기겠나 최후 승리 믿으며
4. 이런 일 다 할 수 있나 주가 물어 보실 때
   용감한 자 바울처럼 선뜻 대답하리라

후렴) 우리의 심령 주의 것이니
주님의 형상 만드소서
주 인도 따라 살아갈 동안
사랑과 충성 늘 바치오리다 아멘

복의 근원 되시는 하나님 아버지, 저희가 믿음으로 산다고 하면서도 인생의 실패와 좌절을 겪을 때가 얼마나 많이 있었습니까? 이제는 더 이상 인생의 아이 성에 실패하지 않도록 어떠한 탐심조차도 물리치게 하여 주시옵소서! 우리의 가정에서부터 신앙의 모범을 보이게 하여 주시옵소서! 평생토록 예수님을 닮아 겸손하게 살게 하여 주시옵소서! 그리함으로 자손 대대로 하나님의 복을 누리며 인생을 성공하며 영광 돌리는 복된 신앙의 가정이 모두 다 되게 하여 주실 줄 믿사옵고, 예수님의 이름으로 간절히 축복하며 기도하옵나이다. 아멘!

끊임없는 삶의 위기 속에서

여호수아 10:6-15

이스라엘 백성들이 하나님께서 약속하신 젖과 꿀이 흐르는 가나안 땅을 정복하는 데 있어서 정복 전쟁을 치러야 했듯이, 우리도 이 땅 위에서 젖과 꿀이 흐르는 가나안 천국의 축복과 행복의 감격을 누리려면 이 땅 위에서의 영적 전쟁은 불가피한 것입니다. 그래서 우리가 새생명초청축제에 초청받고 부활주일을 계기로 해서 신앙생활을 새롭게 바로 하려고 하면 사탄 마귀는 우리를 불행과 고통 속으로 몰고 가려고 기회만 생기면 끊임없이 공격해 옵니다. 그렇다면 우리가 영생토록 끊임없이 부딪혀오는 삶의 위기 속에서 이를 어떻게 극복해야 할 것인가, 이 시간도 들려주시는 하나님의 음성을 다 함께 들을 수 있길 바랍니다.

우리 손에 넘겨주셨으므로 두려워하지 말아야 함

먼저 본문 8절 말씀을 다 함께 읽겠습니다.

"그때에 여호와께서 여호수아에게 이르시되 그들을 두려워하지 말라 내가 그들을 네 손에 넘겨주었으니 그들 중에서 한 사람도 너를 당할 자 없으리라 하신지라."

이스라엘 백성들이 가나안 땅에 들어가서 여리고 성과 아이 성을 정복한 후에 기브온과 화친조약을 맺게 되었다는 소식을 듣고 이를 괘씸하게 여긴 가나안 남부의 아모리 족속 다섯 왕(예루살렘, 헤브론, 야르뭇, 라기스, 에글론 왕)이 동맹을 맺고 기브온을 공격해 옵니다. 가나안 남부 다섯 왕의 공격을 받아 위기를 맞이하게 된 기브온 사람들은 여호수아의 길갈 진영에 사람을 보내어 급히 구원을 요청합니다. 이스라엘은 기브온과 맺은 화친조약을 지키기 위함이기도 했지만(수 9:15) 가나안 정복 전쟁에 나선 이스라엘로서는 한 나라씩 치기보다 그들이 같이 모여 왔으니 한꺼번에 남부 가나안을 장악할 수 있는 절호의 기회였습니다. 그리하여 여호수아가 전군을 이끌고 기브온으로 올라갔는데, 가나안에서 다섯 왕과의 전면전은 처음이었기 때문에 여호수아는 상당히 긴장했을 것입니다. 그때 하나님께서 여호수아에게 나타나셔서(수 1:1-9) 여리고 성(수 6:2)과 아이 성(수 8:1)에서처럼 이스라엘에게 남부 다섯 왕을 네 손에 넘겨주었으니 그들 중에서 한 사람도 너를 당할 자가 없으므로 두려워하지 말라고 하셨습니다.

이것은 우리의 신앙생활에서도 그대로 적용됩니다. 말세 마지막 때 사탄이 우는 사사와 같이 삼킬 자를 찾으며 아무리 우리를 불행과 고통으로 몰고 가려고 갖가지 계략을 꾸미고 온갖 거짓으로 험담하고 비방하고 죽이려고 달려들어도 사탄이 우리를 이기지 못하는 이유가 있습니다. 그것은 하나님께서 그들을 우리의 손에 넘겨주셨기 때문입니다. 그러므로 어떤 어려움도 두려워하지 말아야 합니다. 마태복음 10장 28절에 "몸은 죽여도 영혼은 능히 죽이지 못하는 자들을 두려워하지 말고 오직 몸과 영혼을 능히 지옥에 멸하실 수 있는 이를 두려워하라"고 분명히 명령하시듯이, 우리는 육신과 영혼을 함께 멸하실 수 있는 하나님만 두려워하고 육신은 죽여도 영혼은 죽이지 못하는 세상을 두려워하지 말아야 합니다. 그런데 우리는 거꾸로 살아갑니다. 하나님을 두려워하지 않고 거꾸로 세상 사람들을 두려워하며 살아가느라 하나님의 말씀보다 세상 사람들의 소리나 시선에 더 집중합니다. 그것이 바로 우리가 말세 마지막 때 가장 경계해야 할 인본주의, 세속주의, 기복주의 신앙인 것입니다.

여러분, 지난 수요일 서울특별시장과 부산광역시장 선거가 있었습니다만 민주당의 참패로 끝난 것은 이미 예견된 사실이었습니다. 민주당에게 하나님께서 크신 은혜를 베풀어 주셔서 지난날 2016년 총선과 2017년 대선과 2018년 지방자치단체장 선거와 2020년 총선에 이르기까지 전국 단위 선거에서 기적적으로 4연승을 달성하였습니다. 그러면 더욱더 겸손히 살아 계신 하나님을 경외하고 신앙을 소중히 여기고 교회를 존중해야 하는데 다음 세대를 성적으로 타락시키는 동성애를 치유할 생각은 안 하고 그것을 묵인하고 방조하고, 더 나아가 기독교를 핍박하는 차별금지법을 만들어서 기독교의 복음 증거를 막으며 역차별하려고 합니다. 코로나19 방역을 핑계 삼아 얼마나 교회를 우습게 생각했으면 예배를 방해합니까? 그런데 놀라운 사실은 이러한 인본주의 사고를 가진 사람들이 네거티브한 방법을 통해 상대 후보를 집요하게 공격했지만 이번에 다 낙선되었다는 사실입니다. 지금까지 교회를 어지럽히거나 핍박한 개인이나 가정이나 단체나 나라나 민족이나 망하지 않은 것들이 없습니다. 하나님을 두려워하지 않고 교회를 핍박하고 예배를 방해하면 이번 서울, 부산시장 선거가 문제가 아니라 다음 대선과 총선에서 참패하고 말 것입니다.

자기들이 정권을 잡으니까 영원히 권력을 독점할 줄 알고 일제 군국주의나 북한 공산당처럼 하나님을 우습게 여기고, 하나님께서 친히 영광 거두시고 우리에게 모든 복을 내려 주시는 통로인 예배를 막으려 하지 않았습니까? 교회가 무슨 정부의 하부기관입니까? 어떻게 그들이 "하나님께 비대면 예배를 봐라! 예배당 안에 20명만 예배를 드리라"라고 명령하고, 통성 기도도 못하게 하고, 찬양대 찬양도 못하게 합니까? 살아 계신 하나님을 두려워할 줄 모르는 이런 후안무치하고 교만한, 지난날 출애굽 당시의 애굽 왕과 똑같은 정권이 어디 있습니까?

여러분, LH 한국토지주택공사 직원들의 불법 부동산 투기 사건이 시장 선거 직전에 우연히 터졌다고 생각하십니까? 그것도 자기들 편인 진보 시민단체에 의해 폭로된 것이 우연이라고 생각하십니까? 이 모든 것이 인류의 역사를 주관하시는 하나님의 손에 달려 있는 것입니다. 우리도 아무리 목사, 장로, 권사, 집사가 되었다고 계속해서 교만하고 강퍅하고 완악하면 한순간에 훅 가 버립니다. 그러므로 우리는 늘 깨어서 온유하고 겸손하게 엎드리고, 두렵고 떨림으로 살아 계신 주님을 섬겨야 하는 것입니다.

그리할 때 우리는 세상 사람이나 세상 것 그 무엇도 두려워하지 않게 됩니다. 그래서 이사야 43장 1절에 분명히 증거하십니다. "야곱아 너를 창조하신 여호와께서 지금 말씀하시느니라 이스라엘아 너를 지으신 이가 말씀하시느니라 너는 두려워하지 말라 내가 너를 구속하였고(I have redeemed you) 내가 너를 지명하여 불렀나니(I have summoned you by name) 너는 내 것이라(you are mine)." 이 말씀을 확실히 믿을 때 우리는 세상 그 무엇도 두려워하지 않게 됩니다. 우리가 조금만 어려운 일을 당해도 두려움에 빠지고 마는 것은 이러한 하나님의 자녀 된 자존감이 무너져 있기 때문입니다.

미국에 가서 보니까 상담치유학에서 자신을 존중하는 마음인 자존감(Self-esteem)을 굉장히 중요하게 여겼습니다. 왜냐하면 자신을 존중하는 마음에서 올바른 인간관, 가치관, 세계관, 신앙관까지 다 형성되기 때문입니다. 자존감연구소 소장으로 자존감의 대가인 나다니엘 브랜든(Nathaniel Branden) 박사가 쓴 《자부심 키우기》(*How to Raise Your Self-esteem*)라는 책이 있습니다. 우리가 열등감이나 우월감을 극복하기 위해서 자존감을 길러야 하는데 첫째, 나는 누구인가 하는 자기 인식(Self-awareness)을 먼저 잘하여야 한다는 것입니다.

지난 월요일 치유상담대학원에서 마침 자존감을 어떻게 길러야 할 것인가 강의를 하다가 학생들에게 "나는 주님 안에서 누구라고 생각하는가?" 하고 물었습니다. 사실 이 대답을 하는 것을 들어보면 그 사람의 성격이나 삶이나 신앙까지도 다 드러나는데 흔히 자의식이 강한 사람은 "나는 나예요!"라고 대답합니다. 가정적인 사람은 "나는 한 아들이고 남편이고, 아버지예요!" 한다거나 "나는 한 딸이고 아내이고 어머니예요!"라고 대답합니다. 신앙으로 사는 사람은 "나는 하나님의 자녀예요!"라고 대답하고, 사명의식이 투철한 사람은 "나는 목사예요!", "장로예요!", "안수집사예요!", "권사예요!", "집사예요!"라고 대답합니다. 그런데 학생들은 늘 '교수님은 어떻게 생각할까?' 하고 교수의 대답을 궁금해하는데 지난 월요일에도 제가 늘 생각하던 대답을 했습니다. "하나님 아버지께서 죄 없으신 하나밖에 없는 그 소중한 아들을 죽여 가면서까지 사랑해 주신 존재"라고 대답을 하는데 늘 그러하듯이 그 하나님의 사랑에 가슴이 뜨거워지고 눈물이 핑 돌았습니다. 그렇습니다. 그것이 저뿐이겠습니까? 모든 하나님의 자녀들이 똑같은 마음일 것입니다. 그러므로 세상 사람들이 우리를 몰라줘도 우리는 주님 안에서 그렇게 너무도 소중한 존재들이라는 자기 인식을 먼저 가져야 합니다.

둘째, 그럼에도 불구하고 우리의 현실에는 얼마나 고난이 많이 있습니까? 그렇다고 현실을 인정하지 않거나 도피해서는 극복할 길이 없기 때문에 자기 수용(self-acceptance)을 잘해야 합니다. 그러나 여기서 그쳐선 안 됩니다.

셋째, 이러한 자기 수용 후에 감사의 자기 표현(self-expression)을 해야 우리의 자존감이 높아집니다. 그리하여 이렇게 자존감이 회복되면 아무리 어렵고 힘든 환경 속에서도 감사와 감격의 행복이 끊이지 않는 것입니다.

부족한 종이 지금으로부터 24년 전인 1997년 미국 유학을 다녀와서 장로회신학대학원에서 강사 생활을 할 때 일입니다. 한 주간 두 과목 6시간만 강의를 하고 한 달 강사비를 60여만 원 받았으니 세 식구가 얼마나 어렵고 힘들게 살았겠습니까? 그래서 새벽에 일어나 새벽기도 하고 나서 강의 준비를 하고 나면 할 일도 없어서 TV를 볼 기회가 있었는데, 그때 KBS TV에 매일 아침 요즘 "아침 마당"과 같은 "여성 저널"이라는 프로그램이 있었습니다. 금요일 오전에는 문인숙 선생님이 나와 주부들과 함께 싱어송을 인도하면서 가끔 재미있는 이야기를 하는데 그때 큰 위로를 받고 힘을 얻은 이야기가 있었습니다.

한 가정주부가 당시 가장 작은 차인 대우에서 나온 티코라는 승용차 새로 구입하니 어디론가 나가고 싶어서 운전하고 나왔습니다.

그런데 옆 차선에 중년 여성이 그랜저 승용차를 타고 오더니 자동문을 내리면서 무언가 묻는 것 같았습니다. 그래서 수동문을 팔을 뻗쳐 열어 주었더니 하는 말이 “그 쪼그만 차 얼마 주고 샀어요?” 그러더랍니다. 남의 차를 보고 쪼그만 차라고 하니까 기분 나빠서 그냥 문을 닫고 가 버렸습니다. 그런데 그다음 신호등에 걸리자 또 창문을 열더니 또 무언가 묻는 것 같아서 하는 수 없이 팔을 뻗어서 문을 열어 주었더니 “우리 딸애 사 주려고 그러는데 그 쪼그만 차 얼마 주고 샀냐니깐요?” 하더랍니다. 그러자 이 가정주부가 그 중년 부인을 빤히 쳐다보면서 하는 말이 “벤츠 사니까 한 대 끼워줍디다!” 그러고는 문 닫고 가 버렸습니다. 어디 벤츠 산다고 티코를 끼워 줍니까? 그러나 비록 티코 승용차를 타고 다니지만 엄청 자존감이 높은 여자였던 것입니다.

우리가 주님 안에서 나라는 존재가 누구인가 하는 자기 인식의 정체성을 확립하고, 모든 위기의 현실을 인정하고 수용하고, 감사의 행복의 자존감을 회복하면 어떠한 사탄의 공격 속에서도 하나님께서 우리를 지켜 주실 것을 확실히 믿기 때문에 두려워하지 않게 됩니다. 그러므로 우리는 끊임없는 삶의 위기 속에서도 하나님께서 사탄의 세력들을 우리의 손에 넘겨주셨으므로 최후의 승리는 우리의 것임을 확신하면서 아무것도 두려워하지 말고, 어떠한 삶의 위기도 능히 이겨내게 될 줄 확실히 믿으시기 바랍니다.

여호와께 기도하고 믿음으로 선포해야 함

계속해서 본문 12절 말씀을 다 함께 읽겠습니다.

“여호와께서 아모리 사람을 이스라엘 자손에게 넘겨주시던 날에 여호수아가 여호와께 아뢰어 이스라엘의 목전에서 이르되 태양아 너는 기브온 위에 머무르라 달아 너도 아얄론 골짜기에서 그리할지어다 하매.”

여호수아는 하나님의 지혜를 얻어 전략을 세워 아모리 연합군을 기습하도록 했습니다. 이스라엘의 길갈 본영에서 기브온까지는 30km가 떨어져 있는데 이스라엘군은 초저녁에 출발하여 밤새도록 강행군을 해서 만 이틀이 걸리는 거리를(수 9:17) 하룻밤 사이에 도착한 것입니다. 이처럼 밤새도록 강행군한 이스라엘군은 기브온이 722m의 고지인데도 기브온에서 다섯 왕 연합군을 기습 공격하여서 연합군의 주력 부대를 괴멸시키고, 이어서 패잔병들을 추격하여 벧호른까지 올라가면서 치고, 다음은 내려가면서 아세가와 막게다까지 추격했습니다.

그런데 하나님께서 큰 우박 덩이를 아세가에 이르기까지 내리셔서 이스라엘 자손의 칼에 죽은 자보다 우박에 맞아 죽은 사람이 더 많았습니다. 그러자 여호수아는 전쟁의 승리의 마무리를 위해 태양과 달이 계속 머물러 있어서 전쟁을 끝내게 해달라고 여호와께 아뢰고 이스라엘 백성들 앞에서 믿음으로 선포했습니다. “태양아, 너는 기브온 위에 머무르라. 달아, 너도 아얄론 골짜기에서 그리할지어다.” 그러자 거의 종일토록 태양이 머물고 달이 멈추는 초자연적인 기적이 일어났습니다. 그리하여 이스라엘 백성들이 아모리 대적들에게 원수를 다 갚게 해주셨는데, 이러한 이스라엘의 기적의 승리는 이스라엘 영웅들의 행적을 기록한 ‘의로운 자의 책’이라는 뜻의 ‘야살’의 책에 다 기록되어 있습니다.

이처럼 태양과 달이 거의 종일토록 멈춘 사건이 부족한 종이 쓴 성경의 과학적이고 실증적인 증거를 담은《하나님은 살아 계십니다》라는 책 가운데에 나옵니다. 1971년 미국 인디애나 주에서 발행되는 〈이브닝 월드〉(*Evening World*)지에 미 항공우주국(NASA)에서 인공위성 발사를 위해 인류의 역사 이래 그동안의 태양과 달의 궤도 진행을 살펴보았습니다. 그 궤도를 바로 알지 못하면 인공위성을 발사하는 데 차질이 생길 수 있기 때문인데 우주 과학자들이 컴퓨터에서 과거의 궤도 조사를 하던 중 그 궤도 진행상에 지구 생성 이후 하루가 없어진 사실을 발견하게 되었습니다. 그러나 어느 과학자도 그 의문을 풀 자가 없었는데 그때 한 젊은 크리스천 과학자가 어렸을 때부터 교회에 다니면서 들은 성경 말씀을 증거하여 그 사라진 하루를 찾아낼 수 있었습니다. 무엇보다 먼저 오늘 본문 여호수아 10장 13절에서 거의 종일토록 해가 중천에 머물러서 내려가지 않은 데서 역사를 거슬러 올라가서 여호수아 시대에 23시 20분의 공백을 찾아냈지만 나머지 40분을 찾아낼 수가 없었습니다.

그래서 또다시 성경에서 찾는 가운데 나머지 40분을 열왕기하 20장 11절의 "선지자 이사야가 여호와께 간구하매 아하스의 해시계 위에 나아갔던 해 그림자를 십 도 뒤로 물러가게 하셨더라"는 말씀 가운데서 발견하게 되었습니다. 히스기야 왕이 병들어 죽게 되었을 때 간절히 눈물로 통회 자복하니까 하나님께서 이사야 선지자를 통해 그의 생명을 15년 연장시켜 주실 것을 약속하십니다. 그러자 히스기야 왕이 이사야 선지자에게 "여호와께서 나를 낫게 하시고 삼 일 만에 여호와의 성전에 올라가게 하실 무슨 징표가 있나이까 하니" 하고 물으니까 이사야 선지자가 "여호와께서 하신 말씀을 응하게 하실 일에 대하여 여호와께로부터 왕에게 한 징표가 임하리이다. 해 그림자가 십 도를 나아갈 것이니이까 혹 십 도를 물러갈 것이니이까?" 하고 물었습니다. 히스기야 왕이 "해 그림자가 십 도를 나아가기는 쉬우니 그리할 것이 아니라 십 도를 물러갈 것이니이다" 하고 대답하여 이사야 선지가가 여호와께 간구하였을 때 남유다 왕국의 히스기야 왕 바로 직전인 12대 왕인 아하스 왕 때 만들어진 해시계의 해 그림자를 10도를 물러가게 하셨습니다. 바로 이 말씀 가운데서 경도 15도당 1시간 차이가 있는데 해 그림자를 10도 물러가게 하신 데서 지구 생성 후 나머지 40분의 공백을 여기서 기적적으로 찾아냈던 것입니다. 이처럼 하나님께서 분명히 살아 계시기 때문에 보지 못하고 믿는 자에게 복이 있음이 이렇게 과학적이고 실증적으로도 증명이 됩니다.

그러므로 우리도 어떠한 어려움을 당해도 걱정하거나 염려하지 말고, 두려워하거나 낙심하지 말고, 절망하거나 좌절하지 말고, 우리가 붙잡을 것이 세상에 아무것도 없으니까 오직 십자가 붙잡고 살아 계신 주님께 믿음으로 간절히 부르짖는 길밖에 없습니다. 특별히 코로나19를 이겨 낼 수 있는 것도 우리의 방역이나 예방 접종에 있는 것이 아니라 이 환난의 때에 교회가 깨어서 기도하고 부르짖는 길밖에 없습니다. 우리의 인생의 위기의 해답이 주님께 있기 때문입니다.

그래서 빌립보서 4장 6-7절에 "아무것도 염려하지 말고 다만 모든 일에 기도와 간구로, 너희 구할 것을 감사함으로 하나님께 아뢰라 그리하면 모든 지각에 뛰어난 하나님의 평강이 그리스도 예수 안에서 너희 마음과 생각을 지키시리라"라고 말씀하십니다. 우리가 너무노 잘 아는 말씀인데 우리 신앙생활의 더 큰 위기는 어려움을 겪을수록 기도의 무릎이 흐트러지고 만다는 사실입니다. 우리가 기도는 안 하고 염려만 한다고 해서 문제 해결에 도움이 됩니까? 염려(μερις, 분열)하면 할수록 마음만 상하고, 육신만 신경성 질환으로 고통당하고, 영적으로 크게 낙심하고 좌절을 겪고 맙니다. 그러나 우리가 아무것도 염려하지 말고 오직 모든 일에 기도와 금식으로 다 살아 계신 하나님께 맡기고 하나님께 감사함으로 아뢰면, 살아 계신 하나님 아버지께서 가장 좋은 것으로 응답해 주시고 평강으로 지켜주신다고 분명히 약속하십니다.

그러나 우리가 기도한 것으로 다 되었다고 착각을 하고 여기서 멈춰선 안 됩니다. 그렇게 기도했다면 믿음으로 선포해야 합니다. 그런데도 우리는 많은 때 기도하고 주님께 다 맡겼다고 하면서도 하나님 아버지께서 가장 좋은 것으로 응답하신다는 믿음으로 받아들이지를 못합니다. 그 결과 기도한 것을 말로 다 쏟아 버려서 그동안 고생하며 기도한 것조차도 무위로 돌아가게 할 때가 얼마나 많습니까? 그래서 우리가 하나님으로부터 거듭나지 못하고 치유의 은혜를 경험하지 못하고 성령님으로 충만하지 못하면 사탄에게 속아서 매사가 입만 열면 부정적이고 비판적이고, 남을 험담하고 비방하고, 모든 일을 악의적으로 받아들이고, 거짓말을 퍼뜨리며 사탄의 도구로 쓰임 받고 맙니다.

더욱 비극적인 사실은 부부 중 한 사람이라도 영적으로 살아 있으면 그 가정이 살아나고, 그 모인 사람들 중 한 사람이라도 영적으로 살아 있으면 그 모임이 살아나는데, 똑같은 사람들끼리 모여서 함께 죽어가고 있다는 것입니다. 만약 그 모임에 합석해서 더 이상 나에게 은혜가 안 되고 주님 안에서 축복이 안 되고 축복이 안 되면 그 모임에 안 나가야 합니다. 그것이 우리가 영적으로 살 수 있는 길입니다. 그래서 말세 마지막 때가 될수록 거짓의 아비인 마귀 사탄이 극렬하게 역사해서 교인들의 입에서까지 사탄에게 속아서 온갖 거짓말이 난무하고, 그래서 저희 어렸을 때는 없었던 가짜 뉴스가 판을 치는 세상이 되어 버렸습니다. 옛말에 "말이 씨가 된다"고 했는데 부정적이고 비판적이고 비관적으로 말하면 결국 자신의 인생이 부정적이고 비판적이고 비관적으로 망해 버립니다. 이러한 사람들은 아무리 그가 목사, 장로, 권사, 집사를 평생 해도 다 지옥 갈 사람들입니다.

에베소서 4장 29절에 "무릇 더러운 말은 너희 입 밖에도 내지 말고 오직 덕을 세우는 데 소용되는 대로 선한 말을 하여 듣는 자들에게 은혜를 끼치게 하라"고 분명히 강조하시지 않습니까? 우리가 하나님의 자녀로 거듭나고 지난날의 상처가 치유 받고 성령님으로 충만해지면 어떤 더러운 말도 입 밖에 내지 않고, 오히려 형제의 허물을 덮어 주고, 주님께서 십자가에서 우리를 용서해 주신 것처럼 용서하고, 오직 덕을 세우는 데 소용되는 선한 말을 하고, 모든 자들에게 희망과 용기를 불러일으키며 은혜를 끼치게 됩니다.

그래서 시간 관리, 인생 설계, 인생 상담 전문가인 유성은 교수가 쓴 《모든 성공은 긍정의 말에서 시작된다》는 책 가운데에 보면, 예수님부터 시작해서 전 세계 각 분야의 모든 성공한 인물들을 예로 들면서 한 가지 결정적인 공통점이 있다는 것입니다. 그들이 절대 긍정주의자라는 것인데, 매사를 긍정적으로 생각하고 긍정적으로 말하고 긍정적으로 행동하고 긍정적으로 살아가니까 그들은 성공할 수밖에 없었고, 형통할 수밖에 없었고, 행복할 수밖에 없었다는 것입니다. 그러므로 우리도 끊임없는 삶의 위기 속에서도 여호와께 다 아뢰고 기도하고 긍정적인 믿음으로 선포할 때 어떠한 위기의 어려움도 능히 이겨 내고 행복하게 살아가게 될 줄 확실히 믿습니다.

여호와께서 우리를 위하여 싸우심을 잊지 말아야 함

마지막으로 본문 14절 말씀을 다 함께 읽겠습니다.

> "여호와께서 사람의 목소리를 들으신 이 같은 날은 전에도 없었고 후에도 없었나니 이는 여호와께서 이스라엘을 위하여 싸우셨음이니라."

하나님께서 여호수아의 기도를 들으시고 이렇게 놀랍게 천체에 기적을 일으키신 것은 처음 있는 일이었습니다. 그것은 한마디로 여호와께서 친히 이스라엘을 위하여 싸우신다는 증거였습니다. 여호와께서 이스라엘을 위하여 싸워 주시니 누가 감히 그들을 대적할 수 있었겠습니까? 결국 이스라엘은 가나안 남부 다섯 왕과의 전쟁을 기적의 승리로 이끌고 길갈 본영으로 돌아올 수 있었습니다.

우리의 신앙생활 가운데서도 우리의 어떠한 삶의 위기 속에서도 꼭 기억해야 할 사실이 있습니다. 흔히 우리는 우리의 힘으로 신앙생활을 하는 줄 알지만 실제로는 주님의 은혜로 하고, 주님의 능력으로 하고, 주님의 축복으로 살고, 주님의 행복으로 살아가는 것입니다. 그런데도 인본주의, 기복주의, 세속주의 신앙을 가진 사람들은 다 자기 이성으로 하고, 자기 지식으로 하고, 자기 경험으로 하고, 자기 힘으로 하려고 합니다. 이것이 영적 교만입니다. 그렇게 신앙생활을 하면 할수록 지치고 힘들고 너무 어려워서 결국에는 다 무너지고 맙니다. 그러나 우리 인생의 모든 것을 "내 주여 뜻대로 행하시옵소서" 하고 다 주님께 맡기고 믿음으로 살아가면 모든 것이 주님의 뜻대로 되고, 주님의 능력으로 되고, 주님의 영광으로 나타나게 됩니다.

이스라엘 백성들이 홍해를 앞두고 애굽 군사들에게 쫓겨서 사막 한가운데서 진퇴양난에 빠져 있을 때 출애굽기 14장 13-14절에 여호와께서 모세를 통해서 뭐라고 말씀하십니까? "모세가 백성에게 이르되 너희는 두려워하지 말고 가만히 서서 여호와께서 오늘 너희를 위하여 행하시는 구원을 보라 너희가 오늘 본 애굽 사람을 영원히 다시 보지 아니하리라 여호와께서 너희를 위하여 싸우시리니 너희는 가만히 있을지니라." 이것이 바로 복음입니다. 내 힘으로 살려 하고, 내 의로움을 내세우고, 내 영광을 구하는 것은 율법입니다. 그러한 율법적인 신앙은 깨어지고 부서지고 죽어져야 합니다. 그러나 복음은 주님 주시는 힘으로 살고, 주님의 의를 내세우고, 주님의 영광만 드러냅니다. 이렇게 주님께서 내 삶 가운데 살아 역사하시도록 하기 위해서는 다른 길이 없습니다.

그런데 구약성경의 이 말씀을 신약성경에서 재해석한 말씀이 바로 갈라디아서 2장 20절입니다. "내가 그리스도와 함께 십자가에 못 박혔나니 그런즉 이제는 내가 사는 것이 아니요 오직 내 안에 그리스도께서 사시는 것이라 이제 내가 육체 가운데 사는 것은 나를 사랑하사 나를 위하여 자기 자신을 버리신 하나님의 아들을 믿는 믿음 안에서 사는 것이라." 우리가 "주여! 주여!" 부르짖으면서 주님을 바라보고 주님의 도우심을 구하고 주님의 십자가에서 날마다 순간마다 그리스도와 함께 십자가에 못 박혀서 내가 그리스도와 함께 죽어지면, 이제는 더 이상 내가 사는 것이 아니라 내 안에 그리스도께서 사시고, 이제 우리가 육체 가운데 사는 것은 나를 사랑하사 나를 위하여 자기 자신을 버리신 하나님의 아들을 믿는 믿음 안에서 살아가게 되는 것입니다. 그래서 주님의 뜻대로 살고, 주님이 주시는 힘으로 살고, 주님의 영광을 위해서만 살아가게 됩니다. 이것이 바로 날마다 천국의 축복과 행복의 감격 속에서 살아가는 복음의 삶인 것입니다. 이처럼 날마다 순간마다 나는 죽고 주님께서 살아 역사하시면 예수님을 믿는 것이 때로는 멀고 험하고 지치고 힘들고 앞이 캄캄하고 희망이 안 보이는 것 같아도 이 길이 진정으로 얼마나 쉽고 마음 편안하고 너무도 즐겁고 복된 일인지 모릅니다. 그래서 찬송가 430장 찬송처럼 살아가게 됩니다.

> 주와 같이 길 가는 것 즐거운 일 아닌가
> 우리 주님 걸어가신 발자취를 밟겠네
> 한 걸음 한 걸음 주 예수와 함께
> 날마다 날마다 우리 걸어가리(할렐루야!)

오늘 새벽에 기도하면서 갑작스럽게 말기암을 겪게 된 충성스러운 최윤복 안수집사님을 위해 기도하는 가운데 갑자기 독일의 벤저민 슈몰크(Benjamin Schmolck) 목사님이 떠올랐습니다. 독일의 신·구교 간의 종교전쟁인 30년 전쟁(1618~1648년)이 끝난 후 온 도시가 폐허로 변했고, 온 국민의 마음속에는 전쟁의 상처만 남아 있었습니다. 더욱이 가장 큰 상처는 800만 명의 죽음으로 인한 사랑하는 가족, 친구, 교인들의 죽음이었는데 더욱이 살아 있는 사람들조차도 흑사병으로 죽어갔습니다. 벤저민 슈몰크 목사님은 눈만 뜨면 성도들의 슬픔과 아픔을 위로하러 다녀야 했습니다.

한 번은 멀리 심방을 갔다가 집에 오는데 연기 냄새가 나서 불길한 예감이 들어서 뛰어가 보니까 목사님 사택이 다 불타 버린 것입니다. 그 순간 머리 속에 두 아들의 생각이 스쳐 지나갔습니다. '제발 애들은 살아 있어야 할 텐데… 집 밖에 있었어야 하는데… 교인들이 꺼내 줬어야 하는데….' 그러나 정신없이 집 구석구석을 파헤치는 가운데 새까맣게 타버린 두 아들의 시신을 발견하고는 끌어안았습니다. "어찌 이럴 수 있단 말인가? 내가 심방만 안 갔어도 애들을 살릴 수 있었는데… 하나님 아버지, 이제 어찌 된 일입니까?" 하고 울부짖었는데 그 울부짖음 속에서 "나의 원대로 마시옵고 아버지의 원대로 하옵소서"(막 14:36)의 겟세마네 동산에서의 예수님의 기도가 떠올랐습니다. 그래서 지어진 찬송이 바로 우리가 너무도 은혜받는 찬송가 549장 "내 주여 뜻대로"입니다.

1. 내 주여 뜻대로 행하시옵소서
   온몸과 영혼을 다 주께 드리니
   이 세상 고락 간 주 인도하시고
   날 주관하셔서 뜻대로 하소서
2. 내 주여 뜻대로 행하시옵소서
   큰 근심 중에도 낙심케 마소서
   주님도 때로는 울기도 하셨네
   날 주관하셔서 뜻대로 하소서
3. 내 주여 뜻대로 행하시옵소서
   내 모든 일들을 다 주께 맡기고
   저 천성 향하여 고요히 가리니
   살든지 죽든지 뜻대로 하소서

여러분, 이것이 복음의 위대한 신앙입니다. 벤저민 슈몰크 목사님 머리로는 두 아들을 천국에 먼저 보내고 평생토록 가슴 아프고 눈물겨웠겠지만 그가 이러한 고난을 당하지 않았다면 그의 이름조차 우리는 기억할 수 없었을 것입니다. 그가 그 엄청난 고난 속에서 지어낸 믿음의 찬송을 통해서, 1704년에 지어진 이 찬송이 지난 320년 동안, 아니 주님 오실 때까지 영원히 수많은 사랑하는 사람들을 위로하며, 천국의 소망 가운데 복음의 삶을 일으켜 세워 줄 것입니다. 그러므로 끊임없는 삶의 위기 속에서도 주님께서 우리를 위하여 싸워 주심을 확실히 믿을 때 예수님을 믿는 것이 이렇게나 즐겁고 복되고 행복한 삶일 뿐만 아니라 어떠한 어려움도 능히 이겨 낼 줄 확실히 믿으시기 바랍니다.

사랑하는 성도 여러분, '위기'(危機)라는 단어에는 위험[危]과 기회[機]가 함께 내포되어 있습니다. 그러므로 우리가 어떠한 삶의 위기 속에서도 하나님께서 모든 것을 우리의 손에 넘겨주셨으므로 두려워하지 말고, 여호와께 기도하고 믿음으로 선포하고, 끝까지 여호와께서 우리를 위하여 싸우심을 잊지 않을 때 우리는 끊임없는 삶의 어떠한 위기조차도 능히 이겨 내고 복되게 영광 돌리게 될 줄 확실히 믿습니다.

이 시간 다 함께 결단의 찬송으로 "아무것도 두려워 말라"를 부르며 믿음으로 결단하도록 하겠습니다.

아무것도 두려워 말라
주 나의 하나님이 지켜 주시네
놀라지 마라 겁내지 마라
주님 나를 지켜 주시네
아무것도 두려워 말라
주 나의 하나님이 지켜 주시네
놀라지 마라 겁내지 마라

주님 나를 지켜 주시네
내 맘이 힘에 겨워 지칠지라도
주님 나를 지켜 주시네
세상의 험한 풍파 몰아칠 때도
주님 나를 지켜 주시네
주님은 나의 산성
주님은 나의 요새
주님은 나의 소망
나의 힘이 되신 여호와

저희의 삶의 위기 속에도 역사하시는 하나님 아버지, 코로나19로 인해 다들 어렵고 힘든데도 지금까지 지켜 주심을 진심으로 감사하옵나이다. 저희의 삶의 어떠한 위기 속에서도 모든 것을 저희의 손에 넘겨주셨으니 두려워하지 말게 하여 주시옵소서! 여호와께 기도하고 믿음으로 선포하게 하여 주시옵소서! 무엇보다 여호와께서 저희를 위하여 싸우심을 잊지 않게 하여 주시옵소서! 그리함으로 저희의 인생의 끊임없는 삶의 어떠한 위기조차도 능히 이겨 내고 복되게 주님께 영광 돌리게 하여 주실 줄 믿사옵고, 예수님의 이름으로 간절히 축복하며 기도하옵나이다. 아멘!

계속되는 공격 속에서도

여호수아 11:1-9

여호수아가 영도하는 이스라엘 백성들이 가나안의 중부와 남부까지 정복하여서 가나안 땅의 2/3를 석권하게 되니까 가나안 북부의 하솔 왕 야빈이 북부의 왕들을 모아서 동맹을 맺고 이스라엘을 공격해 왔습니다. 우리도 믿음으로 살려고 하면 말세 마지막 때 사탄은 우는 사자같이 삼킬 자를 찾으면서 절대 물러가지 않고 발톱만 감추고 숨어 있다가 기회만 닿으면 계속해서 끊임없이 우리를 공격해 옵니다. 어떻게 해서든지 우리를 끌어내리고 짓밟고 죽이려고 달려듭니다. 그러므로 계속되는 사탄의 무리들의 공격 속에서도 우리가 어떻게 이겨 낼 수 있는가, 이 시간도 들려주시는 하나님의 음성을 다 함께 들을 수 있길 바랍니다.

어떠한 공격에도 두려워하지 말아야 함

먼저 본문 6절 상반절 말씀을 다 함께 읽겠습니다.

"여호와께서 여호수아에게 이르시되 그들로 말미암아 두려워하지 말라 내일 이맘때에 내가 그들을 이스라엘 앞에 넘겨주어 몰살시키리니."

북부 가나안의 가장 큰 도시국가인 하솔 왕 야빈이 이스라엘을 멸망시키려고 연합군을 결성하기로 했습니다. '야빈'(יָבִין)은 '지혜 있는 자'란 뜻으로 애굽 왕의 공식 칭호가 '바로'(Pharaoh)였듯이 하솔 왕의 공식 칭호가 '야빈'(Jabin)이었습니다(삿 4:2, 23-24). 이 하솔 왕은 마돈 왕 요밥과 시므론 왕과 악삽 왕과 북쪽 산지와 긴네롯 남쪽 아라바와 평지와 서쪽 돌(Dor, 가이사랴와 갈멜 산 중간의 항구 성읍)의 왕들과 동쪽과 서쪽의 가나안 족속과 아모리 족속과 헷 족속과 브리스 족속과 여부스 족속과 히위 족속 등 가나안의 일곱 족속 중 기르가스 족속을 제외한 여섯 족속(수 9:1)들에게 사람을 보내서 그들이 모든 군대를 거느리고 총공세를 한 것입니다. 그러니 군사가 얼마나 많던지 해변의 수많은 모래 같고, 말과 병거도 심히 많았습니다. 이처럼 이 북방 왕들이 모두 나와 모여서 이스라엘과 싸우려고 교통과 군사 요충지인 메롬 물가에 함께 진을 친 것입니다.

이스라엘의 역사가였던 요세푸스(Flavius Josephus)는 이때 북부 연합군의 군사력이 보병이 30만 명이고, 기병이 1만 명이고, 병거는 2만 대나 되었다고 하는데 이스라엘 면적이 강원도 정도라고 비교하면 우리나라 육·해·공군을 60만 명으로 볼 때 1/2에 해당되는 엄청난 규모였습니다. 더욱이 병거와 기병은 고대 전쟁에 있어서 위협적 존재였기 때문에 북부 연합군의 군사력이 너무도 강력했다는 것을 보여주고 있습니다. 그러니 여호수아와 이스라엘 백성들이 얼마나 두렵고 떨렸겠습니까?

그런데 중요한 사실은, 여호와 하나님께서 여호수아에게 이르신

"그들로 말미암아 두려워하지 말라"는 말씀입니다. 그러면서 "내일 이맘때에 내가 그들을 이스라엘 앞에 넘겨주어 몰살시키겠다"고 하셨는데 그 약속의 말씀이 그대로 실현이 됩니다.

그래서 하나님 아버지께서는 우리에게도 끊임없이 "두려워하지 말라"고 명령하시는 것입니다. 우리가 아무것도 두려워하지 말아야 할 근거가 무엇입니까? 예수님께서 십자가에서 우리를 멸망시키려는 사탄의 죄악과 상처와 질병의 저주를 대신 지고 사망의 권세를 깨뜨리시고 부활의 첫 열매가 되셔서 영생의 길을 열어 놓으셨을 뿐만 아니라 최후의 승리의 영광을 우리에게 주셨기 때문입니다. 악의 무리들이 한때는 득세해서 우리를 억압하고 핍박하고 승리하는 것 같지만 세월이 흐른 후에 보면 악의 무리들은 다 패배하고 고통당하고 불행하게 인생을 끝내고 맙니다. 그렇기 때문에 우리에게 '두려워하지 말라'고 그토록 강조하신 것입니다. 그래서 이사야 41장 10절에도 "두려워하지 말라 내가 너와 함께함이라 놀라지 말라(do not be dismayed, 당황, 실망, 경악하지 말라) 나는 네 하나님(강하신 분)이 됨이라 내가 너를 굳세게 하리라(I will strengthen you) 참으로 너를 도와주리라 참으로 나의 의로운 오른손으로 너를 붙들리라"고 강조하셨습니다.

루마니아가 소련의 공산치하에 있을 때 저항신학자인 리처드 범브란트(Richard Wurmbrand) 목사님은 14년간을 감옥에 갇혀서 얼마나 고문을 당하셨는지 모릅니다. 척추와 뼈들을 다 부러졌고 열두 군데나 칼자국이 나고 열여덟 군데나 화상 자국이 남고 냉동고에서까지 고문을 당하면서 견딜 수 없는 고통을 받았는데도 주위의 따가운 시선과 비판이 따랐습니다. "꼭 그렇게 유별나게 예수를 믿어야 하는가? 참으로 이해할 수 없는 극성스런 신앙이라"고 비아냥을 받았지만 그럼에도 불구하고 범브란트 목사님의 신앙은 흔들림이 없었습니다. 그가 지하 감옥에서 성경을 읽는 가운데 "두려워 말라"는 말씀이 365회 기록된 것을 발견하고, "1년 365일 두려워하지 말라"는 주님의 음성을 듣고 감옥의 고난조차도 기쁨으로 다 이겨 냈습니다. 그 후 석방이 되어 1965년 미국으로 망명하여서도 '공산 세계에 예수를'이라는 선교단체를 만들어서 조국의 해방을 위해 기도하고 투쟁한 결과 35년 뒤인 1990년 1월 1일 루마니아는 민주화가 되었습니다. 그리고 1991년 구 소련의 소비에트 연방이 해체된 후에 범브란트 목사님은 10년을 더 사시며 장수의 복을 누리다가 그의 사명을 다 마치고 2001년 92세를 일기로 평안하게 하늘나라로 떠나가셨습니다.

여러분, 우리가 지금 말세 마지막 때 그러한 환난의 때를 살아가고 있습니다. 특별히 코로나19로 인해 사탄이 목사, 장로, 권사, 집사를 통해서까지 살아 계신 하나님께 드리는 우리의 예배를 어떻게 해서든 방해하려고 합니다. 뿐만 아니라 심지어는 구청이나 시청이나 경찰서나 언론에까지 밀고하여 가로막으려고 합니다. 여러분, 예수님께도 배신한 제자 가룟 유다가 있었습니다. 예수님은 배신을 당하시고 은 30냥에 인신매매까지 당하셨습니다. 그래도 우리는 배신은 당했지만 인신매매는 안 당했으니 감사해야 하지 않겠습니까? 이 모든 것이 초대교회나 일제강점기나 6·25 공산 치하에서나 코로나19 때까지 계속되는 사탄의 계략인 것입니다.

그렇기 때문에 지금에 와서 누가 일제의 고문에 순교하신 주기철 목사님이나 공산당에게 순교하신 손양원 목사님을 극성스런 신앙의 목사라고 하고 유별나게 예수를 믿는다고 말할 수 있겠습니까? 1938년 평양 서문밖교회에서 개최된 제27회 조선예수교장로회 총회 당시 193명의 목사, 장로 총대들 가운데 주기철 목사님 등 네 분의 목사님들과 22명의 선교사님들만 복음의 정도(正道)를 갔다가 다 끌려나가고 말았습니다. 당시 신사참배가 국민의례라고 주장하며 신사참배를 허락한 총회장을 비롯한 나머지 목사, 장로들은 전부 다 사탄의 시험에 넘어가 버렸던 것입니다. 그런데 16년의 세월이 흐른 후 1954년 제39회 대한예수교장로회 총회에서 신사참배 참회 결의를 함으로써 하나님 나라의 역사에 있어서 우리가 어떻게 신앙생활을 하는 것이 올바른 것이었는가를 다 밝혀 줍니다.

순교신앙을 가진 지난날의 목사님, 장로님, 권사님, 집사님 등 순교자들의 희생이 있었기에 그동안 수많은 배교자들이 있었을지라도 하나님의 교회는 든든히 서 있고, 하나님의 복음은 힘 있게 전해졌고, 하나님의 승리의 영광은 영원히 그들과 함께하는 것입니다. 그러므로 우리에게 평생토록 사탄의 어떠한 공격이 계속되어도 강하신 분인 하나님께서 사탄의 무리들을 이미 우리에게 넘겨주시고 몰살시키실 것을 확실히 믿고, 어떠한 경우에도 두려워하지 말고 최후의 승리를 얻게 될 줄 확실히 믿으시기 바랍니다.

하나님의 지혜를 구해야 함

계속해서 본문 6절 중반절 말씀을 다 함께 읽겠습니다.

"너는 그들의 말 뒷발의 힘줄을 끊고."

이스라엘로서는 그 거대한 가나안 북부 연합군을 대적할 수가 없어서 여호수아는 하나님께 전쟁의 승리를 위한 지혜를 구하지 않을 수 없었습니다. 그랬더니 하나님께서 여호수아에게 승전을 위한 지혜를 부어주셨는데, 적진에 몰래 침투하여 말의 뒷발의 힘줄을 끊으라는 것이었습니다. 고대 전쟁의 가장 강력한 무력인 그 많은 기병과 병거 부대를 무력화하기 위한 것이었는데 하나님께서는 이스라엘이 기적적으로 그 거대한 가나안 북부 연합군을 승리할 수 있는 지혜를 부어 주셨던 것입니다.

우리도 신앙생활을 할 때나 주의 일을 할 때에 사탄의 아주 교활한 공격을 이겨 내기 위해서는 지혜롭지 않으면 다 속아 넘어가고 맙니다. 사탄은 끊임없이 가정을 위하고 교회를 위하고 주님을 위한다고 하면서 온갖 거짓으로 비방하고 험담하고 공격하면서 결국에는 자신들의 이익과 명예와 계략을 성취하려고 합니다. 그리하여 우리 개인이나 가정이나 하나님의 교회가 평안한 것을 절대 내버려 두지 않습니다. 그래서 어떻게 해서든지 기회만 닿으면 공격하고 훼방하고 무너뜨리려고 합니다. 그리므로 우리가 하나님의 지혜를 얻지 못하면, 인간의 이성이나 지식이나 경험으로는 사탄의 계략을 영적으로 분별도 못하고 대적도 못하고 승리도 못하고 결국에는 사탄에게 잡아먹히고 맙니다.

그래서 마태복음 10장 16절에서 예수님께서 제자들을 파송시키면서 "보라 내가 너희를 보냄이 양을 이리 가운데로 보냄과 같도다 그러므로 너희는 뱀같이 지혜롭고 비둘기같이 순결하라"고 명령하셨던 것입니다. 왜냐하면 온갖 거짓으로 험담하고 비방하며 우리를 죽이려고 달려들기 때문에 우리가 비둘기같이 순결하기도 해야 하지만 뱀과 같이 지혜로워야 하는 것입니다. 그래야 사탄을 상징하는 뱀의 지혜를 다 파악하고 오히려 그들의 계략을 미리 다 분별하고 이를 뛰어넘어 대적하고 물리쳐 승리를 가져올 수 있기 때문입니다.

그런데 뱀과 같이 지혜롭지 못하고 비둘기같이 순결하기만 하여 사탄에게 이용만 당하거나 공격을 당하거나 잡아먹힌 사람들이 이 땅에 얼마나 많습니까? 그렇다면 우리가 어떻게 하나님의 지혜를 얻을 수 있습니까?

장신대 기독교교육학과 박상진 교수가 《유바디 교육목회》라는 책을 썼습니다. 가정을 대표하는 어머니 유니게와 교회를 대표하는 바울 사도가 믿음의 사람 디모데를 길렀다고 하면서, 다음 세대가 노바디(nobody, 아무도 없고 보잘것없는 사람만 남음)인데 유바디(有body)를 통해서 노바디를 극복해야 한다고 말합니다.

엄밀한 의미로 말하면 유니게나 바울이 디모데를 가르친 것이 아니라 성경이 디모데를 가르쳤다는 것입니다. 그러면서 우리나 우리의 자녀들이 진정한 지혜를 얻을 수 있는 길은 디모데후서 3장 15절에 나와 있는 바와 같이 "또 어려서부터 성경을 알았나니 성경은 능히 너로 하여금 그리스도 예수 안에 있는 믿음으로 말미암아 구원에 이르는 지혜가 있게 하느니라"라고 강조합니다. 다시 말하면 성경 가운데 우리 인생의 해답과 삶의 지혜와 축복의 보물이 다 담겨 있으므로, 우리나 우리 자녀들이 사탄의 계속적인 공격 속에서도 하나님의 지혜를 얻기 위해서는 늘 주님 앞에 나아와 성경 말씀을 듣고 읽고 배우고 암송하고 실천하면서 성경 가운데서 세상을 이길 수 있는 지혜를 얻고 영적 분별력을 가지고 사탄의 계략을 이겨 내야 한다는 것입니다.

더 나아가 계속되는 사탄의 공격의 이 위기의 순간에 주님께 "주여! 주여!" 부르짖으면서 하나님의 지혜를 구해야 합니다. 그리할 때 야고보서 1장 5절에 "너희 중에 누구든지 지혜가 부족하거든 모든 사람에게 후히 주시고 꾸짖지 아니하시는 하나님께 구하라 그리하면 주시리라"고 분명히 약속하십니다. 이 말씀은 저희 아버지가 약종상 면허시험(현 약사 면허시험)을 치르실 때 저의 외할아버지로부터 받았던 말씀인데 그 은혜로 합격이 되셨습니다. 또 제가 유학 갈 때 아버지께서 제게 주신 말씀이어서 영어로 공부하거나 너무도 힘들 때면 이 말씀을 붙잡고 하나님의 지혜를 간구하면서 응답을 받았습니다. 그리고 저의 딸이 유학 갈 때 이 말씀을 주어서 하나님의 지혜를 구하면서 열심히 공부하고 있습니다. 그래서 우리의 사랑하는 자녀들도 세상 지식을 구하며 살지 말고 하나님의 지혜를 구하며 살아가야 합니다. 그리할 때 성령님의 도우심으로 근본적으로 사탄의 계략을 분별하고 능히 이겨 낼 수 있습니다.

그런데 이처럼 하나님의 말씀과 기도를 우리 자녀들과 함께 나누며 하나님의 지혜를 구하는 지름길이 무엇일까요? 바로 가정예배입니다. 우리는 가정예배를 통해 온 가족이 하나님의 지혜를 얻으며 일어설 수 있습니다. 지난주 금요일 오후 한 안수집사님 사업 확장 감사예배를 갔더니 그 가정은 매일 밤 10시에 중학교 1학년 딸과 초등학교 6학년 아들과 함께 가정예배를 드린다고 했습니다. 한 주에 한 번씩도 가정예배를 안 드리는 가정이 많은데 매일 온 가족이 모여서 가정예배를 드린다는 것은 대단한 일입니다. 그래서 자녀들이 지혜롭고 은혜롭고 복되게 잘 자라나니 이보다 더 복되고 위대한 신앙의 유산은 없는 것입니다. 여러분, 세상 지식은 과거의 우리의 앞길을 인도하였지만 하나님의 지혜는 현재와 미래의 우리와 우리 자녀들의 앞날을 열어 주십니다.

그렇습니다. 우리의 삶 가운데 어떠한 사탄의 계속되는 공격 속에서도 말씀과 기도 가운데 하나님의 지혜를 구하게 될 때 하나님께서 지혜를 주셔서 우리의 앞길을 열어 주십니다. 뿐만 아니라 사탄의 어떠한 계략도 영적으로 분별하고 대적하면서 지금까지 우리의 모든 영적 싸움에서 승리해 왔던 것처럼 기필코 최후의 승리를 얻게 하실 줄 확실히 믿습니다.

하나님만 철저히 의지하여야 함

마지막으로 본문 6절 하반절 말씀을 다 함께 읽겠습니다.

> "그들의 병거를 불사르라 하시니라."

왜 여호와께서는 여호수아에게 그 막강한 군사력이 될 수 있는 병거를 탈취하여 사용하지 않고 불사르라고 하셨을까요? 그것은 군사력의 큰 힘이 될 수 있는 병거를 의지하지 말고 오직 여호와만을 철저히 의지하라는 영적인 교훈을 담고 있었습니다.

여호수아가 모든 군사와 함께 메롬 물가로 가서 가나안 북부 연합군을 기습 공격을 하여서 하나님께서 그들을 이스라엘의 손에 넘겨 주셨기 때문에 한 사람도 남기지 아니하고 다 쳐 죽입니다. 그리고 여호수아는 여호와께서 명령하신 대로 도망가지 못하도록 그들의 말 뒷발의 힘줄을 끊었을 뿐만 아니라 하나님의 말씀대로 그들의 병거까지 다 불로 사릅니다. 그리고 이어서 하솔 왕을 비롯한 북부 왕들의 성읍들을 다 정복해 나갑니다. 여호수아가 처음 가데스 바네아에서 가나안 땅을 정탐할 때가 40세였는데 그 후 광야에서 38년간 유랑 생활을 했고, 가나안 땅에 입성해서 하나님만 의지하며 중부와 남부 정복 전쟁에 1년, 북부 정복 전쟁에 4년, 총 7년에 걸친 가나안 땅의 정복 전쟁을 다 마쳤을 때 여호수아도 어느덧 85세에 이르게 되었습니다. 그는 평생토록 하나님만 철저히 의지하며 살아간 것입니다.

우리도 일생토록 영적 전쟁을 해나갈 때 우리 자신의 가문이나 지식이나 경험이나 능력을 의존해선 안 됩니다. 세상의 물질이나 명예나 세상의 그 무엇도 의지해선 안 됩니다. 1년 3개월 전 우리에게 코로나19가 닥쳤을 때 우리는 방역이 최우선이었고, 금년에는 백신이 최고인 줄 알았는데, 요즘에는 백신도 못 믿겠다고 하지 않습니까?

더 나아가 우리는 어떤 사람도 믿고 의지해선 안 됩니다. 사람을 믿으면 결국 믿고 의지했던 사람에게 꼭 배신의 상처를 받고 시험에 빠지고 맙니다. 그래서 사람은 사랑하고 용서하고 불쌍히 여겨야 할 존재이지, 결단코 믿고 의지할 존재는 아닙니다. 사랑하고 용서하고 불쌍히만 여겨 주어야 합니다. 우리가 믿고 의지할 분은 오직 주님밖에 없습니다. 늘 강조하지만 우리가 사람을 바라보면 틀림없이 실망하고, 세상을 바라보면 틀림없이 실족하기 때문입니다. 그러므로 인간의 생사화복을 주관하시고 인류의 역사를 주관하시고 마지막 심판에 이르기까지 모든 것을 주관하시는 여호와 하나님만을 바라보고 의지해야 합니다.

김진선이라는 크리스천 시인이 쓴 《하나님은 3등입니다》라는 시집에 나오는 "하나님은 3등입니다"라는 감동적인 신앙시가 있습니다.

> 1등은 하고 싶은 일,
> 2등은 해야 하는 일,
> 3등은 하나님 만나는 일
> 하고 싶은 일 다 하고,
> 해야 하는 일도 다 마치고,

그 후에 여유가 있으면 하나님을 만나 줍니다

어려운 일이 생길 때도 하나님은 3등입니다
내 힘으로 한번 해 보고
그래도 안 되면 가까이 있는 사람에게 도와 달라고 하고
그나마도 안 될 때 하나님을 부릅니다.
하나님은 3등입니다

거리에서도 3등입니다.
내게 가장 가까이 있는 것은 내 자신,
그다음은 내 마음을 알아주는 사람,
그다음에야 저 멀리 하늘에 계신 하나님이십니다.
하나님은 3등입니다

그런데 하나님께 나는 1등입니다.
무슨 일이 있어도 내가 부르기만 하면 도와주십니다.
내가 괴로워할 때는 만사를 제쳐놓고 달려오십니다.
아무도 내 곁에 없다 생각 들 때는
홀로 내 곁에 오셔서 나를 위로해 주십니다.
나는 하나님께 언제나 1등입니다

나도 하나님을 1등으로 생각했으면 좋겠습니다.
만사를 제쳐놓고 만나고,
작은 고비 때마다 손을 내미는 나도
하나님을 1등으로 모셨으면 좋겠습니다

내게 1등이신 하나님을 나도 1등으로 모시고 싶습니다.

얼마나 가슴 뭉클한 감동이 있습니까? 우리도 바로 이러한 믿음으로 주님만 철저히 의지하고 살아야 합니다. 그리할 때 살아 계신 주님께서 우리의 삶 가운데 풍성한 은혜를 부어 주시고, 부족함이 없는 축복을 부어 주시고, 넘치는 행복의 감격이 넘치고, 주님의 기적적인 역사가 끊임없이 일어나게 됩니다.

지금까지 올림픽 역사상 여자 다이빙 종목은 중국의 압도적인 강세였습니다. 그래서 2000년 시드니 올림픽 여자 다이빙 10m 플랫폼(platform)에서도 예상대로 중국 선수들이 1, 2위를 다투며 결승전이 열렸습니다. 모든 방송국 카메라가 중국 선수들의 경기 모습을 담기 위해 분주하던 그때 한쪽 구석에서 기도하며 순서를 기다리고 있는 미국 국가대표 로라 윌킨슨(Laura Wilkinson) 선수가 있었습니다. 그녀는 예선부터 준결승을 거쳐 결승전에 이르기까지 5위에 머물고 있었습니다. 그녀는 올림픽 출전 3개월 전 오른쪽 발 뼈 부상으로 7주간 병원에 누워만 있었기 때문에 자신의 기량을 충분히 발휘할 수가 없어서 결승전에 진출한 것만 해도 대단한 성과였습니다. 그래서인지 윌킨슨 선수는 카메라 앞에서 항상 미소를 잃지 않았습니다. 그러나 총 5차전까지 치르는 10m 플랫폼 결승전에서 윌킨슨 선수는 1, 2차전 모두 5위에 그쳤고 선두와의 차이가 60점 이상 차이가 난 상황이었습니다. 그런데 3차전에서 최고 점수를 얻어 순식간에 선두와의 격차를 줄이는 대반전이 일어났습니다.

자세히 보니까 그녀는 다이빙대에 서서 도약 직전까지 계속해서 무언가를 중얼거렸는데, 나중에 알고 보니 그녀가 중얼거린 것은 빌립보서 4장 13절의 "내게 능력 주시는 자 안에서 내가 모든 것을 할 수 있느니라"는 말씀이었습니다. 그런데 4차전에서 다시 최고점을 얻음으로 인해 모든 취재인과 관중들은 술렁이기 시작했고, 잇따른 중국 선수들의 실수로 인해 윌킨슨 선수는 곧바로 1위로 대역전을 하게 된 것입니다. 이윽고 마지막 5차전은 자신의 최고의 난이도 기술을 선보일 차례였는데 그녀는 그때도 하나님의 말씀을 가슴속 깊이 더욱 간절히 되뇌고 있었습니다. 그 순간 그녀가 믿고 의지할 분은 주님밖에 없었고, 그 주님의 영광을 위해서라도 이를 악물고 최선을 다해야 했습니다.

그리고 그녀는 또다시 빌립보서 4장 13절의 말씀을 암송하며 플랫폼에 섰습니다. 뒤로 돌아선 그녀는 가장 어려운 최고의 난이도 기술을 시도하며 다이빙을 하였는데 그 결과가 어떻게 되었습니까? 7주간 병원에 있으면서 올림픽을 포기하려고 했던 그녀가 주님만 의지하며 최선을 다했을 때 주님께서는 그녀에게 이 빌립보서 4장 13절 말씀을 주시며 그녀를 응원하셨고, 결승전에서 기적적인 대역전의 금메달을 목에 걸 수가 있었습니다. 그리고 금메달의 대역전의 비결을 묻는 취재진의 질문에 그녀는 서슴지 않고 "저에게 능력 주시는 분이 이 일을 하셨어요!"라고 대답했습니다. 윌킨슨 선수는 주님만 의지하는 믿음으로 46년 만에 미국 여자 다이빙에 금메달을 안겨다 주었고, 그 후 2004년 아테네 올림픽과 세계수영선수권대회에서도 금메달 행진을 이어갔습니다. 그리고 지금까지도 그녀의 주님만 철저히 의지하는 신앙의 승리는 지금까지도 수많은 크리스천들의 가슴속에 뜨거운 감동으로 남아 있습니다.

여러분, 그래서 시편 115편 8-9절에 "우상들을 만드는 자들과 그것을 의지하는 자들이 다 그와 같으리로다 이스라엘아 여호와를 의지하라 그는 너희의 도움이시요 너희의 방패시로다"라고 분명히 증거하시지 않습니까? 이제는 더 이상 내 지식으로, 내 경험으로, 내 능력으로 결코 인생을 살지 마시기 바랍니다. 그 무엇보다도 인간의 능력을 초월하시는 살아 계신 주님만 철저히 의지하면서 주님의 말씀에 의지하며, 주님의 은혜로, 주님의 능력으로, 주님의 축복으로 살아갈 때 우리는 어떠한 사탄의 계속되는 공격 속에서도 주님께서 우리를 대신하여 싸워 주시고 능히 승리하게 될 줄 확실히 믿으시기 바랍니다.

지난 주일 3부 예배를 다 마치고 한 전도사님이 교회로 찾아왔습니다. 그 전도사님은 부족한 종이 신학대학원 교수로 있을 때 신학과 학생이었는데, 제가 목회상담학과 교수였기 때문에 많은 신학생들이 교수실로 상담하러 왔습니다. 그 전도사님은 첫사랑에 실패를 하여 오랜 세월 영적인 방황을 하고 있었습니다. 상담 경험을 통해서 보면 가장 트라우마(Trauma, 충격적 경험)가 심한 케이스가 첫째가 자녀의 죽음이고, 둘째가 부모님으로부터 받은 상처이고, 셋째가 첫사랑의 상처이고, 넷째가 부부 이혼이나 사별이고, 다섯째가 부모님의 별세입니다. 그 전도사님도 마음이 순수하고 여리다 보니까 젊은 날 받은 상처의 아픔이 너무도 크고 오래 가서 그의 방황이 쉽게 고쳐지지를 않은 것입니다.

그런데 치유하는교회에 와서 보니까 그 전도사님의 부모님이 계셨습니다. 그래서 부모님을 만날 때마다 전도사님의 안부를 물으면서 신학대학원의 진학을 독려하여서 신학대학원을 가까스로 마쳤지만, 그는 또다시 목회를 포기하고 아파트 관리원으로 나갔습니다. 그래서 다시 불러서 "하나님께서 자네를 주의 종으로 부르셨을 때는 하나님의 분명하신 뜻이 있네! 무엇보다 하나밖에 없는 아들을 위하는 기도하며 아들만 바라보며 기다려오신 아버지 집사님의 사랑과 새벽이나 심야에나 눈물로 기도하시는 어머니 권사님의 눈물의 기도를 결단코 자네가 외면해서는 안 되네!"라고 간곡히 권면하도록 했습니다. 그리고 교회에 나와서 봉사하도록 하면서 오늘 주신 말씀처럼 어떠한 어려움도 두려워하지 말고 하나님의 지혜를 구하면서 철저히 하나님만 의지하라고 권면했습니다. 그랬더니 우리 치유하는 교회에서 충성스럽게 봉사하다가 작년에 김포에 있는 교회에서 전도사로 본격적인 목회 사역을 시작하게 되었고, 늦은 나이지만 목사 안수를 받게 되었다고 찾아와서 뜨겁게 축복기도를 하고 돌려보냈습니다.

지난 금요일 새벽기도회 때 어머니 권사님이 기도를 받으러 오셨길래 안수기도를 해드리는데 지난 세월 동안 사랑하는 아들이 방황할 때에도 눈물로 기도하시던 어머니의 사랑이 물밀듯이 밀려오면서 제 눈에서도 하염없이 눈물이 쏟아졌고 권사님도 흐느껴 우시는데 그 눈물의 의미가 제 가슴에 뜨겁게 와닿았습니다. 그 지나온 삶이 얼마나 멀고 험난한 고난의 가시밭길이었겠습니까? 눈물 없이는 갈 수 없는 눈물의 골짜기였을 것입니다. 그러나 일평생 희생하고 고생하셨던 모든 수고가 결단코 헛되지 않아서 하나님으로부터 기적적으로 위로받고 응답받는 감격의 순간이었습니다.

사랑하는 성도 여러분, 우리가 살아 있는 동안 우리의 일생과 가정과 하나님의 교회를 쓰러뜨리려는 사탄의 공격은 계속됩니다. 저는 요즘 새벽마다 기도할 때 가장 눈물 나게 하는 교인들은 코로나19 때문에 두려움에 빠져서 교회에 나오지 못하는 분들입니다. 그다음에는 암 등 갖가지 질병으로 죽어가는 교인들을 생각하면 눈물밖에 안 나오고, 또 코로나19로 인해 경제적으로 어려워진 가정들을 생각할 때 눈물로 간절히 기도하게 됩니다. 더 나아가 갖가지 삶의 불행과 고통 가운데 눈물 흘리며 살아가는 교인들을 생각하면 눈물 밖에 안 나옵니다. 그럼에도 불구하고 우리가 사탄의 계속되는 공격 속에서도 결단코 아무것도 두려워하지 말고, 하나님의 지혜만을 구하고, 하나님만 철저히 의지하며 살아가야 합니다. 그리할 때에 사탄의 어떠한 공격도 능히 이겨 낼 뿐만 아니라 최후의 승리를 거두며 영광 돌리는 복된 여생을 모두 다 살아가게 될 줄 확실히 믿습니다.

다 함께 결단의 찬송으로 "시편 46편"을 함께 부르며 믿음으로 결단하도록 하겠습니다.

하나님은 우리의 피난처가 되시며
환난 중에 우리의 힘과 도움이시라(×2)
너희는 가만히 있어
주가 하나님 됨 알지어다
열방과 세계 가운데
주가 높임을 받으리라
사랑합니다 내 아버지
찬양합니다 내 온 맘 다하여
선포합니다 예수 그리스도
주님 오심을 기다리며(×2)

우리의 최후의 승리가 되시는 하나님 아버지, 지나온 일생 사탄의 계속되는 공격으로 인해 낙심하고 좌절할 때가 얼마나 많았습니까? 그럼에도 불구하고 어떠한 사탄의 공격에도 두려워하지 말게 하여 주시옵소서! 하나님의 지혜를 구하게 하여 주시옵소서! 하나님만 철저히 의지하며 살아가게 하여 주시옵소서! 그리함으로 사탄의 계속되는 집요한 공격에도 최후의 승리를 거두며 하나님 아버지께 큰 영광을 돌리는 복된 여생을 모두 다 살게 하여 주실 줄 믿사옵고, 예수님의 이름으로 간절히 축복하며 기도하옵나이다. 아멘!

스스로 인생을 개척하라

여호수아 17:14-18

여호수아는 가나안 땅의 중부, 남부, 북부 정복 전쟁을 차례로 다 마친 후에 드디어 가나안 땅을 분배하게 됩니다. 신앙의 지도자인 엘르아살 대제사장과 민족의 지도자인 여호수아와 각 지파 대표들이 모여서 제비를 뽑아 하나님의 뜻을 따라 공평하게 분배하였는데, 요셉의 자손인 장남 므낫세와 차남 에브라임 지파가 두 지파인데 한 분깃(지역)만 준 것에 불만을 품고 여호수아에게 더 큰 분깃을 줄 것을 요구합니다. 이에 여호수아는 그들이 스스로 개척하며 살아갈 것을 명령합니다. 우리도 코로나19의 이 어려운 때 어떻게 스스로 인생을 개척하며 살아갈 것인가, 이 시간도 들려주시는 하나님의 음성을 다 함께 들을 수 있길 바랍니다.

하나님께서 큰 축복을 주셨음

먼저 본문 14절 말씀을 다 함께 읽겠습니다.

"요셉 자손이 여호수아에게 말하여 이르되 여호와께서 지금까지 내게 복을 (크게) 주시므로 내가 큰 민족이 되었거늘 당신이 나의 기업을 위하여 한 제비, 한 분깃으로만 내게 주심은 어찌함이니이까 하니."

요셉 자손들인 므낫세와 에브라임 지파는 성막을 섬기는 레위 지파가 기업 분배에서 제외됨으로 두 지파가 되었고, 사실상 강성한 큰 민족이 되었습니다. 므낫세 지파는 수적으로 많았고(민 26:34), 에브라임 지파는 강성하여 이스라엘이 남북으로 분열할 때도 북왕국을 이끌어 가는 지파가 되었습니다(삿 7:2; 렘 7:15). 므낫세와 에브라임 지파는 제비뽑기를 같이 하여 한 기업을 받았고, 그것을 다시 두 지파가 나누었습니다. 사실 요셉의 자손 중 장남인 므낫세 반 지파는 이미 요단 동편에서 기업을 차지했으므로(수 13:29-33) 남은 반 지파는 요단 서편에서 동생 에브라임 지파의 북편에 기업을 얻었습니다. 그런데 이 두 지파는, 창세기 48장 22절에 야곱이 축복기도를 할 때 요셉의 두 아들에게 그 형제들보다 한 분깃을 더 준다고 약속했던 것을 근거로 해서, 레위 지파가 분깃이 없는 것을 감안해서 그들이 두 지파인데 왜 한 분깃만 주느냐고 여호수아에게 항의를 한 것입니다.

그러나 그것은 요셉 자손들의 잘못된 착각이었습니다. 그들은 원래 열두 지파 중 하나인 요셉 지파, 한 지파였고, 그들의 땅은 한 분깃이지만 유다 지파 다음으로 광활한 땅이었습니다. 더욱이 므낫세 반 지파는 요단 동편에서도 역시 넓은 땅을 차지하지 않았습니까? 적어도 여호수아가 가나안 땅을 분배할 때는 지파의 인원 수를 우선으로 하였고, 또 제비를 뽑아서 분배했기 때문에 어느 누구도 반발할 수가 없었습니다(민 26:53-56).

우리는 여기 요셉 자손들의 요구들을 들으면서 가진 자가 오히려 더 불평하는 인간적인 욕심을 느낄 수가 있습니다. 그런데 요셉 자손들 스스로도 "여호와께서 지금까지 내게 복을 주시므로"라고 고백하고 있는데 본문을 원어성경에서 보면 **אֲשֶׁר עַד כֹּה בֵּרְכַנִי יְהוָה**(아쉐르 아드 코 뻬레카니 예흐와)로서 NIV 영어성경으로는 "the Lord has blessed us abundantly"(여호와께서 지금까지 우리에게 복을 풍성하게(크게) 주셔왔다)라고 번역할 수 있습니다. 다시 말하면 하나님께서 자신들에게 큰 축복을 주셨다는 것을 요셉 자손들이 스스로 인정했던 것입니다. 이것이 여호수아의 말대로 요셉 자손들이 스스로 개척을 할 수 있는 첫 번째 근거가 되었습니다.

우리는 사실 지금까지 살아오면서 하나님의 축복을 너무도 많이 받았습니다. 우리가 갖가지 질병이나 사고로부터 보호받고 살아 있는 것부터가 감사하고, 건강한 것도 감사하고, 암에 안 걸린 것도 감사하고, 암에 걸렸더라도 살아 있는 것이 감사하고, 지금까지 물질의 필요를 채워 주심도 감사합니다. 더 나아가서 우리를 구원해 주시고 치유해 주시고 이 은혜롭고 행복한 교회에서 신앙생활을 하게 해주신 것이 얼마나 감사합니까? 우리가 예수님을 믿고 이렇게 큰 복을 받았습니다. 그런데 신앙생활의 축복의 근본적인 문제는 주님의 이 큰 축복에 대한 감사를 잊고 살면서 스스로 불행과 고통에서 헤어나오지 못하는 것입니다. 오히려 더 큰 축복만 기대하고 그것이 이루어지지 않는다고 낙심하고 주님께 대한 신앙까지 흔들릴 때가 얼마나 많습니까? 여러분, 우리가 살면 얼마나 더 살고, 또 인젠가 다 내려놓고 떠나야 하지 않습니까? 그런데 무슨 욕심을 그렇게 조급하게, 많이 부립니까?

그러나 주님께서는 우리를 향해서 히브리서 6장 13-15절에 분명히 약속하시지 않습니까? "하나님이 아브라함에게 약속하실 때에 가리켜 맹세할 자가 자기보다 더 큰 이가 없으므로 자기를 가리켜 맹세하여 이르시되 내가 반드시 너에게 복 주고 복 주며 너를 번성하게 하고 번성하게 하리라 하셨더니 그가 이같이 오래 참아 약속을 받았느니라." 여러분, 세상에서 가장 크신 복의 근원 되시는 하나님 아버지께서 믿음의 조상 아브라함에게 약속하셨듯이 우리를 향해서 분명히 약속하십니다. "내가 반드시 너에게 복 주고 복 주며 너를 번성하게 하고 번성하게 하리라." 우리가 하나님의 축복의 약속을 확실히 믿고 그 축복을 기대하고 끝까지 인내하며 간구해야 합니다.

여기서 우리가 분명히 분별해야 할 것은, 복을 구하는 것이 기복신앙이 아니라 자기 자신이나 자식들에게 물려주기 위해 복을 구하는 것이 기복신앙이라는 사실입니다. 주님과 고통당하는 이들을 위해 복을 구하는 것은 복음신앙입니다. 그래서 우리는 주님과 고통당하는 이들을 위해 하나님의 축복을 간구해야 하고, 그 축복이 임할 때까지 아브라함처럼 주님의 응답의 때를 오래 참고 기다려야 합니다. 그런데 말세 마지막 때 대부분의 교인들이 자신만 잘 먹고 잘살고 자식들만 잘되기를 바라니까 끝까지 인내하며 기다리지 못하고, 결국 하나님께서 예비하신 그 큰 복을 온전히 누리지 못하고 마는 것입니다. 그것이 지난날의 우리 축복의 한계였습니다.

그러나 우리가 주님의 복음을 위해서, 주님의 몸 된 교회를 위해서, 주님의 영광을 위해서 바치고 나누며 베풀며 살아갈 때 누가복음 6장 38절의 "주라 그리하면 너희에게 줄 것이니 곧 후히 되어 누르고 흔들어 넘치도록 하여 너희에게 안겨 주리라 너희가 헤아리는 그 헤아림으로 너희도 헤아림을 도로 받을 것이니라"라는 약속의 말씀처럼 하나님의 축복을 온전히 누리게 됩니다. 우리의 문제는 이 말씀을 너무도 많이 듣고 잘 알지만 이 축복의 약속을 믿지 않고 형제나 이웃을 위한 나눔을 행하지 않으니까 후히 되어 누르고 흔들어 넘치도록 안겨 주시는 축복을 누리지 못한다는 것입니다. 이것이 지난날의 우리 신앙생활의 또 하나의 축복의 한계였습니다.

교회를 통해 사회 각 분야에 변화를 일으키기 위한 NCMN(Nations-Change Movement Network, 국가 변화를 일으키는 운동 및 연락망)의 사역 중의 하나인 '왕의 재정학교'의 책임자이며 주강사인 김미진 간사가 쓴 《왕의 재정》이란 책이 있습니다. 거기에서 김 간사님은 4대째 믿음의 가정에서 자라나서 하루에 성경 10장을 읽지 않으면 저녁을 먹지 못했다고 이야기합니다. 그리고 중학교 1학년 때 수련회에서 "아버지, 제가 여기 있습니다! 저를 보내 주소서!" 하고 자신의 삶을 주님께 헌신했습니다. 대학 시절부터 안경점, 무역업, 투자, 빌딩 임대업 등 돈이 되는 것은 무엇이든지 하여서 당시 한 달 수입이 7천만 원 정도까지 되었다고 합니다.

그런데 5만 원 정도 되는 안경을 가난한 사람들에게 형편에 따라 또는 원가로 제공하며 구제에 힘쓰다 보니까 한 달 지출이 1억 5천만 원이나 되어서 3년이 지나자 망하고 말았습니다. 부도가 나면서 그녀는 엄청난 재정적 고통에 시달렸고, 더구나 친구에게 6억 원 보증을 섰다가 친구가 부도가 나는 바람에 가진 빌딩과 상점과 아파트 등 모든 것이 순식간에 날아가고, 설상가상으로 IMF까지 터지고 말았습니다. 남은 빚이 50억 원에 이를 정도로 어마어마한 빚더미에 올라앉아서 1년이 지나면서 우울증과 대인기피증에까지 빠지고 말았습니다. 지옥 같은 세월이어서 제주도로 빚의 1년 유예 기간을 얻어 내려갔는데 간장으로 밥을 비벼 먹다가 그것마저도 다 떨어져서 자살을 결심하고 그해 12월 마지막 날 함덕 앞바다에 뛰어들었습니다. 그런데 물속의 군소(해삼, 멍게와 비슷한 해산물)가 눈에 들어와서 그걸 따다 먹으면서 버텼다고 합니다.

그러다가 윗집 아줌마가 예수전도단의 제주 열방대학에 다닌다고 해서 따라갔는데 첫 학기 첫 시간이 '하나님의 음성 듣는 법'이라는 과목이었습니다. 그래서 "주님, 제가 그렇게 헌금하고, 구제하고, 선교했는데 망한 이유가 무엇입니까?" 하고 기도하는 가운데 주님께서 누가복음 16장 1-2절의 "또한 제자들에게 이르시되 어떤 부자에게 청지기가 있는데 그가 주인의 소유를 낭비한다는 말이 그 주인에게 들린지라 주인이 그를 불러 이르되 내가 네게 대하여 들은 이 말이 어찌 됨이냐 네가 보던 일을 셈하라 청지기 직무를 계속하지 못하리라 하니"라는 말씀으로 깨우쳐 주시더랍니다. 성전건축헌금 1억 원을 한 것도, 선교지에 우물을 파기 위해 3천만 원을 한 것도, 교회를 지어 주고 버스를 사 준 것도 진정한 청지기의 사명을 감당한 것이 아니라 다 자기의 이름을 내기 위한 것임을 깨닫게 되었습니다. 그리고 50억 원이라는 빚 앞에서 믿음이 0이 되고 말았던 것입니다.

거기서 그녀는 믿음으로 살기로 결심하고 마태복음 6장 33절의 "그런즉 너희는 먼저 그의 나라와 그의 의를 구하라 그리하면 이 모든 것을 너희에게 더하시리라"는 말씀을 붙잡고 일어섰습니다. 그러면서 하나님께서 삶의 필요를 채워 주시는데 하나님의 기적적인 역사 속에서 일어서서 4년 반 만에 50억 빚을 청산하였습니다. 김 간사님은 이러한 기적적인 믿음의 체험 속에서 "우리가 돈의 노예가 되어 살다가 죽을 것인가? 아니면 돈의 주인이 되어 거룩한 데 쓰임 받다가 죽을 것인가?"라는 질문을 던지면서, 이제 우리의 여생을 내 삶의 진정한 주인을 주님으로 바꾸어 왕과 같은 재정의 하나님의 큰 축복을 누리며 살 것을 강력하게 권면하고 있습니다.

부족한 종도 군에서 제일가는 부잣집 아들로 살아서 돈 없으면 고생하는 것을 몰라서, 결혼하면서 쓸데없이 "독립해서 살겠다"고 말 한마디 잘못했다가 피눈물 나는 고생길로 접어들었습니다. 그러나 저의 이름의 뜻대로 조금 전에 김미진 간사가 말한 마태복음 6장 33절의 말씀을 붙잡고 일어서서 이렇게 복 받은 목사가 되었습니다. 치유하는교회 담임목사가 되었으면 복 받은 것 아닙니까?

그러므로 하나님께서 복을 주시지 않아서 우리가 복을 누리지 못하는 것이 아닙니다. 우리가 예수님을 믿기 시작하면서 이미 우리에게 큰 복을 주시기 시작하셨습니다. 코로나19로 인해 아무리 험난한 우리의 인생이라도 지금까지 우리가 받은 이 큰 축복을 주님과 고통당하는 형제와 이웃을 위해 사용하면서 스스로 인생을 개척해 나가야 합니다. 그리할 때 하나님께서 그 큰 축복을 계속해서 부어 주셔서 우리의 여생을 더욱 복되게 하시고 더욱 귀하게 쓰시고 더욱 크게 영광 거둬 주실 줄 분명히 믿으시기 바랍니다.

하나님께서 큰 민족이 되게 하셨음

계속해서 본문 15절 말씀을 다 함께 읽겠습니다.

> "여호수아가 그들에게 이르되 네가 큰 민족이 되므로 에브라임 산지가 네게 너무 좁을진대 브리스 족속과 르바임 족속의 땅 삼림에 올라가서 스스로 개척하라 하니라."

요셉 자손들의 불만에 대해서 여호수아는 요셉의 자손들이 바로 직전 14절에서도 언급했듯이 그들이 큰 민족이 되었다고 증거합니다. 실제로 므낫세 지파는 52,700명에 이르렀고(민 26:34) 에브라임 지파는 32,500명에 이르렀습니다(민 26:37). 그러므로 그들이 기업으로 받은 에브라임 산지가 그들에게 너무 좁다고 하면서 요단 강 서편의 브리스 족속(수 3:10, 9:1, 11:3, 12:8)과 요단 강 동편의 르바임 족속(신 3:11, 13; 수 12:4, 13:12)의 땅인 삼림에 올라가서 스스로 개척하라고 합니다. 여기 '개척하다'는 단어가 히브리어로 'בֵּרֵאתָ'(베레타)인데 원형인 'בָּרָא'(바라)라는 단어가 '창조한다'는 뜻으로 '산에 올라가서 나무를 베어 내고 산지를 새롭게 개간하라'는 의미였습니다. 다시 말하면, 요셉 자손들이 큰 민족이 되었기 때문에 인력을 최대한 활용하여 이제는 산중에 들어가서 스스로 개척해서 토지를 확보해 나갈 수 있는 두 번째 근거가 되었다는 것입니다.

여러분, 우리도 주님 안에서 한 형제가 되고 한 가족이 되었기 때문에 사실 엄밀한 의미로 보면 우리 교회 안에서뿐만 아니라 전 세계적으로는 영적인 큰 민족을 이룬 것입니다. 그런데 많은 때 우리가 왜 외로워하고 왜소해지고 낙심하고 좌절합니까? 나는 혼자이고 보잘것없고 되는 일도 없고 아무것도 할 수 없다고 착각하기 때문입니다. 그리하여 현대인의 '마음의 감기'라는 우울증에 걸려서 급기야는 너무도 외롭고 힘들고 앞이 안 보이고 불행과 고통 속에 사느니 차라리 죽어 버리자는 자살 충동에 빠져서 스스로 목숨을 끊는 사람들이 이 땅 위에 얼마나 많습니까? 그래서 세계 10위 경제대국이라는 우리나라의 자살률이 OECD(경제협력개발기구) 37개 국가 중 최고의 나라라는 오명에서 헤어 나오지 못하고 있는 것입니다.

치유상담대학원대학교 총장이신 정태기 목사님이 쓰신 《당신은 혼자가 아닙니다》라는 책 가운데 보면, 우리는 너 나 없이 외로운 존재들이지만 '아무도 나를 이해해 주지 않는다. 아무도 나를 사랑해

주지 않는다. 더 이상 이처럼 불행과 고통 속에 살 이유가 어디 있겠는가?' 하고 홀로 외로움 속에서 눈물을 흘리고 있는 우리들을 향해 예수님께서는 "너는 혼자가 아니다! 너의 아픔을 아는 내가 너와 함께 있다!"라고 위로해 주신다는 것입니다. 그래서 마태복음 28장 20절에 "볼지어다 내가 세상 끝 날까지 너희와 항상 함께 있으리라"라고 약속하시고, 히브리서 13장 5절에도 "그가 친히 말씀하시기를 내가 결코 너희를 버리지 아니하고 너희를 떠나지 아니하리라 하셨느니라"라고 분명히 증거하지 않습니까? 그리고 주님의 사랑의 음성을 먼저 듣고 치유 받은 우리가 이러한 위로가 필요한 사람들에게 다가가서 "당신은 혼자가 아닙니다. 모든 사람이 다 떠나가도 당신의 아픔을 아시는 예수님께서 당신과 함께 계십니다. 그리고 그분의 사랑으로 치유 받은 내가 당신과 함께 있습니다!" 하고 꼭 전해 주고 그들을 위로하고 격려하며 새 힘을 더해 주어서 함께 일어서야 한다는 것입니다.

주님께서도 마태복음 23장 8절에 "그러나 너희는 랍비라 칭함을 받지 말라 너희 선생은 하나요 너희는 다 형제니라"라고 분명히 증거하시지 않습니까? 그래서 저는 목회자 사이에도 형제의 관계가 되어야 진정한 동역이 된다고 믿어져서 맏형으로서 부목사님들에게 영적으로 모범이 되어서 가르치려고 힘을 씁니다. 그런데 우리 치유하는교회가 한참 어려울 때 노회 수습전권위원장 목사님이 우리가 '형님', '동생' 하는 것을 아시고 "담임목사와 부목사, 너희가 조폭이냐? 무슨 놈의 형님, 동생이냐?" 그러셨습니다. 그래서 제가 마태복음 23장 8절의 말씀을 가지고 "조폭이라니요? 무슨 말씀을 그렇게 심하게 하십니까? 우리는 '영적 조직'입니다!" 하고 말하려다가 참았습니다. 담임목사와 부목사가 육신적인 주종관계가 되어 버리면 진정한 동역이 이루어지지 않습니다. 그것은 장로님들 사이나 권사님들 사이나 집사님들 사이나 우리 성도들 사이에도 마찬가지입니다. 우리가 형제의 사랑을 못 느끼면 신앙의 한 가족이 아닌 것입니다. 그래서 지난 목요일 새벽기도회 후 선임장로님들과의 모임에서 목회자들처럼 장로님 사이에도 형님, 동생 안 하면 앞으로 10만 원씩 벌금을 물리도록 하겠다고 했습니다.

여러분, 말세 마지막 때 왜 교회마다 불화와 분쟁이 끊이지 않는지 아십니까? 또 우리의 신앙생활의 교제에서 결정적인 문제가 무엇인지 아십니까? 주님의 십자가의 사랑을 뜨겁게 체험하지 못했으니 우리 개인이나 교회나 노회, 총회나 한국 교회나 바로 이 진정한 형제의식이 없고 각자 다 잘나서 다 자기를 내세우면서 따로 노는 것입니다. 그러니까 주님 안에서 하나 된 성도의 교제도 없고, 행복의 감격도 없고, 하나 된 힘의 역사도 못 일으킵니다. 우리가 형제의 사랑을 못 느끼고 라이벌 의식이 있거나 심지어 원수 관계가 되어 버리면 둘 중 하나는 진정한 신자가 아닙니다. 분명히 어느 한쪽만 하나님의 자녀이고 다른 한쪽은 사탄의 자식입니다.

영적으로 볼 때 하나님의 말씀대로 믿음으로 헌신하고 사랑으로 교제하는 사람들이 하나님의 자녀들입니다. 하나님의 말씀을 지식적으로만 알고 말만 번지르르하게 잘하지, 실제로는 자신의 감정을 버리지 못하고 자신의 육신의 이익이나 명예를 위해 사는 사람은 이미 사탄에게 넘어간 사람들입니다. 그래서 물과 기름이 합해질 수 없듯이 그런 사람들과는 절대 합해질 수가 없습니다. 그런 사람은 목자든지 장로든지, 권사든지, 집사든지 상관없이 회개하고 하나님의 자녀로 새롭게 거듭나야 합니다. 그래야 우리가 진정한 하나님의 자녀가 되고, 주님 안에서 한 형제가 되고, 천국의 온전한 축복과 행복의 감격을 누리며 살아가게 되는 것입니다.

그래서 시편 113편 1-3절에 “보라 형제가 연합하여 동거함이 어찌 그리 선하고(טוֹ, 토브, good, 좋고) 아름다운고(נְעִים, 나임, pleasant, 즐거운고) 머리에 있는 보배로운 기름이 수염 곧 아론의 수염에 흘러서 그의 옷깃까지 내림 같고 헐몬의 이슬이 시온의 산들에 내림 같도다 거기서 여호와께서 복을 명령하셨나니 곧 영생이로다”라고 증거한 것입니다. 우리가 주님 안에서 한 형제가 되었을 때 진정으로 좋고 즐거운 교제를 하게 되고, 그렇지 않으면 죽을 때까지 갈등과 불화만 겪다가 떠나갑니다. 그렇기 때문에 우리가 보배로운 기름 곧 성령의 능력을 체험해야 하고, 헐몬의 이슬 곧 말씀의 은혜를 경험해야 하는 것입니다. 그리하여야 우리는 이 땅에 사는 동안에도 한 형제로서의 하나님의 복을 누리면서 영생에 이르게 됩니다.

그러므로 우리가 주님 안에서 진정으로 거듭나서 큰 민족을 이루어서 코로나19로 인해 아무리 험난한 우리의 인생이라도 주님의 말씀의 은혜와 성령님의 능력 가운데 스스로 인생을 개척해 나갈 때, 우리는 이 땅에 사는 동안에도 영생에 이르는 천국의 축복과 행복의 감격 속에 살아가게 될 줄 확실히 믿습니다.

하나님께서 큰 권능을 주셨음

마지막으로 본문 17-18절 말씀을 다 함께 읽겠습니다.

> “여호수아가 다시 요셉의 족속 곧 에브라임과 므낫세에게 말하여 이르되 너는 큰 민족이요 큰 권능이 있은즉 한 분깃만 가질 것이 아니라 그 산지도 네 것이 되리니 비록 삼림이라도 네가 개척하라 그 끝까

지 네 것이 되리라 가나안 족속이 비록 철 병거를 가졌고 강할지라도 네가 능히 그를 쫓아내리라 하였더라."

여호수아는 조금 전의 15절 말씀과 같이 요셉 자손들은 큰 민족일 뿐만 아니라 큰 권능을 받았기 때문에 비록 땅이 지금 좁다 할지라도 삼림지대를 개척하면 한 분깃만 갖는 것이 아니라 산지의 끝까지 이르는 넓은 땅을 차지하게 될 것이라고 말합니다. 그리고 가나안 족속이 비록 철병거를 가졌고 아무리 강하다고 할지라도 능히 그들을 쫓아내리라고 격려하면서, 큰 권능을 받은 것이 스스로 삼림을 개척할 수 있는 마지막 근거가 되기 때문에 스스로 개척하라고 명령합니다.

그것은 우리도 마찬가지입니다. 사도행전 1장 8절에 예수님께서 하늘나라로 올라가시기 전에 마지막으로 남기신 유언에 "오직 성령이 너희에게 임하시면 너희가 권능을 받고 예루살렘과 온 유대와 사마리아와 땅 끝까지 이르러 내 증인이 되리라 하시니라"고 분명히 약속하시지 않습니까? 우리가 불신앙의 죄를 회개하고 예수님을 자신의 구주로 영접하게 될 때 예수님의 영인 성령님이 임하시게 되는데 그 성령님은 권능을 가지고 계시기 때문에 우리가 성령님을 모시면 우리도 권능을 받았다는 것입니다. 그런데도 우리는 주님께서 부어 주신 성령님의 그 큰 권능을 왜 활용하지 못합니까? 그러다 보니까 우리의 일생을 불행과 고통으로 몰고 가는 죄악과 상처와 질병의 고통 속에서 헤어 나오지 못합니다.

최근에 전 세계가 코로나19의 '백신전쟁(?)'을 치르고 있는데 지난 4월 19일(월) 〈동아일보〉에 우리나라를 대표하는 교육학자들인 서울대 오세정 총장님과 KAIST 이광형 총장님의 "한국은 왜 미국처럼 백신을 직접 못 만드나"라는 제목의 좌담 내용이 나왔습니다. 두 분의 좌담 내용 가운데 관심을 끄는 내용은 미국은 방역에 엉망인 나라로 보이지만 백신을 만들어 낸 반면에 우리는 국민들의 적극적인 협조로 질서 정연하게 방역을 잘하였지만 백신을 만들어 내지 못함으로 인해 지금까지도 불안에 떨고 있다는 것입니다. 우리가 창의적 교육을 했다면 지금처럼 코로나19 백신을 만들지 못하고 어디서 사 올지 고민만 하고 있지는 않을 것이라고 말합니다. 다시 말하면, 우리나라 교육의 근본적인 문제는 일방적인 강의와 암기 위주의 주입식 교육이어서 학생들의 이해나 무한한 역량을 끌어내지 못하고, 결국 세계 대학 경쟁력에서도 떨어지고 과학 발달에도 한계를 드러내고 말았다는 것입니다.

그래서 미국 교육의 힘이 어디에 있느냐에 대해서, 미국 교육에 깊은 관심을 가진 김동희 기자가 쓴 책 《미국 엄마의 힘》에 이런 내용이 나옵니다. 유치원 다니던 딸이 성적표를 받아왔는데 선생님의 평가 첫 문장이 "아이가 좋은 시민으로 성장하고 있습니다"라고 기록되어 있더랍니다. 그래서 유치원 다니는 아이에게 벌써부터 '시민' 운운하는가 궁금해서 미국 교육부 홈페이지에 들어가 보았더니 〈자녀가 책임감 있는 시민으로 자라도록 돕는 방법〉이라는 자료집에 이런 설명이 되어 있었습니다. "부모가 해야 하는 가장 중요한 일은 자녀에게 평생 의지할 수 있는 가치(value)와 능력(skill)을 심어 주는 것이다. 부모가 이를 도와준다면 그 자녀는 한 개인으로, 지역사회의 일원으로, 그리고 미국 시민으로 행복한 삶을 살아갈 수 있다."

다시 말하면 우리 부모가 어렸을 때부터 자녀들에게 평생 붙들고 살아갈 가치와 능력을 개발시켜 주어야 하는데, 그것은 세상 지식에 의해 수단과 방법을 가리지 않는 생존경쟁적인 삶이 아니라 하나님의 지혜에 의해 주님과 이웃을 사랑하며 섬길 수 있는 하나님의 권능을 발휘하게 해야 한다는 것입니다.

우리가 하나님의 권능이 주어짐을 믿을진대 더 이상 미국이나 유럽에서 백신을 구하려고 그렇게 힘들여 백신전쟁을 할 필요도 없고, 외국 백신 못 믿어서 안 맞겠다고 할 필요도 없습니다. 지난 주일에 하나님의 지혜를 구하면 주신다고 하였듯이, 세계 10위 경제대국인 우리나라가 하나님의 권능에 힘입어 백신을 못 만들 이유가 어디에 있느냐는 것입니다. 그래서 지난 목요일 새벽기도회 때부터 우리나라도 백신을 빨리 개발하여 11월 온 국민의 집단 면역도 앞당기고, 더 이상 코로나19를 두려워하지 않고 치료자 되시는 하나님께 나아와 예배를 드리며 코로나19를 속히 퇴치할 수 있도록, 하나님의 기적적인 권능을 확실히 믿고 앞으로 더욱 간절히 합심해서 기도하자고 했습니다.

우리가 성령님의 기적의 권능을 체험하기 위해서는, 늘 강조하지만 다른 길이 없습니다. 마태복음 17장 20절에 "이르시되 너희 믿음이 작은 까닭이니라 진실로 너희에게 이르노니 만일 너희에게 믿음이 겨자씨 한 알만큼만 있어도 이 산을 명하여 여기서 저기로 옮겨지라 하면 옮겨질 것이요 또 너희가 못할 것이 없으리라 기도와 금식이 아니면 이런 유가 나가지 아니하느니라"라고 강조하셨습니다. 우리가 성령님의 권능을 체험하기 위한 세 가지 단어에 주목해야 하는데 '믿음'과 '기도'와 '금식'입니다. 다시 말하면, 예수님께서 십자가에서 우리의 모든 죄악과 상처와 질병을 대신 지심을 확실히 믿고, 주님의 십자가 앞에 우리의 죄악과 상처와 질병을 다 내려놓고 주님의 십자가의 능력을 확신하고 믿음으로 기도하고, 기도해서 안 되면 금식하며 매달려야 하는 것입니다. 기도와 금식이 아니면 이런 유가 나가지 아니한다고 분명히 약속하십니다.

여러분, 어떠한 삶의 위기 속에서도 기도와 금식으로 끝까지 매달릴 때 기적적인 은혜와 축복과 행복이 끊임없이 일생토록 함께하는 것입니다. 그리하여 성령님께서 기적적으로 큰 권능으로 역사하셔서 우리를 치유하고 회복시켜 주십니다. 그런데 우리가 큰 권능의 기적을 체험하지 못하는 결정적인 이유는 이 말씀을 너무도 잘 알면서도 믿음도 안 갖고, 기도하다가도 응답이 없다고 멈춰 버리고, 금식은 힘드니까 더더욱 안 하기 때문입니다. 그러므로 먼저 하나님께서 우리에게 큰 권능을 주셨음을 확신하고, 코로나19로 인해 아무리 험난한 우리의 인생이라도 성령님께서 부어 주신 큰 권능을 확실히 믿고 기도하고, 금식함으로 스스로 인생을 개척해 나갈 때 우리는 성령님의 권능 가운데 기적적인 역사를 일으키며 살아 계신 하나님께 영광 돌리는 복된 삶을 살아가게 될 줄 확실히 믿으시기 바랍니다.

지난 부활주일로부터 시작된 새생명초청축제가 지난 주일 청년부를 끝으로 마쳤습니다. 어떻게 이 코로나19의 위기 속에서 전도축제를 하느냐면서 그날 3개 신문사에서 취재까지 나왔습니다. 주님께서 이 땅에 오신 가장 중요한 목적은 잃어버린 자를 구원하는 것이고, 부활주일에 우리끼리만 기뻐하면서 달걀이나 나눠 먹고 있으면 무슨 의미가 있겠습니까? 부활주일에 가장 먼저 해야 할 일은 부활의 기쁜 소식을 우리 주위의 사랑하는 사람들에게 전하는 것입니다. 그래서 코로나19의 이 모이기 어려운 때에도 새생명초청축제를 강행해야 했는데 놀랍게도 3,000명이나 모이고, 지난 주일까지 장년이 417명이 새로 출석하여 80명이 등록하고 청년이 71명이 새로 출석하여 9명이 등록을 하는 놀라운 복음의 역사를 이루었습니다. 그날 모두들 수고들 많으셨고, 특별히 국내전도위원회도 수고를 많이 하셨지만, 주님께서 그날의 날씨와 모든 여건의 준비를 다 이뤄 주시고 놀랍게 역사해 주셨습니다.

그날 간증 강사로 조혜련 집사님을 보내 주셔서 그녀의 지나온 삶의 이야기를 들려주시는데 눈물 없이는 들을 수가 없었습니다. 그녀는 1남 7녀의 가정에서 다섯 번째 딸로 태어났을 때 그 어머니가 딸이 더 이상 보기 싫어 죽으라고 엎어놓았는데 살아났다는 이야기를 들으면서 얼마나 그의 아픔이 가슴에 뜨겁게 와닿았는지 모릅니다. 딸들은 대학을 못 가게 하여 자기가 벌어서라도 학교에 다니겠다는 심정으로 한양대 연극영화과를 지망했습니다. 그리고 22세에 개그우먼이 되어서 한때는 수많은 유행어를 만들어 내면서 4~5년 동안 시청률이 30~40%나 오르고 출연하지 않는 개그 프로그램이 없을 정도로 활동했습니다.

그리고 행복의 꿈을 안고 결혼했는데 결혼하고 나서부터 인기가 떨어지기 시작해서, 어떻게 해서든지 성공해 보겠다고 한국에서나 일본까지 진출해서 친일파라는 비난까지 받아가면서 몸부림치며 살았는데 그 모든 수고가 물거품이 되었습니다. 그것만 해도 너무도 가슴 아프고 눈물 나는데 남편까지도 그 가슴 아픈 심정을 몰라주고 떠나가서 결혼 13년 만에 남매를 두고 이혼까지 하고 말았습니다. 자신만 불행을 겪으면 다행인데 중학생이 되어 전교에서 1, 2등 하던 딸이 고등학교를 안 가고 방에 들어가 문을 걸어 잠그고 안 나오니 부모로서 얼마나 가슴이 찢어지게 아프고 눈물이 났겠습니까? 그녀는 인생이 완전히 송두리째 무너지는 아픔을 겪었습니다. 보통 사람 같으면 은퇴를 선언하든지 아니면 스스로 목숨을 끊었을 만큼 힘든 일인데도 그렇게 말로 다할 수 없는 상처의 아픔의 절망 가운데서도 어떻게 해서든지 새로운 삶의 돌파구를 찾으려고 중국으로 유학을 떠났습니다.

그런데 이혼 2년 후 중국에서 하나님의 은혜로 3대 기독교 신앙의 가정에서 자란, 현재의 남편인 고요셉 집사를 기적적으로 만나게 되었습니다. 고 집사님이 평생 존댓말을 할 테니까 교회에 한 번만 나가자고 강권하더랍니다. 그녀는 지나간 44년의 인생 가운데 하나님을 부정하고 기독교를 비난하며 일본 불교인 남묘호렌게쿄(한국창가학회)를 믿었는데 아무것도 얻은 게 없었습니다. 31년 동안 연예 활동을 하며 끊임없는 인생의 실패의 불행과 고통 가운데 있을 때에 같은 아픔을 겪었던 이성미 집사님이 그녀를 위해서 7년 동안 기도수첩에 일곱 번째로 그녀의 이름을 올려놓고 기도하고 있었는데, 이성미 집사님의 그 기도가 결단코 헛되지 않아서 45세에 처음 교회에 나오게 되고, 결국 세례문답을 하게 되었습니다. 하나님의 천지 창조나 예수님의 동정녀 탄생이 전혀 안 믿어졌지만 그래도 "네, 믿고 싶어요! 믿을래요! 믿습니다!" 하고 눈물로 신앙을 고백하면서 세례에 순종하고 났더니 그녀의 삶에 놀랍게 변화가 일어났습니다. 무엇보다 매일 30분씩 성경을 다섯 장씩 소리 내어 읽으면서 온 가족의 구원을 위해서 간절히 기도하지 않을 수 없었고, 무엇보다 그녀의 사랑하는 언니부터 시작해서 어머니까지 전도를 시작했습니다.

그녀의 어머니는 지난 36년 동안 남묘호렌게쿄에 빠져서 몇 천 만 번의 절을 하면서 매달렸지만 되는 일도 없고 건강만 무너지고 삶이 완전히 무너져 가고 있었습니다. 그런데 3년 전에 딸을 따라 미국 선교집회에 갔다가 은혜를 받고 "내가 아들 때문에 얼마나 열심히 남묘호렌게쿄를 믿었는데 몇 십 년 믿어도 아무런 응답도 없고 내 그만 빼팅길란다!" 하고 돌아서서 결국 어머니가 예수님을 믿기로 작정을 하셨습니다. 어머니는 6세 때 아버지가 돌아가시고 10세 때 어머니까지 돌아가시고, 20세에 조 씨 집안에 시집와서 아들 낳으려고 딸을 일곱이나 낳으면서 얼마나 많은 구박을 당하고 깊은 상처를 받으며 살아왔는지 모릅니다. 그래서 조 집사님이 어머니를 끌어안고 기도하는데 마치 주님의 음성을 대언이라도 하듯 기도가 나오더랍니다. “사랑하는 내 딸아! 얼마나 내가 너를 기다린 줄 아니? 얼마나 내가 너를 사랑하는 줄 아니?” 하고 기도하면서 어머니도 울고 딸도 울고, 모녀가 지난날을 통회 자복하며 얼마나 눈물로 기도하며 놀랍게 변화가 되었습니다.

“그러나 먼저 된 자로서 나중 되고 나중 된 자로서 먼저 될 자가 많으니라”(마 19:30)는 말씀처럼 어머니가 믿음을 갖고 돌아오는 비행기 안에서부터 3시간 동안 주님과 기도의 대화를 시작하셨습니다. 그리고 집에 돌아오셔서는 그렇게 좋아하던 드라마도 안 보시고 매일 10시간씩 성경을 읽기 시작하셔서 55일 만에 일독을 하시더니 지난주까지 성경을 25독째 읽고 있다고 했습니다. 여러분, 이러한 모습을 보면서 목사, 장로, 권사, 집사 된 먼저 믿은 우리가 얼마나 부끄러운 생각이 듭니까? 그리고는 성령님의 치유의 은혜로 몸에 달고 다니던 소변통도 다 떼고 휠체어에서까지 일어나신 것입니다. 할렐루야!

더 나아가 언니와 동생 배우 조지환 씨 내외까지도 예수님을 믿게 되었습니다. 7년 전에는 가족 가운데 한 명도 예수님을 안 믿고 우상숭배에 빠져 있었는데 7년이 지난 지금은 어머니와 둘째, 다섯째, 여섯째 딸과 여덟째 아들까지 가족의 절반 이상이 예수 믿는 복음의 놀라운 역사를 일으킨 것입니다. 거기서 그치지 않고 자신이 체험한 복음을 더욱 깊이 알고 전하기 위해서 평택대학교 신학대학원 철학박사 과정에까지 들어가서 공부하면서 스스로 주님 안에서 새로운 인생을 개척하고, 젖과 꿀이 흐르는 가나안 천국의 축복과 행복의 감격 속에 살고 있다고 했습니다.

그날 새생명초청축제가 끝나고 기도 받으러 왔길래 제가 그랬습니다. "조 집사님은 지난날 인기 개그우먼으로 살아왔지만 앞으로는 개그우먼은 부업이고 복음 전도가 주업임을 명심하고, 남은 삶은 이 은혜롭고 복된 복음의 증거를 평생토록 이루며 하나님 아버지께만 영광 돌리십시오"라고 했고 간절히 축복 기도를 해드렸습니다.

사랑하는 성도 여러분, 우리가 인생을 살다 보면 고난이 없는 인생이 없고, 실패가 없는 인생도 없고, 불행이 없는 인생도 없습니다. 그러나 하나님께서 우리에게 큰 축복을 주셨고, 하나님께서 큰 민족이 되게 하셨고, 하나님께서 큰 권능을 주셨음을 확실히 믿을 때, 우리는 코로나19로 인해 아무리 힘난한 인생이라 할지라도 능히 스스로 주님 안에서의 인생을 새롭게 개척하며 승리하며 영광 돌리는 복된 여생을 모두 다 살아가게 될 줄 확실히 믿습니다.

다 함께 "주만 바라볼지라"를 믿음으로 찬송하며 결단하도록 하겠습니다.

하나님의 사랑을 사모하는 자
하나님의 평안을 바라보는 자
너의 모든 것 창조하신 우리 주님이
너를 얼마나 사랑하시는지
하나님께 찬양과 경배하는 자
하나님의 선하심을 닮아 가는 자
너의 모든 것 창조하신 우리 주님이
너를 자녀 삼으셨네

하나님 사랑의 눈으로
너를 어느 때나 바라보시고
하나님 인자한 귀로써
언제나 너에게 기울이시니
어두움에 밝은 빛을 비춰주시고
너의 작은 신음에도 응답하시니
너는 어느 곳에 있든지 주를 향하고
주만 바라볼지라

저희를 변함없이 사랑하시는 하나님 아버지, 코로나19로 인해 얼마나 낙심되고 좌절되는 일들이 많이 있습니까? 그럼에도 불구하고 하나님께서 저희에게 큰 축복을 주셨음을 믿게 하여 주시옵소서! 하나님께서 저희를 큰 민족이 되게 하심도 믿게 하여 주시옵소서! 하나님께서 저희에게 큰 권능을 주심도 믿게 하여 주시옵소서! 그리함으로 아무리 험난한 인생이라고 할지라도 스스로 새롭게 개척하여 능히 승리하며 영광 돌리는 복된 여생을 모두 다 살게 하여 주실 줄 확실히 믿사옵고, 예수님의 이름으로 간절히 축복하며 기도하옵나이다. 아멘!

우리 자손에게 남길 것

여호수아 23:1-13

여호수아가 가데스 바네아에서 가나안 정탐을 떠날 때가 40세였고, 그 후 광야에서 38년 유랑했고 가나안 땅에 들어가서 중부와 남부 전쟁에서 1년, 북부 전쟁에서 4년, 모두 합해서 7년이란 세월이 흘러서 가나안 정복 전쟁을 다 마치고 그가 땅 분배를 해줄 때가 85세가 되었습니다. 그 후 20년 정도의 세월이 지나서 여호수아도 벌써 105세가 되었습니다. 여호수아가 110세에 세상을 떠나기 전 이스라엘의 70인 장로들(민 11:25)과 지도자들과 재판장들과 관리들을 다 불러다가 첫 번째 훈계를 합니다. 그것을 한마디로 요약하면 모세가 죽기 전에 모압 평지에서 이스라엘 백성을 훈계한 신명기와 같이 과거의 역사를 회고하면서 자신의 체험에 근거해서 하나님의 율법을 준수하라는 것이었습니다.

그렇다면 오늘 어린이주일을 맞이하면서 하얀 백지장과 같은 그들의 일생에 어떠한 그림을 그려 주고 우리에게 맡겨 주신 자녀손들에게 무엇을 남길 것인가, 이 시간도 들려주시는 하나님의 음성을 다 함께 들을 수 있길 바랍니다.

하나님께서 행하신 일을 전해야 함

먼저 본문 3절 말씀을 다 함께 읽겠습니다.

> "너희의 하나님 여호와께서 너희를 위하여 이 모든 나라에 행하신 일을 너희가 다 보았거니와 너희의 하나님 여호와 그는 너희를 위하여 싸우신 이시니라."

여호수아가 가나안 정복 전쟁을 모두 다 기적적으로 승리하고 땅을 분배하여 이스라엘 백성이 안식을 얻은 후에(수 22:4) 오랜 세월이 흘러서 여호수아는 과거의 역사를 먼저 회고하고 있습니다. 그가 가나안 정복 전쟁을 총지휘하여 수행하면서 하나님께서 이스라엘 백성들을 위하여 모든 대적의 나라에 대해서 행하신 일을 너희가 다 보지 않았느냐는 것입니다. 하나님 여호와는 이스라엘 백성들을 위하여 싸우신 분이라는 것을 다시 한 번 증거하면서 그 자손들에게 강조하여 전하고 있습니다.

우리의 일생도 돌이켜 보면 가난하여 굶주리기도 많이 했고, 불행의 눈물을 흘리기도 많이 했고, 병들어 고통도 당하기도 했고, 죽을 고비도 많이 넘겼습니다. 돌이켜 보면 모든 것이 하나님의 은혜였습니다. 사탄이 아무리 우리를 죽이려고 거짓으로 음해하고 비방하고 공격하며 달려들어도 살아 계신 하나님께서 우리를 위하여 싸워 주시고 지켜 주시고 승리케 하셔서 오늘의 우리가 있는 것입니다. 그러므로 지난날의 이러한 영적인 승리의 체험을 우리의 자녀들에게 전하며 살아가야 합니다. 그런데 지금 우리의 신앙생활은 어떠합니까?

한 아버지가 아들에게 "나 때에는 네 나이에 너처럼 그렇지 않고 부모님 말씀도 잘 듣고 속도 썩이지 않고 믿음 생활 잘하고 효도도 잘하고 공부도 잘했다!" 하고 한참 잔소리를 했습니다. 이것을 요즘은 '라떼' 부모라고 합니다. 그러자 아들이 아버지를 확 째려보면서 큰소리는 못 내고 속으로 "저는 아버지 나이 되었을 때 아버지처럼 마누라 속 썩이고 자식들에게 신경질만 부리고 본이 안 되고 그렇게 내세울 것도 없는 변변치 않은 삶을 살지 않을 거예요!" 하고 구시렁거렸다고 합니다. 이처럼 우리 자녀들이 말은 안 해도 유치원생만 되어도 우리 부모들을 다 알고 다 판단합니다.

여러분, 말로 교육하던 시대는 다 지나갔습니다. 삶의 본이 되지 않으면 어떠한 감동도 없고 감정만 상합니다. 그래서 금년 우리 치유하는교회 표어가 "영적 모범"입니다. 늘 강조하지만 캐나다의 사회심리학자인 앨버트 밴두라(Albert Bandura) 박사가 주창하였듯이 "자녀 양육에서 가장 감동적이고 효과적인 방법은 모델링(Modeling)"입니다. 우리 부모가 자녀들에게 얼마나 모범적인 신앙생활을 하고 있고, 얼마나 성령님이 충만하게 역사하시는 영적인 체험을 하고 있고, 얼마나 이 신앙의 체험을 자녀들에게 전하고 있느냐는 것입니다. 심지어는 우리의 일생 가운데 주님께서 그토록 놀랍게 행하신 일들을 체험하고도 가슴에 묻어 두고 지나쳐 버린다면 그것이 무슨 의미가 있겠습니까? 그래서 부족한 종도 매주 체험한 성령님의 놀라운 역사들을 여러분에게 때마다 전하는 것입니다.

한 권사님이 어머니 되시는 성도님께서 쓰러져서 일어나지 못하셔서 두 주일째 교회를 못 나오신다며 어머니 심방을 해주고 기도해 주면 좋겠다고 사정을 하셔서 수요일 새벽기도회를 마치고 심방을 갔습니다. 가서 들어보니까 어머니께서는 평생을 절에서 밥을 지어 바치는 공양주를 하셨던 독실한 불교 신자셨는데 새생명초청축제 전에 전도를 해서 세 주일을 우리 치유하는교회에 나오셨다는 것입니다. 그리고 부활주일 다음 주일에 우리 치유하는교회에 등록을 하시고 이마에 하나님의 인을 받았다고 좋아하셨는데, 그날 저녁 씻고 방으로 들어오다가 갑자기 어지럼증이 생기면서 누가 옆에서 확 밀치며 쓰러뜨리더랍니다. 그 순간 옛날 불교를 믿던 불심이 바로 튀어나오면서 법화경을 외우기 시작했는데 그 뒤에 3주째 일어서지 못하고 옴짝달싹할 수가 없어서, 기어 다니지도 못하고 가까스로 엉덩이로 바닥을 끌면서 방 안에서만 거동하신다는 것입니다. 여러분, 하나님도 살아 계시지만 사탄도 분명히 살아 있습니다. 병원에 가서 X-레이랑 다 찍어 보았는데 이상은 없는데 일어나실 수가 없다는 말을 듣고 그 순간 '아, 이것은 영적인 싸움이구나!' 하는 생각이 딱 들었습니다.

그래서 이야기를 다 듣고 나서 찬송가 369장 "죄 짐 맡은 우리 구주" 찬송을 불렀습니다.

> 죄 짐 맡은 우리 구주 어찌 좋은 친군지
> 걱정 근심 무거운 짐 우리 주께 맡기세
> 주께 고함 없는 고로 복을 받지 못하네
> 사람들이 어찌하여 아뢸 줄을 모를까

그러면서 무슨 말씀을 전할까 기도하는 중에, 사도행전 3장 6절의 예루살렘 성전 미문 앞에 있는 앉은뱅이를 보고 "베드로가 이르되 은과 금은 내게 없거니와 내게 있는 이것을 네게 주노니 나사렛 예수 그리스도의 이름으로 일어나 걸으라"는 말씀이 떠올라 증거를 했습니다. 그리고 우리는 아무런 능력이 없지만 예수님께서 십자가에서 우리의 모든 죄악과 상처와 질병을 대신 다 지심을 믿음으로 기도하자고 하고 치유를 위한 안수 기도를 뜨겁게 하면서 저의 마음에 갈등이 생겼습니다. 주님의 능력으로 지금까지 수많은 불치병자들을 고쳐봤지만 앉은뱅이는 고친 적이 없어서 '베드로와 같이 나사렛 예수 그리스도의 이름으로 일어나 걸으라고 외칠까, 말까? 만약 일어나면 기적이지만 못 일어나면 함께 간 교구 목사님과 교구 권사님들 앞에서 무슨 창피인가?' 하는 육신적인 생각이 들었습니다.

그런데 제 마음속에 어머니가 이번에 못 일어나시면 대개 거동을 못하시는 부모님들이 1년 정도 사시다가 다 세상을 떠나가시는 것처럼 세상을 떠날 것이지만 믿음으로 일어서면 평생을 주님 앞에 나아오며 큰 영광을 돌릴 수 있지 않겠느냐는 생각이 들었습니다. 그래서 '내가 고치는 것도 아니고 주님이 고치시는 것이니, 나사렛 예수 그리스도의 이름으로 일어나 걸으라고 외쳐서 손해 볼 것이 뭐가 있겠는가?' 하는 믿음이 생겼습니다. 그렇게 믿음으로 간절히 치유의 기도를 해드린 후에 권사님에게 어머니의 한쪽 팔을 붙잡으라 하고 제가 한쪽 팔을 부축하면서 "나사렛 예수 그리스도의 이름으로 일어나세요!" 하고 외쳤습니다. 그랬더니 3주째 못 일어나셨던 어머니가 불끈 일어나시고 제자리걸음부터 걷기 시작하셨습니다. 그러면서 하시는 말씀이 양다리에 시원한 기운이 확 내려가더라는 것입니다.

할렐루야! 저는 지난 44년 목회를 해오면서 못 일어나는 교인을 일으키는 영적인 체험을 처음으로 했습니다. 우리는 아무런 능력이 없고 주님의 치유에 대한 믿음을 가지고 간절히 기도할 뿐인데 주님께서 우리의 믿음과 기도와 금식 가운데 이러한 놀라운 기적의 역사를 일으키신 것입니다.

그날 심방을 마치고 교구 권사님들이 아침 식사를 함께하자고 해서 식당에 가서 대화를 나누지 않고 식사를 하는데 TV에서 뉴스가 나왔습니다. 우리가 그 전주 목요일 새벽기도회부터 백신을 구하느라고 백신 전쟁으로 시달릴 것이 아니라 우리나라에서 백신을 개발해 내든지 위탁 생산 공장을 세워서라도 만들면 되지 않겠느냐고 기도하자고 해서 그날 새벽에도 합심 기도했는데 한 주만에 기적의 응답이 온 것입니다. 미국 노바백스 제약회사가 우리나라에서 최초로 국내 기업인 SK바이오사이언스에 기술 이전을 해 생산 공장을 세우기로 합의했다고 뉴스에 나왔습니다. 여러분, 이것이 우연이라고 생각됩니까?

이러한 놀라운 영적인 체험에 대해서 신명기 4장 9절에 "오직 너는 스스로 삼가며 네 마음을 힘써 지키라 그리하여 네가 눈으로 본 그 일을 잊어버리지 말라 네가 생존하는 날 동안에 그 일들이 네 마음에서 떠나지 않도록 조심하라 너는 그 일들을 네 아들들과 네 손자들에게 알게 하라"라고 우리 부모들을 향해서 명령하고 있습니다. 그러면 우리가 어떻게 우리 자손들에게 하나님께서 행하신 일을 전해야 할까요?

경기고, 서울 치의대, 하버드 치의대 대학원 출신의 민병진 장로님이 쓰신 《자녀 운명, 부모가 바꾼다-M.12》라는 책이 있습니다. 4대 의사 명문 가문인 장로님 가정의 자녀교육 처방전이 나오는데, 자녀의 성공을 위하여 자녀가 갖추어야 될 일곱 가지 조건에 이어 부모가 갖추어야 할 다섯 가지 조건이 있다고 합니다. "첫째, 자녀가 세상에 태어난 사명을 알아야 한다. 둘째, 자녀의 재능을 찾아내고 극대화한다. 셋째, 자녀의 꿈과 비전이 무엇인지 발견하도록 한다. 넷째, 가정이 화목해야 한다. 다섯째, 초자연적인 하나님의 도우심을 구해야 한다." 그렇게 했더니 4대 의사 장로 가정을 이루게 되었다면서, 우리의 신앙의 놀라운 체험들을 우리 자녀들로 경험해 나가도록 해야 그들도 하나님의 기적적인 은혜와 축복과 행복의 감격 속에 앞길이 열린다는 것이었습니다. 그래서 시편 기자 아삽은 시편 78편 4절에 "우리가 이를 그들의 자손에게 숨기지 아니하고 여호와의 영예와 그의 능력과 그가 행하신 기이한 사적을 후대에 전하리로다"라고 분명히 증거하였던 것입니다.

그러므로 우리가 이제는 자녀들에게 돈이나 명예나 세상적인 유산을 물려주려고 하지 말고 지금까지 하나님께서 행하신 신앙의 체험들을 자손들에게 들려주며 그들로 우리의 신앙을 이어 가게 해야 합니다. 뿐만 아니라 할 수만 있다면 힘이 들어도 우리의 일생을 정리하여 하나님께서 부모님의 삶 가운데 어떻게 행하셨는가를 기록한 신앙의 간증집들을 물려줄 수 있길 바랍니다. 그리할 때 그들의 삶 가운데에도 하나님께서 놀라운 일들을 행하실 뿐만 아니라 그들도 우리의 뒤를 이어 신실한 믿음의 일꾼들로 일어서게 될 줄 분명히 믿으시기 바랍니다.

하나님의 말씀을 지켜 행하도록 해야 함

계속해서 본문 6절 말씀을 다 함께 읽겠습니다.

> "그러므로 너희는 크게 힘써 모세의 율법 책에 기록된 것을 다 지켜 행하라 그것을 떠나 우로나 좌로나 치우치지 말라."

여호수아는 요단 강부터 지중해까지 가나안 전체를 정복하고 제비 뽑아 이스라엘 각 지파에서 기업을 나누었습니다(13-21장). 지금까지 이스라엘 백성들을 위해 싸워 주신 하나님께서는 남아 있는 나라들도 다 쫓아낼 것을 약속하신 것을 떠올려 주면서 "그러므로 너희는 크게 힘써 모세의 율법책에 기록된 것을 다 지켜 행하라 그것을 떠나 우로나 좌로나 치우치지 말라"고 명령하십니다. 여기 '크게 힘써'라는 단어가 히브리어 원어성경에 'וַחֲזַקְתֶּם מְאֹד'(라하자크템 메오드)라고 해서 'Be very strong'(매우 강해져서)라는 뜻인데, 'חזק'(하자크)라는 원형동사는 일차적으로는 외적인 신체의 힘을 강하게 하라는 의미입니다. 그러나 더 나아가 내적인 마음의 결심을 강하게 하라는 의미가 있고 영적으로 볼 때는 우리의 믿음을 강하게 하라는 말씀입니다. 다시 말하면 믿음이 강해지지 않으면 모세의 율법책 즉 모세오경(창, 출, 레, 민, 신)을 다 지켜 행할 수가 없다는 것입니다. 그래서 믿음부터 매우 강해져서 하나님의 말씀에 기록된 것을 다 지켜 행하고 하나님의 말씀을 떠나 우로나 좌로나 치우치지 말라는 것입니다. 그러므로 우리도 우로는 율법주의나 신비주의 신앙에 빠져서도 안 되고 좌로는 인본주의나 세속주의 신앙에 결단코 빠져서는 안 됩니다.

지금 우리의 자녀들은 말세의 마지막 때 강력한 사탄의 역사 속에서 세속의 급류에 마구 휩쓸려 가고 있습니다. 지금 그들이 접한 교육 환경은 성적 위주의 입시 지옥에서 학업의 스트레스가 엄청나고, 주위의 술, 담배, 마약의 유혹이 엄청나고, 거기다가 몰래카메라를 찍는 관음증이라는 성도착증(변태성욕)에 빠져서 사회적 물의를 일으키고 있고, 더 나아가 혼전성교, 동성애, 양성애, 심지어 동물과의 수간에 이르기까지 구약시대의 소돔과 고모라 성과는 비교할 수 없이 타락한 현실 속에서 신앙이 없이는 버텨 나갈 힘이 없습니다. 하나님의 말씀으로 그들을 치유하고 변화시키지 않으면 우리 자녀들을 죽음으로 몰고 가고 맙니다.

지난 2021년 4월 30일(금), 엿새 전 서울 한강공원에서 실종된 대학생이 뒷머리에 손가락 두 마디 정도 깊이의 상처가 2개나 난 채 시신으로 발견되었습니다. 우리 교회 선임 되시는 황진웅 장로님이 삼성중공업건설에서 상무이사로 계실 때 함께 일했던 차장님의 아들이라고 하는데 하나밖에 없는 외아들인데다 의과대학에 다녔다고 합니다. 지나간 이야기이지만 그날 밤 한강공원에서 밤새도록 친구와 술을 마시지 않고 집게 돌아왔다면 이런 죽음을 피할 수 있었지 않았겠습니까? 믿음의 아들이 왜 그날 밤 그곳에서 밤을 지새우며 술을 마셔야 했을까요? 그러니 이제 와서 하나밖에 없는 의대생 아들을 잃은 그 부모의 심정이 어떠하겠습니까?

그래서 "늦었다고 생각할 때가 가장 이른 때다"(It's better to do something late than to never do it at all)라는 서양 격언이 있듯이 우리의 자녀들이 이제라도 더 늦기 전에 하나님의 말씀 가운데 그들이 주님의 은혜와 능력을 받아서 사탄의 시험과 유혹을 잘 분별하고 대적하며 승리하게 해야 합니다. 그리하여서 하나님의 축복과 행복의 감격 속에 귀하게 쓰임 받아야 합니다. 그래서 우리 부모가 먼저 영적 체험을 하고 신앙의 간증들을 들려주면서, 하나님의 말씀으로 삶의 표준으로 삼아 그들을 영적으로 바로 깨우치며 세워 나가야 하는 것입니다.

유대인들은 신앙의 기초가 되었던 하나님의 말씀을 태교부터 시작하여 어렸을 때부터 자녀들에게 가르쳤습니다. 그리하여 유대인 전공 박사인 현용수 목사님이 쓰신 《IQ는 아버지 EQ는 어머니 몫이

다》라는 책에 보면 책 제목 그대로 유대인 아버지는 IQ(Intelligence Quotient, 지능지수)를 계발하고, 어머니는 EQ(Emotion Quotient, 감성지수)를 계발한다고 합니다. 그래서 유대인들은 평상시 저녁 시간에 자녀에게 율법을 가르치는데 주로 안식일과 절기 때에는 식사 시간을 활용한다고 합니다. 테필린이라는 성구를 담은 가죽상자를 자녀들의 머리와 손목에 붙이고 4세부터 13세까지 토라(율법)를 암송시키고, 13세 때 미쯔바라고 하는 성인식을 갖습니다. 그래서 신명기 4장 10절의 "네가 호렙 산에서 네 하나님 여호와 앞에 섰던 날에 여호와께서 내게 이르시기를 나에게 백성을 모으라 내가 그들에게 내 말을 들려주어 그들이 세상에 사는 날 동안 나를 경외함을 배우게 하며 그 자녀에게 가르치게 하리라"는 말씀처럼 시내 산에서 율법을 직접 받은 감동으로 열정을 쏟아 자녀들에게 말씀을 가르친다는 것입니다.

그러니까 이 하나님의 말씀이 그들뿐만 아니라 그들의 자녀들에게 은혜를 부어 주고 지혜를 더해 주고 축복을 내려주어서 유대인들은 전 세계 인구의 0.2%에 불과하지만 역대 노벨상 수상자 중에는 22%에 이릅니다. 뿐만 아니라 정치, 경제, 사회, 문화, 예술, 국방, 외교에 이르기까지 전 세계의 모든 분야를 이끌어 나가는 막강한 영향력을 끼치고 있지 않습니까? 이처럼 우리도 하나님의 말씀을 먼저 우리가 은혜를 체험하고 자녀손들에게 가르칠 때 그들의 장래에 인간의 힘으로 얻을 수 없는, 놀라운 하나님의 은혜와 축복과 행복을 일생토록 누리게 되는 것입니다.

부족한 종이 신학생 시절에 미국 선교사님에게서 들었던 이야기입니다. 한 신앙의 아버지가 일생토록 죄악 세상 가운데 방황하는 아들을 위해 눈물로 기도하다가 "내가 너에게 물려줄 것이라고는 이 낡은 성경책밖에 없다! 어렵고 힘들 때마다 꼭 성경 말씀을 붙잡고 읽으며 특별히 빌립보서 4장 13절의 '내게 능력 주시는 자 안에서 내가 모든 것을 할 수 있느니라'는 말씀을 붙들고 일어서거라!" 하는 마지막 유언을 남기고 세상을 떠나가셨습니다. 그런데 아버지를 잃은 슬픔을 잠시 잠깐이고 장례식을 치른 다음에 아들은 "아버지가 유산은커녕 이런 낡은 성경책이나 남기니 무슨 의미가 있겠는가?" 하고 아버지의 낡은 성경책을 집어던지고 계속해서 신앙을 떠나 세상 가운데 빠져 살다 보니까 불행과 고통에서 헤어 나올 수가 없었습니다.

어느덧 그도 칠순을 바라보며 은퇴를 하고 너싱홈(Nursing Home, 요양병원)에서 여생을 보내는데 죽음이 다가오니까 아버지 생각에 눈물이 나왔습니다. 그래서 옛날 아버지의 유언의 말씀이 떠올라서 아버지의 낡은 성경책을 찾아서 뒤적이다가 특별히 빌립보서 4장 13절 말씀이 생각나서 펼쳤는데 그 말씀을 펼쳐 보는 순간 깜짝 놀라지 않을 수 없었습니다. 세상에! 거기에 1,000만 달러짜리 수표가 끼어져 있었습니다. 1,000만 달러는 한국 돈으로 120억 원에 해당되는 돈이니 얼마나 엄청난 액수입니까? 진작 아버지의 성경책을 찾아 읽었더라면 평생토록 고생하지 않고 풍족하게 살 수 있었는데 얼마나 안타깝습니까? 그래서 저도 아버지가 돌아가신 다음에 혹시라도 성경책에 뭐라도 남겨 놓으셨을까 하고 성경책을 샅샅이 뒤져 봤는데 아무것도 없었습니다. 그러나 우리가 성경에서 금, 은, 보화를 찾는 것처럼 그렇게 갈급한 심정으로 성경을 읽으면 다 은혜 받고 축복받고 행복할 수밖에 없습니다.

여러분, 진리는 결코 멀리 있는 어려운 것이 아닙니다. 항상 단순하고 가까이에 있습니다. 우리가 먼저 성경 말씀 가운데 은혜를 받고 자녀들에게 가르치는 것을 결코 고리타분하게 생각해선 안 됩니다. 또 성경 말씀을 말한다고 지루하게 생각해서도 절대 안 됩니다. 이것은 아무리 강조해도 지나침이 없습니다. 왜냐하면 하나님의 말씀인 성경의 보고 가운데 하나님의 풍성하신 은혜가 담겨 있고, 부족함이 없는 축복도 담겨 있고, 행복의 감격도 가득 담겨 있기 때문입니다. 아무리 우리가 세상에서 애쓰고 수고해도 이러한 하나님의 복을 얻을 수가 없고, 누릴 수도 없습니다. 오히려 세상 가운데 있는 모든 것들이 헛되다는 것을 깊이 깨닫게 될 뿐입니다. 그런데도 평생 우리만 고생했으면 됐지 왜 우리 자식들까지 그렇게 하나님의 말씀을 떠난 삶을 살도록 내버려 두어서 그 불행과 고통 속으로 몰아넣으려고 그러십니까? 우리가 부모로서 이러한 하나님의 말씀의 은혜를 갈급히 사모하고 믿고 실천하는 신앙의 삶이 어렵기도 하지만 가장 근본적으로 중요한 것입니다.

그러므로 다른 길이 없습니다. 우리가 이 모든 성경의 역사 속에서나 인류의 역사 속에서의 축복의 증거를 교훈 삼아서, 우리 자녀들의 문제로 더 이상 한탄하지 말고 믿음의 결단을 하시고 오늘 저녁부터라도 우리의 자녀들과 가정예배를 회복해야 합니다. 자녀들이 안 드리면 혼자라도 시작하십시오. 하나님께 감사 찬양을 드리고 하나님의 말씀의 은혜를 함께 나누고 위해서 축복기도를 해주어야 합니다. 그리하여 우리가 다 함께 하나님의 말씀을 지켜 행하며 살아가면 요한계시록 1장 3절에 "이 예언의 말씀을 읽는 자와 듣는 자와 그 가운데에 기록한 것을 지키는 자는 복이 있나니 때가 가까움이라"고 분명히 증거하시지 않습니까?

우리가 세상 떠날 날도 가까워지고, 그들이 세상 떠날 날도 가까워지고, 주님께서 다시 오실 날도 점점 가까워지고 있습니다. 그러므로 우리가 먼저 하나님의 말씀 가운데 깊은 은혜와 축복과 행복의 감격을 뜨겁게 체험하고 우리 자녀들에게 하나님의 말씀을 듣고 지켜 행하는 신앙을 물려줌으로써, 우리 자녀들도 살아 계신 하나님의 축복을 마음껏 누리며 귀하게 쓰임 받으며 주님께 크게 영광을 돌리게 될 줄 확실히 믿습니다.

하나님의 성전을 가까이 사랑하게 해야 함

마지막으로 본문 8, 11절 말씀을 다 함께 읽겠습니다.

> "오직 너희의 하나님 여호와께 가까이하기를 오늘까지 행한 것같이 하라…그러므로 스스로 조심하여 너희의 하나님 여호와를 사랑하라."

여호수아는 이스라엘 백성들을 향하여 그들이 가나안 땅에서도 이방 민족들 중에 들어가지 말고, 그들의 신들의 이름도 부르지 말고, 그것들을 가리켜 맹세하지도 말고, 그것들을 섬기며 절하지 말고, 오직 너희의 하나님 여호와께 가까이하기를 너희의 조상들이 오늘까지 행한 것같이 하라고 명령합니다. 너희 중 한 사람이 천 명을 쫓으리니(一騎當千, 일기당천), 이는 너희의 하나님 여호와께서 너희에게 말씀하신 것같이 너희를 위하여 싸우심이라고 증거하면서, 그러므로 스스로 조심하여 너희의 하나님 여호와를 사랑하라고 명령합니다. 그렇지 않으면 이방 민족들을 이스라엘 백성들의 목전에서 다시는 쫓아내시 아니하고, 그들이 올무가 되고 덫이 되고 그들의 옆구리에 채찍이 되고 그들의 눈에 가시가 되어서 그 아름다운 가나안 땅에서 망하리라는 것입니다.

우리가 하나님 여호와를 사랑하는 길은 하나님의 성전에 열심히 나아와 예배드리는 것입니다. 그러면 가장 먼저 하나님을 기쁘시게 해드리고 또 하나님의 복을 누릴 수 있는 축복의 통로가 됩니다. 유대인들이 오늘날까지 이처럼 기적적인 축복을 누리게 된 근거는 하나님의 말씀을 자녀들과 지켜 행하며 살아간 것도 있지만 또 하나의 근거는 하나님의 성전을 가까이하는 신앙 때문이었습니다. 다시 말하면, 그들은 성경과 성전 두 기둥을 붙잡고 일어섰던 것입니다. 그들의 성전은 예루살렘에 있었기 때문에 포로 생활 때부터 전 세계 곳곳에 회당(Synagogue)이라는 예배당을 지어서 어떠한 환난과 핍박 속에서도 매주 안식일을 거룩하게 지키며 이 회당을 중심으로 그들의 신앙을 이어 갔습니다. 세계에서 가장 오래된 회당이 체코 프라하에 있습니다. 그 결과 유대인들은 기적적인 하나님의 축복을 누리면서 지금까지 전 세계적으로 막강한 신앙의 영향력을 미치고 있는 것입니다.

그런데 우리는 지금 말세 마지막 때 코로나19라는 세계적 대유행병(pandemic)으로 인해 두려움에 빠져 주님의 성전에 나오기도 힘들어합니다. 그러나 우리가 하나님보다 코로나19를 더 두려워하며 아무리 세상적으로 애쓰고 수고한다고 해도 인간적으로 이겨 낼 수 있는 것은 아무것도 없습니다. 우리가 하나님의 성전으로부터 멀어질수록 오히려 하나님의 사랑이 식고 은혜가 메마르고 축복이 사라지고 행복을 다 잃어버리고 맙니다.

신앙이 점점 영적으로 잠들고 병들고 죽어가서 하나님의 교회에 대해서 온갖 거짓과 편견과 교만에 가득 찬 부정적이고 비판적인 말을 서슴지 않고 일삼는 교인들이 있는데 그들은 다 사탄에게 넘어간 사람들입니다. 그들은 자신의 일생만 무너뜨리는 것이 아니라 자식들의 장래까지 다 막아 버리고 맙니다. 물을 떠난 물고기와 같은 인생이 되어서 혼자 파닥거리다가 스스로 지쳐서 인생을 끝내고 맙니다. 그러므로 우리가 결단코 모이기를 폐하는 사람들을 따라가지 말고, 어렵고 힘들수록 살아 계신 주님 앞에 나아와 예배드리며 하나님을 기쁘시게 해드리고 간구하면서 우리의 마음의 소원을 아뢰어야 합니다. 그런데 그때 놀라우신 주님의 치유의 은혜가 임하고, 기적의 능력이 나타나고, 놀라운 축복을 누리고 행복의 감격을 회복하게 됩니다.

그러므로 우리의 신앙의 모범을 따라 우리의 사랑하는 자녀들도 하나님의 성전을 가까이하여 사랑하게 해야 합니다. 그리할 때 시편 73편 28절의 "하나님께 가까이함이 내게 복이라 내가 주 여호와를 나의 피난처로 삼아 주의 모든 행적을 전파하리이다"라는 고백이 우리의 고백이 되고, 바로 그 신앙이 우리의 신앙이 되고, 바로 그 실천이 우리의 실천이 되어서 주님의 기적적인 축복이 우리의 축복이 되는 것입니다. 그러므로 우리의 여생과 우리 자녀들의 일생에 숨질 때가 되기까지 양손에 성경과 성전의 두 기둥을 붙잡고 일어서게 해야 합니다.

지금으로부터 155년 전인 1866년, 대동강변에 로버트 토머스(Robert Thomas) 선교사님의 순교의 피가 뿌려지고 이 땅에 복음이 전해진 이후, 138년 전인 1883년 이 땅 위에 우리나라 사람이 세운 최초의 교회인 황해도 장연군 대구면 송천리 소래마을에 초가집 예배당인 소래교회가 세워졌습니다. 그리고 1885년 새문안교회, 정동제일교회, 인천내리교회 등이 세워졌고, 전국 방방곡곡에 선교사님들에 의해 교회가 세워졌습니다. 그리고 그 하나님의 교회에서 은혜받고 축복받고 행복하게 헌신한 믿음의 주의 종들과 장로님들과 권사님들과 집사님들이 이 땅을 개화하고 근대화하고 민주화하고 복지화하고 세계화하는 데 지금까지 앞장서서 크게 일할 수 있었습니다. 한마디로 말하면 하나님의 교회는 이 땅의 신앙의 인재 양성소였던 것입니다. 그래서 어린 시절부터의 성전 신앙의 교육이 이처럼 중요합니다.

교회학자 황규학 박사가 역사의 보편사 속에 특정 지역의 사건을 통하여 하나님의 구속사의 흔적을 찾아내는 《나의 신앙 유산 답사기: 전남편》이란 책자의 293페이지를 읽으면서 저는 전율하지 않을 수 없었습니다. 거기에 이렇게 기록되어 있었습니다. "서울 화곡동에서 '치유하는교회'를 담임하고 있는 김의식 목사가 영산포중앙교회 출신이다. 호남 지역을 맡아 선교했던 유진 벨(Eugene Bell) 선교사와 오웬(Owen) 선교사가 뿌린 전도의 씨앗이 한 청년에게 흘러들어가 현재 출석 5,000여 명의 교회를 담임하고 있다. 나주에 뿌려진 유진 벨과 오웬의 복음이 서울 화곡동에서도 열매를 맺고 있다…."

사실 부족한 종이 부모님께 유산으로 받은 것은 아무것도 없었지만 가장 소중한 신앙의 유산을 받아서 빈손 들고도 성경과 성전의 두 기둥을 붙잡고 일어섰더니 이렇게 복 받은 목사가 되었습니다. 부족한 종이 바로 하나님의 성경과 성전의 축복의 확실한 증거요, 증인 아닙니까? 여기서 우리는 깊은 영적인 교훈을 얻어야 합니다. 그러므로 자녀들을 데리고 부모님이 다니는 이 치유하는교회에 열심히 나아올 때 10년, 20년, 30년, 40년, 50년 후 그들의 일생이 하나님의 나라를 위해 어떻게 쓰임 받고 있을 것인가 큰 기대가 되지 않으십니까? 그들 가운데 우리보다 더욱 신실하고 크게 쓰임 받는 귀한 주의 종들과 장로님들과 권사님들과 집사님들이 나오지 않겠습니까? 이것이 남은 생에 우리의 자녀들을 통해 이루어야 할 마지막 사명인 것입니다.

그래서 성전장인 시편 84편 4, 10-11절에 "주의 집에 사는 자들은 복이 있나니 그들이 항상 주를 찬송하리이다…주의 궁정에서의 한 날이 다른 곳에서의 천 날보다 나은즉 악인의 장막에 사는 것보다 내 하나님의 성전 문지기로 있는 것이 좋사오니 여호와 하나님은 해요 방패이시라 여호와께서 은혜와 영화를 주시며 정직하게 행하는 자에게 좋은 것을 아끼지 아니하실 것임이니이다"라고 분명히 약속하시지 않습니까? 우리가 하나님의 성전에 가까이 나아오고 사랑하는 신앙을 우리의 자손들에게 물려줌으로써 그들도 우리의 뒤를 이어 이 주님의 놀라우신 은혜를 받고 넘치는 축복을 누리고, 행복의 감격 속에 마지막 때 사명을 감당하며 크게 영광 돌리게 될 줄 확실히 믿으시기 바랍니다.

지난 2021년 4월 26일(월) 오전 9시, 미국 LA에서 제93회 아카데미 시상식이 있었습니다. 우리나라 102년의 영화 역사 가운데 세계적인 국제영화제인 칸, 베니스, 베를린 영화제에서는 우리나라가 감독상, 여우주연상 등을 수상했습니다. 그러나 아직까지 미국 아카데미상에서만은 작년에 "기생충"이 작품상, 감독상, 각본상, 외국어 영화상 등 4관왕을 차지했지만 연기상을 수상한 적이 없었습니다. 그런데 이번 제93회 아카데미 시상식에 우리나라 윤여정 배우가 여우조연상에 63년 전 일본의 수상에 이어 아시아 두 번째이고 우리나라 최초로 후보로 물망에 올랐기 때문에 온 국민의 관심을 끈 것입니다. 전전주 토요일부터 기도하면서 수상을 간구했는데 이번에 5명의 후보 가운데 윤여정 배우가 여덟 번 후보에 오른 명 여배우 글렌 클로스와 전에 여우주연상을 받았던 올리비아 콜맨을 제치고 74세의 늦은 나이에 기적적으로 여우조연상을 받게 된 것입니다.

그러나 그녀의 지나온 삶의 이야기를 우리가 자세히 들어보면 눈물 없이 갈 수가 없는 고난의 가시밭길이었습니다. 그녀는 해방 직후인 74년 전 황해도 개성에서 태어나서 6·25전쟁을 겪으면서 서울로 피난을 내려와 가난하고 어렵게 살았습니다. 그러나 어렸을 때부터 글짓기나 웅변에 자질이 뛰어나서 이화여고를 졸업하고 한양대 국문과에 입학했습니다. 등록금을 마련하기 위해 KBS TV 방송국 프로그램 도우미로 아르바이트를 하다가 19세의 어린 나이에 TBC 방송 탤런트 공채에 합격하여서 대학을 중퇴하고 배우 생활을 시작하였습니다. 연기를 전공한 사람이 아니었기 때문에 늘 미모와 연기에 열등감을 가지고 살았지만 각고의 노력 끝에 24세에 김기영 감독의 영화 "하녀"의 주연으로 출연함으로써 대종상 신인여우상과 청룡영화상 여우주연상을 동시에 수상하며 스타덤에 오르기 시작했습니다.

그런데 한창 인기가 절정에 이르던 27세의 젊은 나이에 인기 가수 조영남 씨를 만나서 결혼을 했습니다. 그리고 당시 조영남 씨의 탁월한 음성에 매료된 미국 빌리 그레이엄 전도협회에서 그에게 신학을 할 것을 제안해서 미국 시카고의 복음주의 명문 신학대학원인 트리니티 신학대학원에 유학까지 가게 되었습니다. 그러나 13년 동안의 미국 유학 생활은 힘들기만 했습니다. 조영남 씨의 바람기로 인해 가정이 흔들렸습니다. 또한 돈은 한 푼도 못 벌면서 윤여정 씨가 모아둔 돈까지도 송두리째 다 탕진해 버리는 남편 때문에 공립학교에 다니는 두 아들을 키우기 위해서 최저 시급인 2.75달러(3,000원)를 받으면서 슈퍼마켓 계산원으로 일했다고 합니다. 그렇게 헌신적으로 인내하며 내조했던 보람도 없이 불행하게도 40세의 나이에 이혼을 당하고 말았습니다.

그 후 고국에 귀국하여 조영남 씨는 계속해서 인기 가수, 예능인, 더 나아가 화가로까지 승승장구를 하였지만 윤여정 씨는 아들이 둘 딸린 이혼녀로서 이 땅 위의 어디에도 설 땅이 없었습니다. 쌀독에 쌀이 남아 있던 때보다 떨어졌던 때가 더 많아서, 그녀는 재혼은 생각도 못하고 자신을 지키며 두 아들을 먹여 살리기 위해서 무슨 배역이든지 작품이 나오는 대로 가릴 것 없이 단역까지도 닥치는 대로 맡았습니다. 여우주연상까지 받았던 배우가 단역을 맡을 때 얼마나 자존심이 상했겠습니까? 그야말로 일명 소녀 가장처럼 생계형 배우가 되고 만 것입니다. 그런데 한 번은 MBC TV 인기 드라마 "전원일기"에 단역으로 출연했다가 극중에 밥 먹는 장면이 나오는데 한참 후배가 "여기서는 그렇게 밥을 깨작깨작 먹어선 안 돼!"라고 훈계하여 서러운 마음에 돌아서서 한없이 눈물을 흘렸다고 합니다. 그래서 그 후부터 더욱더 마음을 가다듬고 밤을 새워 가며 대사 토씨 하나 틀리지 않도록 외우고 연기 하나하나를 집에서 몇 번이고 연습을 다 하고 갔습니다. 그렇게 온갖 잡다한 역을 다 맡으면서 피눈물을 나는 세월을 보내는 동안 벌써 34년이란 세월이 지나갔습니다.

그런데 이번에 마침 미국에서 저예산 독립영화 "미나리"를 찍는다고 하는데 미국에 사는 두 아들을 볼 수 있다는 생각에 마다할 이유가 없었습니다. 영화 "미나리"는 한국의 이민자들이 아메리칸 드림(American Dream)을 안고 미국 땅에 가서 피눈물을 흘리며 일어서는, 정이삭 감독의 자신의 경험을 토대로 만든 가족 영화입니다. 저도 7년여 유학 생활을 하면서 이민 목회를 경험했기 때문에 시카고에 두고 온 교인들 생각에 눈물 없이는 볼 수 없는 영화였습니다. 그녀가 이민 가정의 할머니 역을 열연함으로써 전 세계 영화팬들의 마음을 사로잡아서, 이번에 이 "미나리" 영화를 통해 아카데미 여우조연상을 비롯해서 전 세계 영화제에서 39번이나 여우조연상을 받게 되었는데, 마지막 수상 소감을 발표할 때에 저의 가슴을 사로잡는 고백이 있었습니다. "이 영광스러운 아카데미 여우조연상을 받게 된 데에 사랑하는 두 아들에게 고맙다고 말하고 싶어요. 저를 밖에 나가 일하도록 만든 사람이 아이들이었어요. 사랑하는 아들들아, 이 상이 바로 너희들 잔소리 때문에 엄마가 밖에 나가 열심히 일한 결과란다"라고 하는데 저의 눈에서 뜨거운 눈물이 흘러내렸습니다.

그렇습니다! 그녀가 지금까지 남에게 말은 못했겠지만 하루이틀도 아니고 34년이라는 기나긴 세월 가운데 잘나가는 남편에게 버림받고, 말로 다할 수 없는 상처의 아픔을 끌어안고 남모르는 불행의 눈물을 한없이 흘리면서도 두 아들만 바라보면서, 어머니라는 이 한 가지 이유 때문에 자신의 자존심과 어떠한 감정조차도 다 버리고 모든 멸시와 천대까지도 연약한 몸으로 다 참고 이겨 내온 것입니다. 그동안 피눈물 나는 고생을 해왔는데 모든 것이 의지의 한국인 어머니의 위대한 승리였고, 엄밀하게 말하면 하나님의 크신 은혜요, 축복의 보상이었습니다.

사랑하는 성도 여러분, 우리도 하나님께서 맡겨 주신 자녀들을 기르면서 믿음으로 선한 청지기의 사명을 감당하기 위해 얼마나 피눈물 나는 고생을 했습니까? 자녀들만 아니면 이미 헤어졌을 가정들도 많고, 이미 인생을 끝냈을 교인들도 많을 것입니다. 그러나 지금까지 끝까지 인내하며 살아왔기에 오늘의 우리도 있고, 우리의 자녀도 있고, 우리의 가정도 있습니다. 그러므로 오늘 또다시 우리는 어린이 주일을 맞이하면서 이제 우리의 여생이라도 우리에게 맡겨 주신 자녀손들에게 지금까지 하나님께서 행하신 일을 전하고, 복의 근원이 되는 하나님의 말씀도 지켜 행하도록 하고, 하나님의 성전에 가까이 나아오며 사랑하게 해야 합니다. 그리할 때 우리의 여생뿐만 아니라 우리의 자녀손들까지도 장래의 앞길이 열리고 하나님의 복을 누리며 하나님의 나라를 위해 귀하게 쓰임 받으며 크게 영광 돌리는 신앙의 명문 가문이 모두 다 될 줄 확실히 믿습니다.

이 시간 다 함께 결단의 찬송으로 "하나님 아버지의 마음"을 함께 부르며 믿음으로 결단하도록 하겠습니다.

아버지 당신의 마음이 있는 곳에
나의 마음이 있기를 원해요
아버지 당신의 눈물이 고인 곳에
나의 눈물이 고이길 원해요
아버지 당신이 바라보는 영혼에게
나의 두 눈이 향하길 원해요
아버지 당신이 울고 있는 어두운 땅에
나의 두 발이 향하길 원해요
나의 마음이 아버지의 마음 알아
내 모든 뜻 아버지의 뜻이 될 수 있기를
나의 온몸이 아버지의 마음 알아
내 모든 삶 당신의 삶 되기를

저희에게 귀한 자녀를 허락하신 하나님 아버지, 온 천하보다 귀한 자녀들을 맡아 선한 청지기의 사명을 잘 감당하길 바라셨지만 저희가 자녀들을 믿음으로 모범되게 잘 양육하지 못하였음을 통회자복하지 않을 수 없습니다. 주님이시여, 부모로서의 저희의 지난날의 잘못을 용서하여 주시옵소서! 이제 우리의 여생이라도 지금까지 하나님께서 행하신 일을 전하게 하여 주시옵소서! 복의 근원이 되시는 하나님의 말씀을 지켜 행하게 하여 주시옵소서! 하나님의 성전에 가까이 나아오며 사랑하게 하여 주시옵소서! 그리함으로 저희뿐만 아니라 저희의 자녀손들까지도 하나님의 복을 누리고 하나님의 나라를 위해서 귀하게 쓰임 받으며 하나님께 큰 영광을 크게 돌리게 하여 주실 줄 믿사옵고, 예수님의 이름으로 기도하옵나이다. 아멘!

오늘 택하라

여호수아 24:14-18

우리 인생의 출생(Birth)과 죽음(Death) 사이에는 선택(Choice)이 있는데 우리의 선택에 따라 우리 인생의 앞날이 달라진다는 것입니다. 한 남자가 세 여자랑 선을 봤는데 어떤 여자랑 결혼해야 할지 결정하기가 어려워서 세 여자들에게 100만 원씩 주면서 자기를 위해 써 보라고 했습니다. 그랬더니 첫 번째 여자는 그 돈으로 미용실에 가서 머리를 하고 옷을 사서 예쁘게 치장을 하고 와서 "이 모든 것이 당신을 위해 한 거예요" 그랬습니다. 두 번째 여자는 그 돈으로 남자에게 고급 양복과 넥타이를 사 주면서 "이 모든 것을 당신을 위해 샀어요" 그랬습니다. 세 번째 여자는 그 돈을 주식에 투자해서 몇 배로 돈을 불려서 남자에게 주면서 "당신이 나랑 결혼하면 내가 당신의 재산을 이렇게 늘려 드릴게요" 그랬습니다. 여러분은 어떤 여자와 결혼하면 좋을 것 같습니까? 이 남자가 어떤 여자와 결혼한 줄 아십니까? 고민을 하던 남자가 셋 중에서 제일 예쁜 여자를 선택했다고 합니다. 그럴 거면 처음부터 그냥 예쁜 여자를 선택하지 뭐하러 돈을 쓰고 그랬을까요? 오래전에 "순간의 선택이 10년을 좌우한다"는 LG 세탁기 광고 카피가 있었는데 우리의 순간의 선택에 따라 우리의 인생의 앞날이 달라집니다.

오늘 본문의 여호수아는 인생의 종말이 다가옴을 느끼면서 두 번째로 이스라엘 백성의 대표들을 불러서 먼저 믿음의 조상 아브라함 때부터 가나안 땅에 정착하기까지 과거의 역사를 회고하면서(수 24:1-13) 이스라엘 백성들의 신앙의 결단을 촉구하고 있습니다(수 24:14-28). "이제는 여호와를 경외하며 온전함과 진실함으로 섬기고, 너희 조상들이 강 저쪽에서 섬기던 신들이든지 또는 너희가 거주하는 가나안에 있는 아모리 족속의 신들이든지 너희가 섬길 자를 오늘 택하라. 오직 나와 내 집은 여호와를 섬기겠노라"고 선언하였습니다. 그러자 백성들이 우리도 결단코 여호와를 버리고 다른 신들을 섬기기를 하지 아니하리라고 결단하면서 그들이 여호와를 선택한 이유를 밝히고 있습니다.

우리는 새해 병신년(丙申年)을 맞이하였습니다. 올해는 원숭이 해인데 동물들 중에서 가장 IQ(지능지수)가 높아 기억력이 좋은 동물이 무엇인지 아십니까? 인간의 유전자와 98%가 일치한다는 침팬지라고 합니다. 동물도 이렇게 기억력이 좋은데 우리 인간이 기억력이 안 좋아서 그동안 베풀어 주신 하나님의 은혜를 다 잊어버린다면 우리가 어떻게 믿음으로 결단하고 선택할 수 있겠습니까?

구원의 은혜에 감사해야 함

먼저 본문 17절 상반절 말씀을 다 함께 읽겠습니다.

"이는 우리 하나님 여호와께서 친히 우리와 우리 조상들을 인도하여 애굽 땅 종 되었던 집에서 올라오게 하시고."

여기 '애굽 땅 종 되었던 집에서 올라오게 하셨다'라는 것은 이스라엘 백성들의 조상들을 출애굽 시켜 고지대에 있는 북쪽의 가나안 땅으로 올라가게 하셨다는 것입니다. 이스라엘 백성들의 신앙의 결단의 첫 번째 이유는 애굽에서 종살이하던 이스라엘 백성을 인도하여 내신 구원의 은혜였습니다. 그래서 "오직 나와 내 집은 여호와를 섬기겠노라"고 선택하며 선언한 것입니다.

여기서 주목해야 할 것은 "오직 나와 내 집은 여호와를 섬기겠노라"고 선언할 때 여기 '내 집'은 히브리어로 'וּבֵיתִי'(우베티)로서 영어 성경에는 'my household'라고 번역되어 있습니다. 그런데 여기서 '집'을 흔히 생각하는 'family'(가족)라고 하지 않고 'household'(가속)이라고 하는 것은 당시 유대 가정에는 가족들만 산 것이 아니라 종들도 거느리고 나그네들도 머물렀기 때문에, 가정에 속한 모든 사람이라는 뜻으로 '가속'이라고 불렀던 것입니다. 이처럼 이스라엘 백성들은 나 자신만의 구원이 아니고, 우리 가족만의 구원도 아니고, 우리 가정에 속한 모든 사람의 구원을 이루고 그 구원의 은혜에 감격했습니다.

우리에게도 구원의 감격이 있다면 온 가족의 구원을 가장 먼저 중요하게 여겨야 합니다. 그런데 우리는 온 가족의 건강과 행복과 경영하는 일의 축복과 자녀들의 진로에 대해서는 그렇게 관심을 가지면서도 사랑하는 부모, 형제나 남편이나 아내나 자녀들의 영혼에 대해서는 관심을 갖지 못합니다. 그들에게 갑작스럽게 닥쳐올 죽음과 그 이후의 지옥의 형벌의 고통이 얼마나 큰지를 실감하지 못하니까 그들의 영혼에 대한 불타는 사랑을 갖지 못하고, 한두 번 전도하다가 안 되면 그냥 포기해 버리는 것입니다. 그러나 엄밀하게 말하면 영혼의 구원보다 더 소중하고 중요하고 영원한 것은 이 세상에 없습니다. 그래서 아무리 남편이나 아내가 속을 썩이고 아무리 자식들의 앞길이 막히고 아무리 시가 식구들이 미워 보여도 그들의 영혼에 대한 관심을 가지고, 그들이 언제 어떻게 세상을 떠날지 모르니까 한시라도 빨리 구원해야 합니다.

여러분, 산삼은 언제 캐는 게 제일 좋은 줄 아십니까? 5년 된 5년근이요? 그건 인삼이고, 산삼은 보는 즉시 캐야 합니다. 불신 영혼들도 마찬가지입니다. 그들을 즉시 하나님께로 인도하는 열심이 우리에게 있어야 합니다.

부족한 종도 38년 전에 주의 종을 소명을 받고 성경을 읽는 가운데 가장 마음에 걸린 말씀이 사도행전 16장 31절 말씀이었습니다. "주 예수를 믿으라 그리하면 너와 네 집이 구원을 받으리라." 여기에도 보면 "주 예수를 믿으라 그리하면 너와 네 집이 구원을 받으리라"고 말씀하시는데 여기 나오는 '네 집'도 'Your family'(가족)가 아니라 'your household'(가속)입니다. 다시 말하면, 우리가 구원받으므로 우리의 가족의 구원은 당연한 일이고, 그 가정에 속한 종과 나그네에 이르기까지 복음을 체험한 자로서의 삶의 영향력을 강조한 것입니다. 그런데 우리는 아직도 내 가족도 구원을 못 시키고 있으니 얼마나 무기력하고 무능력한 신앙생활입니까? 그래 놓고 우리가 어떻게 목사, 장로, 권사, 집사라고 할 수 있습니까?

그래서 저는 목사 되어 강단에 서기 전까지 그때까지도 할아버지와 형이 예수님을 안 믿으면 이 말씀을 전할 수 없다고 하면서 할아버지와 형을 위해 간절히 눈물로 기도하기를 시작했습니다. 기도해서 안 되니까 금식 기도를 드리고, 금식만 하는 것이 아니라 사랑으로 섬기고, 삶 가운데 속상한 일이 있어도 내가 먼저 죽어지고 끝까지 인내하면서 섬겼습니다. 그랬더니 결국 제가 목사 되기 전에 저희 할아버지께서 주님의 품으로 돌아와 예수님을 믿고 집사로 섬기시다가 하늘나라로 떠나가셨고, 저희 형도 결국 주님 품에 돌아와 50세에 장로님이 되었습니다. 할렐루야! 여러분, 영혼 구원의 열심은 목사만 가져야 하는 것이 아닙니다.

의사인 집사님이 병원을 개업했는데 늦은 밤 병원 문을 닫으면 모든 직원들을 퇴근시키고 금고 앞에 앉아서 그날 번 돈을 세면서 하루의 피곤을 씻곤 했습니다. 그에게 매 순간의 관심은 오로지 돈뿐이었습니다. 그러던 어느 날 밤도 책상 위에 돈을 수북이 쌓아 놓고 열심히 세던 그는 문득 이런 생각이 들었습니다. '교회 집사인 내가 하나님 앞에 서게 되면 내 일생에 대해서 뭐라고 고백할 것인가? 환자들의 병을 고쳐 주고 돈만 세다 왔다고 보고하면 하나님이 기뻐하실까?' 이런 생각이 들자 너무 부끄러워서 얼굴이 뜨거워짐을 느껴서 그는 하나님이 가장 기뻐하시는 일이 무엇인가를 생각해 봤습니다. 그때 주님께서 다니엘 12장 3절의 말씀을 감동해 주셨습니다. "지혜 있는 자는 궁창의 빛과 같이 빛날 것이요 많은 사람을 옳은 데로 돌아오게 한 자는 별과 같이 영원토록 빛나리라."

그래서 이 의사 집사님은 그날부터 환자들이 오면 사랑으로 정성을 다해 치료하여 주고, 수술을 할 때마다 죽음과 영생에 관한 말씀을 전해 주고 기도해 주었습니다. 밤이 되면 그날 영혼 구원을 받은 환자들의 명단을 놓고 기도하기 시작했는데, 그 후부터 하나님께서 영광을 받으실 것을 생각하니 그렇게 일이 보람되고 기쁠 수가 없었다고 합니다. 그래서 자기의 인생과 일에 만족을 느끼며 살 뿐만 아니라 그렇게 전도하면서 치료를 했더니 하나님께서 함께하셔서 환자들도 더 잘 낫고, 하나님께서 축복해 주셔서 병원도 그렇게 더 잘되고 있다는 것입니다.

그러므로 우리는 우리의 가정을 구원해 주신 주님의 구원의 은혜에 감격하면서 복음을 전하며, 우리의 삶 가운데 오늘도 살아 계신 하나님을 택해야 할 줄 믿으시기 바랍니다.

놀라운 기적들을 감사해야 함

계속해서 본문 17절 중반절 말씀을 다 함께 읽겠습니다.

> "우리 목전에서 그 큰 이적들을 행하시고."

여기 '이적들'이라고 하는 것은 히브리어로 'הָאֹתוֹ'(하오토트)라고 해서 영어 성경에는 'signs'로 되어 있는데, 이를 정확히 번역하면 '표적'이라고 해서 하나님께서 우리를 깨우쳐 주시기 위한 영적인 상징을 담고 있는 기적을 말하는 것입니다. 그것은 이스라엘 백성들을 애굽에서 구원하기 위한 열 재앙의 표적으로부터 시작해서 40년 광야 시대뿐만 아니라 이스라엘 백성들의 역사 속에서도 계속되었고, 예수님께서 이 땅에 오셨던 시대를 거쳐 오늘날에 이르기까지 마찬가지입니다.

그런데 우리는 우리의 삶 가운데 얼마나 기적을 체험하고 있습니까? 지팡이를 짚은 꼬부랑 할머니가 한 병원 진찰실로 들어갔는데 진료를 끝낸 할머니가 등을 곧게 펴고 나오셨습니다. 그걸 본 사람들이 깜짝 놀라서 소리쳤습니다. "기적이 일어났다! 아니, 의사가 어떻게 했기에 허리가 그렇게 곧게 펴졌어요?" 그러자 할머니가 웃으면서 그러더랍니다. "기적은 무슨 놈의 기적? 의사가 긴 지팡이를 주더라고!" 짧은 지팡이가 문제였습니다. 지팡이가 짧으니까 허리가 굽어져서 어느새 꼬부랑 할머니가 되어 버렸던 것입니다. 인간의 힘으로는 결코 기적을 일으킬 수 없습니다. 하나님만이 기적을 이루실 수 있습니다.

초대교회를 통해서도 그러했듯이 우리가 그러한 기적을 체험하기 위해서 어떻게 해야 하는지 사도행전 2장 42-43절에 잘 나와 있습니다. "그들이 사도의 가르침을 받아 서로 교제하고 떡을 떼며 오로지 기도하기를 힘쓰니라 사람마다 두려워하는데 사도들로 말미암아 기사와 표적이 많이 나타나니." 초대교회에 사도들로 말미암아 기사와 표적이 많이 나타났다고 했는데 여기 '기사'가 헬라어로 '테라타'(τέρατα)라고 해서 자연계에 나타나는 놀라운 기적(wonders)을 말합니다. 반면에 그다음에 나오는 '표적'은 헬라어로 '세메이아'(σημεία)라고 해서 인간계에 나타나는 영적인 상징을 담고 있는 기적(signs)을 말합니다. 그런데 그런 기사와 표적이 초대교회에 많이 나타날 수 있었던 것은 오로지 기도하기를 힘썼기 때문입니다.

우리 치유하는교회에서도 지난 16년 동안 수많은 기사와 표적들이 나타났습니다. 온종일 비가 온다던 전 교인 체육대회 때 비를 멈추게 한 자연계의 기사가 있었고, 저 자신을 비롯해서 병원에서 의사들이 포기했던 불치의 환자들이 지금까지도 기적적으로 살아 있는 인간계의 표적도 있습니다. 그것은 주의 종들이나 우리 성도님들이 새벽이나 낮이니 밤이나 합심해서 뜨겁게 믿음으로 부르짖는 기도가 있었기 때문입니다.

슈퍼 옥수수를 개발하여 굶주리는 아프리카와 북한에서 선교했던 김순권 장로님이 이런 간증을 했습니다. 2001년 19번째 북한을 방문했을 때 북한의 가뭄이 너무나 극심했는데 북한 농업과학원의 옥수수 연구원들이 이렇게 애원하더랍니다. "김 박사님, 제발 김 박사님이 믿는 하나님께 기도해서 더도 말고 덜도 말고 비를 30mm만 내리게 해주세요. 너무 가물어서 옥수수 농사를 다 망치게 생겼어요." 그때 김 장로님이 이렇게 말했다고 합니다. "나 혼자만 기도하는 것보다 우리가 다 함께 힘을 모아 기도하면 하나님께서 더 잘 들어주실 거요." 그래서 무신론자들인 북한 농업과학원 연구원들이 김 장로님을 따라 옥수수 밭에 무릎을 꿇고 기도를 했는데, 놀랍게도 그날 밤에 12mm의 비가 쏟아지더니 다음 날 또 18mm의 비가 더 내려서 딱 30mm의 비가 쏟아졌습니다. 기적적인 이 일로 인하여 무신론자들인 북한 연구원들이 놀라며 하나님께 감사했다는 것입니다.

그런데 우리 성도들 가운데에는 기도해도 안 된다는 분들이 있는데, 기도해도 안 되면 금식기도를 하면서라도 매달려야 합니다.

미국 켄터키주에서 아주 작은 교회를 목회하던 웨이먼 로저스(Waymon L. Rodgers) 목사님은 '하나님의 일을 하려면 물질이 필요한데 돈이 많은 부자를 전도해서 그가 십일조를 드리면 되지 않을까?'라는 생각을 갖게 되었습니다. 그래서 그 일을 두고 금식기도를 하고 있었는데 몇 달 뒤 흰색 정장에 보타이를 한 한 노신사가 그 교회를 찾아왔습니다. 알고 보니까 그는 바로 KFC(켄터키프라이드치킨)의 창업자인 할랜드 샌더스(Harland Sanders)였는데 그는 로저스 목사님의 교회에서 거듭남을 체험하고 신실한 성도가 되었습니다. 어느 날 그가 십일조를 수표로 냈는데 자그마치 2억 5천만 달러, 한국 돈으로 2,700억 원짜리 수표였습니다.

이 같은 금식기도의 기적을 곁에서 지켜봤던 로저스 목사님의 아들인 밥 로저스(Bob Rodgers)도 목사님이 되었는데, 그 역시 아버지의 신앙을 따라 늘 금식기도를 함으로써 미 켄터키 루이빌에 있는 1만여 명이 모이는 세계복음기도센터의 담임목사가 되었습니다. 그리고 세계교회성장대회 미주지역 회장으로 천여 명의 목회자들을 이끌어 가고 있고, 1988년 설립되어 연 인원 600만 명의 결식자에게 식사를 제공하는 '주님의 키친'(Lord's Kitchen) 대표이고, 미국과 이스라엘 등지에 6개의 기독교 TV 방송국과 4개의 기독교 라디오 방송국, 그리고 3개의 성경 출판사를 운영하고 있습니다. 이처럼 금식기도의 능력을 놀라운 것입니다.

그러므로 지난날 하나님께서 우리를 불쌍히 여기셔서 우리의 삶 가운데 놀라운 기적을 많이 행하셨던 것을 감사하고 감격하면서 새해에는 오로지 기도에 힘씀으로 하나님의 기적이 우리의 일생토록 계속 이어져서, 오늘도 하나님을 택하며 살아가게 될 줄 확실히 믿습니다.

보호해 주심에 감사해야 함

계속해서 본문 17절 하반절 말씀을 다 함께 읽겠습니다.

> "우리가 행한 모든 길과 우리가 지나온 모든 백성들 중에서 우리를 보호하셨음이며."

하나님께서는 이스라엘 백성들의 40년 광야 생활 가운데서 그들이 사막길에 목말라 하니까 쓴 물을 단물로 바꾸시고(출 15장), 반석에서 물이 솟게 하셨습니다(출 17장). 또 누가 농사를 짓지 않았지만 매일 하늘에서 만나를 내려 주시고(출 16장), 또한 고기를 그렇게 먹고 싶어 하니까 메추라기를 내려 주시며 그들의 모든 필요를 채워 주셨습니다(출 16장). 그리고 낮에는 너무도 더운 사막지대니까 구름 기둥으로 뜨거운 태양을 가려 주시고, 밤에는 사막의 찬바람을 막아 주시려고 불기둥으로 따뜻하게 지켜 주셨습니다(출 13:21-22). 이처럼 하나님께서는 그들의 필요를 채워 주시고 안전하게 보호해 주셨던 것입니다.

신입사원 면접관이 채용 시험을 보러 온 청년에게 물었습니다. "아버님은 뭘 하시죠?" 아버지의 직업이 뭐냐고 물은 건데 이 청년이 그러더랍니다. "네, 저의 아버지는 지금 밖에서 저를 기다리고 계십니다." 과보호이긴 합니다만 이것이 아버지의 마음입니다.

하나님 아버지께서도 이렇게 우리와 늘 함께하시며 우리를 보호해 주셔서 우리의 지나온 삶 가운데에도 우리의 먹을 것, 마실 것, 입을 것, 살 것 등 모든 필요를 채워 주시고 갖가지 질병과 사고와 죽음의 위험으로부터 건져 주셨습니다. 그러니 얼마나 감사합니까? 그런데 우리는 그 은혜를 잊어버리고 살아갑니다.

아일랜드의 유명한 극작가요, 소설가요, 시인이요, 단편작가인 오스카 와일드가 쓴 단편집 《지옥의 단편》에 이런 내용이 있습니다. 예수님이 한 술주정꾼을 만났는데 그는 거의 폐인과 같이 된 젊은이였습니다. 예수님께서 "당신은 왜 이런 생활을 하고 있소?" 하고 묻자 술주정꾼이 그러는 겁니다. "내가 절름발이였을 때 당신이 나를 일으켜 걷게 만들어 주셨어요. 그런데 걸어 다니게는 되었지만 먹고 살 것이 없어서 이렇게 술주정꾼이 되어 버린 거예요." 그다음에 예수님은 한 창녀를 만나 물었습니다. "어째서 이런 생활을 하고 있소?"

그러자 그 창녀는 그러는 겁니다. "당신이 나를 창녀에서 건져 새사람을 만들어 주었지만 그렇다고 행복하지 않았어요. 그래서 나는 다시 창녀의 생활로 돌아온 거예요." 그다음으로 예수님이 다른 사람과 싸우고 있는 불량배를 만나 물었습니다. "당신은 어째서 이런 생활을 하고 있소?" 그러자 불량배가 그러는 겁니다. "나는 당신이 눈을 뜨게 해 준 소경입니다. 그러나 눈을 뜨고 보니 보이는 것마다 다 신경질 나게 하고 귀찮고 화나게 하더라고요. 그래서 이렇게 아무하고나 싸우는 삶을 살고 있는 거요." 그들은 모두 큰 은혜를 입었지만 감사를 모른 것입니다. 그렇기 때문에 우리가 감사를 잊지 않는 삶이 얼마나 소중한 일인지를 풍자적으로 깨우쳐 주고 있습니다.

독일의 나치 정권에 대항해 싸우던 저항신학자 본회퍼(Dietrich Bonhoeffer) 목사님은 《나를 따르라》(*Nachfolge*)라는 책에서 예수님의 십자가의 구원의 은혜를 아주 싸구려로 받아들이고 우습게 생각하고 입술로 립서비스만 하고 예배나 성례전을 소홀히 여기는 행위 등을 '값싼 은혜'(cheap grace)라고 지적했습니다. 그러나 예수님께서 십자가에서 죽기까지 사랑하여 주셔서 그분의 목숨과 바꾸어 준 은혜야말로 '세상에서 가장 값비싼 은혜'(The most costly grace in the world)입니다.

우리의 지난날을 돌이켜보면 우리를 영원한 지옥의 불못에서 구원해 주신 것이 가장 큰 감사이고, 살아 있는 것 자체가 그다음으로 큰 감사이고, 건강한 것도 너무너무 감사하고, 먹고 입고 쓰고 살아갈 수 있는 것도 감사하고, 날마다 큰 사고나 위험 없이 살아가는 것도 너무너무 감사할 일입니다. 그런데 지난날 이 감사를 잊고 산 데 우리의 결정적인 불행의 원인이 있었던 것입니다.

한 장로님 아들 집사님이 부산 출장을 다녀오다가 졸음운전을 했습니다. 우리가 수면 내시경 검사를 받으면서 아무리 잠이 드는 시점을 알아 내려고 해도 나도 모르게 잠이 드는 것처럼 졸음운전도 그렇게 자기도 모르게 잠들어 버립니다. 그러니 어떻게 되었겠습니까? 고속도로 난간을 들이받고 튕겨져 나가 언덕에서 일곱 바퀴나 굴러서 차가 완전히 폐차될 정도가 되었는데 자동차 폭발 사고도 안 일어나고 찰과상만 입고 살아 돌아왔습니다. 집에 돌아오자마자 아버지 장로님께 교통사고 이야기를 들려 드리며 얼마나 감사한지 모르겠다고 했더니 아버지 장로님이 "나는 더 감사하다" 그러셨습니다. 그래서 "그럼 아버지는 오늘 여덟 바퀴 이상 구르신 거예요?" 했더니 아버지 장로님이 그러시더랍니다. "아니, 나는 오늘 한 바퀴도 안 굴렀다!" 그렇게 사고가 났을 때 지켜 주신 것도 감사하지만 사고가 나지 않도록 보호해 주심이 더 감사하다는 것입니다.

그렇습니다. 우리는 항상 지금까지 보호해 주신 하나님의 은혜를 잊지 말고 살아야 합니다. 그래서 다윗 왕은 시편 103편 2-5절에 "내 영혼아 여호와를 송축(찬양)하며 그의 모든 은택(은혜)을 잊지 말지어다 그가 네 모든 죄악을 사하시며 네 모든 병을 고치시며 네 생명을 파멸에서 속량하시고 인자와 긍휼로 관을 씌우시며 좋은 것으로 네 소원을 만족하게 하사 네 청춘을 독수리같이 새롭게 하시는도다"라고 찬양했던 것입니다. 우리도 지난날 하나님께서 우리를 보호해 주신 모든 것에 감사하며 살아갈 때 날마다 천국의 축복과 행복의 감격 속에 오늘도 하나님을 택하며 살아가게 될 줄 믿습니다.

승리케 하심에 감사해야 함

마지막으로 본문 18절 말씀을 다 함께 읽겠습니다.

"여호와께서 또 모든 백성들과 이 땅에 거주하던 아모리 족속을 우리 앞에서 쫓아내셨음이라 그러므로 우리도 여호와를 섬기리니 그는 우리 하나님이심이니이다 하니라."

하나님께서는 애굽 왕의 군사가 뒤쫓아 올 때는 홍해를 갈랐다가 거기에 가둬놓고 다 수장시켜 버리셨습니다(출 14장). 또한 이스라엘 백성들이 애굽에서 해방된 후에도 이스라엘 백성들을 죽이려는 원수 대적들이 얼마나 많았습니까? 아말렉 사람들과의 전쟁 때는 합심기도를 통해서 대적을 물리치고(출 17장), 또 아모리 사람들과 진쟁 때는 해가 중천에 떠서 거의 종일토록 머물게 하셨습니다(수 10:13). 알아보니까 23시간 20분 동안 떠 있었던 것입니다. 히스기야 왕이 병들었을 때 살려 주신다는 징표로 해 그림자를 10도(40분) 물러가게 하신 사건도 일으키셨습니다(왕하 20:11). 아무튼 가나안 땅을 정복해 가는데 그 땅의 가나안, 헷, 히위, 브리스, 기르가스, 아모리, 여부스 등 일곱 족속의 원수 대적을 다 물리쳐 승리케 해주시고, 믿음으로 정복할 수 있다고 외쳤던 여호수아와 갈렙만이 가나안 땅 정복을 마치게 해주셨습니다.

여러분, 왜 이름을 가나안이라고 지은 지 아십니까? 가나안 땅이 젖과 꿀이 흐르는 좋은 땅인지 한 번 둘러보면 안 나간다고 해서 '안 나가'를 거꾸로 하니까 '가나안'이 되었다는 우스갯소리가 있지 않습니까? 하나님께서 그들에게 기적의 승리를 허락하셨던 것입니다.

이 말세의 마지막 때에도 우리가 이 땅에서 살아가는 동안 사탄은 우는 사자와 같이 두루 다닐 뿐만 아니라 때로는 광명의 천사로까지 가장을 하고 우리의 신앙을 뒤흔들려고 달려듭니다. 그래서 우리의 가정이나 이웃이나 심지어 교회에서까지도 파고들어, 먼저는 우리를 성령님으로 충만하지 못하게 해서 우리 마음속의 평안과 기쁨을 빼앗아 가고, 불평과 원망이 터져 나오게 해서 우리를 온갖 거짓으로 험담하고 비방해서 우리 사이를 이간시키고 불화하게 하고 분열시키려고 합니다. 여러분이 아직까지도 이러한 삶을 살고 있다면 이미 사탄의 시험에 빠져 있는 것입니다. 이러한 것들은 모두 다 우리를 불행과 고통과 파멸로 끌고 가려는 것으로 사탄의 마지막 때의 교활한 계략입니다.

종교개혁자 마틴 루터(Martin Luther)는 박해를 피하여 비텐베르크성에 숨어 있는 동안에 라틴어 성경을 독일어로 번역하는 대과업을 완성했는데 그가 성경을 번역하던 방의 벽과 기둥에는 지금까지 잉크 자국이 남아 있다고 합니다. 그가 괴로운 은둔 생활을 하던 중 차라리 교황과 타협하여 좋은 자리를 얻고 편안하게 사는 것이 낫겠다는 유혹이 마음속에 수없이 생겼는데 그때마다 루터는 "사탄아 물러가라" 하고 외치면서 잉크병을 벽이나 기둥에 던졌다고 합니다. 루터가 사탄에게 "No!"라고 하는 순간이 바로 하나님께서 "Yes!" 하시는 순간이었던 것입니다.

우리도 사탄의 유혹 앞에서 "No!"라고 외칠 수 있는 선택의 용기가 필요합니다. 그래서 베드로전서 5장 8-9절에 "근신하라 깨어라 너희 대적 마귀가 우는 사자같이 두루 다니며 삼킬 자를 찾나니 너희는 믿음을 굳건하게 하여 그를 대적하라 이는 세상에 있는 너희 형제들도 동일한 고난을 당하는 줄을 앎이라"라고 강조하지 않습니까? 마귀는 우는 사자와 같이 달려드니까 절대 인정사정 봐 주면 안되고 마음 속으로 "사탄아 물러가라!"라고 외치면서 물리쳐야 합니다. 이것은 지난날 믿음으로 살았던 모든 형제들이 동일한 고난을 당했기 때문입니다.

우리의 일생을 통해서나 우리의 가정을 통해서나 우리의 직장을 통해서나 심지어 하나님의 교회 안에서까지 지난날 얼마나 사탄 마귀가 교활하게 역사해 왔습니까? 그러므로 우리가 먼저 하나님의 편에 서서 영 분별의 은사를 받아야 합니다. 영 분별이 안 되면 영 분별을 제대로 할 수 있도록 목회자들이나 영적인 장로님, 권사님, 집사님의 도움을 받아야 하는데, 영적 교만에 빠져서 영적 지도까지 안 받으면 자신의 일생은 말할 것도 없고 그 가정과 자녀들의 앞날까지 다 막아 버리게 됩니다. 새해에는 더욱 말씀과 기도로 무장해서 주님의 십자가의 사랑의 심장을 품고 주님께서 주시는 은혜와 능력으로 승리해야 합니다. 그러므로 우리의 남은 삶 동안에 영적 분별력을 가지고 광명의 천사로 가장한 사탄의 역사를 대적하고 물리침으로, 오늘도 하나님을 택하며 승리하게 될 줄 분명히 믿으시기 바랍니다.

새들백 교회는 미국 캘리포니아주의 로스앤젤레스에서 남쪽 방향으로 100마일 정도 떨어진 새들백이라는 지역에 36년 전에 릭 워렌(Rick Warren) 목사님이 개척하여 현재 수만 명이 모이는 큰 교회입니다. 그는 오바마 미국 대통령의 취임식 때의 축복 기도를 한 미국의 대표적 복음주의 목사님인데 그의 일생에도 불행이 끊이지 않았습니다.

그는 어렸을 때부터 앓고 있는 병이 있었는데 '뇌기능 부전증'이라는 병으로서 호르몬이 너무 많이 분비되는 병이라고 합니다. 사람이 긴장하거나 화를 내면 아드레날린이라는 호르몬이 분비되는데 릭 워렌 목사님은 그것이 너무 많이 분비되었습니다. 아드레날린이 과다하게 분비되면 현기증이 나고 앞이 잘 보이질 않고 두통이 너무

심하여 머리가 깨어질 듯 아파 쓰러지기도 하는데, 릭 워렌 목사님은 그 고통이 얼마나 큰지 이 상태가 되면 102층이나 되는 뉴욕 엠파이어스테이트 빌딩 꼭대기에 손가락 하나로 매달려 있는 느낌이 들 정도로 힘들다고 했습니다. 그런데 그는 오히려 이런 병이 있어 감사하다고 고백했는데 그 병으로 인해 날마다 순간마다 항상 주님만 의지하고 주님께 간절히 기도함으로써 새들백 교회가 그렇게 크게 부흥 성장할 수 있었다는 것입니다.

그래서 늘 워렌 목사님 스스로도 설교하러 강단에 올라갈 때 뜨겁게 기도를 하지만 기도실에서 중보기도팀이 목사님을 위하여 "주님, 우리 목사님 붙잡아 주시옵소서! 쓰러지지 않게 해주시옵소서! 설교를 무사히 마치게 해주시옵서!" 하고 간절히 기도하고, 더욱이 건강이 더욱 안 좋을 때는 성도들이 금식하며 기도해 주었습니다. 그리하여 주님께서는 날마다 주님을 선택한 릭 워렌 목사님을 오늘까지 보호해 주시고 승리케 해주시고, 오늘날까지 미국을 대표하는 복음주의 목사님으로 귀하게 쓰시게 하신 것입니다.

그런데 사랑하는 아들 메튜 워렌이 평생 심한 우울증으로 투병하다가 고통을 견디지 못하고 지난 2013년 27살의 젊은 나이에 자살해 버렸습니다. 여러분, 옛말에 "부모님이 세상을 떠나시면 산에 묻고 자식이 세상을 떠나면 평생 부모 가슴에 묻는다"라는 말이 있지 않습니까? 그런데 목사님 아들이, 그것도 자살해 버렸으니 얼마나 가슴 아프고 눈물 나는 일이었겠습니까? 사랑하는 아들의 죽음 후에 릭 워렌 목사님은 교인들에게 이메일을 보내며 이렇게 눈물로 호소했습니다. "지난 30여 년 동안 우리 부부는 여러 가지 위기를 여러분과 함께 극복해 왔습니다. 아내 케이(Kay)와 저는 여러분들이 위기와 가족의 죽음을 맞을 때 여러분들의 손을 붙들어 주었고 여러분들과 함께 무덤 곁에 서고 여러분들이 아플 때 기도해 주었어요. 그러나 오늘 우리 부부는 여러분들의 기도가 절실히 필요합니다…."

그리고 그 교인들의 기도와 사랑과 위로에 힘입어 모든 슬픔을 다 이겨 내고 일어서서 지난날의 제자훈련으로부터 영육 간에 고통당하는 자들을 위한 치유 사역에 더욱 전념을 다하는 신실한 주의 종으로 거듭나게 되었습니다. 그는 사랑하는 아들을 잃는 극한 슬픔 속에서도 새로운 선택의 결단을 통해 믿음으로 다시 일어서게 된 것입니다.

사랑하는 성도 여러분, 지나간 세월 속에서도 수많은 고난이 있었고, 새해를 맞아 앞으로도 우리에게 수많은 고난이 닥쳐올 것입니다. 그러나 우리가 가장 먼저 주님의 구원의 은혜에 감사하고, 우리에게 행하신 놀라운 기적에 감사하고, 지금까지 보호해 주심에 감사하고, 사탄의 갖가지 시험 속에서 승리케 해주심에 감사하면서 우리가 오늘 하나님을 택하며 살아갈 때, 우리는 새로운 희망과 용기를 안고 일어서게 될 뿐만 아니라 아무리 환난 많은 세상 가운데서도 능히 승리하는 복된 새해가 될 줄 확실히 믿습니다.

다 함께 결단의 찬송으로 "하나님은 우리의 피난처 되시며"를 함께 부르며 믿음으로 결단하도록 하겠습니다.

> 하나님은 우리의 피난처가 되시며
> 환난 중에 우리의 힘과 도움이시라
> 너희는 가만히 있어 주가 하나님 됨 알지어다
> 열방과 세계 가운데 주가 높임을 받으리라
> 사랑합니다 내 아버지 찬양합니다 내 온 맘 다하여
> 선포합니다 예수 그리스도 주님 오심을 기다리며

만복의 근원 되시는 하나님 아버지, 저희의 얼마 남지 않은 여생이라도 날마다 순간마다 성령님의 충만함을 받아 어떠한 시련과 역경도 능히 이겨 내게 하여 주시옵소서. 상한 마음을 십자가의 사랑의 용서로 다 치유 받고 날마다 천국의 행복 가운데 살아가게 하여 주시옵소서. 병든 육신이 주님께서 십자가에서 우리의 죄악과 상처와 질병까지도 다 대신 지심을 믿음으로 말미암아 깨끗이 치료받게 하여 주시옵소서. 그리하여 가정마다 천국과 같이 행복한 가정으로 치유되고 회복시켜 주시옵소서. 경영하는 일들마다 불경기 속에서도 형통하게 하여 주시옵소서. 그리하여 연로하신 부모님으로부터 사랑하는 자손들까지 다 믿음으로 일어서게 하여 주시옵소서. 하나님의 나라와 비전을 바라보게 하여 주시옵소서. 맡겨진 사명에 죽도록 충성하게 하여 주시옵소서. 그리함으로 주님 앞에 서게 되는 날 모두 다 "잘하였도다 착하고 충성된 종아"라는 칭찬과 영광과 존귀를 얻는 복된 성도들과 주의 종들 삼아 주시옵소서. 믿사옵고 예수님의 이름으로 기도하옵나이다. 아멘!

치유의 말씀

하나님은 역사하십니다 3 _ 레·민·신·수

1판 1쇄 인쇄 _ 2022년 12월 5일
1판 1쇄 발행 _ 2022년 12월 10일

지은이 _ 김의식
펴낸이 _ 이형규
펴낸곳 _ 쿰란출판사

주소 _ 서울특별시 종로구 이화장길 6
편집부 _ 745-1007, 745-1301~2, 747-1212, 743-1300
영업부 _ 747-1004, FAX 745-8490
본사평생전화번호 _ 0502-756-1004
홈페이지 _ http://www.qumran.co.kr
E-mail _ qrbooks@daum.net / qrbooks@gmail.com
한글인터넷주소 _ 쿰란, 쿰란출판사
페이스북 _ www.facebook.com/qumranpeople
인스타그램 _ www.instagram.com/qrbooks
등록 _ 제1-670호(1988.2.27)
책임교열 _이화정, 박은아

 ISBN 979-11-6143-758-3 94230
979-11-6143-556-5 (세트)

책값은 뒤표지에 있습니다.